憲法9条学説の現代的展開

戦争放棄規定の原意と道徳的読解

麻生多聞 著

Constitutionalism and the Pacificism: the original meaning of the Article 9 of the Constitution of Japan and the Moral Reading by Ronald Dworkin

法律文化社

目　次

　　初出一覧

序　　章　「自衛戦争」の諸相……………………………………… 1

第1章　憲法9条学説の現代的展開……………………………… 11

　　1　憲法9条の規定内容　14
　　2　憲法9条1項全面放棄説と憲法9条2項全面放棄説　16
　　3　限定放棄説　23
　　4　限定放棄説により合憲とされる自衛隊と市民の関係の現在　30
　　5　限定放棄説と憲法13条　36
　　6　「穏和な平和主義」論　43
　　7　「原理」と「準則」──道徳的読解という憲法解釈方法論　46

第2章　戦争放棄規定の原意と歴史 …………………………… 84
　　　　　──制憲者意思をめぐる従来の通説を「誤解」とする議論について

　　1　制憲者意思をめぐる従来の通説を「誤解」とする議論について　84
　　2　制憲者意思の分析──第四回憲法改正草案枢密院審査委員会審査記録における戦争放棄に関する審議を踏まえて　91
　　3　制憲者意思の分析──法制局『新憲法の解説』および憲法改正草案枢密院審査委員記録における戦争放棄に関する審議　101
　　4　『憲法改正草案に関する想定問答・同逐条説明』における法制局の立場　105
　　5　衆議院本會議における戦争放棄に関する審議　111
　　6　衆議院本會議における戦争放棄に関する審議の分析　121
　　7　衆議院帝國憲法改正案委員會における戦争放棄に関する審議　134

i

8 衆議院帝國憲法改正案委員會における戦争放棄に関する審議の分析　176
  9 衆議院憲法改正案小委員會における戦争放棄に関する審議および第二十一囘衆議院帝國憲法改正案委員會での、芦田委員長による小委員會の経過並に結果、すなわち共同修正案についての報告並に説明　185
 10 衆議院憲法改正案小委員會における戦争放棄に関する審議および第二十一囘衆議院帝國憲法改正案委員會での、芦田委員長による小委員會の経過並に結果、すなわち共同修正案についての報告並に説明の分析　220
 11 貴族院本會議および貴族院帝國憲法改正案特別委員會における戦争放棄に関する審議　229
 12 貴族院本會議および貴族院帝國憲法改正案特別委員會における戦争放棄に関する審議の分析　259
 13 文民条項をめぐる制憲者意思——貴族院帝國憲法改正案特別委員會および貴族院帝國憲法改正案特別委員小委員會における審議　272
 14 貴族院帝國憲法改正案特別委員小委員會および貴族院帝國憲法改正案特別委員會における文民条項に関する審議の分析　289
 15 小　　括　294

第3章　「絶対平和主義」とは異なる「非武装平和主義」の可能性　303

  1 テクストとしての憲法と実践としての憲法
　　——アッカーマンによる「二元論」の脱構築　303
  2 「断絶の戦略」における連続性　310
  3 ピーター・カッツェンスタインによる日本安全保障政策の歴史的分析　316
  4 日本の安全保障をめぐる提言
　　——「戦争によらざる自衛権」と市民的防衛　321
  5 多数派構築に向けた対抗的公共圏の形成　348

第4章　前期中等教育課程社会科公民的分野における平和教育実践の展開と課題 ………………… 369

1　緒　　論　369
2　2016年度前期中等教育課程社会科教科書における憲法 9 条学習の内容　372
3　内容の整理と問題提起——教育の「政治的中立性」　376
4　学校教育現場における平和教育実践の展開　381
5　前期中等教育課程社会科公民的分野における平和教育実践の展望　383

第5章　「永続敗戦レジーム」と沖縄 ………………… 399
——アイデンティティを結集軸とした「オール沖縄」の意義と限界

1　在沖米軍基地周辺において性犯罪が多発する要因について　399
2　米軍普天間飛行場移設計画をめぐる国と沖縄県知事の対立　403
3　対立に至る経緯——SACO合意から名護市住民投票まで　404
4　SACO合意と異なる形での沖縄側からの提案から新たな日米合意まで　406
5　民主党鳩山政権による「脱アメリカ依存」の姿勢とその頓挫　407
6　「オール沖縄」による「県外移設」一致と、翁長前知事による埋立承認取消しへ　409
7　代執行訴訟　411
8　公有水面埋立法に基づく仲井眞元知事の埋立承認における瑕疵　414
9　アイデンティティを結集軸とする「オール沖縄」　418

謝　辞
参考文献一覧
事項索引

初出一覧

序　章　書き下ろし
第1章　書き下ろし
第2章　書き下ろし
第3章　「憲法9条と公共利益団体―対抗的公共圏の形成に向けて」浦田一郎・清水雅彦・三輪隆編『平和と憲法の現在―軍事によらない平和の探究』(西田書店、2009年)、「「絶対平和主義」とは異なる「非武装平和主義」の可能性」憲法問題27号(2016年)
第4章　「中学校社会科公民的分野における平和教育実践の展開と課題」鳴門教育大学研究紀要33巻(2018年)
第5章　「辺野古・沖縄・東京―アイデンティティを結集軸とした「オール沖縄」の意義と限界」阪口正二郎・江島晶子・只野雅人・今野健一編『憲法の思想と発展・浦田一郎先生古稀記念論集』(信山社、2017年)

※第3章、第5章では大幅な、第4章では若干の加除修正が施されている。

序章

「自衛戦争」の諸相

　「天佑ヲ保有シ萬世一系ノ皇祚ヲ踐メル大日本帝國天皇ハ昭ニ忠誠勇武ナル汝有眾ニ示ス

　朕茲ニ米國及英國ニ對シテ戰ヲ宣ス朕カ陸海將兵ハ全力ヲ奮テ交戰ニ從事シ朕カ百僚有司ハ勵精職務ヲ奉行シ朕カ眾庶ハ各〻其ノ本分ヲ盡シ億兆一心國家ノ總力ヲ擧ケテ征戰ノ目的ヲ達成スルニ遺算ナカラムコトヲ期セヨ

　抑〻東亞ノ安定ヲ確保シ以テ世界ノ平和ニ寄與スルハ丕顯ナル皇祖考丕承ナル皇考ノ作述セル遠猷ニシテ朕カ拳々措カサル所而シテ列國トノ交誼ヲ篤クシ萬邦共榮ノ樂ヲ偕ニスルハ之亦帝國カ常ニ國交ノ要義ト爲ス所ナリ今ヤ不幸ニシテ米英兩國ト釁端ヲ開クニ至ル洵ニ已ムヲ得サルモノアリ豈朕カ志ナラムヤ中華民國政府曩ニ帝國ノ眞意ヲ解セス濫ニ事ヲ構ヘテ東亞ノ平和ヲ攪亂シ遂ニ帝國ヲシテ干戈ヲ執ルニ至ラシメ茲ニ四年有餘ヲ經タリ幸ニ國民政府更新スルアリ帝國ハ之ト善隣ノ誼ヲ結ヒ相提攜スルニ至レルモ重慶ニ殘存スル政權ハ米英ノ庇蔭ヲ恃ミテ兄弟尚未タ牆ニ相鬩クヲ悛メス米英兩國ハ殘存政權ヲ支援シテ東亞ノ禍亂ヲ助長シ平和ノ美名ニ匿レテ東洋制覇ノ非望ヲ逞ウセムトス剩ヘ與國ヲ誘ヒ帝國ノ周邊ニ於テ武備ヲ増強シテ我ニ挑戰シ更ニ帝國ノ平和的通商ニ有ラユル妨害ヲ與ヘ遂ニ經濟斷交ヲ敢テシ帝國ノ生存ニ重大ナル脅威ヲ加フ朕ハ政府ヲシテ事態ヲ平和ノ裡ニ回復セシメムトシ隱忍久シキニ彌リタルモ彼ハ毫モ交讓ノ精神ナク徒ニ時局ノ解決ヲ遷延セシメテ此ノ間却ツテ益〻經濟上軍事上ノ脅威ヲ増大シ以テ我ヲ屈從セシメムトス斯ノ如クニシテ推移セムカ東亞安定ニ關スル帝國積年ノ努力ハ悉ク水泡ニ歸シ帝國ノ存立亦正ニ危殆ニ瀕セリ事既ニ此ニ至ル帝國ハ今ヤ<u>自存自衛ノ爲蹶然起ツテ一切ノ障礙ヲ破碎スルノ外ナキナリ</u>

皇祖皇宗ノ神靈上ニ在リ朕ハ汝有眾ノ忠誠勇武ニ信倚シ祖宗ノ遺業ヲ恢弘シ速ニ禍根ヲ芟除シテ東亞永遠ノ平和ヲ確立シ以テ帝國ノ光榮ヲ保全セムコトヲ期ス」

　太平洋戦争における、米国、そして英国との開戦に至った事実と経緯を述べた「米國及英國ニ對スル宣戰ノ詔書」（1941年12月8日）である。20世紀において大日本帝国が戦った最後の戦争は、上述のように、日本政府により「自存自衛のための戦争」とされるものであった。
　そして、近代日本による最初の帝国主義的対外出兵として位置づけられる台湾出兵においても、「自衛のための戦争」という正当化事由が用いられていたことが確認されなけれならない。1871年11月に琉球漁民54名が台湾に漂着して殺害された事件をめぐり、「日本漁民の虐殺」として中国政府の責任を追及したことが発端となり、王政復古からわずか6年後の1874年に行われた台湾出兵は、日本による琉球の領有を中国に承認させるという目的の下で行われた。国際的にも日中両国間においてもその帰属が定まっていない琉球島民を一方的に日本国民と断定し、自称「日本国民」の虐殺を理由に台湾に出兵する行為は、明らかな侵略行為として認識されるべきものであったが、和平交渉において、大久保利通により、中国が「蕃地」を自国領と主張するのであれば、日本が台湾でとった行動は自衛であるという論理が示されていた。近代以降の日本による帝国主義的な対外出兵は、始終「自衛のための武力行使」という正当化事由によって貫徹されていたのである。
　太平洋戦争において日米最後の地上戦となった沖縄戦は、日本の敗戦が必至という状況認識の下で戦われた。沖縄に配備された第32軍の任務は、沖縄県民の生命・財産を防衛することではなく、国体護持を目的として本土決戦準備と終戦交渉のための時間を稼ぐために、出血消耗による持久戦に耐え抜くことであった。沖縄県民は「軍民共生共死の一体化」方針の下、「一木一草トイヘドモ之ヲ戦力化スベシ」とし、老幼婦女子に至るまで戦場動員された。住民保護という視点が欠落していた第32軍については、壕追い出し、食料強奪、スパイ容疑による拷問・虐殺等、自国軍による自国民への加害をめぐる事実が指摘されている。さらに、機密の漏洩防止という観点から市民の米軍への投降は許さ

れず、各地で集団死が多発した。

「恥を知る者は強し。常に郷党、家門の面目を思ひ、いよいよ奮励してその期待に答ふべし。生きて虜囚の辱めを受けず、死して罪禍の汚名を残すことなかれ」(第八　名を惜しむ)の一節を含む戦陣訓は、兵士に対して投降し捕虜となることを厳しく戒めたものであり、捕虜禁止違反に対する重罰を定めた陸軍刑法の罰則と相俟って、太平洋戦争では戦局が絶対的な状況に至っても投稿することの許されない兵士による「玉砕」や自決につながるものであった。

1899年に俘虜の処遇や害敵手段の制限等を規定するハーグ陸戦条約が、そして1929年に捕虜の待遇に関するジュネーブ条約が成立し、当時の各国では、戦場で生き残る方法(サバイバル・マニュアルやそのための装備)を備え、捕虜となった場合のための教育も行われていた。しかし、戦陣訓はその可能性を否定するものであり、「個の抹殺」、「全体への一体化」思想確立への道を拓いた。藤原彰は、日本陸海軍における最大の特徴を、「日本軍には降伏はない、日本軍人は捕虜にはならない(捕虜の禁止)」という「死ぬまで戦えという思想」が堅持されたことに求めている。

当初日本政府は、1899年ハーグ陸戦条約を批准しており、日清戦争、日露戦争、第一次世界大戦のいずれの宣戦の詔書にも「国際法規ヲ遵守」という文言が含まれていた。第一次世界大戦でのドイツ人捕虜が板東俘虜収容所で管弦楽団を作り、徳島県鳴門がアジアでのベートーベン第九交響曲初演の地となった事例に見られるように、国内俘虜収容所での人道的な待遇もハーグ条約に沿ったものであった。この背景には、日本の国際的地位の向上と、西欧列強並の文明国の列に加わろうという意思が存在したが、日本は次の２つの理由により捕虜政策を転換させることとなる。①第一次世界大戦後、日本軍では精神主義が強調されるに至っており、1932年・第一次上海事変で中国軍捕虜となった空閑昇少佐が捕虜交換で帰還後に自決した事例が美談とされたことを契機に、「死ぬまで戦うべきであり、捕虜は恥辱」とする立場が強まったこと、②大戦後の日本の国際的地位の向上により、文明国に並ぼうとする必要性が否定されるに至り、「これ以上の日本の発展は軍事侵略による以外ないとし、国際条件の制約を排除しようとするようになったこと」。

日中戦争では国際法遵守を促す詔書が出されることはなく、「現下ノ情勢ニ

於テ帝国ハ対支全面戦争ヲ為シアラザルヲ以テ「陸戦ノ法規慣例ニ関スル条約其ノ他交戦法規に関スル諸条約」ノ具体的事項ヲ悉ク適用シテ行動スルコトハ適当ナラズ」とされた、1937年8月5日陸軍次官による支那駐屯軍参謀長宛通牒が各軍に示された。国際法適用の必要を否定した当該通牒が、「捕虜を作ることの禁止」として解釈され得る「「俘虜」という名称の使用禁止規定」を含んでいた背景には日本軍の対中国蔑視があり、1937年12月南京・幕府山での山田支隊による捕虜殺害をはじめとする中国人捕虜の組織的大量殺害の背景に、このような経緯が存在したことを看過してはならない。そして、沖縄戦において住民の集団自決が多発した背景にも、この戦陣訓があったと考えられている。捕虜となることにより生ずる道義的責任は、全体主義体制における共同体からの排除という社会的制裁が向けられるという形で、後衛の家族にも及んだのである。

1945年4月に組織的な沖縄戦が開始されると、その後に想定される本土侵攻を踏まえて、大本営陸軍部は4月20日、決戦に臨む将兵に「国土決戦教令」を配布した。当該教令第1章「要旨」の4条は「神州ハ盤石不滅ナリ皇軍ハ自存自衛ノ正義ニ戦フ即チ将兵ハ皇軍ノ絶対必勝ヲ確信シ渾身ノ努力ヲ傾倒シテ無窮ノ皇国ヲ護持シベシ」としており、ここでも「自存自衛の正義」のための戦争という立場が示されていることを確認することが出来る。

当該教令の第2章「将兵ノ覚悟及戦闘守則」8条は、「国土決戦ニ散ズル全将兵ノ覚悟ハ各々身ヲ以ッテ大君ノ御楯トナリテ来寇スル敵ヲ殲滅シ万死固ヨリ帰スルガ如ク七生報国ノ念願ヲ深クシテ無窮ナル皇国ノ礎石タリ得ルヲ悦ブベシ」とし、身をもって皇国の礎石となり死をもって国に報いることを喜びとすべきことが規定されている。

11条は、「決戦間傷病者ハ後送セザルヲ本旨トス、負傷者ニ対スル最大ノ戦友道ハ速ヤカニ敵ヲ撃滅スルニ在ルヲ銘肝シ敵撃滅ノ一途ニ邁進スルヲ要ス戦友ノ看護、附添ハ之ヲ認メズ、戦闘間衛生部員ハ第一線ニ進出シテ治療ニ任ズベシ」とし、「負傷者に対し戦友として示すべき最も価値ある行為は速やかに敵を撃滅すること」であるがゆえに、「決戦の間、傷病者を後方に輸送しないことが本旨」とされ、「戦友の看護も付添も禁止」するという内容である。

「戦闘中ノ部隊ノ後退ハ之ヲ許サズ、斥候、伝令、挺身攻撃部隊ノ目的達成

後ノ原隊復帰ノミ後方ニ向フ行進ヲ許ス」とする12条は、戦闘中に将兵に後退を禁ずるものであり、「敵ハ住民、婦女、老幼ヲ先頭ニ立テテ前進シ我ガ戦意ノ消磨ヲ計ルコトアルベシ、斯カル場合我ガ同胞ハ己ガ生命ノ長キヲ希ハンヨリハ皇国ノ戦捷ヲ祈念シアルヲ信ジ敵兵撃滅ニ躊躇スベカラズ」とする14条は、「日本軍の戦意喪失を図るため、敵が先頭に立てる可能性がある住民、婦女、老幼について、「我が同胞は自身の生命保全ではなく皇国の勝利をこそ祈念するものであるから、かような事態にあっても敵兵撃滅を躊躇してはならない」と規定するのである。

「日本軍の非人間的な体質をよく示す重要な資料[12]」として位置づけられる当該教令は、「戦闘中の部隊の後退を禁止していることに示されるような空疎で精神主義的な督戦の思想」であり、「神州ハ盤石不滅ナリ」といった「国体」論と不可欠に結びついて、「傷病兵の後送を禁じ、一般国民の生命の安全より、軍事上の必要性を優先させる考え方を露骨にうたっているなど、「天皇の軍隊」の非人間的で反国民的な本質が端的に示され[13]」たものとして位置づけられるものであった。

このように特殊日本的な歴史を踏まえ、戦後日本は、日本国憲法9条を制定し、自衛目的の武力の保持・行使も禁ずるものとされる戦争放棄規定をもつに至った。その背景には、上述のように、侵略戦争の口実として自衛という概念が用いられてきた経緯、そして、その「自衛戦争」という枠組の中で、自国の将兵および非戦闘員が、「捕虜禁止」規定により、ハーグ陸戦条約以降の国際人道法により保障されていたはずの生存につながる諸権利を剥奪され、玉砕や自決、集団自決を強いられた経緯、さらに他国民も捕虜として人道的な待遇を受ける権利を認められず、組織的大量殺害等が行われたという経緯があった。

帝国主義的な対外的武力行使を「自存自衛のための戦争」と読み替え、国際法上確立された捕虜処遇規定の遵守も怠り、「捕虜の禁止」により莫大な犠牲者を生んだ日本には、自衛のための武力保持・行使までをも自制すべき歴史上の理由があるのではないか。日本の国家権力からは、国際法上固有の権利として認められた自衛の権利を行使し武力で安全保障を図る資格が剥奪されるべきではないか。かような見地から、憲法学界における伝統的な通説、憲法9条2項全面放棄説は支持されてきたということも出来よう。

しかし、最近の憲法学説においては、憲法9条戦争放棄規定について、自衛目的の武力保持・行使を禁ずるものではないという立場が、早稲田大学教授・長谷部恭男をはじめとして次第に有力になりつつある[14]。そこで、本書は、憲法9条をめぐる学説の展開を跡づけ、従来通説の地位を占め続けてきた「憲法9条2項全面放棄説」の正統性と正当性を論証することを課題とする。

この課題へのアプローチにおいて、本書は5つの大きな柱を設定する。この5つの柱は、本書の章立てに対応している。第1章で立てられる第1の柱は、法規範を「原理」と「準則」に区分するロナルド・ドゥオーキンによる憲法解釈方法論としての「道徳的読解 (moral reading)」に依拠して、日本国憲法9条の解釈を行うと、どのような結論が導出されるべきことになるのかという問題意識の設定である。そして、第2章で立てられる第2の柱は、日本国憲法の制定過程における制憲者意思を実証的に分析し、これにより得られた制憲者意思の中核が、ドゥオーキンによる道徳的読解という憲法解釈方法論に、どのような影響を与えるのかという問題意識の設定である。

ドゥオーキンは、『法の帝国』[15]において、憲法の解釈が、制憲者の意図に合致したものでなければならないとする原意主義を歴史主義者として位置づけ、これを批判するが[16]、『自由の法──米国憲法の道徳的読解』[17]において提唱された道徳的読解と呼ばれる憲法解釈方法論では、抽象的な道徳的言語を含む条項は、その文言が最も自然に示すところに従って理解されなければならないこと、その上で、我々は、我々にとって明確であると考えられる言葉で、制憲者がその言葉に言わそうと意図したことの内容を、最もよく捉えることが出来るような、我々自身の言葉が見出されなければならず、そのためには、歴史が決定的な根拠となること、さらに、インテグリティによっても制約されること[18]、「憲法解釈は制憲者が述べたことを出発点として開始されなければならず、そして、我々の友人や見知らぬ人の発言をめぐる我々の判断が、彼らについての具体的な情報や彼らが発言した文脈に依拠するものであるように、制憲者が述べたことを理解するためには、制憲者についての具体的な情報や、制憲者の発言の文脈に依拠することになる」[19]とも述べている。

筆者は、本書において、以上のようなドゥオーキンによる道徳的読解における制約要因を踏まえて、憲法9条解釈という課題に向き合いたいと考えてい

る。本書における第2の柱としての、制憲者意思と道徳的読解の関わりをめぐる問題意識は、このような由来をもつ。

　ドゥオーキンによる「原理」・「準則」の区分論に依拠する長谷部は、憲法解釈においても、ドゥオーキンの道徳的読解と同様の方法論を採用するものと見られており、筆者も本書においてそれに倣い、道徳的読解という憲法解釈方法論に依拠するものとする。しかし、制憲者意思をめぐる、「制定当時の政府説明は、1項につき限定放棄説をとりつつ、2項解釈としては「戦力」の全面不保持を定めたとする立場をとっていた」という従来の憲法学における通説的見解に対する、長谷部の下記の見解については、帝国憲法改正審議録を参照し、憲法9条をめぐる制憲者意思を丁寧に跡づける作業を通じて、これを批判したいと考えている。

　「自衛隊の創設時に、政府が9条の解釈を変えたと言われることがあります。つまり、それ以前は個別的自衛権の行使も否定していたのだけれども、自衛隊創設時に、9条の下でも個別的自衛権の行使は許されるという形に見解を変えたと言われることがありますが、これは明らかな誤解です」

　「その中の「戦争の放棄」という9条に関する項目を見ますと、新憲法の審議の過程、つまり第90回帝国議会の審議の過程で、9条の下では自己防衛がもはやできなくなるではないか、平たく言うと、外国に攻められたときにそれに対処する手段がなくなるではないかという懸念が表明されたことが指摘されています。それに対する『新憲法の解説』の答えは、日本がいずれ占領が終わって国際連合に加盟したときには、国際連合憲章自体、実は自衛権を認めているのだから対処ができないことはありえないだろうということを言っています。ですから、少なくとも個別的自衛権の行使については、日本国憲法公布時においてすでに内閣法制局のメンバーは想定をしていたのだということは言えることだろうと思います」

　「日本国憲法の制定過程に関与した人々が、自衛力の保持と憲法との関係についてどのような理解をしていたかについては多くの研究があるが、結論としていいうるのはせいぜい、合憲論・違憲論のいずれも、それぞれにとっ

て有利な証拠を見いだすことができるというものであろう」[24]

　本書において参照の対象となる帝国憲法改正審議録について、具体的には、『憲法改正草案枢密院審査委員會審査記録』、『憲法改正草案に関する想定問答・同逐条説明』、『官報號外第九十囘帝國議會衆議院議事速記録』、『第九十囘帝國議會衆議院帝國憲法改正案委員會議録（速記）』、『第九十囘帝國議會衆議院帝國憲法改正案委員小委員會速記録』における戦争放棄の解釈に直接関わりのある質問と、これに対する答弁を全て参照し、これに関連して、『憲法改正草案枢密院審査委員會法制局の手による想定問答』、『官報號外第九十囘帝國議會貴族院議事速記録』、『第九十囘帝國議會貴族院帝國憲法改正案特別委員會議事速記録』における、戦争放棄規定の解釈に直接関わりのある質問および答弁のうち重要なものを参照し、これらを分析することを通じて、制憲議会で圧倒的多数の賛成により可決された日本国憲法の戦争放棄規定をめぐる制憲者意思の内容を跡づけることが目指される。

　第3章で立てられる第3の柱は、憲法9条戦争放棄規定のいかなる解釈が憲法理論的に妥当かという、本書第1章、第2章を貫徹する視座とは異なり、憲法9条戦争放棄規定の解釈として憲法9条2項全面放棄説の立場に立つことが憲法理論的に妥当であるとしても、憲法による統治機構規定力（＝立憲主義の制度的規定力）は決定的なものではなく、制度のあり方は多元的社会において規定的影響力を有するアクター間の相互関係により決定されるというロバート・ダールの視座[25]、そして「ノーマル・ポリティクス」（普通の政治の局面）と「コンスティテューショナル・ポリティクス」（憲法改正が政治課題になる局面）を区別するブルース・アッカーマンによる「二元論」[26]を踏まえ、憲法政治（コンスティテューショナル・ポリティクス）という概念が日常と例外状態を区分しない方向で脱構築されるべきことを提唱する杉田敦の視座[27]を参考とし、憲法理論的に妥当とされる憲法9条2項全面放棄説としての憲法9条解釈が広く国民に受容され、これが国政へと接続されるためには、どのような前提が求められるのかという問題意識を設定することである。

　また、第3章では、第1章、第2章を通じてその正統性と正当性が確認されることになる憲法9条2項全面放棄説の下、非武装平和主義が規定される日本

の安全保障政策が、具体的にどのような形をとるべきかをめぐる提言も示すこととしたい。

　第4章で立てられる第4の柱は、立憲主義の制度的規定力は決定的なものではなく、制度のあり方は多元的社会において規定的影響力を有するアクター間の相互関係により決定される、という第3の柱の前提とされた視座の延長線上において、学校教育課程における平和教育実践が果たす役割の大きさを踏まえた上で、学習指導要領における「多面的・多角的な考察」という目標にもかかわらず、従来にないレベルで政府見解に配慮する内容となっている前期中等教育課程（中学校）社会科教科書の実態を踏まえつつ、平和憲法学説が平和教育実践に対していかなる展望をもつべきかという問題意識を設定することである。

　最後に、第5章で立てられる第5の柱は、白井聡による、「敗戦そのものを意識において巧みに隠蔽（否認）する一方で、敗戦の帰結としての政治・経済・軍事的な意味での直接的な対米従属構造に固執、これを永続化せんとする体制の存在を認識し、これを批判的に捉える視座」としての「永続敗戦論」[28]を参照しながら、憲法9条の規範内容を実現するために、いかに対権力的抵抗に及ぶべきかという方法論のあり方について、近年沖縄で勃興する「アイデンティティを結集軸としたオール沖縄」という姿勢の意義と課題をめぐる問題意識を設定することである。

　本書の中核は、書き下ろしの序章、第1章、第2章、そして既発表論考に大幅な加除修正が施された第3章であり、第4章、第5章は補論としての位置づけをもつ。本書の書名を、『憲法9条学説の現代的展開―戦争放棄規定の原意と道徳的読解』とする所以である。

1) 「米國及英國ニ對スル宣戰ノ詔書」官報号外1941年12月8日付。
2) 坂野潤治『帝国と立憲―日中戦争はなぜ防げなかったのか』（筑摩書房、2017年）21-23頁。
3) 石井孝『明治初期の日本と東アジア』（有隣堂、1982年）152頁。
4) 安仁屋政昭「苦悩と屈辱の原点―「軍民共生共死」の持久戦」琉球新報2005年4月1日付。
5) 本書41-42頁参照。

6) 久田栄正・水島朝穂『戦争とたたかう――一憲法学者のルソン島戦場体験』（日本評論社、1987年）282-283頁。
7) 藤原彰『餓死した英霊たち』（筑摩書房、2018年）247頁。
8) 同上247-250頁。
9) 陸軍次官発支那駐屯軍参謀長宛「交戦法規ノ適用ニ關スル件」陸支密第198号（1937年8月5日）。
10) 藤原、前掲註7、251-253頁。
11) 吉田裕「秘・国土決戦教令」季刊戦争責任研究26号（1999年）。なお、眞嶋俊造「防衛戦争――人々を守らない戦争」高橋良輔・大庭弘継編『国際政治のモラル・アポリア――戦争／平和と揺らぐ倫理』（ナカニシヤ出版、2014年）142-144頁を参照。
12) 吉田、前掲註11、63頁。
13) 吉田、前掲註11、63頁。
14) 「考え方の分かれるところではありますが、自衛隊を違憲としない政府解釈を受け入れている憲法学者は、私をふくめ数多くいます」長谷部恭男『憲法の良識――「国のかたち」を壊させない仕組み』（朝日新聞出版、2018年）24頁。
15) Ronald Dworkin, *Law's Empire*, Hart Publishing, 1998.
16) *Ibid.*, at 362-363.
17) Ronald Dworkin, *Freedom's Law : The Moral Reading of the American Constitution*, Oxford University Press, 1996.
18) *Ibid.*, at 7-12.
19) *Ibid.*, at 10.
20) 巻美矢紀は「長谷部恭男教授は、道徳的読解と同様の憲法解釈方法論を採用するものと解される」と指摘する。巻美矢紀「憲法の動態と静態（1）――R・ドゥオーキン法理論の「連続戦略」を手がかりとして」國家學會雑誌117巻1号（2004年）79頁。
21) 佐々木弘通「非武装平和主義と近代立憲主義と愛国心」憲法問題19号（2008年）90-91頁。
22) 長谷部恭男編『安保法制から考える憲法と立憲主義・民主主義』（有斐閣、2016年）54頁。
23) 同上54‐55頁。長谷部、前掲註14、29-30頁にも同趣旨の指摘がある。
24) 長谷部恭男「平和主義と立憲主義」ジュリスト1260号（2004年）57頁。
25) Robert A. Dahl, *A Preface to Democratic Theory*, University of Chicago Press, 1956, at 20-22.
26) Bruce A. Ackerman, *We the People 1 : Foundations*, Belknap Press, 1991, at 6-7.
27) 杉田敦「テキスト／実践としてのコンスティテューション」千葉眞・小林正弥編『平和憲法と公共哲学』（晃洋書房、2007年）123-125頁。
28) 白井聡『永続敗戦論――戦後日本の核心』（太田出版、2013年）47-48頁。

第1章

憲法9条学説の現代的展開

　日本国憲法は、その9条において、一切の戦争の放棄にくわえ、戦力の不保持と交戦権の否認を規定する。1945年8月の敗戦の後、戦後日本は、国際連合憲章の主旨に基づく国際協調主義（国連主義）を軸足とした新憲法の制定へと向かうこととなったが、国際連合憲章が制定された1945年6月から日本国憲法が公布される1946年11月の間には、広島・長崎に対する原爆投下があった。これを踏まえて、「広島・長崎に集約される戦争被害の体験の普遍化」も大きな柱とし、「国連主義と反核平和主義という2つの軸足」をもった憲法が制定されることとなった。[1]

　1920年代アメリカで提唱・展開された「戦争非合法化（outlawry of war）」の思想は、ジュネーブ議定書（「国際紛争平和的処理に関する一般議定書」、1924年9月26日第5回国際連盟総会採択、1924年10月2日署名、その後条約として未発効）、ロカルノ条約（「相互平和のためのロカルノ諸条約」、1925年）、不戦条約（「戦争抛棄に関する条約」1928年署名、1929年発効）、そして国際連合憲章（1945年6月採択、10月発効）へと至った。[2]

　国際連合憲章2条4項は、「すべての加盟国は、その国際関係において、武力による威嚇又は武力の行使を、いかなる国の領土保全又は政治的独立に対するものも、また、国際連合の目的と両立しない他のいかなる方法によるものも慎まなければならない」としており、加盟国は武力行使を一般的に禁止されている。

　ただし、この一般的な武力行使禁止規定の例外として、自衛権の行使としての武力行使が規定されている。その根拠として挙げられる国際連合憲章51条は、次のように規定している。

「この憲章のいかなる規定も、国際連合加盟国に対して武力攻撃が発生した場合には、安全保障理事会が国際の平和及び安全の維持に必要な措置をとるまでの間、個別的又は集団的自衛の固有の権利を害するものではない。この自衛権の行使に当って加盟国がとった措置は、直ちに安全保障理事会に報告しなければならない。また、この措置は、安全保障理事会が国際の平和及び安全の維持または回復のために必要と認める行動をいつでもとるこの憲章に基く権能及び責任に対しては、いかなる影響も及ぼすものではない」

　そもそも自衛権という権利に法的な意味が認められるようになったのは、第一次世界大戦以降、1920年に設立された国際連盟規約や、1928年に締結された不戦条約により、戦争違法化の潮流が具体化されるようになって以降のことである。第一次世界大戦以前の時点においては、「戦争に訴える権利」は国家主権の本質として、合法的なものとされてきた。戦争の自由が存在するのであれば、武力行使を例外的に正当化する自衛権に意味は認められない。一般的に武力行使が違法化されるという前提に立脚するものであればこそ、「例外的な権利」として、違法性阻却事由としての自衛権に法的な意味が認められることになる。

　20世紀初頭において、戦争の規模の拡大に伴い、人的・物的被害も拡大し、戦争違法化の潮流が次第に顕在化することとなった。1907年ハーグで開催された国際平和会議において締結された「開戦に関する条約」は、開戦に際して開戦宣言（宣戦布告）や最後通牒（条件付開戦宣言を含む）により、相手国に事前に通告すべきことを規定し、主権国家の「戦争に訴える権利」を形式的に制限するものである。

　1920年の国際連盟規約は、すべての国際紛争が裁判または理事会の審査に付されることを義務づけ、一定の手続を経ない戦争を禁止した。1925年のロカルノ条約では、外国の軍事行動に対する自衛権を行使する場合を除いて、国際紛争解決のために戦争に訴えることが禁止された。そして、1928年に不戦条約が締結される。このように戦争を違法化し、国家の戦争権限に制限を加える潮流が顕在化するに伴い、諸国家は「自衛権」に基づく武力行使を、不戦条約による禁止規定の範囲外におくべく、自衛権の留保を行うこととなった。「国家に

第1章　憲法9条学説の現代的展開

よる武力行使の違法性を阻却する例外的な権利」としての国家自衛権の法的意味は、このような文脈の中で位置づけられなければならない。

先述の国連主義という概念は、国家の固有の権利として位置づけられる個別的又は集団的自衛権を前提とするものである。しかし、国際連合憲章制定時には人類の何者も体験することのなかった、核兵器による無差別攻撃被害という歴史的体験を踏まえて、日本国憲法のもう一つの軸足として位置づけられるに至った反核平和主義は、「軍事的合理性」をめぐる捉え方の転換をもたらした。水島朝穂は次のように述べている。

　「憲法は9条2項において、安全保障に関して「やってはならないこと」を命じている。すなわち、安全保障設計を、武力・軍事力を限りなくゼロにしたところから立ち上げることを要請している。「ヒロシマ・ナガサキ」という人類初の核戦争体験から生まれた日本国憲法の平和主義は、近代立憲主義が自明視した点をあえて疑い、「軍事的合理性」を制限するにとどまらず（ここまでなら「普通の平和憲法」である）、あえて「軍事的合理性」を否定するところまで突き抜けた、徹底した平和主義を採用したのである。そこに、この憲法の最大の特徴がある[3]」

憲法学においては、憲法9条を、水島による指摘の通りに「非武装平和主義」として解釈する立場が、従来通説の地位を占めてきた。憲法制定議会において形成された、憲法9条をめぐる「原意」についてもまた、「憲法第9条の制憲者意思は、1項で侵略戦争放棄説を採り、2項前段で、警察力を超える実力説的に理解された「戦力」の、全面的不保持説を採るもの[4]」として把握する立場が、憲法学の通説であったということが許されるはずである。かつて小林直樹は、「学界不動の通説」という見出しの下、次のように述べている。

　「わが国の公法学界では、日本国憲法が徹底した平和主義をとり、とくに第9条によって一切の軍備の保有を禁じ、自衛のための戦争をも放棄したと理解する点で、早くから通説が確立していた。第9条の文言を素直に読めば、法律の専門家でなくとも、そう解するのはごく当たり前であろう[5]」

しかし、古川純が「"憲法学業界"に異変あり[6]」と指摘したように、憲法学

における一部の有力な憲法研究者によって、従来の通説的見解とは距離をおく立場が打ち出されるようになった。現在の"憲法学業界"においては、個別的自衛権の行使を目的とする武力保持を合憲とする学説が次第に有力となりつつある。[7]

日本国憲法9条の解釈にあたり、憲法学界における通説の地位を占めてきたのは、個別的自衛権行使のための武力までをも放棄するものとしてきた、所謂「憲法9条2項全面放棄説」である。しかし、「国民の意識からあまりにも遊離した解釈では、かえって立憲主義の空洞化に荷担してしまうことにならないか」との危惧から、「国民意識におけるこれほどの変化を無視した憲法解釈」と距離をとるべきことを主張する声もある。[8]

個別的自衛権の行使を目的とする武力保持を合憲とする学説が次第に有力となりつつある現在、非武装平和主義として憲法9条を解釈する営為は「立憲主義の空洞化に荷担」することなのか。それとも、立憲主義という枠組の中で今なお有効な意義を帯び得るものなのであろうか。

1　憲法9条の規定内容

憲法9条戦争放棄規定の内容をめぐり、学説がどのような展開を遂げてきたのか、本節において整理してみたい。憲法9条は、まず第1項において戦争放棄の動機を「日本国民は、正義と秩序を基調とする国際平和を誠実に希求し」という形で示している。日本国憲法前文第2段に記された「専制」「隷従」「圧迫」「偏狭」という国際平和の阻害要因が存在しない状態こそが「国際平和」のあり様であるという前提に基づき、戦争の放棄によって志向される平和主義の方向性が、ここに明示されているものと考えられる。

このような戦争放棄の動機の表明に続いて、憲法9条1項は、「国権の発動たる戦争と、武力による威嚇又は武力の行使」を、「国際紛争を解決する手段としては、永久にこれを放棄する」とし、第2項において、「前項の目的を達するため」、陸海空軍その他の戦力の不保持および交戦権を「認めない」（否認）ことを規定する。

憲法9条によって規定された、「戦争の放棄」、「戦力の不保持」、そして「交

戦権の否認」の意味をめぐり、まずは基本的な論点について整理してみよう。

「国権の発動たる戦争」とは、国際法上、国家が有する主権の発動として伝統的に認められてきた武力闘争、すなわち「国際法上の戦争」を意味する。宣戦布告[9]または最後通牒[10]という手続により戦意が表明され、戦時国際法規の適用を受けるものを言い、これを「形式的意味の戦争」と呼ぶ。

これに対し、「武力の行使」は、国際法上の意味における戦争ではない。これは「国際法上の意味の戦争」の要件としての宣戦布告や最後通牒を伴わない形で、国家間で行われる事実上の武力闘争を意味するものであり、「実質的意味の戦争」と呼ばれる。満州事変や日中戦争を、その典型例として挙げることが出来る。

「国家の政策の手段としての戦争」が初めて正面から否定されたのは、「戦争抛棄に関する条約」（不戦条約、1928年8月27日署名、1929年7月24日発効）1条「締約国ハ国際紛争解決ノ為戦争ニ訴フルコトヲ非トシ且其ノ相互関係ニ於テ国家ノ政策ノ手段トシテノ戦争ヲ抛棄スルコトヲ其ノ各自ノ人民ノ名ニ於テ厳粛ニ宣言ス」においてのことであった。

しかし、不戦条約以降、「自衛」という名目での武力行使が「形式的意味の戦争」の要件を備えない形で「宣戦布告なき戦争」として行われるようになった。不戦条約の締結に際して、締約国は、この条約は自衛権を制限するものではないという米国の提案に賛同したことから[11]、不戦条約は侵略戦争のみを制限するものとされ、自衛戦争を容認するものとして機能することとなったのである[12]。

不戦条約によれば自衛権の行使が各国に留保されており、国際社会においては強行的な基準を設定しうる裁判所が存在しないため、結局のところ自衛権の行使か否かをめぐる最終的な認定権は、各国により保有されていた。不戦条約以前に頻用された「正当な戦争」という言葉は、不戦条約以降はもっぱら「自衛戦争」という言葉に取って代わられることとなった。日本においても、「満州事変」「上海事変」「日支事変」という形で多用された[13]「事変」の反復継続により、日中全面戦争、アジア・太平洋戦争への道が拓かれたという経緯を回顧すれば、「形式的意味の戦争」にとどまらず「実質的意味の戦争」の抑制が課題として認識されるに至ったことには十分な理由が認められるべきである[14]。憲

法9条1項において、形式的意味の戦争、そして実質的意味の戦争の双方が放棄されるにとどまらず、さらに「武力による威嚇」までもが放棄の対象とされているのは、このような文脈において理解することが出来る。

「武力による威嚇」とは、武力を背景として自国の主張を他国に強要し、それを貫徹しようとする行為であり、その典型例として、第一次世界大戦中の1915年に、日本が中国に対して行った「対華21か条」要求を挙げることが出来る[15]。このように、憲法9条は、広い範囲にわたり深い程度に及ぶ戦争放棄の規定条文として解釈され得るものである。

ただし、以上の戦争の放棄には、「国際紛争を解決する手段としては」という留保が付されている。先述した「戦争抛棄ニ関スル条約」第1条において、「国際紛争解決ノ為」とは、「国家ノ政策ノ手段トシテ」と同じ意味のものとして位置づけられており、従来の国際法上の用例において、これは「侵略の手段として」という意味であると解されてきた。このような国際法上の用例を尊重すれば、憲法9条1項により放棄された「戦争」は侵略戦争に限定されることとなり、自衛戦争は放棄対象に含められていないという解釈が可能となる。このような立場を限定放棄説と呼ぶ。

憲法9条1項により規定される戦争放棄が侵略戦争に限られるか否かをめぐり、学説は、限定放棄説、憲法9条1項全面放棄説、憲法9条2項全面放棄説という3説に分かれることとなった。

2　憲法9条1項全面放棄説と憲法9条2項全面放棄説

「日本国憲法が徹底した平和主義をとり、とくに第9条によって一切の軍備の保有を禁じ、自衛のための戦争をも放棄したことについて、学界では早くから通説が確立していた。すべての戦争や武力の行使が、第9条1項で放棄されたとみる（第1説）か、第2項の交戦権の否認や戦力不保持規定によってなされたとみる（第2説）かの差はあっても、第9条の解釈としては圧倒的多数がほぼ同じ結論に達していたからである」[16]

憲法9条1項全面放棄説は、憲法9条1項における「国際紛争を解決する手

段として」という文言について、「日本国憲法の条文は伝統的な国際法上の用例に縛られる形で読まれなければならないものではない」という前提に基づき、侵略戦争と自衛戦争の区別を明らかにすることも歴史的にみれば困難であることから、すべて戦争は「なんらかの意味で国際紛争を解決する手段としての役割を持たないものはない」と考え、憲法9条第1項において、自衛目的の戦争を含めて全面的に戦争が放棄されるものと解する立場である。

憲法9条1項全面放棄説は、憲法9条1項における「国際紛争を解決する手段としては」という文言について、侵略戦争が自衛の名において行われてきたという事実を踏まえたものにすぎないとし、自衛戦争を除外する意味をこの文言に持たせているとは考えられないと説明する。憲法9条1項全面放棄説の立場に立つことを表明する浦部法穂は、次のように述べている。

「理論的ないし政治的な客観的評価として、侵略戦争か自衛戦争かの区別が可能であるとしても、実際の戦争は、侵略戦争であっても自衛の口実のもとに行われてきたという歴史をふまえて、日本国憲法は、そういう区別をあえて捨て去って自衛戦争をもしないこととしたのである。そうである以上、9条が1項に関してのみその区別をもち込んでいるとみるのは、不自然であろう」

浦部は、自衛戦争とは「国家」の自衛のための戦争、「権力」を守るための戦争と同義であるとし、「正しい戦争」として自衛戦争を捉える立場が、その「正しさ」を権力の視点からのみ捉えていることを批判する。これが、浦部による憲法9条1項全面放棄説の中核的な根拠となっている。

「個人の視点に立って考えれば、いかなる戦争にも（そしていかなる軍隊にも）決して「正義」はない、ということになるはずである。権力の視点からみていかに「正しい」戦争であろうとも、それは、個人の生命や生活を根こそぎ破壊するという点において、「正しくない戦争」となんら異なるものではない。個人の視点からみれば、どんな戦争も、個人の生命・生活を奪うものであり、決して正しくない」

この立場においては、軍備不保持と交戦権否認を規定する憲法9条2項がど

のように位置づけられるかが問題となるが、これについては、戦争放棄を実効的なものとするために軍備の廃止が必要という見地から、憲法9条2項は、あらゆる戦争を放棄した第1項を確認するための規定として位置づけられるものとされる。

ただし、この憲法9条1項全面放棄説の論者として位置づけられる宮沢俊義は、日米安全保障条約に基づく在日米軍の駐在や、そのための軍事基地の提供について「憲法違反ではない」という立場を示している。憲法9条をめぐる戦後憲法学説の多くは、国際連合による集団安全保障体制に自国の武力をもって参加することから距離をとりつつ、他方でその国連による集団安全保障に依存することを肯定するという方向性をとってきたが、宮沢のこのような立場は、日米安保条約による駐留米軍を、国連と同視するものとして把握される。

佐藤功はこの点について、「いまの国際平和組織の現段階の現実というものを無視してはいけないというお考えがあって、そこで第9条も国際連合による安全保障、つまり国際的な安全保障、そういう現実までをも禁止するものとは解すべきではないという解釈をとられた」と評している。これについては、宮沢が条約優位説に立っていたことと相応させて読まれるべきであるが、小林直樹は、実質的に考えると、とりわけ宮沢が軍隊の反民主的性格を懸念していたことから、「自衛隊を強化して、それによってかつての軍部のようなものがつくられたときの方がより禍害は大きいのではないか」という見地から、「リアリスティックに「より小さい害悪」を選択されたことだといっていいように思う」と評している。

樋口陽一は、「自分は一切武力を使わないし国連に武力を出すこともしない、しかし「万一」のときは「連合国」＝United Nations＝国連（≒ひとによっては日米安保）に頼む、というこの構え」が「ただ乗り」「一国平和エゴイズム」という「非難」と結びつきやすいことを踏まえつつ、国連憲章のなりたちや敵国条項（107条）から明らかであるように、国連憲章がそもそもは日本を含む枢軸国の軍国主義を無害化する戦後管理の構想であったことを前提として、かような「非難」が単純な意味で的中するものではなかったことを指摘する。日本を非武装平和に徹させることは国連の眼目だったのであり、そのような日本の安全を侵す国に対して「連合国」＝United Nations＝国連が安全を保障すること

は、樋口によれば「理論」通りのことにすぎない[27]。

　続いて、憲法9条2項全面放棄説である。この学説は、憲法9条1項全面放棄説とは対照的に、憲法9条1項について、自衛戦争や国際連合による制裁戦争までをも放棄するものではないと解する。

　その根拠として挙げられるのは、「国権の発動たる戦争」について、国際法上、国家が有する主権の発動として伝統的に認められてきた武力闘争、すなわち「国際法上の戦争」を意味するという伝統的な国際法上の用例である。憲法9条2項全面放棄説は、このような従来の一般的な解釈から逸脱することは妥当ではないという前提に立脚する。

　しかし、憲法9条2項全面放棄説は、憲法9条2項の「前項の目的を達するため」という文言が、前項たる憲法9条1項を規定するに至った目的、すなわち、「日本国民は、正義と秩序を基調とする国際平和を誠実に希求し」という部分にかかるものとすることにより、憲法9条2項により一切の戦力と交戦権が否定され、戦力不保持が無条件に規定されることになるとする。その結果として、憲法9条1項では放棄されていない自衛目的の戦争と、国際連合による制裁戦争も、憲法9条2項によって否定されることになり、憲法9条全体としてみれば全ての戦争が放棄されるという結論が導かれることになる[28]。

　憲法学説において通説の地位を占めてきたのは、間違いなくこの憲法9条2項全面放棄説であることを、ここで確認しておきたい[29]。樋口陽一はかつて次のように述べている。

　　「日本国憲法9条は、戦争と軍事化抑止のための立憲主義憲法史の系譜をひきつぎながら、あらゆる「戦力」の不保持を定める（2項）ことによって、あらゆる「戦争と、武力による威嚇又は武力の行使」を放棄した。1項解釈が分かれるにしても、2項の戦力不保持の帰結としてそうなる、と解するのが戦後憲法学の通説理解であった。その意味で、戦後憲法学は、第9条解釈論として絶対平和主義を説いてきた[30]」。

　このように整理される憲法学説に対しては、非現実的という批判が向けられることもあるが、そのような批判に対する指摘として、樋口による次の言説が憲法学では重く受け止められてきた[31]。

「戦後憲法学は、「非現実的」という非難に耐えながら、その解釈論を維持してきた。過少に見てならないのは、そういう「非現実的」な解釈論があり、またそれと同じ見地に立つ政治的・社会的勢力（護憲、あるいは改憲阻止を掲げる諸政党や、労働運動の主要な諸潮流）があったからこそ、その抑止力の効果を含めて、現在かくあるような「現実」が形成されてきたのだ、という事実である。そのような「非現実的」な主張と政権与党の側の「改憲」の立場が厳しく対立する緊張関係があったからこそ、現在かくあるような「戦後日本」を暴走させないできた、という事実である」[32]

ここで、樋口の別稿における「その意味で、戦後憲法学は、第9条解釈論として絶対平和主義を説いてきた」[33]という指摘に注目してみたい。樋口はこの「絶対平和主義」という文言について、次のように述べている。

「ところで、解釈論であれ立法論（憲法の場合でいえば改憲の是非というかたちをとる）であれ、法思考は、心情でなく論理と政策判断によって組み立てられる性質のものである。平和の理念は絶対的でありえても、平和の技術としての実定法解釈および実定法評価は、絶対的でなく相対的な思考のうえに根拠づけられるべき性質のものである。…一見すると、たしかに、戦後憲法学は、絶対平和主義を「絶対的に」説いてきたように見える。日本国憲法の三大原理と呼びならわされてきたものの中で、まず、主権の理解は、人権によって相対化されてきたはずだったし、9条の存在そのものが、伝統的な国家＝国民主権観念をはっきりと相対化するものにほかならなかった。人権はといえば、「公共の福祉」の観念による相対化については考え方が分かれたとしても、他の人権への言及によって相対化されてきた。…このように、主権と人権は、それぞれの対抗価値が憲法理念として援用されることによって、相対化されてきた。それとくらべると、たしかに、平和については、その対抗価値として意識されてきたのは戦争および軍事権力であり、それは、憲法上の正統性を持たないものとしてあつかわれてきた。その意味で、憲法の三大基本原理のなかで、平和は「絶対的」に説かれてきたように見える。
　そのような外見にもかかわらず、しかし、絶対平和主義を説く論理は、無前提的に「絶対的」なものではなかった。説き手によって十二分に意識され

定式化されていたかどうかは別として、そこには、自国の権力、および国民主権のもとでそれを支える国民そのものに対する不信と猜疑という前提のもとで、—従って、その意味で「相対的」に—論拠づけられてきたはずなのである」[34]

　この樋口の指摘から、「無前提的に「絶対的」な論理に基づく絶対平和主義とは異なるものとしての、相対的に論拠づけられてきたものとしての絶対平和主義」という概念が浮かび上がる。筆者は、樋口によるこのような視座には、重要な意義が認められるものと考えるが、まだその意義について議論する段階には至っていない。本書第1章7「「原理」と「準則」—道徳的読解という憲法解釈方法論」の後半でこの点に立ち戻ることを予告して、先に進むこととしたい。
　さて、ここで、戦争と平和に関する思想の類型をめぐる君島東彦の議論を参照し、「絶対平和主義」の位置づけについて整理してみよう。君島は、マーティン・キーデルによる研究に依拠しつつ[35]、戦争と平和に関する思想の類型をめぐる新たな視座を打ち出している[36]。伝統的には、現実主義（realism／戦争の正邪を問わない）、正戦論（just war theory／戦争の正当化条件の探究）、絶対平和主義（pacifism／一切の戦争・軍事力の否定）という3つに大別する3分法が見られたが、君島は正戦論と絶対平和主義の間の区別が過度に大雑把であるとし、正戦論と絶対平和主義のあいだに「もっと微妙なニュアンスの違い」[37]があると指摘する。
　その上で、君島は、①軍国主義（militarism）、②介入主義（crusading）、③防衛主義（defencism）、④漸進的平和主義（pacificism）、⑤絶対平和主義（pacifism）という、キーデルによる5つの類型論を引用する[38]。
　①軍国主義は、社会進化論の見地に立脚し、国家の生存競争、自然淘汰のプロセスとして戦争を捉え、戦争により人間の発達が促されると考える立場である。②介入主義は、国際社会の正義を実現するという見地から、他国における人道的危機や人権侵害に対処するために、武力介入を認める立場であり、所謂人道的介入はこの立場に基づくものである。③防衛主義は、攻撃的でなく防御的な一定の軍備が平和をつくると考える立場であり、他国に対する侵略的な攻

撃は決して正当化されるものではなく、各国による適度な軍備により戦争抑止を実現すると考えるものである。この立場によれば、人間社会にとって、「防御的に武装して警戒を怠らない諸国間の安定した停戦状態」が実現可能な目標とされることになり、人間の不完全さを前提とする悲観的な国際社会観をもつものとして位置づけられるものである。④漸進的平和主義は、武装停戦した諸国家が織りなす国際社会という見方をもつ防衛主義の悲観論に満足せず、「武装停戦」よりももっと恒久的な平和を実現可能なものと考える。国内政治の改革によって正義の実現が可能になったように、国際政治においても国際秩序の変革によって戦争の廃絶と軍縮が可能であると考える。そして、長期的な目標としての戦争廃絶を諦めることなく、ただし暫定的には防衛のための軍事力の保持と行使を容認する立場である。君島によれば、世界の平和運動の主流は、この立場に立つものとして位置づけられることになる。⑤絶対平和主義は、戦争肯定の対極にあるものとされ、一切の軍事力の保持と行使を認めない立場である[39]。

　この絶対平和主義は、さらに次の３つに区分可能であることが指摘される。(1)楽観的な絶対平和主義（絶対平和主義はいま直ちに有効な防衛政策になり得る、非暴力で侵略を抑止し得ると考える立場）、(2)協調的な絶対平和主義（絶対平和主義は、いま直ちに現実的な防衛政策にはなり得ないが、近い将来にそうなり得るので、それまでは漸進的平和主義を支持する立場）、(3)悲観的な絶対平和主義（絶対平和主義は現実政治の政策というよりも個人の信仰であるので、人間が根本的に回心して人間社会が変わらないかぎり、国際社会において実現できないと考える立場[40]）。

　このようなキーデルによる類型論について、君島は、絶対平和主義（パシフィズム）と漸進的平和主義（パシフィシズム）が、区別されて析出された点を重視する。そして、平和主義の歴史を回顧すると、この両者の潮流、考え方が未分離のまま、相互補完的に存在してきたとされた上で、絶対平和主義ではなく漸進的平和主義の方が主流として位置づけられてきたこと、キーデル以前にはこのダイナミクスが自覚されていなかったことを強調する[41]。

　君島によれば、戦後日本の平和主義においても、絶対平和主義と漸進的平和主義の両方の要素が見出されることになる。憲法研究者、平和運動、革新政党の間では自衛隊違憲論が主流であり、絶対平和主義の傾向が強く看取された一

方、一般市民の間では、憲法9条も自衛隊も支持するという世論調査の結果が示すように、絶対平和主義と漸進的平和主義の両方の要素が未分離のまま存在していたとされる。

「ある時期までの憲法9条と自衛隊に関する日本政府の解釈（内閣法制局の解釈）は、憲法研究者、平和運動、革新政党の自衛隊違憲論＝絶対平和主義との緊張関係の中で、自衛隊の存在と行動を憲法9条の武力行使禁止・戦力不保持の枠内にとどめなければならないという要請の中で模索された「努力」の結果である。それは、キーデルの類型論によれば、防衛主義の要素を持ちつつも、主として漸進的平和主義の枠内にあったと思われる。この状態は、絶対平和主義と漸進的平和主義の相互補完的共存であったと筆者は考える」

3　限定放棄説

続いて、限定放棄説を取り上げる。かつて佐々木惣一に代表されたこの学説は、憲法9条1項の「国際紛争を解決する手段として」放棄される「戦争」を、侵略戦争に限定されるものと解し、2項においては、このような文脈における「前項の目的を達するため」、すなわち侵略戦争放棄という目的を達するために軍備の不保持と交戦権の否認が定められているとし、自衛目的のための戦争を目的とする戦力の保持は禁止されておらず、そのための交戦国としての権利も認められるとする立場である。

佐々木は、「前項の目的」を「国際紛争を解決する手段としては」の部分に限定して解釈することにより、『国際紛争を解決する手段」としてのものではない「自衛」目的であれば、戦力の保持は憲法9条下で合憲であると主張した。

「今日の如き、諸國がそれぞれ自國のためにする要求を為し、その要求を貫徹するために、時に實力に訴えることを辞せない、という世界情勢の下において、一國だけが紛争解決のために戦争をしないとし、そのために武力を保持しないとして、その國がよく自主独立の立場を維持することができるか

どうか。事実としてはわからない。…國際関係複雑を極め、諸國間の対立激甚を極める今日、いかなる場合にも、いかなる國家よりも、侵略をうけることがないとは限らぬ。そういう場合に、國家としては、自己の存立を防衛するの態度をとるの必要を思うことがあろう。これに備えるものとして戦力を保持することは、國際紛争を解決するの手段として戦力を保持することではないから、憲法はこれを禁じていない。このことは、わが國が世界平和を念願している、ということと何ら矛盾するものではない。これは、今日いずれの國家も世界平和を希求していることと、何人も疑わないにもかかわらず、戦力を保持しているのと、同じである」[45]

「憲法第9条第1項では、国家は国際紛争を解決する手段としての戦争をせず、国際紛争を解決する手段として武力による威嚇または武力行使をしない、という態度をとることを定めている。かかる態度をとることが第9条第2項にいわゆる「前項（第1項）の目的」である。……第1項で戦争をしないとするのは、国際紛争解決の手段としての戦争をしないとするのであるから、第2項で、第1項の戦争をしないという目的を達するために、戦力を保持しない、とする場合のその戦争が第1項で放棄せられている戦争、すなわち国際紛争解決の手段としての戦争であること、法規解釈の論理上当然である。ゆえに自衛手段としての戦争に用いるものとしての軍備を有することは、憲法上許される」[46]

限定放棄説の立場として、田上穣治による下記のような見解も参照しておきたい。

「わが憲法の基本原理として国民主権・人権尊重および国際協調の三原則が挙げられる。このうち、侵略に対して抵抗しないことが国際協調の原理に適するとはいえない。国民主権の国家ならば、国民は憲法を尊重擁護する義務とともに、憲法の前提とする国家の存立・防衛について責任がないとはいえない。殊に国家が国民の生命・身体および財産の安全を保障するために必要な制度であるとすれば、それは急迫不正の侵略に対し自己を防衛する権利がなければならない。憲法13条は、立法その他の国政のうえで国民の基本権

を最大限度に尊重すべきものと定めるが、それは原則として国民の自由を侵してはならないとする消極的な不作為請求権の宣言のほか、国民の生命・自由・財産に加えられる国内的および国際的な侵害を排除するため積極的に国権の発動を要請する、公共の福祉の原理を含むものである。ここに、国内の公共の安全と秩序を維持する警察権とともに、国外からの侵略に対する国の自衛権の憲法上の根拠がある。憲法第9条の戦争の放棄はこのような前提の下で理解すべきである」[47]

この田上説の特徴は、先述の佐々木惣一とは異なり、武力による自衛権の根拠として、「すべて国民は、個人として尊重される。生命、自由及び幸福追求に対する国民の権利については、公共の福祉に反しない限り、立法その他の国政の上で、最大の尊重を必要とする」という憲法13条を位置づけている点にある。

このように、憲法13条を根拠とした限定放棄説を唱える立場として、最近では、木村草太による議論を挙げることが出来る。木村は次のように述べる。

「まず、政府見解を確認しよう。確かに、憲法9条の文言は、「国際関係における武力行使を一切禁じている」ように見える。しかし、他方で、憲法13条は、国民の生命や自由を国政の上で最大限尊重しなければならない旨定める。政府は、強盗やテロリストのみならず、外国の侵略からも国民の生命等を保護する義務を負う。この義務は、国家の第一の存在意義とでもいうべきもので、政府はこれを放棄できない。そこで政府は、外国からの武力攻撃があった場合に、防衛のための必要最小限度の実力行使は「9条の下で認められる例外的な武力行使」だとしてきた。こうした政府解釈を「欺瞞」と批判する見解もある。しかし、その見解は、「外国による侵略で国民の生命・自由が奪われるのを放置することも、憲法13条に反しない」との前提に立つことになる。こちらの方がよほど無理筋だ」[48]

木村は、憲法9条の文言は、安保理決議や自衛権に根拠づけられる場合も含め、武力行使を「一切禁じているように見える」文言であることを踏まえた上で、憲法9条1項における「国際紛争を解決する」ための戦争・武力行使と

は、1928年のパリ不戦条約に由来する文言で、自国が武力攻撃を受けていないにもかかわらず、外交上の紛争で自らの意見を押し通すために行う武力行使、換言するならば、侵略のための戦争・武力行使・武力による威嚇であると述べる。

憲法9条2項の「前項の目的を達するため」という文言からすると、侵略のために使わない軍や戦力であれば保有してもよいようにも読めるが、憲法に、軍事活動の権限や責任をどの機関に配分するかを定めた規定がまったく存在せず、軍を指揮・管理するときの手続規定もないこと、9条2項が、「侵略のための軍は持たない」とか、「国際紛争解決のための戦力は保持しない」と定めるのではなく、軍・戦力一般を保持しないとしていることから、9条は、外国に武力行使を行うための軍・戦力の保持を一切禁じており、自衛権の行使を含め一切の武力行使は許されない、と解されることになると木村は述べる。しかし、9条の例外を認めるための根拠規定として、木村は、「国政の上で、最大の尊重を必要と」されるところの、「生命、自由及び幸福追求に対する国民の権利」（憲法13条）を挙げ、政府には、国内の安全を確保する義務が課されていること、外国からの武力攻撃があった場合に、それを排除するための必要最小限度の武力行使を行うことは、政府が国民の生命・自由等を最大限尊重する義務（憲法13条）を果たすための行為（憲法第9条の下で「例外的に許容される」武力行使）として正当化できると主張するのである[49]。

憲法9条の戦争放棄規定をめぐる議論において、最近では、このような形で個別的自衛権行使のための武力保持およびその行使を合憲とする立場が見られるようになった。しかし、憲法13条を武力による自衛の根拠とする見解に対し、憲法学は否定的な評価を示してきた。例えば樋口陽一は、次のように述べている。

「この説明は、たしかに、近代立憲主義のもとで、また、近代立憲主義の原理に関連づけて武装・軍備の根拠を実質的に示そうとする場合に、唯一可能な説明方法であろう。それゆえ、この説明は、戦力不保持規定をもたない国の、軍事力の実質的根拠としてならば、成立できるであろう。そして、軍事力に対する制約を画するものとして、意味をもつであろう。しかし、日本

国民は、みずからの生命・自由・幸福追求、もっとひとこといえばみずからの個人としての尊厳を確保するために、あえて、9条を日本国憲法のなかに規定したはずである。すなわち、9条の存在自体が、13条による自衛権論によって「戦力に至らない自衛力」を根拠づけることを否定したもの、と見なければならないであろう」[50]

青井未帆も、次のように述べる。

「国家の存続のためには、国民の自由が犠牲にされる危険性が常にある。特に全体主義によって個人を圧殺した過去の反省は、日本国憲法下において国家や国民の安全について考える際にも、徹底して個人の視点に立つことを要請する。そのため、「武力による平和」への深い懐疑が、個人の自由という視点からは引き出されるのである。軍事力はいかなる理由であれ、いったん行使されれば、誰かしら、特に弱い人間から先に、犠牲を強いられることになるからである。そもそも憲法13条とは、「国家の存続」という、誰にも否定することができない公益がふりかざされることに異を唱える、最後の方法にこそならねばならないのではないか。憲法9条の下で「国民の生命、自由及び幸福追求の権利」を用いて、国家が武力を行使できるケースを増やすことに、筆者は違和感を禁じ得ない。もし憲法9条をもちつつも、「国民の生命、自由及び幸福追求の権利」のために、国には安全を確保する義務があるということを正面から認めるとなると、相当に議論のあり方はこれまでとは変わるはずである。なぜなら従来の政府解釈は、これに比べれば「自衛権が否定されない」、「例外的に武力行使できる場合がある」という、迂遠な、遠慮がちな議論だったのであり、そのために面倒な議論をたくさんしなければならなかったからである。それが不要となることをも意味するのである」[51]

「個人主義に違和感や嫌悪感を抱く側面が社会に根強く残り、そういう言説が噴出していますが、日本国憲法は、「反個人主義」「国家第一主義」が公の言説空間を席巻することを妨げてきました。少数者が闘う武器として、個人を超える価値が個人の人権を簡単に制約することを妨げてきたのでした。すなわち、公教育や政治の場で「お国のために命の限りを尽くせ」とか、

「国益や安全保障のために自由や権利が失われるのは当然」といった表現が勢いを持つことを、憲法がいわば防波堤のように抑えてきたのです」[52]

ルソン島の戦場から生還し、戦後、一貫して平和憲法擁護の理論と実践に取り組んだ久田栄正は、日本国憲法による平和主義を「戦争権力による戦争からの人権保障のための抑制原理」として理解すべきことを説き、戦争の目的を問わず一切の戦争が憲法により否定されているという立場を堅持した。平和を人権の問題として捉える平和的生存権をめぐって、憲法前文第2段、憲法9条、さらに憲法第3章における具体的人権条項との組み合わせによって、平和的生存権の憲法的構成を行う学説が有力であった中で、久田はあえて憲法13条の中に平和的生存権を読みとるべきことを主張した。

「今日核兵器の出現によって人類滅亡まで予想される段階においては、個人の尊重は、人類社会を支える基礎としての意義をもつに至った。個人の尊重は「平和の基礎」として承認されたのである。憲法13条で保障される権利は、社会的生活過程を支えている基礎としての権利、人間の生存と尊厳に関わる基礎的な権利であって、この権利を根こそぎ侵害し、剥奪するのが戦争である。この権利を保障する意義は、戦争に対してである」[53]

「一度武力が行使されれば、武装集団相互の死闘によって国民の生活基盤が根底から破壊され、「個人の尊重」に対する重大な侵害が生ずる。これを絶対に許さないというのが憲法13条の趣旨である」[54]

以上のように、樋口陽一に代表される憲法学説は、憲法13条を根拠とする個別的自衛権合憲論を否定してきたのである。青井が指摘するように、日本国憲法は、「反個人主義」「国家第一主義」が公の言説空間を席巻することを妨げてきた。憲法9条は、憲法13条と組み合わされる形で、自衛隊を違憲と位置づけるものとして捉えられてきたことが確認されなければならない。

限定放棄説は、「自衛のための最小限度の実力（自衛力）を保持することまで憲法は否定しておらず、第9条2項前段がその保持を禁止する「戦力」とはこの「自衛力」を超える実力である」とする、1954年以来の従来の政府解釈を追認するものとして機能する。この点と関連して、石川健治は、憲法の統治機構

論の重層性において、「法的な権限があるか」という第１層、「その権限を行使する正統性がそこにあるか」という第２層、「権限を裏付ける財政上の根拠はあるか」という第３層による３層構造により、権力が統制されることを指摘する[55]。国会が自衛隊法を制定し、内閣法制局が憲法９条２項の例外領域を正統化する「自衛力」論をもち込んだことにより、第１層レベルでは憲法９条２項が事実上突破されているという現実があるとしても、第２、第３層が健在であることの意味を看過すべきではないという石川による指摘は重要である[56]。憲法９条２項と、正統性論としての平和主義論を根拠とした自衛隊違憲論の存在により、自衛隊の組織としての存立が不断に問い直され、それによる自衛隊の権限行使に対する統御が機能してきたという側面の意義[57]は、とりわけ、近年における、軍事的合理性を前面に押し出して「軍事的なるもの」が肥大化しつつある現状[58]においては、決して軽視されてはならない。

　長谷部恭男は、「自衛のための実力の保持を全面的に禁止する主張は、特定の価値観・世界観で公共空間を占拠しようとするものであり、日本国憲法を支えているはずの立憲主義と両立しない。したがって、立憲主義と両立するように日本国憲法を理解しようとすれば、９条は、この問題について、特定の答えを一義的に与えようとする「準則（rule）」としてではなく、特定の方向に答えを方向づけようとする「原理（principle）にとどまるものとして受け取る必要がある、こうした方向づけは、「軍」の存在から正当性を剥奪し、立憲主義が確立を目指す公共空間が、「軍」によって脅かされないようにするという憲法制定者の意図を示している。そうである以上、９条を改変して「軍」の存在を明確化しようとする提案は、自衛のための実力の保持を認めるという意味では不必要であるばかりか、公共空間の保全を目指す憲法の機能を揺るがしかねないものである」[59]と述べる。しかし、自衛隊を合憲と位置づける「穏和な平和主義」論には、上述の石川の議論における、正統性論としての平和主義論を根拠とした自衛隊違憲論という要素が欠けている。政府見解は、自衛隊に「軍」とは異なる位置づけを与えてきた。憲法９条を「「軍」の存在から正当性を剥奪し、立憲主義が確立を目指す公共空間が、「軍」によって脅かされないようにするという憲法制定者の意図」を示すものとする長谷部もまた、この政府見解と同様の論理に立脚するものと考えられる。しかし、自衛隊を「軍」なるもの

から遠ざけてきたのは、憲法学における従来の通説をはじめとする自衛隊違憲論ではなかったか。

　本書序章で確認したような特殊日本的な歴史を踏まえるならば、日本国憲法により、「自衛目的の武力」の保持および行使をめぐる正統性は国家権力から剥奪されており、「戦争によらざる自衛権」による安全保障が規定されていると考えるべきである。

　本書第2章では、制憲者意思におけるこの「戦争によらざる自衛権」こそが、制憲者により憲法9条に込められた戦争放棄規定の核心として特定されるべきことを論証するものであり、「戦争によらざる自衛権」と適合的な非武装による安全保障の方法論については、本書第3章で具体的な提言を示すこととしたい。ここで指摘しておきたいこと、それは、「穏和な平和主義」論について、立憲主義が確立を目指す公共空間に対する「軍事的なるもの」の侵食を防ぐものではなく、むしろその呼び水となるものではないかということである。

　インターネット上のオピニオン系のSNS等では、長谷部による「原理」と「準則」の区分論に安易に依拠し、「憲法9条は準則ではなく原理であり、自衛戦力を合憲とする余地がある、従来の憲法学説は誤りである」という趣旨の安直な意見発信を目にすることが増えた。しかし、そのような発信者は、ドゥオーキンの「原理」「準則」区分論が、そもそも道徳的読解という憲法解釈論と深く結びつくものであること、さらに、その道徳的読解がどのような憲法解釈方法論として提唱されているのか、そのような観点に目を向けることはないのである。メディアへの露出が多く、影響力も高い憲法研究者が、従来の憲法学における通説を批判し、自衛隊合憲論を提唱することは、石川健治のいう「立憲主義を支える結界」[60]における憲法9条の機能を脆弱化させることにつながってきたのではないだろうか。

4　限定放棄説により合憲とされる自衛隊と市民の関係の現在

　国民と自衛隊の関係については、近年、様々な問題が生じている。2007年6月、自衛隊情報保全隊が作成した内部文書を、日本共産党が暴露した。これらの内部文書には、2003年11月から2004年2月までの自衛隊のイラク派遣に反対

する市民活動（市民集会，デモ行進等）、地方議会の動向、マスコミによる取材活動までもが詳細に記載されていた。中には、「医療費負担増の凍結・見直し」の街宣・署名活動、「04国民春闘」の街宣、「年金制度改悪反対」の街宣、「消費税増税反対」の街宣まで記載されていた。

　その後、2003年から2016年にかけて、自衛隊イラク派遣反対の市民運動に対し、自衛隊情報保全隊が監視・情報収集を行っていたことが明らかとなった。41都道府県の289団体が対象とされ、顔写真、発言内容、特定個人の住所等の情報が収集され、作成された調査書には「派遣に対する国内勢力の反対動向」という表題が付されていたことも明らかとなっている。防衛すべき国民を、その立場によっては「派遣に対する国内**勢力**」と分類する自衛隊の姿勢は、戦前の軍と変わらないメンタリティー（「軍事的なるもの」の本質）を示すものであるようにも見える。

　イラク派遣反対運動が盛り上がる中、情報保全隊は反対運動のみならず、国民の多くの運動を監視・情報収集していたことが暴露された。国に対し監視活動差止めと損害賠償を求める訴訟が提起され、仙台高裁は損害賠償を命ずる判決を下した（仙台高判平成28年2月2日（判時2293号18頁））。

　控訴審の証人尋問においては、元情報保全隊長が、原告弁護団の追及による尋問を4期日にわたり受け、情報保全隊の国民監視の実態が明らかにされた。情報保全隊の本来業務は、自衛隊員による情報漏洩やスパイ活動の防止であり、情報保全隊による国民監視は正当化され得るものではない。しかし、情報保全隊は、「自衛隊に対する外部からの働きかけから部隊を保全する」という大義名分のもと、このような「働きかけが行われる可能性」があるという抽象的な要件に基づき、情報収集活動に従事していたのである。

　「働きかけが行われる可能性」という抽象的な前提は、情報保全隊に対し、市民や団体を対象として、無限定・恣意的にその運動の監視に及ぶことを可能とするものであった。民主主義国家においては、多元的な価値観の共存が前提とされなければならないが、自衛隊によるこのような国民監視の実態は、憲法が前提とする民主的・価値多元社会と矛盾するといわざるを得ないものである。

　2018年4月16日には、小西洋之参議院議員に対し、現職自衛官（統合幕僚本

部指揮通信システム部所属3等空佐）が公道上で、「お前は国民の敵だ」という発言を反復し、繰り返し罵声を浴びせるという事態が発生した。この事件は、日本が戦時体制へと向かいつつあった1938年3月3日に帝国議会で発生した、佐藤賢了陸軍航空中佐による「黙れ事件」を想起させるものであった。国家総動員法審議において、法案に対し異論を示した立憲政友会の板野友造議員により求められた説明を担当した佐藤は、議場の混乱に対し「黙れ」という暴言を吐いた。

　「あれは決して偶発的な失言などではなく、傲慢無礼な佐藤の一言は、陸軍の政治上の態度を端的に表現したものであり、委員会の空気は当時における軍部ファシズムと、政党内部に残存した自由主義との対立相克の集中的表現であった」[61]。

　この事件が起きたのは、国家総動員法が成立し、戦時体制が確立する1か月前のことであったが、小西議員に対する事件が発生した2018年という時点は、将来においてどのように位置づけられることになるのであろうか。

　自衛隊と市民の間の距離も縮減されつつある。近年、日本各地において、公務員の自衛隊体験入隊研修が行われている。例えば、筆者の勤務校が立地する徳島県には、阿南市という自治体がある。阿南市においては、2017年5月25日から1泊2日の日程で、市の新規採用職員研修として、幼稚園教諭、消防職員を除く42人を対象とし、那賀川町の陸上自衛隊徳島駐屯地において体験入隊研修が実施された。

　例年、「事務職員や保育士らが迷彩服に着替えて参加」するものであり、2017年度も「幼稚園教諭」は対象外とされているものの、「事務職員や保育士」が体験入隊研修の指示を受けている。徳島県阿南市における自衛隊と連携した研修は2014年度から開始されたものであるが、このような研修は日本各地で実施されるに至っている。体験入隊の目的として阿南市が示すものは、「規律心や礼節を学び、正確軽快な動作・態度を身につけること」であり、敬礼や行進等の基礎的な動きを学ぶ基本教練をはじめ、ロープワーク、救急法などに取り組んだことが報道されている[62]。

　体験入隊においては、平素における自衛官の活動のうち、基本的部分を体験

するというプログラムが構成されている。自衛隊の運用にとって最低限必要とされる活動のうち、自衛官全員が教育隊で学んだ内容の触りの部分（生活体験、教練等）を体験するというものである。

　自衛隊の生活においては、「時間厳守」と「整理整頓」が重視されており[63]、これは、阿南市が体験入隊の目的を「規律心や礼節を学び、正確軽快な動作・態度を身につけること」とすることと適合するように見える。この２つの課題は、社会人として修得されるべき資質と考えられるが、自衛隊において「整理整頓」が重視される理由は、自衛隊がそもそも戦闘集団であることと深く関わっていることに注意すべきである。自衛隊は、「直接侵略および間接侵略に対しわが国を防衛するために行う防衛出動」を「主たる任務」とする（自衛隊法３条１項）。すなわち、自衛隊員は殺傷し合う戦場に出向くことが「主たる任務」であり、「緊急出動時に必要とされる装備品をただちに持ち出すことが出来るように」という観点、さらには、「今日使用しているベッドや品物を、明日同一の隊員が使用出来るとは限らない（戦闘により欠員が生じることが前提とされるため）」という観点から、「整理整頓」が重視されているという文脈がある。

　消防職員であれば、火事による万一の事態で命を落とす可能性があるが、消防職員は体験入隊研修の対象外とされている。幼児の保育に従事する保育士や、多様な価値観をもつ市民に公正公平に対応することが求められる事務職員にとって、「戦闘により欠員が生じる可能性があることを前提とした整理整頓」が徹底される自衛隊での生活体験研修は、適切なものとはいえない。

　以下では、自衛隊体験入隊研修を課せられた保育士について考察してみよう。従来、女性は戦闘職種から排除されてきており、「軍隊」が最も男性的な職場とされてきたことは周知の通りである。その理由は「母性保護」に求められてきた[64]。女性が戦闘職種に就くことが出来なかった理由は[65]、ジェンダー・バイアスに基づく女性差別として把握されるべきものではなく、「生命を生み出す」という女性の性役割が、倫理的見地に基づき、「殺傷しあう戦場に出向く可能性がある軍隊」という「職場」から、女性を遠ざけてきた。「母性」という概念が、「生命を生み出す」ことにとどまるものではなく、生み出した生命を尊重し、育て、教育するという作用も含むものであることについては論を俟たない。したがって、「専門的知識及び技術をもって、児童の保育及び児童の

保護者に対する保育に関する指導を行うことを業とする」保育士もまた、戦闘職種から距離を確保されるべき立場にあるものと考えられる。迷彩服に身を包み、生活体験や教練を内容とする研修を保育士が課せられたことには、重大な問題が認められなければならない。

　保育士という文脈から離れて、事務職員の体験入隊には問題がないのかといえば、決してそうではない。組織行動の共通動作を修得する「教練」においては、例えば、「回れ右」や「右向け右」など、軍隊が組織として行動するための共通の規則に基づく共通動作が学ばれる。軍隊による組織行動の維持は、いかなる者により発せられるとしても同一の内容の命令に対し、全員が同一の動作によりこれに応えるという条件によって果たされる。教練における基本教練においては、不動の姿勢が基本姿勢となり、これを基準として、前進の基本方向となる前方、前方を向いた状態で回れ右により向く背後、さらに前方に対する左右方向の基本的な四方向が定義されている。銃をもった状態での動作も定められており、「回れ右」等の号令により、決められた動作・節度による所定方向への転換が徹底される。阿南市の新規採用職員は、まさにこの教練の文脈において行進等の研修を受けている。

　自衛隊においては、上意下達の命令服従という自衛官の資質が重視されるため、「上官の職務上の命令に忠実に従わなければならない」という自衛隊法57条と、軍の組織行動維持のために不可欠とされる教練が深く結びついている。教練の目的は「考えずに従うこと」であり、上官の命令に一切疑問を差し挟むことなく、忠実に従うことが要求される。しかし、市職員に求められる資質は、このような自衛隊に求められる資質とは正反対のものである。市役所をはじめとする地方自治体においては、「住民の福祉の実現」という課題に向き合うため、法律や条令等による制限は勿論受けながらも、住民の多様な声に対して柔軟かつ臨機応変に対応出来る能力が、職員に求められていると考えられる。

　徳島県阿南市のホームページ（人事課・職員研修）においては、「職員研修」の理念として、「少子高齢化社会等の社会経済状況の変化に対応できる職員を育成し、高度化、多様化した市民ニーズを担えるよう、職員の資質や業務遂行能力の向上を図るための研修を企画し、実施する」とされているが、この理念

が自衛隊における「軍の論理」、すなわち「上意下達の命令への服従」と親和的関係にないことは明らかである。自衛隊体験入隊研修は、阿南市の「職員の資質の向上を図るための職員研修」として適切なものとは考えられない。

さらに、職員の研修について規定する地方公務員法39条は、「職員には、その勤務能率の発揮及び増進のために、研修を受ける機会が与えられなければならない」としており、「職員には…与えられなければならない」という文言から、「勤務能率の発揮及び増進の見地から適切な研修を受ける」自治体職員の権利を導き出すことも可能である。阿南市の研修企画には、このような権利を侵害するものという側面もある。

先述のように、自衛隊は憲法違反の組織であるという立場が、憲法学界の「通説」の地位を占め続けてきた。しかし、近年、中国・韓国との領土問題等を踏まえて、国民の自衛隊に対する親近感が高まりを見せている。「個別的自衛権の保持と行使に限り自衛隊は合憲」とされてきた憲法9条をめぐる政府見解（1972年見解）を放棄して、憲法改正手続を回避し閣議決定のみで集団的自衛権行使を可能としてしまった政権与党を、国民の多数はなお支持しており、「自衛隊は違憲」という認識はきわめて稀薄化するに至っている。しかし、従来の憲法学界の通説は、自衛隊を違憲としてきたのである。

司法部による判例においても、自衛隊の憲法適合性が争われたケースにおいて、自衛隊を「合憲」と明示的に判断した判決は、地裁、高裁、最高裁のすべてを含めて、ただ1件も存在しない。これに対し、自衛隊を「違憲」と明示的に判断した判決として、札幌地裁による長沼ナイキ基地訴訟1審判決が存在[67]している。したがって、司法部による自衛隊の憲法適合性をめぐる判断も、従来の憲法学界の通説と正面から衝突するものではないということが出来よう。

従来、憲法違反のレッテルを貼られてきた自衛隊は、国民の理解を得るために、広報活動の一環として、体験入隊研修を企業や自治体の職員研修に開放してきた。しかし、立憲主義の原則に従うならば、自衛隊を合憲として位置づけるために憲法9条が改正されないかぎり、自衛隊の違憲性は否定出来るものではない。したがって、職員研修を自衛隊の体験入隊研修という形で実施する阿南市は、憲法尊重擁護義務に違反するものといわざるを得ない。憲法99条は、全ての公務員に対し、「この憲法を尊重し擁護する義務を負う」ものと定めて

おり、体験入隊研修の内容においても、また体験入隊先の自衛隊の憲法適合性においても、問題が指摘されなければならない。

　以上のような自衛隊と市民の関係における問題点が、自衛隊を合憲とする限定放棄説によって抑制されるものとは考えられず、「軍事的合理性」という価値の前に、市民的権利が侵害される事態が今後一層進行することが懸念される。

5　限定放棄説と憲法13条

　近年では、政権与党による憲法軽視の政権運営により、憲法9条の規範力はかつてない程度で損なわれるに至っている。しかし、石川健治が指摘するように、憲法9条2項と、正統性論としての平和主義論を根拠とした自衛隊違憲論の存在により、自衛隊の組織としての存立が不断に問い直され、それによる自衛隊の権限行使に対する統御が機能してきたという側面の意義は軽視されてはならない。憲法学における限定放棄説は、このような意味における憲法の規範力の稀薄化に荷担するものであるように思われる。

　制憲過程に目を向けて、『憲法改正草案枢密院審査委員會審査記録』を参照すると、「国民の生命、自由及び幸福追求の権利」を用いて、国家による武力行使が正当化されるべきとする議論と同じような趣旨の質問と、これに対する政府側の答弁を認めることが出来る。第四回憲法改正草案枢密院審査委員會（1946年5月6日）における林顧問官と入江法制局長官の議論において、上述の木村草太による議論と同趣旨の主張（下記下線部）が林によって唱えられ、入江により明確に否定される経緯を参照してみよう。

　　林頼三郎顧問官　第一点は此の前委員長から御尋ねあつた第九条第一項と第二項との関係である。第一項は此方から働きかける侵略戦争の禁止の規定である様に見えるが、第二項を第一項と別々のものとして見るといかなる場合にも戦争を否定する趣旨の様に見える。自衛戦争は認められないか。この関係如何。第二点は国際連合憲章によると加盟国は一定の場合、兵力保持を必要とする。将来之に加盟する場合武力を絶対に有さぬことになると、加入

してもその義務を履行することが出来ぬと云ふ疑がある。この関係如何。

入江俊郎法制局長官 第一項と第二項は別の規定である。第一項に於ては自衛権は観念的に否定してはゐない。但し、戦争による自衛権の行使は第二項で否定される。戦争によらざる自衛権の行使なら出来る。唯武力を有たぬ以上実際には問題にならぬかもしれぬ。国際連合の問題は或ひは憲法改正をしなければ加入できぬとも考へられるが、又不可能を強ひることはできぬとして、加入のみは認める。この場合国際連合憲章を改正するか、又はさう解すると言ふことになるかも知れぬとも考へられる。

林顧問官 さうすると第一項と第二項とは独立のものである様だが、第一項では観念的には自衛権を認める。しかし第二項でそれが実際上出来ぬと云ふことか。

入江法制局長官 第二項の方は自衛権とは関係なく交戦権を認めぬとしてゐるので、観念的には第一項によつて自衛権を認めても、実際的には出来なくなる。例へば竹槍等で邀撃することは出来る。

林顧問官 国際連合に関する二つの道の中、政府は何れをとるつもりか。

松本烝治国務大臣 今の連合規約が何時までこのまま続くかと言ふことも判らぬ。或ひはもつと理想的になれば、制裁の規定は不要になるとも考へられる。そこで連合に日本が今の規約の下に於て入ると云ふときに連合の方でどう見るだらうか、二問題がある。今から当方で態度をきめることは不可能であるし、またその必要がないと思ふ。

林顧問官 <u>大体この憲法は基本的人権の規定が多い。個人について人権を徹底的に保証する。それなら基本的国権をも充分に保証することにしなければ釣合がとれぬと思ふ。自衛権は保証する。個人の場合の正当防衛を認めることは当然であるから、それは国家についても当然でて来ねばならぬ。しかるに国家の場合には不当に侵害を受けても手を供いて防衛出来ぬことになる。不調和である。戦争放棄は結構であるがこの点如何。</u>

入江法制局長官 国家として最小限の自衛権を認めることは当然であるが、それは戦争、武力による解決を今後絶対にやらぬと云ふ捨身の態度をとると云ふことが一つの態度であると思ふ。平和を念願する国際社会に挙げて委ねると云ふ態度をとつたのである。根本観念として国家の自衛権を認める

ことは御説の通りであるが、この規定の主旨はここにあると思はれ度い[68]。

　本書第2章で詳しく分析するように、1946年5月6日の時点で入江により示されたこのような政府の制憲意思は、1946年9月13日の貴族院帝國憲法改正案特別委員會における金森徳次郎による答弁においても堅持されることになる。これは、入江によるこのような見解が、制憲議会での議論を通じて不動のものとして維持され続けたことを示している。憲法13条を根拠とした限定放棄説による議論の形は、制憲過程における戦争放棄規定をめぐる政府の答弁によって、そもそも否定されたものでもあることを指摘しておきたい。

　このような限定放棄説とは全く対照的な形で憲法13条の権利内容を捉え、憲法13条を、憲法9条との関わりにおいて、国家による戦争行為や軍事力に対する個人の生命の優位性を根拠づけるものとして位置づける学説は、先に参照した樋口、青井、久田の他にも少なからず存在する。

　憲法学説においては、「生命、自由及び幸福追求に対する国民の権利」について、これを「幸福追求権」として包括的に捉え、生命権、自由権、幸福追求権を各自独立した権利としては必ずしも捉えない立場が従来有力であり続けてきた[69]。しかし、「生命権」と「幸福追求権」を異なる守備範囲をもつ別々の権利として捉える立場が存在する。「生命権」はそれとして独立した対象をもつ権利であり、人権のうちで最も明確で基本的な内容をもった権利だという立場をとる憲法研究者として、上田勝美[70]や山内敏弘[71]を挙げることが出来る。

　ここでは山内の議論を参照してみよう。山内は、憲法13条の文理解釈上の理由、生命権の権利内容の独自性、さらに、生命権を独自の人権として捉える見方が第2次世界大戦後の国際的動向に呼応していること、といった理由から、生命権を自由権や幸福追求権とは相対的に区別された人権として把握すべきことを主張する[72]。

　山内によれば、生命権とは、「それなくしては、人間としての生存や活動が不可能な、その意味で他のあらゆる人権の前提ともなる人権」[73]である。「それが侵害されても、事後に取り返すことは不可能ではない」権利としての自由権とは異なり、「一旦侵害された場合には事後に取り戻すことは永久に不可能な権利」として、精神的自由権を含めた自由権よりもさらに強度の保障を受ける

ことが要請されているとされる。[74]

　独自の権利内容と捉えられた生命権の権利内容として示されるのは、国家に対する不作為請求権としての意味合いをもつ、生命についての侵害排除権と、国家に対する作為請求権としての意味合いをもつ、生命についての保護請求権である。生命についての侵害排除権は、①戦争や軍隊のために自己の生命を奪われたり、生命の危険に曝されたりすることのない権利（平和的生存権）、②国家の刑罰権などによって自己の生命を剥奪されない権利、③生命の保持持続についての自己決定権の3つに分けられ、生命についての保護請求権は、④最低限度の生存を国家に要求する権利（狭義の生存権）、⑤生命の侵害（の危険）からの保護を国家に要求する権利の2つに分けられるものとされる。[75]

　ここではとりわけ、山内説が、憲法9条との関わりにおいて、「国家による戦争行為や軍事力に対する個人の生命の優位性」を根拠づけるものとして、憲法13条における生命権を位置づけている点に注意を喚起しておきたい。「そもそも憲法13条とは、「国家の存続」という、誰にも否定することができない公益がふりかざされることに異を唱える、最後の方法にこそならねばならないのではないか」という先述の青井未帆の問題意識は、山内によっても共有されている。

　辻村みよ子も、山内らによる生命権の議論を肯定的に取り上げ、「この生命権は、…戦争や平和的生存権との関係で「戦争によって生命を脅かされない権利」として捉えられて自由権的（妨害排除請求権的）構成が与えられてきた。しかし今後は、政府の原子力政策や核兵器製造・持込み・使用等によって、生命を脅かす危険を招来しないように請求する権利としての請求権的構成を明確にすることが求められており、権利の具体的内容を一層明確化することが理論的課題となろう」[76]と述べている。

　先述のように、青井未帆は「日本国憲法が守ってきたもの」[77]の重要性を指摘している。青井によるこのような議論は、「武力による平和」への深い懐疑、「なぜなら、もうこりごりだからです」[78]という教訓を導き出すような歴史的経験を踏まえ、憲法13条による自衛権論が憲法9条の存在自体により「戦力に至らない自衛力」を根拠づけることまで否定されたという、樋口陽一の指摘と同様の問題意識に基づくものと考えられる。[79]佐々木弘通も、「第9条を支える国

民の規範意識」として、「敵国家に対する被害意識と共に、自国に対するそれ（被害意識）があった[80]」ことを挙げている。

　「戦闘員について例示すると、国の愚策のゆえに戦わずして餓死せざるをえなかった無念の兵士がいた。あるいは片道燃料での特攻という理不尽な命令を受けた兵士もいた。非戦闘員については、沖縄での「集団自決」強制を挙げずとも、夫や息子、父や兄弟を戦争にとられ、その死を哀しむことさえ抑圧された点を指摘すれば十分であろう[81]」

　佐々木によれば、1946年当時の国民にとって、「戦争中に自分の経験した悲惨が再び繰り返されるのは御免だ、という思いと同じくらい、戦没者の理不尽な死を何とか将来に向けて無駄でないものとして社会的に意味づけたい、という思い」が強かったこと、そしてまさにこの「思い」に答えたものとして、憲法の戦力不保持規定が位置づけられるべきこととなる[82]。

　筆者は教員養成大学に勤務しており、小学校教員養成の文脈において、県内の数々の小学校で行われる教育実習の参観指導に従事している。徳島県鳴門市では、小学校用教科書『国語・4年下[83]』が採用されている。この教科書に、「一つの花」という単元がある。

　戦時の食糧難の中、母親が自分の分を「一つだけね」と分けてくれるので、幼いゆみこは「一つだけ」が口癖になった。やがて赤紙が体の弱い父親にも届き、出征することとなる。駅での見送りの場で、ゆみこが「一つだけ」とおにぎりを何度も欲しがるが、おにぎりがなくなり、ぐずるゆみこに対し、父親は路傍に咲いていたコスモスの花を摘んでもたせ、「一つだけのお花、大切にするんだよ」という言葉を残して出征し、帰らぬ人となるのであった。戦争が終わり、10年が経過し、ゆみこと母親が暮らす家の庭に、コスモスが一杯咲いている、というあらすじである。

　この単元の末尾には、「この本を読みましょう」という図書一覧がある。徳島県鳴門市の小学校教員は、学校図書室運営サポーターや司書教諭と連携し、教科書の図書一覧に記載された図書を児童に読ませるという授業実践を行っている。この図書一覧その中に『おきなわ島のこえ─ヌチドゥタカラ[84]』がある。この絵本の特色は、壕追い出し、食料強奪、スパイ視虐殺等、主に日本軍によ

る沖縄県住民に対する被害を描いたものである点に求められる。沖縄戦は沖縄自体を防衛するための戦闘ではなく、本土防衛のため一日でも長く米軍を拘束する持久戦とされた。この戦闘においては、日本軍による沖縄住民の虐殺という問題が発生している。

沖縄県平和記念資料館では、「軍による住民虐殺の諸相」について、下記のように展示されている。[85]

　住民犠牲の諸相：沖縄戦の最大の特徴は、正規軍人より一般住民の犠牲者数がはるかに多かったことである。戦闘の激化に伴い、米英軍の無差別砲爆撃による犠牲のほか、日本軍による住民の殺害が各地で発生した。日本軍は沖縄住民をスパイ視して拷問や虐殺をしたり、壕追い出しや、米軍に探知されないために乳幼児の殺害などをおこなった。その他、食糧不足から住民の食糧を強奪したり、戦闘の足手まといを理由に、死を強要した。住民は逃げ場を失い、米軍に保護収容される者もいたが、食糧不足による餓死や追い込まれた住民同士の殺害などもおこり、まさに地獄の状況であった。

　日本軍による住民犠牲：日本軍は、兵員、兵器、弾薬、食料などすべてが不足する中で沖縄戦に突入した。このため、食料・避難壕などの強奪や戦場での水汲み、弾薬運搬への動員などによる多くの犠牲を住民に強いた。さらにスパイ視による住民殺害など残忍な行為もあり、なかには投降の呼びかけや説得にきた住民を殺害した例もあった。

　壕追い出し：自分たちの住む町や村が戦場となった住民にとって、壕や墓などが避難場所であった。しかし、出血持久作戦をとり首里から南部へ撤退してきた日本軍は、陣地として使用するという理由で、壕や墓などを強奪した。避難場所を追われた多くの住民は、砲弾が飛び交う戦場で犠牲となった。

　スパイ視虐殺：軍民雑居の戦場となった沖縄の日本軍は、住民から軍の機密が漏れるのを極度に恐れた。「沖縄語ヲ以テ談話シアル者ハ間諜トミナシ処分ス」という命令も出されていた。米軍の投降勧告ビラを持っていたり、投降を呼びかけてきた住民は非国民とみなされて、虐殺された例もあった。

日本軍の強制による集団死：日本軍は、住民と同居し、陣地づくりなどに動員した。住民の口から機密が漏れるのを防ぐため、米軍に投降することを許さなかった。迫りくる米軍を前に「軍民共生共死」の指導方針をとったため、戦場では命令や強制、誘導により親子、親類、知人同士が殺しあう集団死が各地で発生した。その背景には、「天皇のために死ぬ」という国を挙げての軍国主義教育があった。

食料強奪：食料を入手できなくなった地域では、日本兵による住民の食料強奪が相次いだ。なけなしの食料を強制的に提供させられたり、拒否する場合には殺害されることもあった。さらに、食料の乏しい離島では、日本軍にすべての食料を管理され、住民は飢餓に苦しんだ。

「自衛のための戦争」として戦われたアジア・太平洋戦争を通じて、沖縄の住民は、「自衛戦争」においては「軍は市民を守らない」という認識をとりわけ強固なものとした筈である。君島東彦が提唱する「六面体としての憲法9条」論は、①「ワシントン／サンフランシスコ」、②「大日本帝国」、③「日本の民衆」、④「沖縄」、⑤「東アジア」、⑥「世界の民衆」という6つの視点から憲法9条を見て、それらの総体として憲法9条を捉えることにより、初めて憲法9条の全体像を捉えることが可能になると説くものであるが[86]、このような視座から、憲法9条戦争放棄規定を捉えることが重要であろう。

渡辺治は、憲法9条の制憲者意思について、「日本という平和の破壊者、当時の侵略戦争の責任者と思われた侵略大国である日本」という前提に立脚した上で、「世界やアジアの安全保障を実現するために日本をどうやって封じ込めるのか」を考えたものとして捉え、「日本に対する安全保障という考え方」を内包したものとして、憲法9条が生まれたことを指摘した。「非武装はもっぱら日本の侵略に対する連合諸国の安全保障として構想されており、日本の安全保障としての非武装という側面は少なくとも第一義ではなかった」[87]。渡辺による指摘は、君島の「六面体」のうち⑤「東アジア」の視点と関わるものであり、樋口や青井による指摘は、③「日本の民衆」の視点と関わるものといえよう。

6　「穏和な平和主義」論

　限定放棄説は、「国家というものが国民の安全を守るためにあるという観点から、侵略された際の防衛までは禁じていない」という前提に立脚するものである。本節では、限定放棄説の一つとして位置づけられる、長谷部恭男による「穏和な平和主義」論を取り上げ、これを批判的に検討することとしたい。

　長谷部によれば、「立憲主義のプロジェクト」とは、「善き生とは何かに関する対立を私的領域に封じ込めることで、公共のことがらに関する理性的な解決と比較不能で多様な価値観の共存を両立させようとする」ものとされる。そして、このような立憲主義に適合的なのは、自衛目的の実力組織の保持を合憲とする「穏和な平和主義」であるとし、非武装平和主義として憲法9条を解釈する立場は「「善き生き方」としての絶対平和主義」として位置づけられ、「相手が攻撃をやめるか否かにかかわらず、そうすることが正しい人の道だからという理由」から、これが、個人レベルの倫理として語られるのではなく、国の政策として執行されるべきことを説くことは、立憲主義に適合し得ないものとされる。

　長谷部は、「立憲主義の起源まで遡ると、やはり出発点としては、個人の自己保存の権利を最初に置かざるをえない」とし、「徴兵制で無理やり最前線に引きずり出すというのもよろしくないでしょうし、敵が攻めてきたときには民兵組織で抵抗する」という道も妥当とはいえないという前提を踏まえ、「どんな組織と権限を持った装備があれば、国民全体のセキュリティーをより効率よく、効果的に守れるかという問題」の計算をする上で、一般的に導かれる解が、「抑制された必要最小限の常備軍」であるという結論を導く。

　憲法9条のテクストから、このような「解」が導かれる前提として、長谷部は、法規範の中には、ある問題に対する答えを一義的に定める「準則」と、答えを特定の方向へと導く力として働くにとどまる「原理」があることを指摘する。

　「憲法9条の文言をたよりに自衛のための最小限度の実力の保持が許されないとする立場は、9条（とくにその2項）の文言を all-or-nothing で答えを決め

る準則として理解していることになる。しかし、なぜ原理ではなく、準則として理解されなければならないかについて説明がなされることは稀である[91]」と述べる長谷部は、「準則として理解すべき根拠として制憲者意思が呼び出される事例について」次のように付言している。

「日本国憲法の制定過程に関与した人々が、自衛力の保持と憲法との関係についてどのような理解をしていたかについては多くの研究があるが、結論としていいうるのはせいぜい、合憲論・違憲論のいずれも、それぞれにとって有利な証拠を見いだすことができるというものであろう。たとえば、極東委員会による文民条項（現在の憲法66条２項）挿入の要求は、憲法９条に関するいわゆる芦田修正が自衛のための軍備を可能にしたとの理解と整合するし、正当防衛権を消極的に評価する制憲議会での吉田茂首相の答弁は、違憲論の根拠としてしばしば呼び出される。

しかし、そもそも制定過程に関与した人々の発言や回想を憲法解釈の決め手にしようとする議論の仕方自体に、限界があることに留意すべきである。制憲議会は多数人からなる会議体であって、それに「意思」があるという想定がそもそもフィクションである。会議体が「意思」をもちうるのは、斯く斯くの手続を経て然々の形式を整えたテクストを会議体の「意思」とするという趣旨のルールがあらかじめ存在するからであって、それ以外のものを会議体の「意思」として帰属させることはできない。制憲議会の場合でいえば、憲法典という形式を備えたテクストが、そしてそれのみが制憲議会の「意思」であって、それ以外に、たとえば各議員が内心で何を考えようとあるいは何を発言しようと、それらを集計して制憲議会の「意思」とするルールがあらかじめ存在するのでない限り、それは制憲議会の「意思」ではありえない。いわゆる「制憲者意思」なるものは、せいぜい憲法の解釈にあたっての参考資料にとどまる[92]」

憲法９条の戦争放棄規定を非武装平和主義と解釈する立場に対する批判において、上述の長谷部の議論が立脚する根拠のうち、とりわけ、憲法９条戦争放棄規定についての制憲者意思の歴史的事実認識上の困難をめぐる指摘に注目してみよう。長谷部は、「原理」と「準則」の区分論を提唱するロナルド・ドゥ

第 1 章　憲法 9 条学説の現代的展開

オーキンに依拠しており、また、『法の帝国』において、憲法の解釈が、制憲者の意図に合致したものでなければならないとする原意主義を歴史主義者として位置づけ、これを批判するドゥオーキンと同様の立場をとっている。たしかに『法の帝国』においてドゥオーキンは、制憲者意思の歴史的事実認識上の困難を指摘している。

しかし、先述したように、『自由の法―米国憲法の道徳的読解』で提唱された道徳的読解と呼ばれる憲法解釈方法論において、ドゥオーキンは、抽象的な道徳的言語を含む条項は、その文言が最も自然に示すところに従って理解されなければならないこと、その上で、我々は、我々にとって明確であると考えられる言葉で、制憲者がその言葉にいわそうと意図したことの内容を、最もよく捉えることが出来るような、我々自身の言葉が見出されなければならず、そのためには、歴史が決定的な根拠となること、さらに、インテグリティによっても制約され、憲法解釈は制憲者が述べたことを出発点として開始されなければならず、そして、我々の友人や見知らぬ人の発言をめぐる我々の判断が、彼らについての具体的な情報や彼らが発言した文脈に依拠するものであるように、制憲者が述べたことを理解するためには、制憲者についての具体的な情報や、制憲者の発言の文脈に依拠することになるとも述べている。

また、原理に基礎を置く一個の統合的な法秩序の構想が、法の解釈主体に道徳的読解を整合的に導き出すための前提であるという点において、「原理」と「準則」の区分論が道徳的読解と強い結合関係にあることも強調しておきたい。本節の最後に佐々木弘通による下記の叙述を引用し、次節に進むこととする。

　「私は憲法テキスト（憲法典及び個々の憲法条文）を制定するに先立って、制憲者がそのテキストにどのような規範意味を託したかという制憲者意思を、憲法科学的に確定することが可能だと考えている。長谷部氏はその可能性に否定的だが、ここではそれが可能である所以に立ち入る余裕がないので、私はこの点に関する野坂泰司氏の説明が説得的だと考えていると述べるにとどめておく。日本国憲法は国民主権を建前とするので、「制憲者意思」の把握に当たっては、制憲過程の全てを視野に入れつつも、最終的には制憲過程に

45

おいて国民に一番近い機関だった帝国議会衆議院の意思を決め手にすべきである。憲法制定過程の帝国議会議事録を見れば、新憲法草案の提案者である政府は一貫して、第9条1項については侵略戦争のみを放棄し自衛戦争まで放棄しないとの理解に立ちつつ、2項前段が戦力の保持を全面的に禁止するから自衛戦争を行うことも現実には不可能だ、という説明を行っている。そういう理解で提案された第9条の憲法条文を、帝国議会の衆議院は採択した。ゆえに憲法制定後の解釈学説のタームを用いて言うと、憲法第9条の制憲者意思は、1項で侵略戦争放棄説を採り、2項前段で、警察力を超える実力説的に理解された「戦力」の、全面的不保持説を採るものだった[96]」。

7　「原理」と「準則」──道徳的読解という憲法解釈方法論

本節では、憲法9条を「準則」ではなく「原理」として捉える議論について整理することを課題とする。長谷部は、「原理」と「準則」の区別について、ロナルド・ドゥオーキンとロベルト・アレクシーによる論考を挙げながら、「アレクシーは、原理が最適化命令を内在させているとみる点で、ドゥオーキンと立場が異なる[97]」としており、「原理」と「準則」の区別について、長谷部によるドゥオーキンへの依拠が指摘されている[98]。

ドゥオーキンによれば、法には「原理（principles）」と「準則（rules）」という2つの要素があるが[99]、この「原理」・「準則」の二分論については、そもそも「法と道徳分離論」を特徴とする法実証主義を批判するためのものであるという点、そして、ドゥオーキンにおいて、「原理に基礎を置く一個の統合的な法秩序を構想することによって、裁判官が、法的原理に訴えることによって常に既存の法から道徳的読解（moral reading）を整合的に導き出すことが出来ると理解[100]」されるという点が確認されなければならない。

「準則」は、白か黒かはっきりした形で適用されるものであり、「準則」に規定された事実が存在するとき、この「準則」が指示する解決はそのまま受容されるべきものとされる[101]。これに対し、「原理」は、決定を一定方向へと導く根拠を提供するものであり、特定の決定を必然的に生み出すようなことのないものとして位置づけられる[102]。

この「原理」は、さらに、「狭義の原理（principles）」と「政策（policies）」に区分される[103]。「狭義の原理」は、「好ましいものと考えられた一定の経済的、政治的、社会的状況をこれが促進したり保護するからではなく、正義や公正その他の道徳的要因がこれを要請するが故に遵守さるべき規準」、そして「政策」は、「社会のある種の経済的、政治的、社会的特徴の改善といった一定の到達目標を提示するタイプの規準」とされる[104]。ドゥオーキンは、法実証主義と並んで功利主義の批判も課題とするものであり、その文脈において示された「狭義の原理」と「政策」の区別は規範内容に関わるものであり、規範構造レベルでの「準則」と「原理」の区別とは関係ないものであること、さらに、ドゥオーキンが、法的推論において個人の権利が集合的福祉にほぼ常に優先すると主張していることを踏まえると、この区別は必ずしも不可欠のものとはいえないという指摘がある[105]。

さて、ドゥオーキンの法理論における原理の役割と機能について、早川のぞみは次のように整理している。

「…ルール中心の法理論に対して、ドゥオーキンの理論は、制定されたルールの具体的意味内容をめぐり争いがあるとき、そのルールの背後に埋め込まれている原理にまで遡ることによって、一方で、既存の法との整合性を維持しつつ、また同時に、正義や公正に照らして法的に保障され実現されるべき権利とは何かを導き出そうとする。裁判官の法的判断とは、一方で、確定的な法によって完全に拘束されたものでもなければ、また他方で、法の拘束性から完全に解放された裁判官自身の価値判断や政治的判断に委ねられたものでもない。ドゥオーキンは、そうした裁判官の法的思考の構造を「原理」的な思考を導入することによって説明している[106]」

ドゥオーキンによる法実証主義批判の筋道は、「法律家が法的権利義務につき推論や論証を行う場合、またなかでも、この概念をめぐる我々の問題が先鋭化すると思われる難解な事案に際し、彼らは、準則として機能するのではなくこれとは異なった仕方で作用する諸規準、すなわち原理や政策やその他のタイプの規準を利用しているという事実[107]」を中心に構成されている。

「法実証主義は、準則及び準則の体系について一つのモデルを提供するが、法について単一の基本的テストが存在するというその中心的な考え方は、準則以外の上記の様々な規準がもつ重要な役割を我々に見失わせることになる」[108]

法実証主義のメルクマールは、H.L.A. ハートによれば、次の主張のうち一つ以上を採用するものとされる。

① 法は人間による命令であるということ。
② 法と道徳、あるいは在る法と在るべき法との間には必然的な関連がないということ。
③ 法的概念を分析し、あるいはその意味を研究することは重要であるが、それは、法の歴史的研究、社会学的研究、道徳、社会的目的、機能等の観点から行われる批判的評価とは区別されなければならないということ。
④ 正しい判決というものは、「完成した論理的体系」としての法の体系の範囲内で、あらかじめ規定された法のルールから論理的手段のみを用いて導き出されるということ。
⑤ 道徳的判断は事実をめぐる叙述とは異なり、合理的な論証や証拠や証明によって下され得るものではないということ[109]。

このような法実証主義の骨格について、ドゥオーキンは次のように捉えている。

(a) ある社会の法とは、公権力により罰せられ、あるいは強制されるべき行為を確定するために、直接間接にその社会により用いられる特定の準則（法的ルール）の総体を意味する。これら特定の準則は、特定の規準やテストにより識別され、他のルールから区別され得るが、このテストは準則の内容に関するものではなく、法準則の「系譜」、つまり法準則が採用され改正される方法に関するものである。これら系譜のテストは、妥当する法準則を、見かけ上の準則（法律家や訴訟当事者が誤って準則と主張するルール）

第 1 章　憲法 9 条学説の現代的展開

や、他の種類の（一般的には「道徳的ルール」として一括される）社会的ルール、すなわち社会の成員はそれに従っているが、公権力により強制されることのないルールから区別するために使用されるものである。
(b)　これら妥当する準則の総体が「法」のすべてである。したがって、ある事案がこの種の準則により明確に包摂されないような場合（適切と考えられる準則が全く存在しなかったり、適切と考えられても準則が抽象的であったり、その他何らかの理由で）、この事案は「法の適用」により解決されることはない。これは裁判官のような何らかの公務担当者が、「裁量を行使することにより」裁定されなければならず、これは法の限界を越えることを意味し、新たな準則を創造したり、旧い準則を補うに際し、裁定者を導く他の種類の規準を求めることを意味する。
(c)　ある人が「法的義務」を有するということは、彼に一定の履行ないし不履行を要求する妥当する準則が存在し、彼の事案がこの準則に包摂される、ということである（彼がある種の法的な請求権や権能ないし法的な自由を享受し、あるいは他者の権能行使を免れているということは、彼以外の人々が彼に対して一定の仕方で行為したり行為しない現実的あるいは仮想的な法的義務を有することを手短に表現するものである）。このような妥当する準則が存在しなければ、法的義務も存在しない。したがって、裁判官が裁量を行使しながら争点を判断するような場合、裁判官は当該争点に関する法的権利を認め、これを執行していることにはならない[110]。

　ここでは、法実証主義の特徴として位置づけられる「法と道徳分離論」に注目してみたい。法には「原理」と「準則」という二つの要素があるとするドゥオーキンの法理論は、法実証主義的な法概念の範囲内に収まりきらない性質を持つ法的規準としての「原理」が、法体系において存在することを指摘することにより、法実証主義を批判するという意図をもつ。法実証主義者は、明確に確立された「準則」が適用可能な場合について、裁判官に裁量はないと考えるが、既存の「準則」によって規律されていない事案に向き合った裁判官は、裁量を行使して判決を下すべきことを主張する[111]。しかし、ドゥオーキンによれば、「準則」に欠缺がある場合、裁判官は法的権威の定めた規準に拘束されな

49

いという意味で裁量をもつ、と主張することは、裁判官が援用する法的規準で「準則」以外の規準は彼を拘束しないと主張するのと同じことになってしまう。[112]

　法実証主義は、ハートによる承認のルールのように、拘束力をもつ法を窮極的にテストするルールがあると考えており、法実証主義のこの理論が正しければ、「原理」は拘束力をもつ法ではないことになる。[113]しかし、少なくともある種の「原理」が裁判官を拘束すること、そしてこれらの「原理」が一組となって特定の判決を導出するよう裁判官に要請することが認められなければ、結局いかなる「準則」も裁判官を拘束するとはいえなくなってしまうのであり、仮に拘束する「準則」が存在するとしても、それはごく少数に限られることになってしまうという懸念が示される。[114]

　ドゥオーキンは、「法は、ハートによる承認のルールのような主導的なルールに規定された類のテストによって、他の規範から明確に区別されるという法実証主義の見解を、我々は放棄したり修正したりする必要があるだろうか」と問う。[115]ハートによれば、多くの「準則」は、権限をもつ特定の機関が制定したことにより妥当性を有する。ある「準則」は立法府により制定法の形で創出され、他のものは特定の事案を裁定すべくこれらを定式化し、将来の事案に対する先例として確立する裁判官により創出される。しかし、「準則」のこのような系譜テスト[116]は、リッグス事件やヘニングセン事件に見られる「原理」[117]にはあてはまるものではない。これらの「原理」が法的原理とされるのは、立法府や裁判官による特定の決定に由来するからではなく、法曹や一般市民がこれらの原理を長い期間のうちに適正なものと感ずるようになったからだとドゥオーキンは述べる。適正さの感覚が維持されるかぎり法的原理は依然として効力を持ち続けるというのである。[118]

　ある「原理」が法的原理であることを我々が主張し、この主張を正当化するよう要求された場合、我々が提示できる根拠として、ドゥオーキンは、当の「原理」が援用されたり、論証中に登場しているような過去の事案、あるいはこの「原理」を具体的に表現していると思われる制定法を挙げている（この場合、当の「原理」が制定法の序文や、制定法に伴う委員会報告その他の立法関係書類で引用されていれば、なお都合がよい、とドゥオーキンは付言しており、これを制度的支えと呼称している）。[119]この文脈では、浅野博宣による次の指摘が参考になる。

「ルールは結論と確定的に結びつくのに対して、原理はそうではなく、その指示する反対の結論に至った場合でも必ずしも否定されたことにはならない。したがって、確かに、原理を主張する者も、ルールを主張する者と同様に、その原理に沿った立法や裁判例をその根拠として挙げるであろうし、また、そのような先例を多く挙げることができればそれだけその原理は重いということもできるかもしれないが、しかし、立法や裁判例は結論であるから、結論から導くことができるのはルールだけであって、原理を確定的に導くことはできない。原理を原理として認めるためには、その内容に関する適切さの感覚(sense of appropriateness)に基づく判断が必要である」[120]

ドゥオーキンは、デュー・プロセス条項や平等保護条項といった憲法条項を例に挙げ、(1)「憲法典の条文ないしその条文を採択した人々の意思に厳格に、すなわち忠実に従うことによって、どのような判断がもたらされるか」、(2)「個人が社会に対して有する道徳的諸権利についての厳格な、すなわち狭い見解をとる政治哲学によって、どのような判断がもたらされるか」[121]という問いを設定する。

(1)のような理解に立脚すれば、歴史上の固定された一時期における限定された一団の人々の念頭に置かれていた、何らかの特殊な「観念」(conception)の範囲内に制限された判断しかもたらすことが出来ないのに対し、(2)のような理解に立脚すれば、(1)のような何らかの特殊な「観念」とは異なり、「詳細に記述されることによってより明確になりうる性質のものではない」[122]「概念」(concept)が、抽象的な原理=「漠然とした」憲法条項("vague" constitutional clauses)[123]を通じて制憲者により定立されているということになる。

特定の「観念」を定立しようとするものではないがゆえに、原理として位置づけられる憲法条項は漠然性を帯びることになる。したがって、上述の(2)のような理解に立脚した上で、抽象的な「原理」=漠然とした憲法条項をめぐる判断が導かれるべきことを、ドゥオーキンは主張する。

その上で、ドゥオーキンは、『自由の法-米国憲法の道徳的読解』において、「道徳的読解(moral reading)」[124]という憲法解釈方法論を提唱する。この道徳的読解は、法解釈には道徳的な考慮が不可欠であるという立場を繰り返してきた

ドゥオーキンの主張を、最も直截に表すものとして位置づけられるものである[125]。ドゥオーキンは、憲法における抽象的な条項については、政治的適正性や正義に関する道徳的諸原理に訴求するものであるという理解に基づいて解釈され、適用されるべきという立場を示している[126]。

ドゥオーキンによれば、この道徳的読解という方法論は何ら革命的なものではない。「法律家や裁判官が日常的な職務において合衆国憲法に向き合う際、彼らは本能的に合衆国憲法を、抽象的な道徳的要請を表現するものであり、新たな道徳的判断を通じてのみ具体的事例に対し適用可能となるものとして、位置づけている」[127]という。それでは、以下において、ドゥオーキンにより示された、道徳的読解における制約要因について確認してみよう。

ドゥオーキンは、『法の帝国』[128]において、憲法の解釈が、制憲者の意図に合致したものでなければならないとする原意主義を歴史主義者として位置づけ、これを批判している。合衆国憲法第14修正をめぐる制憲者が、人種隔離に関連して多様な意見を抱いており、彼らの支配的信念は「憲法は法律に対して全ての市民を平等な存在として処遇するよう求めるべきである」という抽象的なものであったこと、彼らの多くが人種隔離を第14修正の「法の平等な保護」という要求に抵触しないという具体的な信念を抱いていたという事実を踏まえ[129]、より一般的な憲法体系、憲法の全体的構造を正当化するにはいかなる平等原理が望ましいのかを問うことを通じて、平等原理が特定されなければならないという方法論を前にした歴史主義者は、崩壊せざるを得ないと主張している[130]。

しかし、『自由の法―米国憲法の道徳的読解』において示された、第14修正の道徳的読解の実践例では、先述したように、「抽象的な道徳的言語を含む条項」の解釈は、「憲法のテキストや体系的構造、その歴史的な理解などと整合する原理」であることが求められる[131]。

憲法制定当時における制憲者の意図を重視する立場を歴史主義と呼び、これを批判する『法の帝国』と、制憲者の意図に着目しながら憲法における原理の内容を把握しようという『自由の法―米国憲法の道徳的読解』は、どのように関係づけられることになるのであろうか。

そもそも道徳的読解は、憲法を構成する全ての条項に適切に適用され得るものではない。ドゥオーキンによれば、合衆国憲法には、とくに抽象的でもなけ

れば道徳的な「原理」を表す文言を含むものでもない条項が極めて多く含まれている。その例として、ドゥオーキンは、二つの憲法条項を挙げる。一つは大統領就任要件として35歳以上であることを規定する合衆国憲法2条であり、もう一つは、政府に対し、平時においては所有者の同意なしに兵士を家宅に宿営させてはならないと規定する第3修正である。[132]

合衆国憲法2条については、道徳的な原理による示唆があったとは考えられない。しかし、第3修正は道徳的原理の影響を受けた可能性があること、第3修正の制憲者は、例えば市民のプライバシーの権利を保護する何らかの原理を実効的なものとしたいと考えていた可能性があることを認めた上で、第3修正自体は道徳的な「原理」ではないこと、すなわち、第3修正の内容はプライバシーをめぐる一般原理ではないことを、ドゥオーキンは強調する。[133]

それでは、第3修正の内容が道徳的原理ではないとしながら、「州は何人からも法の平等な保護を奪ってはならない」と規定する第14修正の平等保護条項について、その内容が道徳的原理であるとするドゥオーキンの主張は、どのような論証、証拠を用意するのか。[134]

ドゥオーキンによれば、これは解釈、あるいは翻訳の問題とされる。我々は、我々にとって明確であると考えられる言葉で、制憲者がその言葉にいわそうと意図したことの内容を、最もよく捉えることが出来るような、我々自身の言葉が見出されなければならず、そのためには、歴史が決定的な根拠となる。ある発話について、発話者がどのように発話したのかにつき我々が何かしら正しく理解しようとするならば、その人物が発話を行った状況について何か知っていなければならないからである。しかし、第3修正の制憲者が何をいわんとしていたかについて、歴史を参照するという方法論によって、いかなるものも示されることはないとドゥオーキンは述べる。制憲者が用いた第3修正のテクストを前提とすれば、仮に我々が、第3修正の制憲者により道徳的原理を用いて示唆されていたと確信するものであるとしても、彼らが道徳的原理を法として規定したと考えることは出来ない。制憲者が第3修正により述べたことは、「プライバシーは保護されなければならない」というテクストではなく、「平時においては、兵士は家宅に宿営させてはならない」というテクストによって通常示される内容に他ならないからだとされる。[135]

ところが、第14修正の平等保護条項については、話が異なる。第14修正の制憲者の殆どは、第14修正による法的効果をめぐって、南部諸州再建期に実施されていたジム・クロウ法による人種隔離政策のうち、最も悪質なものをいくつか終了させるものとして捉えており、学校における公式な人種隔離を非合法なものにすると考えるものではなかった。それどころか、平等保護条項を採択した連邦議会下院自体が、コロンビア特別区における学校制度において、人種隔離政策を維持していた。しかし制憲者は、ジム・クロウ法についても、学校における人種隔離政策についても、あるいは同性愛や男女平等について、特定の解を全く述べていない。制憲者は「法の平等な保護」が求められると書いており、これは明らかにきわめて一般的な「原理」を含むものであっても、いかなる特定の具体的な解を含むものではない[136]。

　したがって、制憲者は一般的な「原理」の制定を意図していた。しかし、いかなる一般的原理が意図されていたのか。ドゥオーキンによれば、この更なる問いに答えるためには、「法の平等な保護」というフレーズが、より詳細なものに換言される必要がある。この換言に際しては、複数の異なる換言が考えられる必要があり、さらにその各々が、政治道徳の「原理」として彼らの支持を得る可能性があったと我々が認め得るものでなければならない。そして次に、それ以外に我々が知る全てのことを考慮に入れた上で、これらの換言のうち、制憲者がどれを意図したと考えるのが最も合理的かについて問うことが必要とされる。絶対的に重要なのは、これらの候補の全てが政治的「原理」として認識可能なものでなければならないという条件の存在である。政治家が一般的な憲法原理を制定したのに、その役割を担うべき候補として、誰も認めることが出来ないようなものを制憲者が制定したとみなしてしまうと、彼らの仕事の成果を把握することは不可能となってしまう。しかし、このような条件づけによっても、通常は多くの候補が生き残ることになるとドゥオーキンは述べる。例えば、かつて、平等保護条項において、制憲者が、法律はその文言通りに実現されなければならず、したがって、黒人を含むすべての者に法律により認められた利益は、実際のところ何者に対しても拒まれてはならないという、相対的に弱い政治原理が規定されたにとどまるものであったのか否かが議論されたではないか、と[137]。

第 1 章　憲法 9 条学説の現代的展開

　しかし、ドゥオーキンは、歴史的に見れば、第14修正の制憲者の意図について、かように弱い「原理」の規定にとどまるものではなかったことに疑念の余地はないと断言する。かように弱い「原理」にとどまっていては、諸州は、公然と行うのであるかぎり、自分たちの望む方法で黒人を差別することが出来たことになってしまう。恐るべき戦争から成果と教訓を得ようとしたところの、南北戦争において勝利を収めた連邦下院議員たちが、かように限定的で気の抜けた内容で妥協するという可能性は、きわめて低いものであったし、もっともらしく思われるところの異なる解釈の余地が全く残されていないということでないかぎり、制憲者がかように弱い「原理」にとどめたと考えられるべきではない。いずれにせよ、憲法解釈は、制憲者自身が述べようと意図したことと同様に、過去の法的・政治的慣行も考慮に入れるものでなければならないし、第14修正の中に組み込まれた政治的原理が、かように弱いものではなく、何かもっと強力なものであることは、確固たる先例によって明らかとされている。しかし、一度これが認められれば、その「原理」は「はるかに」強力なものでなければならないこととなる。なぜなら、制憲者が平等保護条項において実際に「述べた」ことの翻訳として考えられる唯一の代替候補は、制憲者が、息を呑むほど幅広く、そして強力な「原理」を、すなわち、政府というものはすべての者を平等な地位を有する者として、平等な配慮とともに処遇しなければならないという「原理」を宣明したということだからである。[138)]

　「道徳的読解によれば、抽象的な道徳的言語を含む条項は、その文言が最も自然に示すところに従って理解されなければならない」という記述と、「我々は、我々にとって明確であると考えられる言葉で、制憲者がその言葉に言いそうと意図したことの内谷を、最もよく捉えることが出来るような、我々自身の言葉が見出されなければならず、そのためには、歴史が決定的な根拠となる」という記述の関係については、丸祐一による次の問題提起が参考になる。

　「解釈者にとって或る言葉（条項）が最も自然に示唆すると思われるところの言葉（条項）の意味と、どのような場面でその言葉が使われたか（その条項が確定されたのか）について考察したときに浮かび上がってくるその言葉（条項）の意味とは、ズレる可能性が常にある。すなわち、言語的意味と語

用論的意味との間のズレである」[139]

　この両者の衝突可能性という問題に対し、「制憲議会の場合でいえば、憲法典という形式を備えたテクストが、そしてそれのみが制憲議会の「意思」であって、それ以外に、たとえば各議員が内心で何を考えようとあるいは何を発言しようと、それらを集計して制憲議会の「意思」とするルールがあらかじめ存在するのでない限り、それは制憲議会の「意思」ではありえない」[140]と述べる長谷部とは異なり、丸は次のような立場を示している。

　「道徳的読解の第１の要素（「非常に抽象的な道徳的言語で起草された」条項と、「特に抽象的でもないし、道徳的原理の言語で起草されてもいない条項」との間の区別）では条項の「文言」に注目することで、条項の「文言」上の区別がなされているだけであったが、第２の要素（「抽象的な道徳的言語」を含む条項は「抽象的な道徳的諸原理へと言及しており、その言及によってその条項は、政府の権限に制限を課すものとして抽象的な道徳的諸原理を［アメリカ法に］組み込んでいる」）に至って、「文言」の違いが「内容」の違いを意味することになるのである。…「抽象的な道徳的言語」を含む条項は、「抽象的な道徳的原理」をその内容として含んでいるのに対して、「抽象的な道徳的言語」を含まない条項は、その「内容」に道徳的原理を含んでいない。例えばドゥオーキンによれば、平時に兵士を市民の家に宿営させてはならないという先述の修正第３条は、プライバシーへの権利を実効的にするために制定されたのだと考えることも出来るかもしれないが、この条項自体は道徳的原理ではない。それに対して、修正第14条は、そのどこにもプライバシーへの権利など書かれていないにも関わらず、プライバシーは保護されなければならない、という道徳的原理をその内容として含んでいるのである。[141]…この「文言」から「内容」への展開については、次のように解する。「文言」が抽象的か否かは、条項の言葉が最も自然に示唆する方法で理解すればわかるが、<u>それに対して、「文言」における違いが「内容」における違いを意味する「第２の要素」では「歴史」が重要になる。つまり、条項の「内容」は条項の「文言」それ自体からは確定できず、内容確定には文脈が重要な要素になるのである。</u>例えば、修正第３条は道徳的原理を内容として含んでいないのに対して、修正

第 1 章　憲法 9 条学説の現代的展開

第14条は含んでいるというドゥオーキンの前述の主張は、彼によればこの歴史を重視する解釈から導かれるのである」[142]

　丸によるこの指摘を、ドゥオーキンによる論考を参照しながら跡づけてみよう。先述したように、ドゥオーキンによれば、制憲者が述べたことを理解するためには、制憲者についての具体的な情報や、制憲者の発言の文脈に依拠することになる。したがって、歴史というものは明らかに、道徳的読解と関わりをもつことになるが、それは一つの特定の方法においてのみのことである。我々は、制憲者が何を述べようと意図していたかという問いに答えるために歴史というものに向き合うのであって、制憲者が抱いていた「その他の」意図は何かという別の問いに答えるためではない。我々は、例えば、制憲者が述べたことの結果として何が起こると予想したか、あるいは何が起きることを望んだかをめぐっては、決定する必要がない。かような意味での制憲者の目的は、道徳的読解という法理論の対象外とされる。ドゥオーキンによれば、我々は、制憲者が述べたこと、すなわち制憲者が規定した原理によって左右されるのであり、これらの「原理」を制憲者自身がいかに解釈し、あるいは具体的事例に対していかに適用したであろうかをめぐって、我々が何らかの情報をもつかもしれないが、このような情報によって我々が左右されることはない。[143]

　次に、道徳的読解における憲法解釈が、憲法上の「インテグリティ」の要請により規律されるべきという点について、ドゥオーキンの叙述を参照してみよう。ドゥオーキンによれば、裁判官は、彼ら自身の信条を合衆国憲法から読み取ることは許されない。裁判官は、どんなに魅力的に思えても、次の条件が満たされないかぎり、抽象的な道徳の条項について、それが何らかの特定の道徳的判断を示すものとして読むことは許されない。すなわち、<u>特定の道徳的判断が合衆国憲法全体の構造図と原理的に整合するものであり、そしてまた、他の裁判官により過去に示されてきた憲法解釈の支配的な方向性と合致すると裁判官が考える場合</u>、という条件である。例としてドゥオーキンは、ある裁判官が、平等保護条項の解釈において、富の平等や生産手段の集団所有をして、憲法上の要求であるとすることは出来ないことを挙げている。[144]

　裁判官は、合衆国憲法が彼らに割り当てた権限の性格について、一般的理解

として定着したものに従わなければならない。道徳的読解は、裁判官に対して、憲法上の道徳的諸原理をめぐり最善の考え方を見出すように求めるが、それはアメリカ合衆国の歴史として描かれてきた物語の概略に適合するものでなければならない。裁判官が自分自身の良心のささやきや、自身が所属する階級的、あるいは党派的宗派的伝統に従うことは、道徳的読解により求められてはいない。それが歴史の記録の中に埋め込まれていると考えることが出来ないかぎりは。[145)] ドゥオーキンにおいて、歴史と慣行とインテグリティの中に錨を下ろすものとして、憲法は捉えられているのである。[146)]

合衆国憲法第14修正の「いかなる州も、その管轄権の中で何人にも法の平等な保護を否定してはならない」という規定により意図されていた「原理」の内容について、「法律はその文言通りに実現されなければならず、したがって、黒人を含む全ての者に法律により認められた利益は、実際のところ何者に対しても拒まれてはならないという、相対的に弱い政治原理が規定されたにとどまるものであったのか否かが議論された」ものの、「歴史的に見れば、第14修正の制憲者の意図について、かように弱い原理の規定にとどまるものではなかったことに疑念の余地はない」、「第14修正の中に組み込まれた政治的原理が、かように弱いものではなく、何かもっと強力なものである」、「制憲者が、息を呑むほど幅広く、そして強力な原理を、すなわち、政府というものは全ての者を平等な地位を有する者として、平等な配慮とともに処遇しなければならないという原理を宣明した[147)]」と断言するドゥオーキンの根拠として用意されるもの、それこそが、明らかに道徳的読解と関わりをもつものとして、「決定的に重要なもの」として位置づけられる、歴史の参照である。

　「かように弱い原理にとどまっていては、諸州は、公然と行うのであるかぎり、自分たちの望む方法で黒人を差別することができたことになってしまう。恐るべき戦争から成果と教訓を得ようとしたところの、南北戦争において勝利を収めた連邦下院議員たちが、かように限定的で気の抜けた内容で妥協するという可能性は、きわめて低いものであったし、もっともらしく思われるところの異なる解釈の余地が全く残されていないということでないかぎり、制憲者がかように弱い原理にとどめたと考えられるべきではない[148)]」。

「歴史を回顧すれば、第14修正の制憲者の意図が、このように弱い原理の制定にとどまるものではなかったということに、疑念の余地は残されていないように思われる」[149]

その上で、インテグリティの視座から制憲者の判断を調べる際には、制憲者の判断は歴史上のばらばらな出来事として捉えるのではなく、連邦最高裁や他の裁判所による過去に示された諸判決のみならず、合衆国憲法の全体的構造も含んだ、憲法をめぐる伝統の一部として位置づけた上で、そのように位置づけられた制憲者の判断に、競合する複数の「原理」がどの程度適合するものであるのか、そして、それを理に適ったものとして理解するのに役立つかどうかを、調べることが求められる[150]。インテグリティに適合した「原理」とは、「憲法全体の構造図と原理的に適合し、更に、他の裁判官たちによって従来なされてきた憲法解釈の支配的方向性とも原理的に整合」[151]するものでなければならない。すなわち、「憲法のテキストや体系的構造、その歴史的な理解などと整合する原理」[152]であることが求められている。

ドゥオーキンは、制憲者が憲法の条項がもつであろうと**予期**した効果をその条項がもつように解釈すべきだとする「予期的原意主義（expectation originalism）」と、憲法の条項は制憲者がいおうと**意図**したことを意味しているのだとして条項を解釈すべきだとする「意味論的原意主義（semantic originalism）」を区別している[153]。例えば、連邦最高裁による Brown v. Board of Education 事件判決[154]をめぐり、第14修正の制憲者が人種別学までをも禁止することを考えていなかったことから、「予期的原意主義」に依拠すれば、第14修正は人種別学の禁止を想定していなかったことになり、Brown 判決は擁護され得るものではないという結論が導かれることになる。他方、「意味論的原意主義」に依拠すれば、政治道徳の一般原理により Brown 判決は擁護されることになる。

ドゥオーキンは原意主義を批判するが、その批判の対象となる原意主義とは、「合衆国憲法の意味とは…制憲者が自らの制定した条項がもたらすであろうと期待」[155]するものとして位置づけられるものであり、これはすなわち「予期的原意主義」として把握されるものである。このような原意主義と、ドゥオー

キンによる道徳的読解は非常に異なるものとされており、道徳的読解の主張は、合衆国憲法の意味とは制憲者が述べようと意図したことだというものであること、原意主義はこのような道徳的読解を受け入れないものであることが、ドゥオーキンによる批判の対象とされている。したがって、抽象的な憲法条項のテクストから導き出される「原理」の内容は、その「原理」の具体的適用というレベルにおいてまで制憲者意思を根拠として確定されるものではない。

しかし、ドゥオーキンは、憲法規範における原理の内容の確定に際し、制憲者意思という制約要因から自由であるべきことを説いたわけではない。『自由の法』において、ドゥオーキンは、例えば、第14修正の「法の平等な保護」という抽象的なフレーズが、詳細で具体的なものに換言される―「翻訳」される必要があるとし、その「翻訳」は、政治道徳の「原理」として制憲者の支持を得る可能性があること、かつ、制憲者がそのように意図したと考えることが、最も合理的であることを我々が認め得るものでなければならないとするが、「我々は、我々にとって明確であると考えられる言葉で、制憲者がその言葉にいわそうと意図したことの内容を、最もよく捉えることが出来るような、我々自身の言葉が見出されなければならず、そのためには、歴史が決定的な根拠となる」とする。「翻訳」に際しては、第1の要件として、翻訳された内容が「政治的「原理」として認識可能なもの」であることと、第2の要件として「決定的な根拠としての歴史」により制約されることの双方が求められることになることを、ここで強調しておきたい。

ドゥオーキンに依拠し、憲法規範を「原理」と「準則」に分けるという手法を用いる長谷部は、憲法解釈の方法論においても、ドゥオーキンの道徳的読解と同様のものを採用するものと見られており、憲法解釈を行う論者の各々が、自分の解釈について、「現実的で魅力的な政治過程像を描くもので、そのため憲法典をよりよい光の下に照らし出すことを主張・立証する必要がある。この種の議論を反駁しようとするならば、展開されている議論の内容を正面から論駁し、それと対立する自説の内容の正当性を正面に打ち出さざるを得ない。…かりに、この種の基本的立場の選択について憲法典の文言が何らかの手掛かりを提供しうるとすれば、それは憲法典の文言と明らかな齟齬をきたすような場合は排除されるというものであろう。憲法典の文言と一定の整合性を保つこと

が、あるべき選択の必要条件となる。…ある考え方が説得力のある考え方として受け入れられるためには、他の考え方と比べて、憲法の文言やその全体構造とよりよく符合し、それらをよりよく説明するものでなくてはならないはずである。憲法典の文言は解釈の幅に限定を加える「枠」としては働く」と述べている。

ここで、ドゥオーキンによる道徳的読解における「インテグリティ」という制約要因が、道徳的判断に対して「合衆国憲法全体の構造図、そして他の裁判官により過去に示されてきた憲法解釈の支配的な方向性との原理的な整合」を求めるものであることを、あらためて確認しておきたい。道徳的読解を行う主体が、裁判官による過去の憲法解釈の支配的方針との整合性のみならず、「憲法全体の構造図」との整合性も、インテグリティを維持するためには必要とされていることを強調しておきたい。

このような前提を踏まえた上で、松井茂記による「司法審査の正当性に関する基本的立場として「プリュラリズム」の政治過程観を採用する」という立場の批判という文脈における、長谷部による次の叙述を参照してみたい。

>　「日本国憲法の文言は、「過程」を通じた多様な利益の集計の結果からは独立した「公益」の存在を想定していると思われるし、また、…憲法典は実体的権利を最高裁判所を頂点とする司法部が民主的政治過程からも守るとの考え方をも示唆しており、…「内容」や「結果」とは無関係に何らかの「過程」のみが保障されているとの考え方は、憲法典の文言と整合しない。…現在の日本国憲法がプリュラリズムの立場を採用しているとの松井教授の主張は、条文上の手掛かりを伴わない単なる「主張」である」

ここでの「憲法典は実体的権利を最高裁判所を頂点とする司法部が民主的政治過程からも守るとの考え方をも示唆しており」という指摘の根拠として挙げられるのは、「憲法98条および81条を素直に読む限り、違憲審査権を与えられた裁判所は、少なくとも憲法制定者たる国民の産出物である憲法原則を、通常の立法過程から守るべきものとされている」こと、そして、「アメリカ合衆国憲法とは異なり、日本国憲法は明示的に司法裁判所による違憲審査権を認めており、それによって保障される基本的人権は、「侵すことのできない永久の権利として、現在及び将来の国民に与へられ」ている（12条）」ことである。「憲

法典の文言と一定の整合性を保つことが、あるべき選択の必要条件となる」という前提に基づき、憲法98条、81条、12条という3つの条文が引用され、憲法のテクストと体系的構造を根拠とする議論が展開されている。ここでは、「憲法全体の構造図」との整合性に配慮されているということが出来よう。巻美矢紀が、「長谷部恭男教授は、道徳的読解と同様の憲法解釈方法論を採用するものと解される」と指摘したのは、これを踏まえてのことであろう。[165)]

　しかし、「憲法全体の構造図」との整合性が求められる道徳的読解が、憲法9条解釈という文脈においても、長谷部により実践されているといえるであろうか。これに対する答えは「否」であろう。「穏和な平和主義」論においては、日本国憲法の全体的構造を見据えた視座が欠けている。以下では、「穏和な平和主義」論に欠けている、①「日本国憲法には、憲法66条2項の文民条項を除き、戦争ないし軍隊を予定した規定が一切存在しないこと」との整合性、②「憲法9条2項における交戦権放棄規定」との整合性をめぐる議論について、憲法学における伝統的通説として位置づけられる芦部信喜の指摘を参照しながら考察することとしたい。

　憲法9条をめぐる限定放棄説に対し、かつて芦部信喜は次のような批判を示した。芦部によるこの指摘は、「憲法のテクストや体系的構造、その歴史的理解」という見地から示されたものとして把握することが出来る。

①日本国憲法には、憲法66条2項の文民条項を除き、戦争ないし軍隊を予定した規定が一切存在しないこと。
②憲法前文は、日本の安全保障の基本的あり方として、「平和を愛する諸国民の公正と信義に信頼」するという、具体的には国際連合による安全保障方式を想定していたと解されること。
③仮に侵略戦争のみが放棄され、自衛戦争は放棄されていないとすれば、憲法前文に宣言された格調高い平和主義の精神に適合しなくなること。
④自衛戦争のための戦力と侵略のための戦力とを区別することは、実際に不可能に近いこと、したがって、自衛戦争が放棄されず、自衛のための戦力が合憲だとすれば、結局、戦力一般を認めることになり、9条2項の規定が無意味になりはしないかという疑問が生ずること。

⑤自衛戦争を認めているとするならば、なぜ「交戦権」を放棄したのかを合理的に説明できないのではないか、という疑問も出ること[166]。

　芦部による上述の批判は、日本国憲法の全体構造の見地から見て、限定放棄説に問題が生じることを指摘するものである。まずは、芦部による①の批判を参照してみよう。日本国憲法には、軍事活動の権限や責任をどの機関に配分するかを定めた規定が全く存在せず、さらに、軍を指揮・管理するときの手続規定も存在しない。ここでは、当然の前提として、一般的な憲法は、軍の指揮権や戦争状態の宣言の権限に関する規定を含むものであることが確認されなければならない。

　例えば、アメリカ合衆国憲法では、2条2節1項において、大統領が、「合衆国の陸海軍および現に招集されて合衆国の軍務に服している各州の民兵の最高司令官」として明確に位置づけられており、連邦議会は、1条8節11項において「戦争を宣言し、捕獲免許状を付与し、陸上および海上における捕獲に関する規則を定める」という「宣戦布告」の権限を有し、1条8節12項の「軍隊を徴募し、これに財政的措置を講ずること。ただし、この目的のためにする歳出の承認は、2年を超える期間にわたってはならない」、1条8節13項の「海軍を建設し、これを維持すること」、1条8節14項の「陸海軍の統帥および規律に関する規則を定めること」から成る「軍隊編成」の権限を有し、1条8節15項の「連邦の法律の執行、叛乱の鎮圧および侵略の撃退の目的のためにする民兵の招集に関する規定を設けること」、1条8節16項の「民兵の編成、装備および訓練に関する規定を設けること、ならびに民兵中、合衆国の軍務に服すべきものについて、その統帥に関する規定を設けること。ただし、民兵の将校の任命、および連邦議会の定める軍律にしたがって民兵を訓練する権限は、各州に留保される」から成る「民兵の招集と編制」の権限を有することが、憲法上明記されている。

　ドイツ連邦共和国基本法では、87a条において「軍隊の設置、出動、任務」に関する規定が定められている。115a条1項は、「連邦領域が武力により攻撃され、または、かような攻撃が直前に差し迫っていること（防衛上の緊急事態）の確定は、連邦参議院の同意を得て、連邦議会が行う。その確定は、連邦政府

の申立に基づいて行い、連邦議会議員の投票数の3分の2の多数、少なくともその過半数を必要とする」として連邦議会の緊急事態確定権限を規定し、連邦議会が適時の集会困難や議決不能に陥った場合に備え、115a条2項、115e条では、53a条により規定されるところの、委員の3分の2が連邦議会から、3分の1が連邦参議院から選出される合同委員会によって、緊急事態に関する本質的な決定を行うという制度が置かれている。115b条は「防衛上の緊急事態の公布とともに、軍隊に対する命令権および司令権は、連邦首相に移行する」と定め、軍令事項に関する権限を連邦首相に授権しており、115c条1項「連邦の立法権限の拡大」規定、115d条「緊急の法律案」規定、115f条「連邦政府の非常権限」規定、115i条「ラント政府の非常権限」規定、115k条「非常立法の序列および適用範囲」規定、115l条「合同委員会の法律の廃止、防衛上の緊急事態の終了、講和」規定等が置かれている。

フランス第5共和政憲法では、15条「共和国大統領は、軍隊の長である。共和国大統領は、国防高等評議会および国防高等委員会を主宰する」という規定、16条「非常事態措置権」規定、21条1項「首相は国防について責任を負う」、21条3項「首相は、場合により、15条に定める評議会および委員会の主宰について、共和国大統領の職務を代行する」という規定、34条3項「法律は、次の基本原則を定める―国防の一般組織」という規定、35条1項「宣戦は、国会によって承認される」、35条2項「政府は、軍隊を外国に派遣する決定をした場合には、派遣後遅くとも3日以内に国会に決定を通知し、続行の目的を明確にする。この通知について討議することはできるが、これに続いて表決することはできない」、35条3項「外国への派遣期間が4か月を超える場合には、政府は、その延長について国会の承認を得るものとする。政府は、最終決断を国民議会に対して要求することができる」という規定、36条1項「戒厳令は閣議において発令される」、36条2項「12日を超える戒厳令の延長は、国会によらなければ許諾されない」という規定等を挙げることが出来る。

大日本帝国憲法でも、宣戦・講和・戒厳・統帥・編成をめぐる規定が明記されていたことは周知の通りである。これらの諸憲法とは対照的に、日本国憲法には、かような規定が一切存在せず、軍法会議のような特別裁判所も、憲法76条2項によって明確に禁止されている。憲法学界の伝統的な通説は、これを

「非武装平和主義の消極的証明」として捉えてきたのである。

　先述したように、ドゥオーキンの道徳的読解は、例えば、大統領の資格年齢を35歳以上に定める合衆国憲法２条のように、抽象性を帯びず、具体的な文言により構成される条文については適用されない。道徳的読解が適用されるのは、「原理」に言及する抽象的条項のみとされる。しかし、憲法の解釈においては、「本来、国家権力に対する拘束規範であり授権規範としての憲法典に不可欠と考えられる規定の不存在（戦争権限の欠缺）」という事象に対しても、「憲法の全体的構造」との原理的整合性が要請されるという見地からの道徳的読解が適用されるべきと考える。

　次に、芦部の指摘における⑤の批判に注目してみよう。ここでは伊勢崎賢治による問題提起が示唆に富む。伊勢崎は、憲法９条２項が戦力に加えて交戦権も否認していることに言及し、政局や議論が自衛隊と云う常備軍・戦力の問題に傾きがちであることを踏まえた上で、現在の戦争の観点からいえば、交戦権の方が重要であることを指摘する。伊勢崎によれば、自衛隊という戦力がなくても交戦は可能なのであり、素手でも竹槍でも、国家の打撃力として敵に向かって行使されれば、法理論上は「交戦」となる。「必要最小限」の自衛のための反撃であれば「交戦」ではない、という理屈は国際法では通用しないという伊勢崎の指摘は重要である。国連設立以降、国家による打撃力の行使の口実は、２つの自衛権と集団安全保障しか許されておらず、個別的自衛権でも一旦行使されれば、それは「交戦」として国際人道法により統制されなければならない。そもそも、全ての打撃力の行使を「交戦」として統制しようとするものが国際法であること、国家によるすべての打撃力の行使を「交戦規定」として統制しようとする人類の試みが国際人道法であり、「交戦」ではない打撃力の行使はあってはならないこと、伊勢崎によれば、これが国際法の考え方である[167]。

　"belligerent" は、現代では国際人道法を遵守する主体と考えられており、"right of belligerency" は、正確には「交戦主体になる権利」「交戦状態に入る権利」もしくは「ルールに則って交戦していれば戦争犯罪に問われない権利」と訳されるべきものである。竹槍で戦おうがジェット機で戦おうが、その中の違反行為を定めるのがこのルールであり、それが統制する空間が「交戦」であ

る以上、その中に入らないということは、とにかく「歯向かわないこと」を意味する。したがって、交戦状態に入る権利をなくすということは、自衛をしないということになる。この「（武力による）自衛をしないということ」（「戦争によらざる自衛権」に基づく安全保障）こそが、憲法９条の原理における中核として特定されるべきことを論証することが、本書第２章の課題となる。

　冨澤暉は、これを踏まえて次のように述べる。

　「日本には憲法学者のなかには、「日本は途中で解釈変更した。吉田茂は最初「日本には個別的自衛権もない」と言ったけれども、実際には個別的自衛権だけはある」というような学者がいます。私はそう主張する人たちに、「ではあなたたちはなぜ、交戦権という言葉を消すように活動しないんですか？」と言います」

　交戦権をめぐっては、本書第２章12で、「貴族院本會議および貴族院帝國憲法改正案特別委員會における戦争放棄に関する審議の分析」において、さらに詳細に分析することとし、ここでは以上の指摘にとどめておくが、「穏和な平和主義」論を含めた限定放棄説が自衛隊合憲論という原理を貫徹するためには、憲法９条２項の交戦権否認規定について、上記のような国際法上の通説的見地を踏まえたインテグリティの文脈において、いかに説得力のある議論を示すことが出来るかが問われていよう。

　松井のプリュラリズム的政治過程観に立脚した違憲審査制度論を批判するという文脈においては、巻に「道徳的読解と同様の憲法解釈方法論を採用するものと解される」といわしめた憲法解釈論を展開した長谷部は、なぜ憲法９条の解釈においては、日本国憲法の体系的な構造に対する配慮を示すことがないのであろうか。ドゥオーキンの道徳的読解的方法論に依拠するのであれば、上述の芦部による①と⑤の批判は、現在なお重要な問題提起として位置づけられるべきであろう。

　また、道徳的読解のインテグリティにおいては、「憲法全体の構造図」との整合性に加えて、裁判所による判例との整合性も重要とされている。司法部による判例については、例えば、ピーター・カッツェンスタインのように、「法的論争が未解決のまま残されてきたという事実」を指摘し、「安全保障政策を

めぐる規範的基礎がいまだ争われていること、法的に決着がついていないことが示されていること[172]」が注目されるべきことを説く立場もある。これは、所謂統治行為論によって、自衛隊の憲法適合性が争われた訴訟において、日本の最高裁が判断を回避してきたことを示すものであろう。しかし、自衛隊の憲法適合性が争われたケースにおいて、自衛隊を「合憲」と明示的に判断した判決は、地裁、高裁、最高裁のすべてを含めて、ただの1件も存在しないのに対し、自衛隊を「違憲」と明示的に判断した判決として、札幌地裁による長沼ナイキ基地訴訟1審判決が存在することが確認されなければならない[173]。先述したように、ドゥオーキンは、インテグリティの視座から制憲者の判断を調べる際には、制憲者の判断は歴史上のばらばらな出来事として捉えるのではなく、最高裁のみならず他の裁判所により過去に示された判決、そして憲法の全体的構造を参照しながら、制憲者の判断と適合するものとしての道徳的読解を求めている[174]。このような文脈において、長沼訴訟1審判決で明確な自衛隊違憲判断が示されたという歴史的事実は、きわめて重要な意義をもつものである。

次に、芦部による③の「仮に侵略戦争のみが放棄され、自衛戦争は放棄されていないとすれば、憲法前文に宣言された格調高い平和主義の精神に適合しなくなること」という批判に、あらためて注目してみたい。これはまさに歴史という道徳的読解の決定的な制約要因に基づいて、憲法学界における伝統的な通説が憲法9条2項全面放棄説にこだわってきた事実と関わるものである。

長谷部による憲法9条解釈においては、「政治的「原理」として認識可能なもの」であることという、道徳的読解の第1の要件が前面に押し出される反面、「決定的な根拠としての歴史」により制約されることという第2の要件が軽視されているという偏りが指摘されなければならない。ドゥオーキンは、第14修正の「法の平等な保護」というフレーズの具体的な原理への「翻訳」に際して、もし「黒人を含む全ての者に法律により認められた利益は、実際のところ何者に対しても拒まれてはならないという、相対的に弱い政治原理」という翻訳が不適切であるとして、「歴史的に見れば、第14修正の制憲者の意図について、かように弱い原理の規定にとどまるものではなかったことに疑念の余地はない」と断言し、「恐るべき戦争から成果と教訓を得ようとしたところの、南北戦争において勝利を収めた連邦下院議員たちが、かように限定的で気の抜

けた内容で妥協するという可能性は、きわめて低いものであったし、もっともらしく思われるところの異なる解釈の余地が全く残されていないということでないかぎり、制憲者がかように弱い原理にとどめたと考えられるべきではない」と述べている。近代日本による帝国主義的対外出兵が、始終「自存自衛のための戦争」として正当化されたこと、その過程では日本の発展が軍事的侵略による以外ないとされたこと、捕虜の処遇等を規定する国際法上の制約も排除され、自国および他国の将兵・非戦闘員において甚大な被害が強いられたという経緯が見られたという特殊日本的な歴史的要因を前提とするならば、アジア・太平洋戦争という「恐るべき戦争から成果と教訓を得ようとしたところの、第九十回帝國議會における制憲議会の構成員たちが、原則として自衛目的の武力行使を除いて武力行使を全面的に禁ずる国連憲章成立後という時点において、自衛目的の武力保持および行使を認めるように限定的で気の抜けた内容で妥協するという可能性は、きわめて低いものであった」という形で、「決定的な根拠としての歴史」により憲法9条解釈は制約され方向づけられることになるのではないか。ドゥオーキンによる、「原理」と「準則」の区分論という方法論、そして抽象的な憲法規範の道徳的読解という方法論に依拠しながら、「決定的な制約要因としての歴史」という要件を軽視する長谷部の「穏和な平和主義」論には、このような点において問題が指摘されなければならない。

　木村草太が述べるように、国民の生命や自由を国政の上で最大限尊重しなければならない旨定める憲法13条が、「政府は、強盗やテロリストのみならず、外国の侵略からも国民の生命等を保護する義務を負う。この義務は、国家の第一の存在意義とでもいうべきもので、政府はこれを放棄できない」という「原理」を意図したものであれば、これは、「国際関係における武力行使を一切禁ずる」という憲法9条の「原理」と「競合」することになる。憲法13条の規定内容は、その抽象性において憲法9条に勝るとも劣らぬものであり、したがって、憲法9条が「ある問題に対する答えを一義的に定める準則」ではなく「答えを特定の方向へと導く力として働くにとどまる原理」であるなら、憲法13条も同様に「原理」として位置づけられ、適宜「翻訳」されるべきこととなる。

　その上で、先に参照した、樋口陽一による「日本国民は、みずからの生命・自由・幸福追求、もっとひとこといえばみずからの個人としての尊厳を確保す

るために、あえて、9条を日本国憲法のなかに規定したはずである。すなわち、9条の存在自体が、13条による自衛権論によって「戦力に至らない自衛力」を根拠づけることを否定したもの、と見なければならないであろう」[175]という指摘は、競合する2つの「原理」、すなわち、憲法9条による非武装平和主義という「原理」と、憲法13条による国民の生命や自由を国政の上で最大限尊重しなければならないという「原理」が競合し、文言、歴史、そしてインテグリティ、憲法の構造（日本国憲法には、憲法66条2項の文民条項を除き、戦争ないし軍隊を予定した規定が一切存在しないこと、自衛戦争を認めているとするならば、なぜ「交戦権」を放棄したのかを合理的に説明できないのではないか、という疑問も出ること等）により原理間の衡量が行われ、解釈が方向づけられた結果、示されるに至ったものと考えることが出来る（文民条項については本書第2章14を参照）。

「道徳的読解は、裁判官に対して、憲法上の道徳的諸原理をめぐり最善の考え方を見出すように求めるが、それはアメリカ合衆国の歴史として描かれてきた物語の概略に適合するものでなければならない」[176]とドゥオーキンは述べる。「日本国の歴史として描かれてきた物語の概略」に適合するものとして、憲法学界の従来の通説は、憲法9条から非武装平和主義という「原理」を読み取り、憲法13条を根拠とした個別的自衛権合憲論から、正統性を剥奪し続けてきたのではなかったか。

ここに至ってようやく、本書第1章2で保留された問題、すなわち、樋口陽一による、「無前提的に「絶対的」な論理に基づく絶対平和主義とは異なるものとしての、相対的に論拠づけられてきたものとしての絶対平和主義」[177]という概念の意義について、確認する前提が整ったことになる。以上のような議論の筋道は、憲法9条を「準則」として捉えるのではなく、あえて「原理」として捉える視座に基づくものであり、樋口による「無前提的に「絶対的」な論理に基づく絶対平和主義とは異なるものとしての、相対的に論拠づけられてきたものとしての絶対平和主義」という指摘は、憲法学界が憲法9条を「準則」として位置づけてきたわけではないことを示すものとして読まれるべきこととなる。

樋口の指摘は、「軍による安全保障」という問題をめぐって、「第9条を支える国民の規範意識」として、「敵国家に対する被害意識と共に、自国に対するそれがあった」[178]こと、「国の愚策のゆえに戦わずして餓死せざるをえなかった

無念の兵士、片道燃料での特攻という理不尽な命令を受けた兵士、沖縄での「集団自決」強制を挙げずとも、夫や息子、父や兄弟を戦争にとられ、その死を哀しむことさえ抑圧された非戦闘員」という歴史的体験を踏まえて、「戦争中に自分の経験した悲惨が再び繰り返されるのは御免だ、という思いと同じくらい、戦没者の理不尽な死を何とか将来に向けて無駄でないものとして社会的に意味づけたい、という思い」への応答として位置づけられた憲法の戦力不保持規定という枠組により、「軍による安全保障」をめぐる通常の「原理」(「近代立憲主義のもとで、また、近代立憲主義の原理に関連づけて武装・軍備の根拠を実質的に示そうとする場合に、唯一可能な説明方法であり、それゆえ、この説明は、戦力不保持規定をもたない国の、軍事力の実質的根拠としてならば、成立可能であり、そして、軍事力に対する制約を画するものとして、意味をもつ」はずの原理)との競合を経た末の「非武装平和主義」という「原理」が、憲法9条戦争放棄規定から読み取られてきたことを示すものとして捉えることが出来る。

　「憲法9条が憲法規範として設定されたことの意味、理由」を議論することは、立憲主義とも関わる。杉田敦が述べるように、立憲主義とは権力抑制的な原理であり、国家権力の最も重大な機能の一つが軍事的なものであるから、その軍事的な機能を抑制するという意味で、憲法9条は立憲主義的な「原理」として位置づけられることになる。アメリカ合衆国憲法が人民武装の権利、人民の同意なしに兵士を宿営させることのない権利をプラグマティックに保障し、市民革命時フランスの場合でも、1791年憲法の段階で侵略戦争放棄規定があること、1793年憲法では宣戦布告にレファレンダムが必要だとされているように、権力の最たるものである軍事権力をどうするかという問題は、権力抑制を旨とする立憲主義が正面から向き合うべき課題とされてきたことを、杉田敦は指摘している。

　その上で、<u>どこまで権力を規制するかについては、国によって範囲が異なる</u>。特殊日本的な歴史にこだわり、軍事に対する戦後日本の対処の仕方が他国とは際立って異なる理由の一つとして樋口が挙げるのが、戦争責任の問題である。とりわけ樋口が強調するのは、「大日本帝国臣民の扱いに対する責任」、すなわち、後方支援なしに戦争を行い、ガダルカナル島、硫黄島、インパールにおける作戦の全てがその責任を果たしていなかったこと、これが戦争遂行中に

おける、外に対する責任を負うべき行為をも惹起したことである。アジア・太平洋戦争における日本軍人の戦没者230万人のうち、死因の過半数が、戦闘行動ではなく餓死であったこと、それが一つの局面の特殊な状況ではなく、戦場の全体にわたり発生したことが日本軍の特質であると指摘する藤原彰は、大量餓死が人為的なものであり、その責任が明瞭であることを死者に代わって告発するために、『餓死した英霊たち』を上梓したのであった[185]。

このような問題意識を継承し、佐々木弘通は、「遺族が悲哀から抜け出す最良の道は、愛する人の死そのものを社会的に意味づけることである。…悲惨な事故とはいえ、その結果、加害者や社会が本当に大切なものを見出し、事故の減少につなげていくのならば、犠牲者の死は意味を持つ。…それは事故に限ったことではない。すべての不幸な体験に言えることであ[186]」る、という野田正彰の言説を引用した上で、「1946年当時の国民にとって、戦争中に自分の経験した悲惨が再び繰り返されるのは御免だ、という思いと同じくらい、戦没者の不条理な死を何とか将来に向けて無駄でないものとして社会的に意味づけたい、という思い」に正に答えたものとして、憲法9条の戦力不保持規定を位置づけている[187]。

このような歴史的経緯が、「近代立憲主義が自明視した点をあえて疑い、「軍事的合理性」を制限するにとどまらず（ここまでなら「普通の平和憲法」である）、あえて「軍事的合理性」を否定するところまで突き抜けた、徹底した平和主義を採用した[188]」という水島朝穂の指摘と結びつき、ドゥオーキン「道徳的読解」における「歴史」という制約要因として、憲法学界における伝統的な通説形成を方向づけてきたものと考えることが出来るのではないだろうか。

次に、ゴーティエによる「囚人のジレンマ」解決を選び、しかしそのためには「チキン・ゲーム」のチキンたるをやめて各主体が報復力をもつのでなければならないとしながら、限度が重要であり、その限度を課したものとして憲法9条を位置づけるという長谷部の議論をめぐって、木庭顕による次の批判を引用しておきたい。木庭によれば、このような長谷部の議論には幾つかの混同があることが指摘されている。

「多様な価値観の共存という「リベラル」な立憲主義理解を社会学的利益

衝突モデルに置き換えた。後者はHobbesに置き換えられ、しかも「囚人のディレンマ」克服は権威によるしかないというテーゼを与えられる。これはGauthierモデルにすり替わるが、実質決定的であるのは、「チキン・ゲーム」である。「囚人のディレンマ」状況であるのに、「チキン・ゲーム」と錯覚してチキンになる国家があると侵略を誘発するから、強制によって裏切り行為に対処させねばならない。これが集団安全保障である。国家もこの理由に基づいて設立される。チキンと叱責されているのは「憲法学界の支配的見解」である。「他国の裏切りには自分も裏切りで応ずることで長期的な平和を確保」するGauthierのゲームつまり「穏和な平和主義」を皆がしようというのに、困ったことに落伍者がいる、それが９条だというのである。核戦争状況終了後、戦争もさほど悪くないという状況認識が濃厚に立ち込める。にもかかわらず何故か９条を擁護するので立論が支離滅裂になる。Gauthierのゲームの協力と武力限定を結びつけているのは「穏和」という気分だけである。しかしGauthierは（批判対象としてであるが）「囚人のディレンマ」へと繋がっており、後者の前提には各主体の報復力ということがあると見て、これを無理矢理持たせるためにチキンの教訓を引っ張り出す。「囚人のディレンマ」をこのように使えるのかどうかも疑問であるが、導き出したい結論に合わせてモデルをその都度選びそれを組み合わせるから、議論全体が空中分解している。理論モデルというものは恣意的に選べないはずであり、少なくとも設定を一定のものにするのでなければならない」[189]

さらに、以下では、「中央集権的な権威が存在しない自然状態特有の囚人のジレンマ状況が、国際平和を実現する途上に立ちはだかる」[190]という「穏和な平和主義」が前提とする視座について検討するため、ロバート・コヘインによる国際レジーム論を参照することとしたい。とりわけ、囚人のジレンマを、「１回限りの囚人のジレンマ（Single-play Prisoner's Dilemma）」と「繰り返し囚人のジレンマ（Iterated Prisoner's Dilemma）」とに区分する国際レジーム論の視座は、本章の問題意識にとって重要なものである。[191]

コヘインは、リアリズムと同様に、国際社会における行為主体は合理的な利己主義の立場に立つという前提に立脚しながら、そのような前提の上でも、リ

アリズムによる悲観的な結果が必ずしも生じるものではないことを主張し、国際政治におけるリアリズムによる前提が、協調を促すルールや原則を含む制度化された協定の形成と整合的であることを指摘する。[192]

リアリズムは、裏切りを支配戦略として位置づける囚人のジレンマモデルを前提としてきた。なぜ対立が一般的で協調が稀となるのかについて、その理由を示すモデルとして、囚人のジレンマは取り上げられることが多い。しかし、このような囚人のジレンマモデルは、コヘインによれば、国際社会における裏切りと協調を分析する視座にとって、原子論的な仮定（atomistic assumption）に依拠するものである点において妥当ではないとされる。[193]

計算するという意味において合理的であり、倫理的な原則や公正の基準によって左右されず、その期待効用を最大化せんとする「欲深い個人主義者」を登場人物とする囚人のジレンマは、「１回限りの囚人のジレンマ」と呼ばれる。[194]「裏切りが支配戦略として位置づけられるのは、ゲームが１回のみ、あるいはせいぜいのところ数回しか行われないという前提に依存するからだ」とするコヘインは、もしゲームが、同一のプレイヤーにより繰り返し行われる「繰り返し囚人のジレンマ」である場合、プレイヤーは合理的に協調することになると指摘する。その主要な理由は、繰り返し囚人のジレンマにおいては、短期的な利益が長期的に継続される相互の処罰によって通常は圧倒されてしまうため、裏切りというものが長期的に見て利益にならないから、というものである。[195]

将来得られる利得が十分に大きなものであれば、「目には目を」という戦略が、様々な状況において機能することを踏まえ、この戦略を採用するプレイヤーは、まず自分が協調から開始し、その後に相手が最後の手番でとった行動と同じ行動を行い、裏切りには報復を、協調には協調で報いる。双方のプレイヤーがこの戦略を用いれば、完全な相互協調という結果となる。純粋な利己主義者間においてさえ、十分に大きい潜在的に協調的な集団が初期に存在すれば、協調が「出現」することになる。[196]

コヘインによれば、参加者間における直接のコミュニケーションがない場合でも相互調整は可能であり、かような協調に交渉は何ら必要とはされない。[197]しかし、コヘインは、交渉により行われる調整に焦点を当てる。そのような交渉は、典型的には１度のみならず、一定の期間において複数回行われる。国際通

貨協定、貿易、エネルギーを主題とした交渉というものは連続的に行われ、無限に将来にわたり継続されることが予想される。さらに、多くの密接に関連した交渉が同時に行われるという事実により、交渉は「1回限り」よりも「繰り返し」行われるという性格を強めることになる。[198]

　囚人のジレンマにおける行為主体とは異なり、通常において政府は、相手国が合意を破っていることを発見すれば、協調するという決定を覆すことが可能である。この可能性により、裏切りのインセンティブが低下されるため、ゲームの繰り返しの可能性と同じ効果が生じることになる。国際的な交渉がシンプルな囚人のジレンマの形にモデル化され得るとしても、1回限りの囚人のジレンマにより標準的に引き出されるところの、悲観的な結論は出て来ないことが考慮されるべきことになる。[199]

　利己主義者が相互の行動を監視し、彼らのうちの多くが、他者もそうするという条件の下で協調しようとすれば、彼らは対立を減らすように自分たちの行動を調整することが可能である。彼らは、コヘインがレジームと呼ぶ制度 - 原則・規範・規則・手続を形成し、維持することが出来る存在として位置づけられる。このレジームは、行為主体の行動のガイドラインを提供することにより、没交渉的な調整を促すものである。[200]

　国際レジームは、集権的に行為主体を強制するものではなく、あくまで利己主義者による協調という、合理的選択分析の文脈において、リアリズムに固有の言葉により、「覇権か紛争か」という二者択一的構図を遠ざけるものとして把握されている。コヘインにおいては、合理的選択分析は、共通利益をめぐる理想主義的な関心や国際関係に対するイデオロギー的なコミットによって動かされることのない、純粋に合理的で狭義の利己主義的な政府によっても、協調が追求され得るものであることを示すために用いられるものである。合理的利己主義者は国際レジームの形成に対するインセンティブを有するものであり、囚人のジレンマ（繰り返し囚人のジレンマ）はこのような事実を示すために有益なものとして把握されることになる。[201]

　このようなコヘインによる国際レジーム論を参照することにより、国際社会においては繰り返し囚人のジレンマというモデルが適用されるべき場合があること、かような囚人のジレンマモデルにおいては裏切りが常に支配戦略となる

ものではないことが明らかとなる。力の空白により侵略へのインセンティブが高まり、国際的な平和秩序が不安定化するという「穏和な平和主義」の前提に対しては、国際政治学の領域において既にこのような有力な批判が向けられていることを指摘しておきたい。

　本書の次の関心は、「憲法解釈は制憲者が述べたことを出発点として開始されなければならず、そして、我々の友人や見知らぬ人の発言をめぐる我々の判断が、彼らについての具体的な情報や彼らが発言した文脈に依拠するものであるように、制憲者が述べたことを理解するためには、制憲者についての具体的な情報や、制憲者の発言の文脈に依拠することになる」[202]という、道徳的読解の要請と、「穏和な平和主義論」との関わりである。筆者の立場をここで確認しておくと、憲法9条戦争放棄規定の原理が導こうとしている「特定の方向」とは、「「軍」の存在から正当性を剥奪し、立憲主義が確立を目指す公共空間が、「軍」によって脅かされないようにするという憲法制定者の意図」[203]にとどまるものではなく、「戦争によらざる自衛権による安全保障」という憲法制定者により意図された方向性にまで及ぶというものである。ただし、「戦争によらざる自衛権」による安全保障を図るための方法について、「原理」たる憲法9条は一義的な答えを示すものではない。このような文脈における憲法9条戦争放棄規定に適合的と考えられる、非武装による安全保障の方法論の具体的な選択肢をめぐる筆者の立場については、本書第3章4で示されることになる。

　次章となる本書第2章の考察では、この「戦争によらざる自衛権」による安全保障という方向性こそが、制憲者により憲法9条に込められた戦争放棄規定の「原理」の核心として特定されるべきことを論証することとしたい。

1) 阿部浩己・鵜飼哲・森巣博『戦争の克服』（集英社、2006年）71-72頁。
2) 河上暁弘『日本国憲法第9条成立の思想的淵源の研究—「戦争非合法化」論と日本国憲法の平和主義』（専修大学出版局、2006年）147-337頁。
3) 水島朝穂『平和の憲法政策論』（日本評論社、2017年）13頁。
4) 佐々木弘通「非武装平和主義と立憲主義と愛国心」憲法問題19号（2008年）90-91頁。
5) 小林直樹『憲法第9条』（岩波書店、1982年）43頁。
6) 古川純「"憲法学業界"に異変あり？」市民の意見30の会・東京ニュース85号（2004年）
7) 長谷部恭男『憲法の良識—「国のかたち」を壊させない仕組み』（朝日新聞出版、

8) 髙橋和之・浅田正彦・安念潤司・五十嵐武士・山内敏弘「憲法9条の過去・現在・未来」(髙橋発言)ジュリスト1260号（2004年）16頁。
9) 紛争当事国の一方が、相手国に対し、戦争行為を開始する意思を表明する宣言。
10) 紛争当事国の一方が、紛争の平和的解決のための交渉を打ち切って最終的な要求を提示し、受諾拒否の場合は戦争または武力の行使など自由行動をとる旨述べた外交文書。
11) 横田喜三郎『自衛権』（有斐閣、1951年）8-10頁。
12) 同上71頁。
13) 水島朝穂『現代軍事法制の研究―脱軍事化の道程』（日本評論社、1995年）4頁。
14) 杉原泰雄編『新版体系憲法事典』（青林書院、2008年）349頁参照。
15) 第一次世界大戦に参戦した日本は、ドイツの膠州湾撤退を求め、ドイツの利権を中国に返還することを参戦の名目としたが、戦争により生じた人的・物的損害の代償という形で、従来日中間に存在した権利義務をめぐる紛争の日本側に有利な解決と、さらに新たな権益を設定することを目的とし、対華21か条要求を中国袁世凱政権に示した。その内容は、第1号＝山東省を日本の勢力範囲に置く4か条（第1号）、満蒙の独占的支配を策する旅順・大連の租借権、満鉄権益期限の99か年への延長など7か条（第2号）、第3号＝漢冶萍公司の日中合弁をめぐる2か条（第3号）、第4号＝福建省の他国への不割譲・不貸与1か条（第4号）、政治・財政・警察分野における日本人顧問招聘、日本の兵器受給などに関する希望条項7か条（第5号）というものであった。
16) 小林直樹『平和憲法と共生60年―憲法9条の総合的研究に向けて』（慈学社、2006年）135頁。
17) 渋谷秀樹は、「伝統的な国際法」の典型とされる不戦条約は、戦争の違法化の復活の時期に締結されたものであり、その時期の条文解釈としては限定放棄説のような解釈が妥当であったが、日本国憲法が制定された時期が「戦争の全面違法化の時期」であったことを踏まえ、日本国憲法の条文を不戦条約のように解さなければならない必然性はないとし、9条1項全面放棄説に合理性があると指摘する。渋谷秀樹『憲法第3版』（有斐閣、2017年）72頁。
18) 宮沢俊義（芦部信喜補訂）『全訂日本国憲法』（日本評論社、1978年）163頁。
19) 清宮四郎『憲法Ⅰ・第3版』（有斐閣、1979年）112頁、樋口陽一・佐藤幸治・中村睦夫・浦部法穂『註解法律学全集・憲法Ⅰ』（青林書院、1994年）155頁、浦部法穂『憲法学教室・第3版』（日本評論社、2016年）434頁等。
20) 浦部、前掲註19、434頁。
21) 浦部、前掲註19、434頁。
22) 宮沢俊義『コンメンタール日本国憲法』（日本評論社、1955年）182頁。
23) 樋口陽一「立憲主義展開史にとっての1946年平和主義憲法―継承と断絶」深瀬忠一・杉原泰雄・樋口陽一・浦田賢治編『恒久世界平和のために―日本国憲法からの提言』（勁草書房、1998年）137頁。
24) 佐藤功他「座談会宮沢俊義先生の人と学問」ジュリスト634号（1977年）139頁。
25) 同上139頁。

26) 樋口、前掲註23、138頁。
27) 樋口、前掲註23、138頁。
28) 法学協會『註解日本国憲法・上巻』（有斐閣、1953年）213頁。
29) 芦部信喜（高橋和之補訂）『憲法・第6版』（岩波書店、2015年）58頁、浦部、前掲註19、430-432頁、辻村みよ子『憲法・第6版』（日本評論社、2018年）66頁、山内敏弘『平和憲法の理論』（日本評論社、1992年）65頁等。
30) 樋口、前掲註23、135-136頁。
31) 愛敬浩二は、「9条が「準則」として了解されているからこそ、実際の政治過程で9条が「原理」として機能するという側面を軽視すべきではない。政府解釈は9条2項との関係で、憲法によっても制約できない「自然権としての自衛権」という観念を持ち出したからこそ、その説明では正当化しがたい自衛隊の海外派兵や集団的自衛権の行使を正当化できなかった。よって、政府が9条を「準則」と解してきたからこそ、9条は海外派兵の禁止や集団的自衛権行使の禁止を導き出す「原理」として機能したとみることができる」と述べている。愛敬浩二『改憲問題』（筑摩書房、2006年）153-154頁。
32) 樋口陽一「戦争放棄」樋口陽一編『講座憲法学2―主権と国際社会』（日本評論社、1994年）129頁。
33) 樋口、前掲註23、135-136頁。
34) 樋口、前掲註23、136-137頁。下線は麻生。
35) Martin Ceadel, *Thinking about Peace and War,* Oxford University Press, 1987.
36) 君島東彦「六面体としての憲法9条・再論―70年の経験を人類史の中に位置づける」立命館平和研究18号（2017年）。
37) 同上2頁。
38) Ceadel, *supra* note 35, at 56.
39) 君島、前掲註36、2頁。
40) 君島、前掲註36、2頁。
41) 君島、前掲註36、3頁。ここで君島は、pacificism の日本語訳として、「相対平和主義」、「平和終戦主義」、「パシフィズム」という例があることに言及した上で、自らが「漸進的平和主義」という日本語訳をあてる理由として、「パシフィシズムは、長期的な視点に立って、制度改革、国際秩序の変革を重視して、漸進的に戦争の廃絶を実現しようとするから」と述べている。君島、前掲註36、3頁、10-11頁。
42) 君島、前掲註36、3頁。
43) 君島、前掲註36、3頁。
44) 佐々木惣一『改訂日本国憲法論』（有斐閣、1952年）231-238頁。
45) 同上519-520頁。
46) 佐々木惣一「再軍備問題と憲法③憲法第九条で許される」朝日新聞1951年1月21日付。
47) 田上穣治「主権の概念と防衛の問題」宮沢俊義先生還暦記念『日本国憲法体系・第2巻総論Ⅱ』（有斐閣、1965年）98頁。
48) 木村草太「9条の持論、披瀝する前に」朝日新聞2018年2月22日（あすを探る・憲

法・社会欄）

49) 大澤正幸・木村草太『憲法の条件』（NHK出版、2015年）147頁。
50) 樋口陽一『現代法律学全集2・憲法Ⅰ』（青林書院、1998年）440頁。
51) 青井未帆『憲法と政治』（岩波書店、2016年）76-77頁。下線は麻生。
52) 青井未帆「日本国憲法が守ってきたもの」憲法問題29号（2018年）144頁。
53) 久田栄正・水島朝穂『戦争とたたかう――憲法学者のルソン島戦場体験』（日本評論社、1987年）433頁。
54) 同上433頁。
55) 石川健治「「真ノ立憲」と「名義ノ立憲」」木村草太・青井未帆・柳沢協二・中野晃一・西谷修・山口二郎・杉田敦・石川健治『「改憲」の論点』（集英社、2018年）252-253頁。
56) 同上254-255頁。
57) 同上257頁。
58) 水島、前掲註3、ⅷ頁。
59) 長谷部恭男『憲法とは何か』（岩波書店、2006年）142頁。下線は麻生。
60) 石川健治「9条、立憲主義のピース」朝日新聞2016年5月3日付。
61) 読売新聞1971年6月11日付。
62) 阿南市ホームページ・広報編集室の小窓5月(3)：http://www.city.anan.tokushima.jp/docs/2017051900027/
63) 読売新聞2016年5月26日付。この読売新聞報道において、東京都府中市の入庁3年目の、事務職、技術職、保育職、全職員50名の自衛隊体験入隊研修における、「時間厳守」と「整理整頓」を重視する集団生活研修プログラムの様子を把握することも出来る。
64) 近年では、軍隊への女性の進出も見られる。米国は世界で第1位の女性軍人比率を数えるし、日本でも女性自衛官が存在する。2008年には野戦特科部隊の三等陸佐に初めて女性が就任した。しかし、長い歴史の中で、かような現状が継続した期間はきわめて短い。
65) 水島、前掲註3、377頁。
66) http://www.city.anan.tokushima.jp/docs/2010091400021/
67) 札幌地判昭和48年9月7日（訟月19巻9号1頁、判時712号24頁、判タ298号140頁）。
68) 『憲法改正草案枢密院審査委員會審査記録』下線は麻生。制憲過程における議事録の引用に際しては、読みやすさを考慮して現代語表記に改めるものとする。
69) 芦部信喜『憲法学Ⅱ――人権総論』（有斐閣、1994年）339頁。
70) 上田勝美「世界平和と人類の生命権確立」深瀬忠一・上田勝美・稲正樹・水島朝穂編著『平和憲法の確保と新生』（北海道大学出版会、2008年）11-21頁。
71) 山内敏弘『人権・主権・平和―生命権からの憲法的省察』（日本評論社、2003年）2頁。
72) 同上3頁。
73) 同上4頁。
74) 同上5頁。

75) 同上7‐8頁。
76) 辻村みよ子「「人権としての平和」と生存権―憲法の先駆性から震災復興を考える」GEMC journal 7号（2012年）54頁。
77) 青井、前掲註52、146頁。
78) 青井、前掲註52、145頁。
79) 樋口、前掲註50、440頁。
80) 佐々木、前掲註4、98頁。
81) 佐々木、前掲註4、98-99頁。
82) 佐々木、前掲註4、99頁。
83) 『国語・4年下』（光村図書）。
84) 丸木俊・丸木位里『おきなわ島のこえ―ヌチドゥタカラ』（小峰書店、1984年）
85) http://www.pref.okinawa.jp/site/kodomo/heiwadanjo/heiwa/dai32-4.html
86) 君島東彦「六面体としての憲法9条―憲法平和主義と世界秩序の70年」憲法問題29号（2018年）9頁。
87) 渡辺治『日本国憲法「改正」史』（日本評論社、1987年）89頁。
88) 長谷部恭男『憲法と平和を問いなおす』（筑摩書房、2004年）160-174頁。
89) 長谷部恭男・杉田敦『これが憲法だ！』（朝日新聞社、2006年）70-71頁。
90) 長谷部恭男「平和主義と立憲主義」ジュリスト1260号（2004年）57頁。
91) 長谷部、前掲註90、57頁。
92) 長谷部、前掲註90、58頁。
93) Ranald Dworkin, *Law's Empire*, Hart Publishing, 1998, at 362-363.
94) Ranald Dworkin, *Freedom's Law : The Moral Reading of the American Constitution*, Oxford University Press, 1996, at 7-12.
95) 早川のぞみ「ドゥオーキンの法理論における原理の役割と機能―批判的法学研究との対比を手掛かりに」桃山法学15号（2010年）337頁。
96) 佐々木、前掲註4、90-91頁。
97) 長谷部、前掲註90、57頁。アレクシー自身も、この点を指摘している。Robert Alexy, *A Theory of Constitutional Rights*, Oxfored University Press, 2002, at 48. 法的可能性と事実的可能性に相関的に可能なかぎり高い程度実現されることを命じる規範として原理を位置づけるアレクシーの議論については、*Ibid.*, at 47-48.
98) 愛敬、前掲註31、152頁。
99) Ronald Dworkin, *Taking Rights Seriously*, Harvard University Press, 2001, at 22.
100) 早川、前掲註95、337頁。
101) Dworkin, *supra* note 99, at 24.
102) Dworkin, *supra* note 99, at 26.
103) Dworkin, *supra* note 99, at 22.
104) Dworkin, *supra* note 99, at 22.
105) 亀本洋「法におけるルールと原理（1）―ドゥオーキンからアレクシーへの議論の展開を中心に」法學論叢122巻2号（1988年）21頁。

106) 早川、前掲註95、331-332頁。
107) Dworkin, *supra* note 99, at 22.
108) Dworkin, *supra* note 99, at 22.
109) H.L.A. Hart, *The Concept of Law*, Oxford University Press, 1961, at 253-254.
110) Dworkin, *supra* note 99, at 17.
111) Dworkin, *supra* note 99, at 33-34.
112) Dworkin, *supra* note 99, at 34.
113) Dworkin, *supra* note 99, at 36.
114) Dworkin, *supra* note 99, at 37.
115) Dworkin, *supra* note 99, at 39.
116) 公権力によって用いられるルールは、その内容（content）によってではなく、系譜（pedigree）によって、つまりルールがどのようにして採択されたかあるいは発展してきたかによって、同定されるという命題を、系譜テーゼと呼ぶ。浅野博宣「ドゥオーキンの法実証主義批判について」公法研究73号（2011年）162-163頁。
117) リッグス対パーマー事件（115 N.Y.506, 22 N.E.188, 1889）において、祖父の遺言に名前の載っている相続人は、相続を目的として祖父を殺害した場合にも相続し得るかが問われた。裁判所は、いかなる者も自ら犯した不法により利益を得てはならないという原理を背景的規準として採用し、この規準に照らして遺言に関する制定法を理解することにより、この制定法の新しい解釈を正当化した。「あらゆる契約と同様、あらゆる制定法の効果や効力は、コモン・ローの一般的基本的な原理により限定されることがある。何人も自らの詐欺行為により利益を得たり、あるいは自らの悪徳を基礎として権利請求を行い、自らの犯罪により所有権を取得するようなことは許されてはならない」（115 N.Y. 511, 22 N.E. 190.）ヘニングセン対ブルムフィールド・モーターズ事件（32 N.J.358, 161 A.2d 69, 1960）では、自動車製造業者は、自動車に欠陥のある場合だけに自己の責任を限定することが出来るかが問われた。ヘニングセンは自動車を購入し契約書に署名したが、この契約書には自動車の欠陥に対する製造業者の責任は、欠陥部分の修理に限定され、「この保証は明白に、これ以外のあらゆる保証、義務ないし責任に代るものである」と書かれていた。これに対し、ヘニングセンは、少なくとも彼の事案のような状況においては、製造業者は上記の規定によって保護されるべきではなく、自動車の損害で傷害を受けた人々に医療上その他の費用を払う責任を負うべきであると主張した。彼は、製造業者が契約内容に固執することを認めないようないかなる制定法、確立された法準則をも援用することが出来なかったにもかかわらず、裁判所はヘニングセンの主張を容れた。裁判所は、相互に交錯する多様な原理や政策を根拠として採用し、自動車の欠陥をめぐる製造業者責任に関する新しい法準則を正当化した。Dworkin, *supra* note 99, at 23-24, 28-29.
118) Dworkin, *supra* note 99, at 40.
119) Dworkin, *supra* note 99, at 40.
120) 浅野、前掲註116、163頁。
121) Dworkin, *supra* note 99, at 133.

122)　Dworkin, *supra* note 99, at 134.
123)　Dworkin, *supra* note 99, at 135.
124)　Dworkin, *supra* note 94, at 7-12.
125)　丸祐一「原意主義批判としての道徳的読解―R. ドゥオーキンの憲法解釈論についての一考察」千葉大学社会文化科学研究5号（2001年）151頁。
126)　Dworkin, *supra* note 94, at 2.
127)　Dworkin, *supra* note 94, at 2.
128)　Dworkin, *supra* note 93.
129)　Dworkin, *supra* note 93, at 362.
130)　Dworkin, *supra* note 93, at 363.
131)　Dworkin, *supra* note 94, at 7-12.
132)　Dworkin, *supra* note 94, at 8.
133)　Dworkin, *supra* note 94, at 8.
134)　Dworkin, *supra* note 94, at 8.
135)　Dworkin, *supra* note 94, at 8-9.
136)　Dworkin, *supra* note 94, at 9.
137)　Dworkin, *supra* note 94, at 9.
138)　Dworkin, *supra* note 94, at 9-10. 下線は麻生。
139)　丸、前掲註125、152頁。
140)　長谷部、前掲註90、58頁。
141)　丸、前掲註125、152頁。
142)　丸、前掲註125、153頁。下線は麻生。
143)　Dworkin, *supra* note 94, at 10.
144)　Dworkin, *supra* note 94, at 10-11. 下線は麻生。ここでは、道徳的読解におけるインテグリティの要請について、「他の裁判官により過去に示されてきた憲法解釈の支配的な方向性との合致」という要素と並んで、「憲法全体の構造図との原理的な整合性」という要素も同様に重視される形で記述されていることを強調しておきたい。
145)　Dworkin, *supra* note 94, at 11. 下線は麻生。
146)　Dworkin, *supra* note 94, at 11
147)　Dworkin, *supra* note 94, at 9.
148)　Dworkin, *supra* note 94, at 9.
149)　Dworkin, *supra* note 94, at 9.
150)　Dworkin, *supra* note 94, at 273. 下線は麻生。
151)　Dworkin, *supra* note 94, at 10.
152)　早川のぞみ「ドゥオーキンの道徳的解釈論の意義と課題―オリジナリズムとの対比から：中絶事例を手掛かりに」法哲学年報2006号（2007年）160頁。
153)　Ronald Dworkin, "Comment", Amy Gutmann (ed.), *A Matter of Interpretation : Federal Courts and the Law*, Princeton University Press, 1997, at 119-122.
154)　Brown v. Board of Education, 347 U.S. 483 (1954).

155) Dworkin, *supra* note 94, at 13.
156) Dworkin, *supra* note 94, at 13.
157) Dworkin, *supra* note 94, at 13.
158) 巻美矢紀「憲法の動態と静態（１）―R.ドゥオーキン法理論の「連続戦略を手がかりとして」國家學會雜誌117巻１号（2004年）79頁参照。
159) 長谷部恭男「憲法典というフェティッシュ」國家學會雜誌111巻11・12号（1998年）169頁。
160) Dworkin, *supra* note 94, at 10.
161) 巻、前掲註158、74頁。
162) 長谷部、前掲註159、169-170頁。
163) 長谷部恭男「政治取引のバザールと司法審査―松井茂記著『二重の基準論』を読んで」法律時報67巻４号（1995年）66頁。
164) 同上66頁。長谷部は「12条」と書いているが、「11条」の誤記であろう。
165) 巻、前掲註158、79頁参照。なお、本書81頁註144のあらためての参照を請う。
166) 芦部、前掲註29、58頁。
167) 冨澤暉・伊勢崎賢治「これからの「戦争と平和」」ちくま新書編集部編『憲法サバイバル―「憲法・戦争・天皇」をめぐる４つの対談』（筑摩書房、2017年）110-112頁。
168) 伊勢崎賢治「国際人道法に則する憲法を」シノドス2017年10月20日 https://synodos.jp/politics/20618
169) 冨澤・伊勢崎、前掲註167、115頁。
170) Dworkin, *supra* note 94, at 10.
171) Peter J. Kaztenstein, *Cultural Norms & National Security : Police and Military in Postwar Japan*, Cornell University Press, 1996, at 118.
172) *Ibid.*
173) 札幌地判昭和48年９月７日（訴月19巻９号１頁、判時712号24頁、判タ298号140頁）。
174) Dworkin, *supra* note 94, at 273.
175) 樋口、前掲註50、440頁。
176) Dworkin, *supra* note 94, at 11.
177) 樋口、前掲註23、136-137頁。
178) 佐々木、前掲註４、98頁。
179) 佐々木、前掲註４、98-99頁。
180) 佐々木、前掲註４、99頁。
181) 樋口、前掲註50、440頁。
182) 杉田敦・樋口陽一「憲法の前提とは何か」現代思想43巻12号（2015年）35頁。
183) 同上35頁。
184) 同上35-36頁。
185) 藤原彰『餓死した英霊たち』（筑摩書房、2018年）10頁。
186) 野田正彰『喪の途上にて―大事故遺族の悲哀の研究』（岩波書店、1992年）248-249頁。

187)　佐々木、前掲註4、99頁。
188)　水島、前掲註3、13頁。
189)　木庭顕『憲法9条へのカタバシス』（みすず書房、2018年）12-13頁。
190)　長谷部、前掲註90、66頁。
191)　Robert O. Keohane, *After Hegemony : Cooperation and Discord in the World Political Economy*, Princeton University Press, 2005, at 75-76.
192)　*Ibid.*, at 67.
193)　*Ibid.*, at 73.
194)　*Ibid.*, at 73.
195)　*Ibid.*, at 75.
196)　*Ibid.*, at 76.
197)　*Ibid.*, at 49-64.
198)　*Ibid.*, at 76.
199)　*Ibid.*, at 76.
200)　*Ibid.*, at 84.
201)　*Ibid.*, at 78.
202)　Dworkin, *supra* note 94, at 10.
203)　長谷部、前掲註59、142頁。

第2章

戦争放棄規定の原意と歴史
──制憲者意思をめぐる従来の通説を「誤解」とする議論について

　ドゥオーキンの道徳的読解における、「憲法解釈は制憲者が述べたことを出発点として開始されなければならず、そして、我々の友人や見知らぬ人の発言をめぐる我々の判断が、彼らについての具体的な情報や彼らが発言した文脈に依拠するものであるように、制憲者が述べたことを理解するためには、制憲者についての具体的な情報や、制憲者の発言の文脈に依拠することになる」[1]という要請をうけて、本章では、「制憲者についての具体的な情報や、制憲者の発言の文脈」について精査し、「戦争によらざる自衛権」による安全保障が、制憲者により憲法9条に込められた戦争放棄規定の「原理」の核心として特定されるべきことを論証したい。

1　制憲者意思をめぐる従来の通説を「誤解」とする議論について

　憲法制定当時の原意（制憲者意思）をめぐり、従来の憲法学における通説的見解は、「制定当時の政府説明は、1項につき限定放棄説をとりつつ、2項解釈としては「戦力」の全面不保持を定めたとする立場をとっていた」[2]というものであった[3]。しかし、このような見解に対する異論が、長谷部恭男により示されている。

> 「自衛隊の創設時に、政府が9条の解釈を変えたと言われることがあります。つまり、それ以前は個別的自衛権の行使も否定していたのだけれども、自衛隊創設時に、9条の下でも個別的自衛権の行使は許されるという形に見解を変えたと言われることがありますが、これは明らかな誤解です」[4]

その上で、憲法公布時（1946年11月3日）に政府が発行した『新憲法の解説』を、「当時の内閣法制局のメンバーが執筆した」ことを踏まえ、次のように述べる。

「その中の「戦争の放棄」という9条に関する項目を見ますと、新憲法の審議の過程、つまり第90回帝国議会の審議の過程で、9条の下では自己防衛がもはやできなくなるではないか、平たく言うと、外国に攻められたときにそれに対処する手段がなくなるではないかという懸念が表明されたことが指摘されています。

それに対する『新憲法の解説』の答えは、日本がいずれ占領が終わって国際連合に加盟したときには、国際連合憲章自体、実は自衛権を認めているのだから対処ができないことはありえないだろうということを言っています。ですから、<u>少なくとも個別的自衛権の行使については、日本国憲法公布時においてすでに内閣法制局のメンバーは想定をしていたのだということは言えることだろうと思います</u>」

長谷部によるこのような指摘に対し、朝日新聞記者である豊秀一も次のように述べて、同調の姿勢を示している。

「長谷部さんがおっしゃった憲法制定過程についてですが、当時の憲法制定過程について勉強してみると、例えば1946年5月6日の枢密院委員会での議論があります。これは議事録が国立国会図書館の「日本国憲法の誕生」というWebサイトにも載っています。「不当に攻められて手をこまねいて防衛できないのはおかしいのではないか」という林という顧問官からの質問に対して、当時の法制局長官の入江俊郎が、「国家として最小限の自衛権を認めることは当然である」と答弁しています。戦争、武力による解決を今後絶対に行わないという捨て身の態度をとるということが1つの態度であると思う、という趣旨のことを言いながら同時に、国家として最小限度の自衛権を認めるのは当然である、というように入江が答えていることは、先ほど長谷部さんがご紹介になったところを裏付けるものではないかと思っております。

憲法の制定にかかわった人たちも、攻められた場合に何らかの措置をとることを視野に入れていたということだと思います。であれば、<u>自衛隊創設は個別的自衛権の範囲であり、解釈の幅の中、すなわち憲法の枠内と考えることができるのではないでしょうか</u>[7]」

他方で、「制定過程に関与した人々の発言や回想を憲法解釈の決め手にしようとする議論の仕方」に限界を認めようとする長谷部の議論に対する異論もある。本書第1章において参照したように、佐々木弘通は、「憲法テキスト（憲法典及び個々の憲法条文）を制定するに先立って、制憲者がそのテキストにどのような規範意味を託したかという制憲者意思を、憲法科学的に確定することが可能だと考えている[8]」と述べる。佐々木がその前提として取り上げるのが、野坂泰司による、憲法解釈における原意主義をめぐる論考[9]である。

野坂の論考は、「憲法訴訟において裁判官がとるべき憲法解釈の方法論」としての原意主義が、憲法解釈に際して憲法正文の「原意」を問題にするものであり、正文自体に原意から独立した独自の意義を認めないことをまず確認する[10]。「およそテクストは誰かにとってのテクストであり、テクストの意味は誰かにとっての意味であるとすれば、憲法のテクストについても、その自立性を前提にしたような純然たる正文主義が成り立つかどうかは疑わしい[11]」。

憲法正文の意味として、制憲者により理解された意味とは異なる意味が主張されることはありうるが、それは制憲者以外の誰かによる意味にすぎず、野坂によれば「正文自体の意味といったものではない[12]」。原意主義は、憲法判断を求められる裁判官が、このような「誰かにとっての意味」ではなく、「歴史的な制憲者にとっての意味」に依拠すべきことを主張するものであり、野坂は「<u>特定の歴史状況において、特定の憲法条項に制憲者がいかなる原理を盛り込もうとしたのか、ということ</u>[13]」を決定的な問題として位置づける。

原意主義は、制憲者がもし生きていて今日の争点に直面したならば決定したであろう通りに、面前の事件を決定するよう裁判官に求めるものではない。原意主義者は起草者らが定立した諸原理、彼らが保護しようとした諸価値を見極めようと試みるものであり、それらに基づいて面前の事件を決定するよう裁判官に求めるものとされる[14]。<u>原意主義が制憲者意思の探求から引き出すことを期</u>

待するのは、具体の事件に対する「結論」ではなく「大前提」であり、この大前提の中には、制憲者が保護せんと意図した「中核的価値」が存在する。

　このような原意主義の理論的基礎を、野坂は「民主的統治における裁判所の適正な役割に関する一つの理論」、すなわち、民主制においては憲法に反しない限り、選挙により選出されたという民主的基盤をもつ政治部門による判断が常に優先されなければならず、民主的正統性をもたない裁判所は、制憲者に帰せしめ得る価値選択に拠ってのみ政治部門に対抗することが許されるという見解に求めている[15]。

　その上で、野坂は、憲法制定過程において、憲法案の起草者ではなく、最終的に憲法を制定した批准者の見解を重視し、これを参照すべきとする主張が有力であることを指摘した上で、批准者一団の人々の「意思」を知ることが可能かどうかについて考察する。

　このような意味での制憲者が、特定の憲法条項の定立に賛成するとき、当該条項をめぐる彼らの理解が完全に一致しているという保証はなく、むしろ微妙にくい違っていることが通例であることを認めながら、野坂は、制憲者が特定の文言によって表現された特定の憲法条項の採択に賛成した以上、当該条項をめぐる彼らの理解が全く相反しているとは考え難いこと、当該条項の「中核的意味」に関しては共通理解が存するとみるのが自然であることを指摘するのである[16]。

　野坂によれば、かかる共通の理解を探り当てることは困難だが不可能ではない。「当該条項の意味に関する制憲者各人の理解の重なり合った部分」が認められる限り、制憲者の意思を語ることは可能とされる[17]。「原意主義の立場に立つ裁判官は、かかる共通の埋解を探りあてるべく可能な最善を尽くせばよい」[18]のであり、その過程では、あくまでも歴史的証拠に照らして最も蓋然性の高いものを、制憲者が定立した原理として選択することになる。野坂の議論は、ドゥオーキンの道徳的読解における、「制憲者により憲法条項に込められた規定の原理の核心を特定する」という方法論との親和性を帯びるものであるように思われる。このような野坂の議論を踏まえて、佐々木は次のように述べる。

　「日本国憲法は国民主権を建前とするので、「制憲者意思」の把握に当たっ

ては、制憲過程の全てを視野に入れつつも、最終的に制憲過程において国民にいちばん近い機関だった帝国議会衆議院の意思を決め手にすべきである。憲法制定過程の帝国議会議事録を見れば、新憲法草案の提案者である政府は一貫して、第9条1項については侵略戦争のみを放棄し自衛戦争まで放棄しないとの理解に立ちつつ、2項前段が戦力の保持を全面的に禁止するから自衛戦争を行うことも現実には不可能だ、という説明を行っている。そういう理解で提案された第9条の憲法条文を、帝国議会の衆議院は採択した。ゆえに憲法制定後の解釈学説のタームを用いて言うと、憲法第9条の制憲者意思は、1項で侵略戦争放棄説を採り、2項前段で、警察力を超える実力説的に理解された「戦力」の、全面的不保持説を採るものだった」[19]

　日本国憲法の制憲者意思を知るための手がかりとしては、佐々木が指摘するように、制憲過程の帝国議会議事録が存在する。「制憲議会は多数人からなる会議体であって、それに「意思」があるという想定がそもそもフィクションである」、「制憲議会の場合でいえば、憲法典という形式を備えたテクストが、そしてそれのみが制憲議会の「意思」であって、それ以外に、たとえば各議員が内心で何を考えようとあるいは何を発言しようと、それらを集計して制憲議会の「意思」とするルールがあらかじめ存在するのでない限り、それは制憲議会の「意思」ではありえない」と長谷部は述べるが、「各議員が内心で考えたこと、発言したこと」を「集計」する必要はない。
　長谷部は、最終的には、「いわゆる「制憲者意思」なるものは、せいぜい憲法の解釈にあたっての参考資料にとどまる」[20]と述べているが、制憲者意思を完全に切り捨てるという姿勢は示しておらず、日本国憲法公布時（1946年11月3日）に政府が発行したパンフレット『新憲法の解説』が、法制局の手によることを根拠として、「少なくとも個別的自衛権の行使については、日本国憲法公布時においてすでに内閣法制局のメンバーは想定をしていたのだということは言えることだろうと思います」[21]と述べ、あるいは、「自衛のための実力の保持を全面的に禁止する主張は、特定の価値観・世界観で公共空間を占拠しようとするものであり、日本国憲法を支えているはずの立憲主義と両立しない。したがって、立憲主義と両立するように日本国憲法を理解しようとすれば、9条

は、この問題について、特定の答えを一義的に与えようとする「準則（rule）」としてではなく、特定の方向に答えを方向づけようとする「原理（principle）」にとどまるものとして受け取る必要がある、こうした方向づけは、「軍」の存在から正当性を剥奪し、立憲主義が確立を目指す公共空間が、「軍」によって脅かされないようにするという憲法制定者の意図を示している。そうである以上、9条を改変して「軍」の存在を明確化しようとする提案は、自衛のための実力の保持を認めるという意味では不必要であるばかりか、公共空間の保全を目指す憲法の機能を揺るがしかねないものである」と述べるなど、憲法制定直後の法制局の見解や「憲法制定者の意図」を参照しながら、個別的自衛権合憲論という自説の正当化を図っている。

　本書第1章において見たように、ドゥオーキンに依拠し、憲法規範を原理と準則に分けるという手法を用いる長谷部は、憲法解釈の方法論においても、ドゥオーキンの道徳的読解と同様のものを採用するものと見られている。ドゥオーキンの道徳的読解では、制憲者により憲法条項に込められた規定の「原理」の核心を特定することが求められるのであり、長谷部による、憲法制定直後の法制局の見解や「憲法制定者の意図」への訴求は、「穏和な平和主義」が、道徳的読解における制約要因への配慮も具備するものだというアピールであるのかもしれない。しかし、筆者は、憲法9条をめぐる「制憲者により憲法条項に込められた規定の原理の核心」を、「「軍」の存在から正当性を剥奪し、立憲主義が確立を目指す公共空間が、「軍」によって脅かされないようにするという憲法制定者の意図」にとどまるものとして特定しようとする（自衛目的の武力の保持・行使は許されるものとする）長谷部の立場に対し、本章の分析を通じて異議を申立てたい。

　ドゥオーキンは、「道徳的読解は、裁判官に対して、憲法上の道徳的諸原理をめぐり最善の考え方を見出すように求めるが、それはアメリカ合衆国の歴史として描かれてきた物語の概略に適合するものでなければならない」、「道徳的読解に際しては、憲法解釈は制憲者が述べたことを出発点として開始されなければならず、制憲者が述べたことを理解するためには、制憲者についての具体的な情報や、制憲者の発言の文脈に依拠することになる。したがって、歴史というものは明らかに、道徳的読解と関わりを持つことになる」と述べている。

制憲過程では、採決に至る前の段階の議会や委員会等で、戦争放棄規定の解釈がいかにあるべきかをめぐり、きわめて多様な観点から多くの論点をめぐって質問が寄せられ、それに対する答弁が示されている。野坂が述べるように、憲法条項の規範内容というものは、テクストのみによって把握されるべきものではない。憲法のテクストについて、その自立性を前提にしたような純然たる正文主義が成り立つかどうかは疑わしいと考えるべきである。

　制憲過程において、憲法案の起草者ではなく、最終的に憲法を制定せしめた批准者の見解を重視し、これを参照すべきとする主張が有力であることを踏まえ、批准者一団の人々の「意思」を知ることが可能かどうかを野坂は問題にした。このような意味での制憲者が、特定の憲法条項の定立に賛成するとき、当該条項をめぐる彼らの理解が完全に一致しているという保証はなく、むしろ微妙にくい違っていることが通例であることを認めながら、野坂は、制憲者が特定の文言によって表現された特定の憲法条項の採択に賛成した以上、当該条項をめぐる彼らの理解が全く相反しているとは考え難いこと、当該条項の「中核的意味」に関しては共通理解が存するとみるのが自然であることを指摘した。

　多様で詳細な質疑応答を通じて明らかとなり、具体化された戦争放棄規定の規範内容を前提として最終的な採決が行われ、その結果、衆議院、貴族院で圧倒的多数の賛成により可決されるに至った経緯を詳細に跡づけることを通じて、制憲議会の「意思」を確認することは、佐々木や野坂が主張するように十分可能であると考える。

　第九十回帝國議會帝國憲法改正審議録における戦争放棄に関する質疑応答について、審議録の一部分を引用・参照した先行研究は存在するが、戦争放棄の解釈に直接関わりのある質問と、これに対する答弁を全て引用、参照し、これを分析するという作業は、紙幅の制限等により困難であり、管見の限りそのような作業を行った先行研究は見当たらない。

　そこで、次節以降においては、帝國憲法改正審議録を参照し、憲法9条をめぐる制憲者意思を丁寧に跡づけていくこととしたい。具体的には、『憲法改正草案枢密院審査委員會審査記録』、『憲法改正草案に関する想定問答・同逐条説明』、『官報號外第九十回帝國議會衆議院議事速記録』、『第九十回帝國議會衆議院帝國憲法改正案委員會議録（速記)』、『第九十回帝國議會衆議院帝國憲法改

正案委員小委員會速記録』における戦争放棄の解釈に直接関わりのある質問と、これに対する答弁をすべて引用、参照し、これに関連して、『憲法改正草案枢密院審査委員會法制局の手による想定問答』、『官報號外第九十回帝國議會貴族院議事速記録』、『第九十回帝國議會貴族院帝國憲法改正案特別委員會議事速記録』における戦争放棄の解釈に直接関わりのある質問および答弁のうち重要なものを引用、参照する。これらを分析することを通じて、制憲議会において圧倒的多数の賛成により可決された日本国憲法の戦争放棄規定をめぐる制憲者意思を跡づけてみたい。

憲法9条の政府解釈をめぐる先行研究としては、浦田一郎による精緻かつ膨大な研究成果[26]が存在する。しかし、浦田による研究は基本的に1954年以降現在に至るまでの政府による憲法9条解釈を対象とするものであり、制憲過程における制憲者意思は、直接の研究課題として位置づけられていない。

長谷部が指摘するように、憲法9条をめぐる制憲者意思をめぐる通説は「明らかな誤解」であり、「個別的自衛権の行使については、日本国憲法公布時においてすでに内閣法制局のメンバーは想定をしていた」のであろうか。それとも、佐々木が指摘するように、「憲法第9条の制憲者意思は、1項で侵略戦争放棄説を採り、2項前段で、警察力を超える実力説的に理解された「戦力」の、全面的不保持説を採るものだった」のであろうか。

日本国憲法9条をめぐる制憲者意思は、実際に長谷部が指摘するような内容だったのか。「制定当時の政府説明は、1項につき限定放棄説をとりつつ、2項解釈としては「戦力」の全面不保持を定めたとする立場をとっていた」という憲法学界の通説は、「明らかな誤解」なのか。次節以降において、詳しく分析することとしたい。

2　制憲者意思の分析——第四回憲法改正草案枢密院審査委員會審査記録における戦争放棄に関する審議を踏まえて

日本国憲法による平和主義については、まず憲法前文の第2段において、その基本的な方向性が示されている。憲法前文第2段は次の通りである。

日本国民は、恒久の平和を念願し、人間相互の関係を支配する崇高な理想を深く自覚するのであつて、平和を愛する諸国民の公正と信義に信頼して、われらの安全と生存を保持しようと決意した。われらは、平和を維持し、専制と隷従、圧迫と偏狭を地上から永遠に除去しようと努めてゐる国際社会において、名誉ある地位を占めたいと思ふ。われらは、全世界の国民が、ひとしく恐怖と欠乏から免かれ、平和のうちに生存する権利を有することを確認する。

日本国憲法9条は、次のように規定する。

　日本国民は、正義と秩序を基調とする国際平和を誠実に希求し、国権の発動たる戦争と、武力による威嚇又は武力の行使は、国際紛争を解決する手段としては、永久にこれを放棄する。

　前項の目的を達するため、陸海空軍その他の戦力は、これを保持しない。国の交戦権は、これを認めない。

このような形をとる憲法9条は、どのような制定の経緯を経たのであろうか。憲法9条制定の経緯を確認することから、本節の考察を始めることとしたい。

日本の降伏条件を定めたポツダム宣言は、12項「前記諸目的ガ達成セラレ且日本国国民ノ自由ニ表明セル意思ニ従ヒ平和的傾向ヲ有シ且責任アル政府ガ樹立セラルルニ於テハ連合国ノ占領軍ハ直ニ日本国ヨリ撤収セラルベシ」を含むものであった。この宣言の受諾により、日本政府は、大日本帝国憲法を自由主義化する義務を負った。

1945年10月9日に成立した幣原内閣は、国務大臣松本烝治を長とする憲法問題調査委員会（松本委員会）を発足させ、憲法改正作業が行われることとなった。

松本委員会により起草された憲法案は、①天皇が統治権を総攬せられるという大原則には変更を加えない、②議会の議決を要する事項を拡充し、天皇の大権事項を削減する、③国務大臣の責任を国務の全般にわたるものたらしめるとともに、国務大臣は議会に対して責任を負うものとする、④国民の権利・自由

の保障を強化するとともに、その侵害に対する救済方法を完全なものとする、という4つの原則に基づくものであった。[27]

上記①の原則は、統治権の総攬者としての天皇の地位に変更を加えないとするものであり、1946年2月1日付毎日新聞に掲載されたこの松本案の内容が、民主化において不十分であると判断したマッカーサーは、総司令部（GHQ）の側で独自の憲法草案を作成することを決断するに至る。

この際、マッカーサーは、憲法草案に入れるべき3つの原則として、いわゆるマッカーサー3原則を示している。この3原則のうちの1つが、「国家の主権的権利としての戦争を廃棄する。日本は、紛争解決のための手段としての戦争、および自己の安全を保持するための手段としてのそれをも、放棄する。日本はその防衛と保護を、今や世界を動かしつつある崇高な理想に委ねる。いかなる日本の陸海空軍も決して許されないし、いかなる交戦権も日本軍には決して与えられない」というものであり、[28] 憲法9条の淵源となった戦争放棄に関する原則である。

これを踏まえてGHQ民生局により作成された憲法草案が、総司令部案として1946年2月13日に日本政府に示された。総司令部案において、日本国憲法9条に該当する規定は8条に置かれており、それは次のような内容であった。

国民ノ主権トシテノ戦争ハ之ヲ廃止ス他ノ国民トノ紛争解決ノ手段トシテノ武力ノ威嚇又ハ使用ハ永久ニ之ヲ廃棄ス

陸軍、海軍、空軍又ハ其ノ他ノ戦力ハ決シテ許諾セラルルコト無カルヘク又交戦状態ノ権利ハ決シテ国家ニ授与セラルルコト無カルヘシ

総司令部案に基づく形で日本政府により起草作業が進められ、3月2日案がまず作成された。これをもとにGHQ側と折衝が行われて3月5日案がまとめられ、3月6日に「憲法改正草案要綱」として公表された。「憲法改正草案要綱」では、戦争放棄規定は9条に置かれることとなった。その内容は以下の通りである。

国ノ主権ノ発動トシテ行フ戦争及武力ニ依ル威嚇又ハ武力ノ行使ヲ他国トノ間ノ紛争ノ解決ノ具トスルコトハ永久ニ之ヲ抛棄スルコト

陸海空軍其ノ他ノ戦力ノ保持ハ之ヲ許サズ国ノ交戦権ハ之ヲ認メザルコト

　4月17日には内閣草案としての憲法改正草案が作成され、枢密院審査を経て大日本帝国憲法改正案となり、6月20日には第九十回帝國議會に提出されることとなる。大日本帝国憲法改正案における戦争放棄規定（9条）は下記の通りである。

　国の主権の発動たる戦争と、武力による威嚇又は武力の行使は、他国との間の紛争の解決の手段としては、永久にこれを抛棄する。
　陸海空軍その他の戦力は、これを保持してはならない。国の交戦権は、これを認めない。

　この大日本帝国憲法改正案が衆議院、貴族院で審議され、現行の憲法9条の形式をとるものとして圧倒的多数をもって可決され、枢密院の審議を経て、1946年11月3日に日本国憲法として公布、1947年5月3日より施行されるに至った。以上が日本国憲法制定経緯の概略である。
　そもそも、日本国憲法の制定にあたり、内閣が起草した原案は、帝國議會での審議に先立ち、枢密院に提出されている。まずは、豊による「戦争、武力による解決を今後絶対に行わないという捨て身の態度をとるということが１つの態度であると思う、という趣旨のことを言いながら同時に、国家として最小限度の自衛権を認めるのは当然である、というように入江が答えていることは、先ほど長谷部さんがご紹介になったところを裏付けるものではないか[29]」という指摘について検討するため、本節においては、豊により引用されたところの、1946年5月6日に開催された第四回憲法改正草案枢密院審査委員會審査記録を参照し、枢密院審査委員會での憲法9条をめぐる議論をあらためて冒頭から引用し参照することとしたい。なお、次節においては、本節で参照される第四回憲法改正草案枢密院審査委員會審査記録を除いて、憲法改正草案枢密院審査委員會記録における戦争放棄に関する審議のすべてを参照することとする。

　　林頼三郎顧問官　第一点は此の前委員長から御尋ねあつた第九条第一項と第二項との関係である。第一項は此方から働きかける侵略戦争の禁止の規定である様に見えるが、第二項を第一項と別々のものとして見るといかなる場

合にも戦争を否定する趣旨の様に見える。自衛戦争は認められないか。この関係如何。

　第二点は国際連合憲章によると加盟国は一定の場合、兵力保持を必要とする。将来之に加盟する場合武力を絶対に有さぬことになると、加入してもその義務を履行することが出来ぬと云ふ疑がある。この関係如何。

　入江俊郎法制局長官　第一項と第二項は別の規定である。第一項に於ては自衛権は観念的に否定してはゐない。但し、戦争による自衛権の行使は第二項で否定される。戦争によらざる自衛権の行使なら出来る。唯武力を有たぬ以上実際には問題にならぬかもしれぬ。

　国際連合の問題は或ひは憲法改正をしなければ加入できぬとも考へられるが、又不可能を強ひることはできぬとして、加入のみは認める。この場合国際連合憲章を改正するか、又はさう解すると言ふことになるかも知れぬとも考へられる。

　林顧問官　さうすると第一項と第二項とは独立のものである様だが、第一項では観念的には自衛権を認める。しかし第二項でそれが実際上出来ぬと云ふことか。

　入江法制局長官　第二項の方は自衛権とは関係なく交戦権を認めぬとしてゐるので、観念的には第一項によつて自衛権を認めても、実際的には出来なくなる。例へば竹槍等で邀撃することは出来る。

　林顧問官　国際連合に関する二つの道の中、政府は何れをとるつもりか。

　松本烝治国務大臣　今の連合規約が何時までこのまま続くかと言ふことも判らぬ。或ひはもつと理想的になれば、制裁の規定は不要になるとも考へられる。そこで連合に日本が今の規約の下に於て入ると云ふときに連合の方でどう見るだらうか、二問題がある。今から当方で態度をきめることは不可能であるし、またその必要がないと思ふ。

　林顧問官　大体この憲法は基本的人権の規定が多い。個人について人権を徹底的に保証する。それなら基本的国権をも充分に保証することにしなければ釣合がとれぬと思ふ。自衛権は保証する。個人の場合の正当防衛を認めることは当然であるから、それは国家についても当然でて来ねばならぬ。しかるに国家の場合には不当に侵害を受けても手を供いて防衛出来ぬことにな

る。不調和である。戦争抛棄は結構であるがこの点如何。
　入江法制局長官　国家として最小限の自衛権を認めることは当然であるが、それは戦争、武力による解決を今後絶対にやらぬと云ふ捨身の態度をとると云ふことが一つの態度であると思ふ。平和を念願する国際社会に挙げて委ねると云ふ態度をとつたのである。根本観念として国家の自衛権を認めることは御説の通りであるが、この規定の主旨はここにあると思はれ度い。[30]

　豊による指摘は、以上の議論にかかるものである。この議論は、林顧問官による質問から開始されており、質問は第一に、「いかなる場合にも戦争を否定する趣旨の様に見える。自衛戦争は認められないか。この関係如何」とし、憲法9条1項と2項の関係を問うものである。そして第二に、自衛戦争のための戦力も保持しないとなると、国連憲章における集団安全保障への兵力提供義務を履行不可能となることを問題としている。
　第一の質問に対する入江の回答は、「第一項に於ては自衛権は観念的に否定してはゐない。但し、戦争による自衛権の行使は第二項で否定される。戦争によらざる自衛権の行使なら出来る。唯武力を有たぬ以上実際には問題にならぬかもしれぬ」というものである。ここでは、「戦争による自衛権」と「戦争によらざる自衛権」が区別されている点が重要である。
　林が「第一項では観念的には自衛権を認める。しかし第二項でそれが実際上出来ぬと云ふことか」と問うと、入江は「第二項の方は自衛権とは関係なく交戦権を認めぬとしてゐるので、観念的には第一項によつて自衛権を認めても、実際的には出来なくなる。例へば竹槍等で邀撃することは出来る」と回答している。
　さらに林が、国家に当然備わる自衛権を「保証」しなければ、「個人について人権を徹底的に保証する」憲法の方向性において不調和が生じるとし、「基本的国権（自衛権）をも充分に保証」することを通じて、外国からの不当な侵害という事態における個人の人権保障を確保すべきではないのかという趣旨の質問を向け、これに対する答弁として、豊が引用した「国家として最小限の自衛権を認めることは当然であるが、それは戦争、武力による解決を今後絶対にやらぬと云ふ捨身の態度をとると云ふことが一つの態度であると思ふ。平和を

念願する国際社会に挙げて委ねると云ふ態度をとつたのである。根本観念として国家の自衛権を認めることは御説の通りであるが、この規定の主旨はここにあると思はれ度い」が登場するという経緯に注意が払われなければならない。

このような議論の流れを整理すると、入江が、国家として最小限認められるとする自衛権とは「戦争によらざる自衛権」であり、林が主張する「国家固有の自衛権」については「御説の通り」としながら、「この規定の主旨」、すなわち憲法９条という規定の主旨は、「戦争、武力による解決を今後絶対にやらぬと云ふ捨身の態度をとると云ふこと」だと述べたということになる。

豊は、「戦争、武力による解決を今後絶対に行わないという捨て身の態度をとるということが１つの態度であると思う、という趣旨のことを言いながら同時に、国家として最小限度の自衛権を認めるのは当然である、というように入江が答えていることは、先ほど長谷部さんがご紹介になったところを裏付けるものではないか」[31]とするが、入江は、「戦争、武力による解決を今後絶対に行わないという捨て身の態度をとるということが１つの態度であると思う、という趣旨のことを言いながら」、「同時に」「国家として最小限度の自衛権を認めるのは当然である」と述べたのではない。

この答弁における入江の意図は、国民の人権を外国からの不当な侵害から守るという文脈における国家固有の自衛権、すなわち「戦争による自衛権」という国際法上の概念については「御説の通り」としながら、憲法９条が前提とする「国家として最小限度の自衛権」はそのようなものではないというものである。「戦争、武力による解決を今後絶対にやらぬと云ふ捨身の態度」、「平和を念願する国際社会に挙げて委ねると云ふ態度」をとるという「主旨」によって充填されるところの、交戦権が認められない中、国民が個別に「例へば竹槍等で邀撃すること」がせいぜいの「戦争によらざる自衛権」こそ、豊が引用した「国家として最小限の自衛権を認めることは当然である」という入江の発言の「主旨」なのである。

関連して、林から入江に向けられた第二の質問、すなわち、自衛戦争のための戦力も保持しないとなると、国連憲章における集団安全保障への兵力提供義務を履行不可能となり、国際連合加盟も困難となるのではないかという問いについてであるが、入江による「国際連合の問題は或ひは憲法改正をしなければ

加入できぬとも考へられるが、又不可能を強ひることはできぬとして、加入のみは認める。この場合国際連合憲章を改正するか、又はさう解すると言ふことになるかも知れぬとも考へられる」という答弁は、「戦争による自衛権」ではなく「戦争によらざる自衛権」しかもたない日本が国連に加盟するためには、①日本国憲法9条の改正、②国連憲章を改正し「不可能を強ひることはできぬとして、加入のみは認める」、③国連憲章を改正することなく「不可能を強ひることはできぬとして、加入のみは認める」と解するということになる、以上の3つの道を示すものである。②と③の「不可能を強ひることはできぬとして、加入のみは認める」については、林の質問中の「国際連合憲章によると加盟国は一定の場合、兵力保持を必要とする。将来之に加盟する場合武力を絶対に有さぬことになると、加入してもその義務を履行することが出来ぬと云ふ疑」が前提となっていることから、集団的自衛権のみならず個別的自衛権行使を目的とした武力も保持しない状態での日本の国連加盟を論じたものとして位置づけられるべきである。

なお、第四回憲法改正草案枢密院審査委員會審査記録では、以上で引用した記録に下記の議論が続いている。議論の全体的な流れを把握するために、残りの記録も引用しておくこととする。

　　小幡酉吉顧問官　第二項の文字がいかにも翻訳めいて憲法にふさはしくない。国民の至高の総意による自己制限ではなくて、外から強要された様な書き方に聞える。弁護士会の案のやうに「陸海空軍の戦力は之を保持せず」の方がよい。
　　入江法制局長官　色々考へたのだが、これ以上の表現は見出せなかつた。認めないものだと云ふ本質的な意味を許されない、として表はした。之を保持しようと思つても保持することが出来ぬ様なことになつてゐるのだと云ふ強い意味を持つ。本来的に認められない性質のものだと云ふことを示したかつた。なほ受身の表現も日本語として許されないことはない。
　　小幡顧問官　御説明は承服し兼ねるが、これ以上は追及しないことにする。
　　野村吉三郎顧問官　自分はこの憲法は主権在民の憲法と思ふが、「許され

ない」と云ふのはピープルによつて許されないと云ふのか、或ひは外部の力によつて許されないと云ふのか。降伏文書には完全な武装解除は定まつてゐるが、永久に之をもたさないと云ふことはなかつた。唯、その後の対日政策の上で未来永劫之を認めないと云ふ方向に変つてきてゐるやうに思へる。この憲法の意味はピープルによつて認められないと解すべきものなりや。之は天皇制と共に最大重点であると思ふからそこをはつきりされたい。

入江法制局長官 国民にこうて許されぬと云ふことではない。許さないもの、認めないものと云ふ本質を表はした。しかし全体の建前から云へば政治的には、一切の規定と共に、九条二項も国民の総意に基くと云ふことになるかもしれぬ。しかしそれを特にここで示したものではない。

野村顧問官 外国の正義に依頼するとすれば、占領軍が居なくなつた後には不安になる。占領軍が何時までもゐることを期待してゐるのか。占領軍以外の国が聯合にも入らずに日本の周囲にあることも予想せられる。マックアーサー自身も戦争抛棄の方針はユニイヴァーサルでなければ到達されぬと言つてゐる。

入江法制局長官 御尤である。これで本当に安心だとは断言し得ない。しかし自ら捨て身になつて世界平和に入つてゆくと云ふ気持もあり、又平和が正しいとすれば、戦争を予想することは正しくない。この方法より他に途はない。相手のことを心配して武力を保持して行くと云ふ考へはとるべきでないと云ふ気持であつた。

野村顧問官 大体心持は判るのである。又この通りになるとも思ふのだが、やはり人民の自由の意思により作ると云ふことであるから、人民がそれを心配してゐると云ふことがはつきりせねばならぬ。特に議会に於て大いに納得できる様に論議されねばならぬ。いかなる場合にも、外国依存でだまつてゐなければならぬと云ふ様な国民の気持になればそれは亡国の兆である。だからこの九条の意味を納得行かせねばならぬ。

井坂孝顧問官 国内の内乱を抑へる上の武力についてはどの様に考へるか。

入江法制局長官 国内については警察力の拡充が必要と思ふが、現在、連合軍司令部の方針でそれも出来ない。軍隊と離れた警察は弱力なるため、

段々と交渉の結果広い意味の警察力強化を図るより以外にはないと思ふ。

　河原春作顧問官　「許されない」と云ふ文句が長官の云ふ意味であるとすれば、第一項の抛棄するも許されないと云ふことにした方がよいと思ふ。しかし勿論第二項の方を保持しないと規定すべきである。

　遠藤源六顧問官　第二項を憲法にかかげることは如何なものかと思ふ。しかし今日の実状からすれば政策としてはやむを得ぬから入れることはよいとして、しかし出来るなら訂正したい。即ち「主権の発動たる」は当然のこと故削った方がよい。かへつて誤解を生ずる虞がある。又出来るなら不戦条約の様な書方にして狭めたい。二項の方は、「許されない」「認められない」はどうしても外国から強要された様にとらざるを得ぬ。すると独立国でなくなる。したがつて弁護士会案のやうに、「保持せず」、「之を行はず」の方がよい。

　内部の問題としては警察のみでは足りぬ。やはりある程度の戦力が必要。故に出来るならそこに制限をつけたい。例へば「国内の治安を保持するに足る以上の」等の規定を入れたい。竹槍等で防衛することを予想するなら、交戦権を認めぬと云ふのは可笑しい。第一項と第二項の前段だけでもう充分である。故にとりうるなら後段はとりたい。「交戦権はこれを行はない」といふのも不充分である。

　関屋貞三郎顧問官　捨て身は捨て身として第二項も第一項と同じ様に自主的な表現にすることは先方も諒解するのではないか。受身の書方も日本語にあるといふ御話なるも普通ではない。又第一項がある以上交戦権云々はとつてあつてもよいのでないか。文字の表現に関する交渉の余地なきや。

　松本国務大臣　文字についても交渉はしたが、九条については特別にはやつてゐないと記憶してゐる。その理由は第九条と第一条については成文化の前から色々と交渉をしてしかも困難であつた事情がある。むしろ本条を第一条に持つて来たい空気があつた。之にふれることは困難な事情があつたことを御諒承ねがひたい。又その後に於ては交渉をしても益がないと思はれる。

　関屋顧問官　枢密院としてそれを強く云ふことは出来ぬが、色々の団体として、国民の声を代表してこの種の意見が表はされることを期待する。

　幣原坦顧問官　書き方についての心配は尤もである。日本語の特有の性質

として、一人称を省略することがある。第一項ではWeが省かれてゐる。二項でもWeが省かれると云ふ気持になるから変に思はれる。

潮恵之輔委員長 「戦争抛棄」と云ふことは日本語として意味を為さぬといふ説があるがどうか。二項では By the constitution が省かれてゐると考へられる。結局弁護士会案がはつきりしてゐる。

松本国務大臣 戦争の抛棄に関する条約と云ふ先例もある。戦争と云ふ観念を抛棄してしまふと云ふ様に考へられたい。[32]

3　制憲者意思の分析──法制局『新憲法の解説』および憲法改正草案枢密院審査委員會記録における戦争放棄に関する審議

　前節では、豊による指摘の問題点について確認した。本節以下では、「1946年11月時点での法制局の立場」をめぐる長谷部の発言を検討課題とする。まず、長谷部がその根拠として引用する、日本国憲法公布時（1946年11月3日）に政府が発行したパンフレット『新憲法の解説』における「第2章　戦争の放棄」の全文を引用し、その内容を参照することとしたい。

　「本章は新憲法の一大特色であり、再建日本の平和に対する熱望を、大胆率直に表明した理想主義の旗ともいうべきものである。
　いうまでもなく、戦争は、最大の罪悪である。しかも、世界の歴史は戦争の歴史であると言われるように、有史以前から戦争は絶えない。第一次世界大戦の後に出現した国際連盟は第二次世界大戦を阻止し得なかったし、今日新たに、世界平和を念願して生れた国際連合も、目的を貫徹するためには、加盟国はお互に非常な努力が必要とされるのである。
　しかし、何とかして、人類の最大不幸であり、最大罪悪である戦争を防止しなければならないことは、世界人類の一人一人が肝に銘じて念ずるところである。
　一度戦争が起これば人道は無視され、個人の尊厳と基本的人権は蹂躙され、文明は抹殺されてしまう。原子爆弾の出現は、戦争の可能性を拡大するか、又は逆に戦争の原因を終息せしめるかの重大段階に到達したのである

が、識者は、まず文明が戦争を抹殺しなければ、やがて戦争が文明を抹殺するであろうと真剣に憂えているのである。

　ここに於て本章の有する重大な積極的意義を知るのである。すなわち、政府は衆議院において所信を述べ、「戦争放棄の規定は、わが国が好戦国であるという世界の疑惑を除去する消極的効果と、国際連合自身も理想として掲げているところの、戦争は国際平和団体に対する犯罪であるとの精神を、わが国が率先して実現するという、積極的な効果がある。現在のわが国は未だ充分な発言権を以てこの後の理想を主張しうる段階には達していないが、必ずや何時の日にか世界の支持を受けるであろう、」云々

　日本国民は、正義と秩序を基調とする国際平和を誠実真剣な態度で求めている。国権の発動たる戦争と、武力による威嚇や武力の行使は、永久に放棄する旨を宣言したのである。そしてさらに、この目的を達成するためには、陸海空軍その他、一切の武力を持たず、国の交戦権はこれを認めない、と規定したのである。

　侵略戦争否認の思想を、憲法に法制化した例は絶無ではない。例えば一七九一年のフランス憲法、一八九一年のブラジル憲法の如きはそれである。しかしわが新憲法のように、大胆に捨身となって、率直に自ら全面的に軍備の撤廃を宣言し、一切の戦争を否定したものは未だ歴史にその類例を見ないのである。

　これに対して、議会では多くの疑問が提出された。即ちまず、本規定によりわが国は自衛権を放棄する結果になりはしないか。よし放棄しないまでも、将来、国際的保障がなければ、自己防衛の方法がないではないか、という点が、誰しも感ずる疑問であろう。しかし、日本が国際連合に加入する場合を考えるならば、国際連合憲章第五十一条には、明らかに自衛権を認めているのであり、安全保障理事会は、その兵力を以て被侵略国を防衛する義務を負うのであるから、今後わが国の防衛は、国際連合に参加することによって全うせられることになるわけである[33]。」

　上記の文章を含む『新憲法の解説』は、「新憲法の根底をなす正しい精神、民主主義に基く新しい国家制度の内容等」について、枢密院審査や憲法制定議

会での答弁をもとに、内閣（法制局）が自ら新憲法の理念とその骨格を手際よく小冊子にまとめ」たものであり、ここには「憲法制定時における内閣の憲法観が如実に示されている」。高見勝利が指摘するように、『新憲法の解説』は、あくまで「枢密院審査や憲法制定議会での答弁」に基づくものとして読まれなければならない。

　そこで、上記の『新憲法の解説』における内閣の憲法観を正確に把握するために、本書は、枢密院審査での戦争放棄に関わる答弁、そして憲法制定議会での戦争放棄に関わる答弁をすべて参照することが必要と考える。

　憲法改正草案枢密院審査委員會は、1946年4月22日（第1回）に始まり、4月24日（第2回）、5月3日（第3回）、5月6日（第4回）、5月8日（第5回）、5月10日（第6回）、5月13日（第7回）、5月15日（第8回）、5月29日（第9回）の9回開催されている。この中で、戦争放棄が審議の対象とされたのは、5月6日（第4回）と5月29日（第9回）のみであった。5月6日の憲法9条をめぐる審議については、前節でその全文を参照し、分析を行った。これに続いて、5月29日に開催された第九回憲法改正草案枢密院審査委員會審議における、戦争放棄に関する答弁を参照することとしたい。

　　野村顧問官　九条について伺ふが占領等徴収後の国内治安をいかにして保たんとするか。第二項は削除すべきものと考へる。又支那朝鮮比島等からの辺境侵入に対していかにするつもりか。
　　吉田茂内閣総理大臣　九条は日本の再軍備の疑念から生じた。これを修正することは困難である。日本の治安については進駐軍を使ふより他に方法はない。日本の警察は特高の廃止により殆んど崩れてしまつた。故にその再建までは進駐軍の援助を期待するより他はない。此の点については先方も諒承してゐる。しかし直接に進駐軍が手を出すことは出来ない、と言つてゐる。御質問の戦争の場合についても之と同様であると思ふ。軍備をもたざる以上、例へばソ連に対しては、英米の力を借りるより他ないと思ふ。
　　野村顧問官　九条については、降伏条項もポツダム宣言も日本軍隊の完全な武装解除を要求してゐるだけで永久的に軍備を廃止することを要求してゐるのではない。現在の武装を解除するだけである。スイスの様な永世中立国

も軍備をもつてゐる。又朝鮮等の軍隊の侵入に対しては或程度の武力を必要とすると思ふ。このままだと朝鮮等以下になる。その様な場合に九条を改正するつもりか、それとも日本人がアメリカ軍の軍服を着ること等を考へてゐるのか。強いて答弁を要求しないが心配してゐる[35]。

　この審議では、吉田首相による答弁が「戦争による自衛権」の放棄（個別的自衛のための戦力も放棄）を前提とするものであればこそ、これに対する野村顧問官の発言が、「武装解除を要求してゐるだけで永久的に軍備を廃止することを要求してゐるのではない」としながら、「その様な場合（「朝鮮等の軍隊の侵入」のような場合）に九条を改正するつもりか」というものになっているという対応関係が重視されなければならない。

　長谷部が言う「外国に攻められたときにそれに対処する手段がなくなるではないかという懸念」、その一例としての「朝鮮等の軍隊の侵入」に際して、野村は「或程度の武力を必要とする」と考えるが、これに対する吉田の答弁が、憲法9条の個別的自衛のための戦力さえ保持できないとするものであるがゆえに、そのような憲法9条の下で、野村は「このままだと朝鮮等以下になる」という懸念を表明し、「九条を改正するつもりか」と問うたのである。この吉田首相による答弁は、23日前の第四回憲法改正草案枢密院審査委員會（5月6日）において、入江が示した答弁と整合の関係にある。

　第九回憲法改正草案枢密院審査委員會（5月29日）では、この後、関谷により「UNO加入の時に空軍を持たねばならぬことになつてゐるが、連合に加入することを考へてゐないのか」という質問があり、吉田は「UNO加入のことは講和条約の出来た後に課すべきことで、それが存外早いとも考へられるが今の所全然判らない以上、すべて将来の問題と思ふ」と答えるにとどめているが、吉田によるこの答弁もまた、第四回憲法改正草案枢密院審査委員會（5月6日）において、入江が示した答弁を前提としつつ読まれなければならない。

4 『憲法改正草案に関する想定問答・同逐条説明』における法制局の立場

『新憲法の解説』は、あくまで「枢密院審査や憲法制定議会での答弁」に基づくものとして読まれるべきという視座を引き続き維持した上で、本節では、1946年に作成された、法制局による『憲法改正草案に関する想定問答・同逐条説明』を参照することとしたい。

憲法制定議会としての第九十回帝國議會において、憲法草案の提出は、形式上は大日本帝國憲法七十三条一項「将来此ノ憲法ノ条項ヲ改正スルノ必要アルトキハ勅命ヲ以テ議案ヲ帝国議会ノ議ニ付スヘシ」に従って天皇が勅書をもって議会に提出しているものの、実質的には内閣によるものであった。帝國議會における政府解釈は、憲法制定過程における立法者意思を把握するための重要な手がかりとなる。『憲法改正草案に関する想定問答・同逐条説明』における、憲法9条に関する法制局の立場をすべて引用し、参照することとしたい。

帝國議會における政府解釈を担保するために1946年に作成された、法制局による『憲法改正草案に関する想定問答・第三輯』において、憲法9条と自衛権の関係をめぐる法制局による見解は、次のように示されている。

> 問　第九条の規定と自衛権の関係如何
> 答　第九条は、まづ第一項において、いはゆる国策の具としての戦争、すなはち侵略戦争を、我が国が永久に拋棄する旨を規定してゐる。
> しかし、右は、夙にいはゆる不戦条約で各締約国の義務となつてゐるところであり、仏の一七九一年憲法や西班牙憲法にも先例があり、それだけでは、大した新味とはいへない。のみならず、その先例は、やがて破られる運命を免れないのであって、結局、戦後の一時的な人心の所産に過ぎないといへる。
> そこで改正憲法は、右の実効を確保するため、二つの思ひ切つた保障を行つた。そして、その故にこそ、本条は画期的な規定となり、空前のものといへるのである。その保障の一は、事実上侵略戦争を不能ならしめる意味をも

つものであつて、陸海空軍その他の戦力の保持が許されないといふことであり、その保障の二は、法律上侵略戦争を不能ならしめる意味をもつものであつて、国の交戦権が認められないといふことである。ここまで来ると侵略戦争は、いかなる場合でも行ふことができなくなり、第一項の規定の実行は最大限度に確保され、その違反蹂躙は、考へられなくなるのである。

　右の保障は、徹底的であるが、しかし、そのために、第一項において直接禁ぜられてゐない戦争、すなはち自衛戦争までできなくなるといふ結果を来す。しかし、これはやむを得ない。蓋し（一）自衛戦争ができる余地をのこさんとすれば、右の事実上及び法律上の保障を撤回ないし縮少する必要を生じ、結局保障が骨抜となり、西班牙憲法等の類と同じ水準にまで落ちることとなる。（二）自衛権の名に隠れて、侵略戦争が行はれ易く、しかも日本国は、その前科があつて、その危険なしといへない。（三）国際連合が成立しその武装兵力が強大となれば、自衛戦争の実行は、これに依頼することができる。

　概略以上の理由によるのである。

　しかし、しからば外国の侵略に対し、常に拱手して、これを甘受しなければならないかといへば、さうではない。その地の国民が、有り合はせの武器を採って蹶起し、抵抗することは、もとより差支へなし、又かかるゲリラ戦は相当に有効である。しかし、これは国軍による、国の交戦ではない。したがって、国の戦力はなくともできるし、国の交戦権は、必要としない。この場合の侵略軍に対する殺傷行為は、交戦権の効果として適法となるのではなく、緊急避難ないし正当防衛の法理により説明すべきものである。[36]

『憲法改正草案に関する想定問答・増補第一輯』では、次のように示されている。

　　問　第九条と自衛戦争との関係如何
　　答　本条第一項は、国策の具としての積極的な侵略戦争の禁止に重点を置いたものでありまして、国の自衛権そのものには触れて居りませんが、本条第二項によつて一切の軍備を持ち得ず、又交戦権も認められて居ないのでありますから、自衛権の発動としても本格的な戦争は行ひ得ぬこととなり、

「又何等らかの形において自衛戦争的な反抗を行つてもそれは交戦権を伴ひ得ぬのである」。従つて第二項により自衛戦争も実際上行ひ得ぬと云ふ結果となると存じます。

　(本条第一項に、已むを得ず受動的に行ふ自衛戦争は除外すると云ふ様な趣旨を例外的に規定することは、自衛権の美名に隠れて侵略戦争を起こす余地を残す虞があると考へ、徹底せる平和主義の立場からこれを採らなかったのであります。)

　(以上のことは、しかし乍ら、外国の侵略に対して常に拱手してこれを甘受しなければならぬと云ふことを意味するものではありません。その様な場合にその地の住民が蹶起しこれに抵抗することは固より本条の禁止する所ではありません。ただこれは国軍による国の交戦ではなく、従つてこの場合の侵略軍に対する殺傷行為は、交戦権の効果として適法となるのではなく、緊急避難乃至正当防衛の法規によって説明すべきものであります。又実際上よりこれを見ますと、充分な戦力なき以上この種の抵抗も実行し得ないと言ふべきでありまして、寧ろ後に述べる様に我国としては世界各国の公正と信義とに信頼し、かかる場合の発生の如きは予想し得られないとする立場に立つことが寧ろ本条の趣旨であると云ふべきであります[37]。)

また、憲法9条により軍備保持をしないことになると、将来国際連合に加盟する際に支障が生ずるのではないか、という質問に対し『憲法改正草案に関する想定問答・増補第一輯』は次のような想定問答を用意している。

　問　第九条により軍備を保持しないことになると将来国際連合に加入する場合に支障があるのではないか。
　答　国際連合憲章は、戦争防止のための措置として、即ち経済関係及び交通通信の断絶等を含む非兵力的措置（第四十一条）を以ては不充分な場合には、陸海空軍による行動をとることが出来ると定め（第四十二条）、このために必要な兵力の組織に関しては、「連合全加盟国は国際平和並びに安全の維持に貢献するために安全理事会（ママ）の要求に基き特殊の一又はそれ以上の協定に従ひ安全理事会に対し国際平和並びに安全の維持に必要なる武装兵力…を提供する」（第四十三条一項）と定め、又「連合国をして緊急軍事措置をとることを得しむるために、加盟国は綜合的国際強制措置に直ちに使用し得るやう自国空軍分遣隊を保有して置かねばならない」（第四十五条）と定め

て居ります。従つて将来我国が国際連合に加入せんとする場合にはある程度の陸海空軍を備えて居らねばならぬのではないかと言ふ問題が生ずるのであります。しかし、この問題は将来の問題であつて、現在種々論ずることは適当でないのであります。もし仮に国際連合加入の問題を生じたときには、その際の事情を考へ最も適当と考へる措置を講ずる所存であります。なほ強いて論ずるならば、その際は本条を改正する必要があるとするのも一つの考へ方でありますが、我国は本条第一項の示す様に、永久に戦争を抛棄することを国是とし、本条はこの国是を闡明したものでありますから、前に述べました様な基本的な立場を堅持し、寧ろ国際連合憲章自身に対しても批判的態度を採り、連合加盟各国と雖も将来は我国に追随し軍備なき平和国家となるべきものであり、国際連合の窮極の目的もこの理想の達成にあることを思ひ、この見地に立つて国際連合を指導するの態度をとるべきものと考へることもできるのであります。但し実際政治の関係上仮に我国の右の如き基本的立場が未だ達成せられない中に、国際連合に加盟することとなりました様な場合には国際連合憲章を改正するのか、或ひは解除により、我国に対し例外的取扱をなし、兵力提供の義務を免ぜしめることも可能であらうと思ひます。[38]

1946年の5月に作成された、法制局による『憲法改正草案に関する逐条説明・第一輯の二』において、憲法9条は次のように説明されている。

　我国が、今後民主主義とともに平和主義を以て国是とすることは、前文に於て強く宣言せられて居る所であります。本章は戦争の抛棄と題して僅か一箇条でありますが、力強くこの国是を闡明したものであり、新憲法の最も著しい特徴の一をなすものであります。第一項は、国の主権の発動たる戦争と武力による威嚇又は武力の行使は、他国との間の紛争の解決手段としては、永久にこれを抛棄する旨の規定であります。これにより今後我国はいかなる場合と雖も、主権の発動として国際紛争の解決手段として軍事力の行使に訴えないことを宣言したのであります。
　この様に本条第一項は、国の主権の発動たる戦争と武力の行使とを全面的に禁止したのでありますが、第二項は第一項の実行せられることを二つの面から保障した規定であります。

即ち第二項前段は陸海空軍その他の戦力は、これを保持してはならないと定めまして、事実上戦争を不可能ならしめると云ふ面からこれを保障したものであります。（国内の治安維持のために必要な武力に関する例外規定をも設けて居ないことも亦この趣旨を徹底したものと言ふべきであります。）

　次に第二項後段は、法律上戦争を不能ならしめると云ふ面から第一項の実行を保障したのでありまして、国の交戦権はこれを認めないと云ふことを定めたものであります。即ちこれにより我国が仮に事実上他国との間の交戦状態に入ったとしても、国際法上に於ける交戦者たるの地位を憲法上認められないこととなるのであります。

　本条が第二項に於てこの様に二つの面から思ひ切った保障を設ける実上いかなる戦争をも不能ならしめたと云ふ点に本条の画期的な意義が存すると言ふことが出来ます。即ち国策の是としての戦争の拋棄に関しては夙に不戦条約の定める所であり、又憲法としても一七九一年のフランス憲法や一九三一年のスペイン憲法に於て同種の規定が見られるのでありますが、それは何れも自衛権の濫用の余地を残し、且ついかなる戦争も不能ならしめるための保障を欠いて居たのであります。しかるに我が国は今次敗戦のもたらした破局に深く鑑みる所あり、いかなる戦争をも発生せしめぬと云ふ固き決意に立ち、前文に示されてある様に、我国の安全と生存とをあげて平和を愛する世界の諸国民の公正と信義とに委ねると云う謂はば捨身の体勢に立ったのであります。

　これが即ち本条に示された徹底せる平和主義の根本精神とする所でありますが、我が国としては世界各国が将来何時の日か、この我国の態度に追随し来たることを期待し、平和国家の先頭に立つことを誇りとするものであります。[39]

　以上の『憲法改正草案に関する想定問答』における憲法９条をめぐる内容について、整理・分析することとしたい。

　法制局は、憲法９条２項の交戦権の否認により、憲法９条１項では直接禁じられていない自衛戦争まで出来なくなるという結果が生じることを「やむを得ない」とし、自衛戦争の実行を国連に依頼することが出来るとしている。

外国からの侵略に対しては、国の交戦にあらざる国民による武装抵抗であれば、憲法９条２項による交戦権の否認下でも可能であるとするが、「充分な戦力なき以上この種の抵抗も実行し得ない」とする。「已むを得ず受動的に行ふ自衛戦争は除外すると云ふ様な趣旨を例外的に規定すること」を意図的に控えた理由として、法制局は「自衛権の美名に隠れて侵略戦争を起こす余地を残す虞」を挙げている。

　「何等らかの形において自衛戦争的な反抗を行つてもそれは交戦権を伴ひ得ぬ」から、憲法９条２項交戦権否認規定により自衛戦争も実際上行い得ないとする。「我国が仮に事実上他国との間の交戦状態に入ったとしても、国際法上に於ける交戦者たるの地位を憲法上認められないこととなる」とし、「我国の安全と生存とをあげて平和を愛する世界の諸国民の公正と信義とに委ねると云う謂はば捨身の体勢に立った」ことを確認する。

　「国際連合が成立しその武装兵力が強大となれば、自衛戦争の実行は、これに依頼することができる」とするものの、「外国の侵略に対し、常に拱手して、これを甘受しなければならないかといへば、さうではない。その地の国民が、有り合はせの武器を採って蹶起し、抵抗することは、もとより差支へなし、又かかるゲリラ戦は相当に有効である」とすることから明らかとなるのは、『憲法改正草案に関する想定問答』が「集団安全保障の如何にかかわらず無条件に第２項を日本は守るべきとしていた[40]」ということである。

　将来の国連加盟に際する支障については、その際の事情を考へ最も適当と考へる措置を講ずるとし、具体的には、憲法９条の改正、国連憲章の改正あるいは解除による「我国に対し例外的取扱をなし、兵力提供の義務を免ぜしめること」という選択肢を列挙する。

　以上のような整理に基づくと、法制局により作成された『憲法改正草案に関する想定問答』は、前節で確認したところの、憲法改正草案枢密院審査委員會における政府見解と、完全に一致した内容であることがわかる。とりわけ、前節の憲法改正草案枢密院審査委員會で示された、「自衛戦争のための戦力も保持しないとなると、国連憲章における集団安全保障への兵力提供義務を履行不可能となり、国際連合加盟も困難となるのではないか」という質問に対する、①日本国憲法９条の改正、②国連憲章を改正し「不可能を強ひることはできぬ

として、加入のみは認める」、③国連憲章を改正することなく「不可能を強ひることはできぬとして、加入のみは認める」と解するということになる、という3つの道のうちの②と③について、『憲法改正草案に関する想定問答』が「我国に対し例外的取扱をなし、兵力提供の義務を免ぜしめること」という表現により具体的に敷衍している点が注目される。

5　衆議院本會議における戦争放棄に関する審議

引き続き、本節では、「制憲過程において国民にいちばん近い機関だった帝国議会衆議院の意思を決め手にすべ」く、「憲法制定過程の帝国議会議事録」を参照しつつ、長谷部による『新憲法の解説』解釈との関係を跡づけていくこととする。まずは、第九十囘帝國議會衆議院本會議における憲法9条関連の答弁をすべて引用し、参照することとしたい。

衆議院に提出された内閣の原案は、次の通りである。

第9条1項　国の主権の発動たる戦争と、武力による威嚇または武力の行使は、他国との間の紛争の解決の手段としては、永久にこれを抛棄する。

第9条2項　陸海空軍その他の戦力の保持は、許されない。国の交戦権は、認められない。

この原案を踏まえて、1946年6月25日に開催された衆議院本會議において、吉田茂は、憲法9条をめぐる帝國憲法改正案説明を下記のように行った。

　吉田内閣総理大臣　…次に、改正案は特に一章を設け、戦争抛棄を規定致して居ります、即ち国の主権の発動たる戦争と武力に依る威嚇又は武力の行使は、他国との間の紛争解決の手段としては永久に之を抛棄するものとし、進んで陸海空軍其の他の戦力の保持及び国の交戦権をも之を認めざることに致して居るのであります、是は改正案に於ける大なる眼目をなすものであります、斯かる思ひ切つた条項は、凡そ従来の各国憲法中稀に類例を見るものでございます、斯くして日本国は永久の平和を念願して、其の将来の安全と

生存を挙げて平和を愛する世界諸国民の公正と信義に委ねんとするものであります、此の高き理想を以て、平和愛好国の先頭に立ち、正義の大道を踏み進んで行かうと云ふ固き決意を此の国の根本法に明示せんとするものであります。⁴¹⁾

憲法9条をめぐる北昤吉による質問と、これに対する政府による答弁は以下の通りである。

　　北昤吉　…それから戦争抛棄の第二章に移ります、勿論我々は此の憲法の特色は、国内に於て民主化を徹底するのみならず、国の内外に亙つて其の平和思想を徹底すると云ふ新階段に躍進せんとするのでありますから、此の憲法の進歩性はここにあるのであると思ひますが、私は戦争に負けて武装解除をした国が、戦争致しませぬと言ふのは、貧乏者で赤貧に陥つて居つて、倹約致しますと言ふのと同じことである、国際的には余り効果はない、是は寧ろ進んで永世局外中立運動を起して、此の微力なる日本が平和に生活出来るやうに、内閣諸公の用意と準備とがなければならぬと考へますが、内閣総理大臣、外務大臣等は之に付て何等かの態度を執つて居られるでありませうか、之を承りたい、勿論理論的に言へば、此の自衛権の発動の場合は、相手が武器を持ち、こつちは空手であつても、自分の貞操若しくは名誉を擁護する場合には、敢然と反対するのが日本の国民の本当の基本的の権利です、是は国家の基本的権利と言はざるを得ないぢやないか、実質的な陸海空の三軍を設けないと云ふ憲法の規定であるから、是は設けても宜しいが、一部の人は突如として天皇と国民の権利義務の二つの章の間に斯う云ふものを入れるより、天皇の章の前に持つて来て、総論的に入れたらどうかと云ふ説もあります、更に進んで此の憲法の前文「プレアンブル」の中に入れたらどうかと云ふ説もあります、体裁としては此の二つの何れもが是よりも宜いでありませうが、併し此の憲法の草案が発表されました時に、「マッカーサー」元帥が日本の憲法の進歩性、非常に特色のある進歩性として指摘した所の此の条項でありますから、当局としては変更は困難を感じますと想像致します、政府はどうか、此の規定は日本が平和生活を愛するのみならず、世界に向つて平和生活の勧告をする、平和運動の尖端に立つ覚悟があると云ふことを示す

為に、何等かの政治的工作をしなければならぬ義務があると私は考へる、さうしなければ此の憲法は進歩的であると云ふ、此のことが画餅に属する、此の前の大戦後「ドイツ」が戦争に負けまして「ワイマール」憲法が出来た時は、世界の最も進歩的な、近代的な憲法だと言はれたが、其の運用を誤つて小党分立して、最右党から最左党まで絶えず国内闘争を事と致して居つたが為に、連立内閣、短命内閣の連続であります、遂に「デモクラシー」は失敗し、「デモクラシー」は労力的にも金銭的にも余り是は効果的のものでないと云ふ印象を与へて、「ヒトラー」運動の擡頭を促した、世間ではあれを称して、社会党と共産党が共同戦線を張つたら「ヒトラー」運動が起らなかつた、此の二つの政党の共同戦線を張らざりしことに原因を求めて居るが、私は「ドイツ」の欧洲大戦後、即ち国内政治の失敗、民主主義政治の失敗が「ナチス」運動を起したと思つて居る、「イタリー」の「ファッショ」運動の起源もそこにある、「デモクラシー」が完全なる限り「ナチス」運動や「ファシズム」運動は起らない、不健全で失敗した時は、混沌たる無政府状態よりは「ストロング・ハンド」、強き手に依る何等かの政治が宜しい、二つの悪いものを選ぶ時に、少き悪いものを選ぶ、是が「ファッショ」や「ナチス」の擡頭の所以であります、政府は之に十分に注意しなければならぬ、然るに憲法で斯う云ふ規定を掲げながら、国内に於ては到る処戦闘準備─やあ人民戦線だ、やあ民主戦線だ─戦争抛棄、平和主義のものは、苟くも戦ひと云ふ名を国内に於ては私は用ふべからざるものであると考へるのであります、諸君は如何に考へますか、国内輿論の闘争の連続は国際的波瀾を生ずる一種の準備行動と考へざるを得ない。…[42]

吉田内閣総理大臣 …其の他戦争抛棄に関する御質問もございましたが、是は御意見の通りであります、日本と致しましては、新平和国家の建設、日本が再建せらるる場合に於て、平和主義に徹底し、民主主義に徹底する為には、斯くの如き新しい条項を憲法の中に入るることが、先程申しました国際情勢から考へて見て必要と考へるのであります、又斯くすることに依つて、日本自身が平和国際団体の魁になると云ふことを考へての此の憲法の条章の規定なのであります、…[43]。

6月26日の衆議院本會議における、戦争放棄についての答弁は下記の通りである。

　原夫次郎　…唯恐るべきは、我が国を不意に、或は計画的に侵略せんとするもの達、或は占領せんとするものが出て来た場合に、我国の自衛権と云ふものまでも拋棄しなければならぬのか、此の自衛権を確立すると云ふことの為には、此の附き物は当然其の用意をして置かなければならぬ、是は即ち陸、海、空軍とか、或は其の他の武力の準備であります、此の準備なくしては自衛権を全うすることは出来ないと云ふ所が、非常なる「ヂレンマ」に掛つて居る問題でありますが、併しながらそこに非常なる苦心を払はれた跡があると想像致します、是は若しさう云ふ不意な襲来とか、侵略とか云ふやうなことが勃発致した場合に於て、我が国は一体如何に処置すべきか、此の問題に付ては政府当局に於ても当然考へられた問題だと思ふのであります、色々国際情勢などから考へ来つて、遂に此の条文を置かなければならない立場に立到つたと云ふことは、深く想像に余りある所でありますが、何としても斯う云ふ自衛権までも武力防衛が出来ないと云ふことになりましたならば、どうしても他国に対する依存に依つて之を防衛しなければならぬ、斯う云ふことに結論付けられると思ふのであります、然らば先づ斯かる条文を置かるる場合に於て、他国とさう云ふ場合の何か条約でも、或は取交はしでもあるのかどうか、是も当然想像しなければならぬと思ふのであります、殊に私は此の問題に牽関して御伺ひ致したいのは、彼の第一次欧洲大戦の跡始末に於きましては、国際連盟なるものが出来まして、殆ど世界に戦争再発なんと云ふことは考へない位に発展させて居たのでありますが、然る所此の連盟は遂に失敗に終りまして、今次の大戦争を再発するに至つたのであります、其の関係上今日の此の戦争終熄後に於ける連合国の態度に付きましては、外電の伝ふる所に依りますと、従来の経過に鑑みて此の度は其の轍を履まないで、連合国が指導者の立場に立つて、或は世界連合国家までも創設しなければならぬと云ふやうな、色々話合ひもあると云ふことでありまするが、若しさう云ふ機関が出来まするならば、一体全世界の上の国家に対して、其の国家の上に更に一つの大きな厳然たる国家権力が行はれると云ふやうなことに

なれば、それこそ永遠の平和を保つことが出来、又日本が戦争を抛棄することの為に、それ程心配はしなくても宜いぢやないかと云ふやうな考へも起るのであります、そこで私は吉田前外相、此の吉田総理大臣は其の立場に於て、是等の点に付ては非常に造詣の深い方でありまするから、一つ此の点に於きまして十分なる御説明を願ひたいと存ずるのであります。…[44]

吉田内閣総理大臣 …次に自衛権に付ての御尋ねであります、戦争抛棄に関する本案の規定は、直接には自衛権を否定はして居りませぬが、第九条第二項に於て一切の軍備と国の交戦権を認めない結果、自衛権の発動としての戦争も、又交戦権も抛棄したものであります、従来近年の戦争は多く自衛権の名に於て戦はれたのであります、満洲事変然り、大東亜戦争亦然りであります、今日我が国に対する疑惑は、日本は好戦国である、何時再軍備をなして復讐戦をして世界の平和を脅かさないとも分らないと云ふことが、日本に対する大なる疑惑であり、又誤解であります、先づ此の誤解を正すことが今日我々としてなすべき第一のことであると思ふのであります、又此の疑惑は誤解であるとは申しながら、全然根底のない疑惑とも言はれない節が、既往の歴史を考へて見ますると、多々あるのであります、故に我が国に於ては如何なる名義を以てしても交戦権は先づ第一自ら進んで抛棄する、抛棄することに依つて全世界の平和の確立の基礎を成す、全世界の平和愛好国の先頭に立つて、世界の平和確立に貢献する決意を先づ此の憲法に於て表明したいと思ふのであります、之に依つて我が国に対する正当なる諒解を進むべきものであると考へるのであります、平和国際団体が確立せられたる場合に、若し侵略戦争を始むる者、侵略の意思を以て日本を侵す者があれば、是は平和に対する冒犯者であります、全世界の敵であると言ふべきであります、世界の平和愛好国は相倚り相携へて此の冒犯者、此の敵を克服すべきものであるのであります、ここに平和に対する国際的義務が平和愛好国若しくは国際団体の間に自然生ずるものと考へます。[45]

鈴木義男 …次に御尋ねを致したいのは戦争抛棄の宣言に付てでありますが、我が国が苦い経験に鑑み、平和主義に徹しまして、我が国の安全と生存とを挙げて平和を愛する世界諸国民の公正と信義に委ねまして、政策として

の戦争は之を抛棄し、一切の軍備を撤廃すると云ふことを国是としましたことは結構なことであります、縦しや外国評論界の一部に、それは子供らしい信念だと嗤ふ者がありましても、過つて改むるに憚ることなかれでありまして、我が国が先鞭を付けることに依りまして、世界の国々の憲法に此の種の規定を採用せしむるだけの意気込を以て臨むべきであると信じます、現に不成立に終りましたが、フランスの過般の憲法草案には、征服的戦争は決してしないと云ふことを宣言して居るのであります、段々之に倣ふものが多くならうと信じます、我が党は、単に消極的戦争抛棄を宣言するだけでなく、進んで平和を愛好し、国際信義を尊重することを以て我が国是とすると云ふことを、憲法の中に明らかにしたいと考へて居るものでありますが、其のことは姑く措きまして、戦争の抛棄は国際法上に認められて居りまする所の、自衛権の存在までも抹殺するものでないことは勿論であります、其のことは心配をして御質問になつた方が二、三あるやうでありますが、御心配は御無用であります、併し軍備なくして自衛権の行使は問題となる余地はないのでありまするから、将来幸ひに国際連合等に加入を認められまする場合に、国際連合に安全保障を求め得られるであらうと云ふことを期待致すのでありますが、我々の心配致しますのは、我が国が第三国間の戦場となるやうなことであります、是は憲法の問題ではありませぬが、斯う云ふ宣言を致しまする以上、政府は将来外交的手段其の他に愬へて、一日も早く国際連合に加入を許され、安全保障条約等に依つて我が国が惨禍を被むることを避けられるやうに善処せられる用意があられるかと云ふことを念の為に御尋ね致すのであります、是は国民全体が深く心配を致して居る所でありまするから、此の際政府の御所見を明かにせられたいと存ずるのであります、昨日北君は局外中立を交渉する用意があるかと質問されたのでありまするが、局外中立、殊に永世局外中立と云ふものは前世紀の存在でありまして、今日の国際社会に之を持出すのは「アナクロニズム」であります、今日は世界各国団結の力に依つて安全保障の途を得る外ないことは世界の常識であります、加盟国は軍事基地提供の義務があります代りに、一たび不当に其の安全が脅かされます場合には、他の六十数箇国の全部の加盟国が一致して之を防ぐ義務があるのである、換言すれば、其の安全を保障せよと求むる権利があるのであります

から、我々は、消極的孤立、中立政策等を考ふべきでなくして、飽くまでも積極的平和機構への参加政策を執るべきであると信ずるのであります、此の点に付て政府の御所見は如何でありますか。…[46]

　金森徳次郎国務大臣　…次に第二章の戦争抛棄の関係に於きまして、此の自衛権は勿論存すると云ふ御前提から、更に外交的なる手段を以て世界に呼び掛けると云ふ気持は持つて居るか、努力する其の腹案に付て御尋ねになりましたが、是は総理大臣が他の機会に於て御説明になりました通り、左様な考へを心の中には描いて居るけれども、現実の問題としては之を明かにするには時期が適当でない、斯う云ふ意味に御考へを願ひたいと思ひます。…[47]

6月27日の衆議院本會議における、戦争放棄についての答弁は下記の通りである。

　吉田安　…第三は戦争抛棄の点であります、憲法草案の此の戦争抛棄と云ふことは、是は天皇制の問題に次いで国民に大衝動を与へた事柄であります、之を考へまする時に、我々はどれ程心を痛めるか分らぬ、併しながら心を痛めると云ふことは、それは憲法の条章に之を規定したからである、敗戦国家が外国に向つて、もう私は戦は致しませぬと言ふのは、是は当り前でせう、それを憲法に掲ぐると云ふことが、是が世界的にも衝動を与へて居ると私は考へる、随て是が空文になるやうな結果になることは、断じて戒しめねばならぬのでありますから、此の点に付ても御尋ねを致します、或る人は、戦争抛棄は、侵略国家たる日本が平和国に戦を仕掛けて負けたから、其の贖罪的な規定であると、斯う言ふ人もある、勿論贖罪的な規定とも考へられますが、之を唯贖罪的だとのみ考へるならば、余りにも過大過ぎると私は思ふ、何処にか国家としてはまだ遠大なる目的がなければならぬ、其の遠大なる目的に対しましては、総理大臣から何回も御答弁になつて居りまするが、又一面国家の最低限度の自衛権はどうだ斯うだと言ふ人もあるのでありまするが、或は又永世局外中立国云々、国際連合国云々と云ふ高遠なる目的は勿論必要でありまするが、其の高遠なる目的に進むに付きましては、何としても先づ国内に於て此の戦争抛棄を如何に活かして行くかどうかと云ふ、それに対する御考へを私ははつきり承つて置きたいです、御承知の通りに第

一次世界戦争で「ドイツ」が負けた、「ドイツ」が負けると、連合国は寄つて集つて再起不能ならしめる程の、政治的にも経済的にも手枷足枷をしたでせう、又「ドイツ」の国民は戦争は真つ平だ、民主主義、「デモクラシー」でなくちやならぬと云つて、それ一色に塗り潰されましたが、数十年を出でずして遂に軍国主義となり、「ヒトラー」に率ゐられて今日其の国は滅んで居るが、日本亦それに禍ひされて今日の敗戦国家に落ちぶれてしまつて居るのでありますから、憲法の規定に之を明かにした以上は、国内的に之を何処まで維持し、何処まで徹底せしむるかと云ふことは、最も心掛けなければならない重大なる点であると考へます、此の点に対する御答弁を伺ひたいのであります。[48]…

金森国務大臣 …次に第三のご質問と致しまして、戦争抛棄に関する日本の此の憲法に於ける主張は空文になつてはならぬ、又之を単に独裁的規定とのみ考へてはならぬ、遠大なる此の目的を達成する為に、国内に於て凡ゆる手段を講じて之に努力しなければならぬと思ふが、政府はどう考へて居るかと云ふ御趣旨であつたと思ひます、御主張の如く、日本は此の際大乗的見地に於きまして、平和の一路を突進して、世界文化諸国の先頭をなす趣旨以て此の案を設けたのでありまして、其の規定の第一項に当るべきものは、世の中に必ずしも類例がない訳ではありませぬが、第二項を設けまして、名実共に平和の一路に進む態度を示しましたことは、画期的な日本の努力であると思ふのであります、大体人類の世界に於ける理想を実現致しまする為に、単純なる伝統的の思想をのみ追究致しますれば、疑心暗鬼に依つて殆ど文化的前進をすることは出来ないのでありまして、日本は此の今回の改正草案の中に於きまして、衆に先んじて一大勇気を奮つて模範を示す趣旨であるのであります、随て固より之に基きましての凡ゆる施策に於きまして、一路此の目的を達成することが必要でありまして、平和的文化的な各般の処置は是よりして国家全局の力を総合して努力すべきものと考へて居ります。[49]…

6月28日の衆議院本會議における、戦争放棄についての答弁は下記の通りである。

野坂参三 …さて最後の第六番目の問題、是は戦争抛棄の問題です、此所には戦争一般の抛棄と云ふことが書かれてありますが、戦争には我々の考へでは二つの種類の戦争がある、二つの性質の戦争がある、一つは正しくない不正の戦争である、是は日本の帝国主義者が満洲事変以後起したあの戦争、他国征服、侵略の戦争である、是は正しくない、同時に侵略された国が自国を護る為めの戦争は、我々は正しい戦争と言つて差支へないと思ふ、此の意味に於て過去の戦争に於て中国或は英米其の他の連合国、是は防衛的な戦争である、是は正しい戦争と云つて差支へないと思ふ、一体此の憲法草案に戦争一般抛棄と云ふ形でなしに、我々は之を侵略戦争の抛棄、斯うするのがもつと的確ではないか、此の問題に付て我々共産党は斯う云ふ風に主張して居る、日本国は総ての平和愛好諸国と緊密に協力し、民主主義的国際平和機構に参加し、如何なる侵略戦争をも支持せず、又之に参加しない、私は斯う云ふ風な条項がもつと的確ではないかと思ふ、此の問題に付て総理大臣に此処でもう一度はつきり回答願ひたい点がある、それは徳田球一君が此処で総理大臣に質問した場合に、徳田球一君は此の戦争は侵略戦争である、之に付て総理大臣はどう云ふ風に考へられるかと云つた場合に、総理大臣は唯徳田君の意見には反対であると云ふ風に言はれた、さうすると此の御回答は、徳田君が侵略戦争と性質付けたあの性質付けに反対されるのかどうか、逆に言ひ換へれば、首相は過去のあの戦争が侵略戦争ではないと考へられるかどうか、之を此処ではつきりと言つて戴きたい、一体戦争の廃棄と云ふものは一片の宣言だけで、或は憲法の条文の中に一項目入れるだけに依つて実現されるものではない、軍事的、政治的、経済的、思想的根因、此の根本原因を廃滅すること、是が根本だと思ふ、即ち我々は戦争犯罪人を徹底的に究明すること、之に付て先程も申しましたやうに、政府は非常に緩慢なやうに見える、或は怠慢のやうにも見える、私は総理大臣、内務大臣或は必要ならば司法大臣に御聴きしたいが、政府は此の戦争犯罪人、此の中には積極的な者もあり、又消極的な者も含まれるが、之を何処まで徹底的に究明される所存であるか、何時どの位之を処置される積りであるか、之を御聴きしたい、又第二には戦争を実際に廃める為には、現在まだ秘密或は半公然と存在する所の反動諸団体、之の指導者、之に対する取締を内務大臣は現在どのやうにやつ

て居られるか、第三には実際に戦争を廃滅する為には政治上に独裁機構を作つてはならない、之を徹底的に廃滅する、官僚主義、官僚機構、之に徹底的に廃滅しなければならぬ、此の点に於てどの程度まで政府はやつて居られるか、やらうとされて居るか、又侵略戦争の原動力である所の財閥、之の解体の状態がどの程度まで進行して居るのか、又第五には、日本の封建主義の土壌であり、基礎である所の封建的な土地所有制度、是の改革に付て農林大臣はどのやうに今やられて居るか、既に農地調整法が出来てから半年以上過ぎて居るが、一体どのやうに進行して居るのか、又政府は土地改革を約束されたが、何時如何にして此の約束を実行されようとするか、之を此処で明言して戴きたいと思ふ、第六番目に、是は特に文部大臣に御聴きしたいが、戦争の犯罪性、侵略戦争の犯罪性、過去の日本の戦争が帝国主義的であり、侵略的であると云ふことを、一体教育面に於てどの程度まで徹底的に実行されて居るか、之を具体的に説明して戴きたいと思ふ、是が第六であります。[50]…

吉田内閣総理大臣 …又戦争抛棄に関する憲法草案の条項に於きまして、国家正当防衛権に依る戦争は正当なりとせらるるやうであるが、私は斯くの如きことを認むることが有害であると思ふのであります、近年の戦争は多くは国家防衛権の名に於て行はれたることは顕著なる事実であります、故に正当防衛権を認むることが偶々戦争を誘発する所以であると思ふのであります、又交戦権抛棄に関する草案の条項の期する所は、国際平和団体の樹立にあるのであります、国際平和団体の樹立に依つて、凡ゆる侵略を目的とする戦争を防止しようとするのであります、併しながら正当防衛に依る戦争が若しありとするならば、其の前提に於て侵略を目的とする戦争を目的とした国があることを前提としなければならぬのであります、故に正当防衛、国家の防衛権に依る戦争を認むると云ふことは、偶々戦争を誘発する有害な考へであるのみならず、若し平和団体が、国際団体が樹立された場合に於きましては、正当防衛権を認むると云ふことそれ自身が有害であると思ふのであります、御意見の如きは有害無益の議論と私は考へます。[51]

6　衆議院本會議における戦争放棄に関する審議の分析

　それでは、以上の第九十回帝國議會衆議院本會議における憲法 9 条をめぐる答弁の内容を整理し、分析することとしたい。まず注目すべきは、吉田首相による 6 月26日の「戦争抛棄に関する本案の規定は、直接には自衛権を否定はして居りませぬが、第九条第二項に於て一切の軍備と国の交戦権を認めない結果、自衛権の発動としての戦争も、又交戦権も抛棄したものであります、従来近年の戦争は多く自衛権の名に於て戦はれたのであります、満洲事変然り、大東亜戦争亦然りであります」という答弁、そして28日の「戦争抛棄に関する憲法草案の条項に於きまして、国家正当防衛権に依る戦争は正当なりとせらるるやうであるが、私は斯くの如きことを認むることが有害であると思ふのであります、近年の戦争は多くは国家防衛権の名に於て行はれたることは顕著なる事実であります、故に正当防衛権を認むることが偶々戦争を誘発する所以であると思ふのであります」という答弁である。

　この 2 つの答弁は、憲法 9 条をめぐる政府の制憲者意思として引用されることが少なくないが、これについて確認しておくべき点がある。それは、吉田が、あくまで国際平和団体樹立を「自衛のための交戦権を不要とするための前提」[52]とするものであったのかどうかということである。

　平山朝治の「第 9 条前文前提説」は、日本による戦争放棄について、国際連合のような国際平和機関が全ての国々に戦争放棄を達成させることが前提となるものであり、このような放棄は同時で普遍的でなければならないとするものである。そうでない限り、憲法 9 条は日本が守るべき実定法として戦争放棄を定めるものではない、少なくとも原案提案者マッカーサーはそのように考えていたとする立場である[53]。

　平山は、天皇制存続のために憲法 9 条が設けられたという従来の通説は誤りであり、「駐ソ大使を終えたハリマンが来日して、日本占領軍派遣をめざすソ連が占領政策への関与を強め、東アジア進出を狙っていることに対する危惧を、1946年 2 月 1 日にマッカーサーに語り、さらにバーンズ国務長官が米ソ中英の戦勝 4 か国と日本との間で日本の25年間非武装化条約を結ぶ構想を密かに

進めていることを漏らしたため、マッカーサーは非武装条項を含む憲法の制定を決意した」という三輪隆の議論を前提とした上で、「非武装化条項を盛りこんだ憲法の制定をマッカーサーが決意した最大の理由は、対ソ・対共産主義安全保障であり、ソ連の拒否権などのため国連の安全保障に頼れなくなった場合には日本の再軍備が可能となるような内容を当初より意図していた」と述べる。

さらに平山は、1946年2月3日にマッカーサーが GHQ 民生局に示したマッカーサー3原則のⅡの第1文、"War as a sovereign right of the nation is abolished. *Japan* renounces it as an instrumentality for settling its disputes and even for preserving its own security. *It* relies upon the higher ideals which are now stirring the world for its defense and its protection"、そして第2文、"No *Japanese* Army, Navy, or Air Force will ever be authorized and no rights of belligerency will ever be conferred upon any *Japanese* force." について、「戦争廃止を能動態にした場合の主語が Japan でないことは、第2文に日本がそれ＝戦争を放棄する際の内容が書かれていることや、Ⅱの他の部分では Japan、Japanese とそれらを指す代名詞がイタリック体の部分のように多用されているのに第1文だけにはないことから明らかだ。第1文の "the nation" も Japan ではなく総称単数である。したがって、全ての、あるいは大多数の国家からなる普遍的な団体が主体として所属各国に対して定める戦争廃止が実際に成り立っているという大前提を第1文は表し、第2文以下でその条件のもとで日本は何をすべきかを定めたものが、マッカーサー3原則のⅡである」と述べている。

平山によるマッカーサー3原則のⅡの和訳は、「国家の至高なる権利としての戦争は廃止される。日本はそれ＝戦争を、その紛争を解決する手段として、さらにそれ自身の安全を保持するための手段としてさえも拋棄する。それはその防衛とその保護を、今日世界を目覚めさせつつある、より高い諸理想にゆだねる」、「いかなる日本の陸軍、海軍、空軍も将来にわたって許されず、いかなる日本の部隊にも将来にわたって交戦権は与えられない」とされる。

平山はこのような解釈により、「あくまで国際平和団体樹立が自衛のための交戦権を不要とするための前提であること」を強調する吉田と、マッカーサー

3原則のIIが、「普遍的な戦争放棄を前提に日本が自衛の手段としての戦争までも放棄し、戦力を保持しないとしているのと同趣旨である」と結論づけている。

平山は、1946年2月22日に松本烝治国務大臣とホイットニー民生局長との対談において、松本による戦争放棄を前文に置きたいという提案が拒絶された経緯についても、次のように述べている。

「ホイットニーは、「戦争の放棄を独立の一章としたのは……可能な限り最大限に強調するため」で、「この条項は、恒久平和への動きについて、世界に対して道徳的リーダーシップをとる機会を、日本に提供する」とし、それに関連して、ハッシー中佐が松本に、前文に置きたいとは（法的拘束力のない）単なる原則的規定として mere as a principle 記したいという意味かと尋ね、松本がそうだと答えると、ハッシーはその立場はわかる we appreciate that position が本文に含ませるべきで、そうすれば真に力強いものになる this would give it real force と言い、ホイットニーも「この原則の宣明 The enunciation of this principle は異例で劇的な形でなさるべきです should be unusual and dramatic」と述べている。…戦争放棄の条項が本来は前文と一体の原則 principle だということはホイットニーも認めていたのである。ただし、そういったことが一般に知られると本国政府や他の連合国への説得力が弱まるので、このことは当面おおっぴらにはせず密教扱いすべきだとホイットニーは示唆したとも言えよう」

このような見解とは対照的に、憲法9条が設けられた理由について、従来の通説は、天皇制を存続させるために、天皇制に否定的な極東委員会が発足する前に、極東委員会が「結果的には賛成せざるを得ないような思い切った平和的・民主的憲法をFEC（極東委員会）より先に作ってしまう必要があった」ため、「戦争放棄・戦力不保持・自衛戦争放棄」という平和国家日本と、統治権限なき「象徴としての天皇」を不可分の関係に位置づける必要があったとするものであった。

渡辺治は、憲法9条の起草者意思が、「日本という平和の破壊者、当時の侵略戦争の責任者と思われた侵略大国である日本」という前提に立脚した上で、

「世界やアジアの安全保障を実現するために日本をどうやって封じ込めるのか」を考えたものであったとし、「つまり日本に対する安全保障という考え方が実は憲法9条というものの中にあった」と指摘する。自衛のため、日本が自衛のために戦力を持てることができるか否かという議論ではなく、日本の軍事大国化をどうやって防ぐのかという議論であったとする渡辺によれば、GHQの起草者意思は、「アジアの中で最も侵略的な大国である日本の力を規制することによって平和を実現するという考え方」、そして、「武力によらない平和というものを実現することによって平和を実現していこうという考え方」という2つのものに分けられるということになる。[61]

「戦争放棄・戦力不保持・自衛戦争放棄」という平和国家日本と、統治権限なき「象徴としての天皇」を不可分の関係に位置づける必要があったからこそ、憲法9条が設けられたという従来の通説を裏づけるものとしては、「憲法9条は天皇制維持のため戦勝国向けの条項」であったという元GHQのケーディスによる証言の報道を挙げることができる。毎日新聞によるインタビューにおいて、ケーディスは、戦争放棄を規定した憲法9条について「天皇制維持を他の戦勝国に納得させるため加えられたと言っていい」と証言している。[62]

「米上院を含め戦勝諸国には天皇を東京裁判（極東軍事法廷）で裁くべきだ、との意見が強かった。しかしマッカーサーは『天皇家』は保持されるべきだと判断していた」とし、ここから非戦条項を憲法本文に盛り込み、各国の理解を得ようとの考えが生まれたこと、「日本政府からは戦争放棄を憲法前文に盛り込んだらどうか、との提案もあった。しかしGHQはこれを拒否した。戦争放棄規定は第一条にしても良いほどだった。しかし天皇への敬意もあって1条は「象徴天皇としての地位」とした。しかし1条と9条はいわば一体であり、不可分のものだった」と述べている。憲法9条制定の一つの要因が天皇制維持というマッカーサー司令部の意図に基づいたものであることが立案者自身の証言で明らかにされている。[63]

ここでは、渡辺に代表される従来の通説的見解と、これに対する平山の見解の対照性が浮かび上がるが、平山が自説の根拠として挙げる、マッカーサーによる1946年4月5日の第1回対日理事会での演説を検討することとしたい。平山は、"The United Nations Organization, admirable as is its purpose, great and noble as are its aims, can only survive to achieve that purpose and those aims if it accomplishes as to all nations just what Japan proposes unilaterally to accomplish through this constitution – abolish war as a sovereign right. Such a renunciation must be simultaneous and universal. It must be all or none."という原文を、「賞賛すべき目的と偉大で高貴な意図を伴う国際連合が存続し、その目的と意図を完遂しえるのは、日本が達成しようと一方的にこの憲法を通じて提案しているまさにそのこと、すなわち至高の権利としての戦争を廃止することを、国際連合が全ての国々に関して達成する場合だけである。そのような放棄は同時で普遍的でなければならない。それは全てか無かでなければならない」と訳し、「マッカーサーの言っていることは、「第2章 戦争放棄」の立法趣旨は普遍的な国際法を日本国憲法のなかで提案するということであり、日本が守るべき実定法として戦争放棄を定めるということではない。「「平和主義」の国際規範化」は、第9条の立法趣旨であったことが確認できる。彼は、全てか無かであって日本だけが一方的にそうすることは不可能だとみていたのだ」という結論を導き出している。

　ここで、第1回対日理事会でのマッカーサーの演説における、憲法9条に関する前後の部分（pp. 8-11）を合わせて参照するため、該当箇所を邦訳することとしたい。

　「提案されているこの新憲法の全ての条項が重要なものであり、全ての条項が個別に、あるいは全体的に、ポツダムにおいて示された目的の実現に導くものであるが、私は特に戦争放棄を定める条項について一言したい。このような戦争放棄は、ある意味においては、日本の戦争遂行能力の破綻から導かれる論理的帰結であるが、さらに先へと踏み込んで、国際領域において、武力に訴える国家の主権を放棄しようとするものである。この戦争放棄により、日本は、正義、寛容、そして普遍的な社会的・政治的道徳による実効的な規則によって方向づけられる諸国家により構成された社会を信任することを表明し、かつ自国の領土保全をこれに委ねている。皮肉屋は、日本によるこのような行為を、非現実的な理想に対する子どもじみた信仰を示威するものとして捉えるかもしれないが、現実主義者は、この行為にさらに深い意義

を認めることであろう。現実主義者は、社会の進化において、国民としての自分たちを支配する統治権力を備えた国家が創設されるために、個人にとっての生来のものである特定の権利を放棄する必要があったということを思い出すことであろう。このようにその政治体に明け渡された、人にとっての根源的な諸権利の中で筆頭に挙げられるもの、それは、隣人との間で生じた紛争解決のために力に訴える権利であった。社会の進化に伴い、様々な団体あるいは州というものは、固有の権利を放棄するという、今回の日本と全く同じ手続を通じて、集団意思の現れである統治権力服従することにより連合体へと至ったのである。アメリカ合衆国が形成されたのは、国家統治権を確立するために個々の州が固有の権利を放棄するという、まさにこのような方法を通じてのことであった。まず州が最初に個人を権利主体として認識し、個人の安全の擁護者となった。これに続いて、国家が州を権利主体として認識し、州の安全の擁護者となったのである。

今や国策の手段として戦争を捉えるという考え方というものが、完全な誤りであることを知った人民を統治する日本政府による提案は、実際のところ、諸国家が戦争から相互に身を守るため、国際的な社会・政治的道徳に基づくより高次の法を構築すべきことを促すような、人類の進化への更なる一歩であると知れる。

世界において、諸国家関係がより良いものへと移行できるか、あるいは、そうではなく、世界全体を破壊するような更なる戦争——あまりに大多数の殺戮を伴うような戦争が待っているかどうかは、現在全世界の市民が直面する重大な争点である。文明が進歩し存続できるかどうかということ、それは、この日本による戦争放棄のようなさらなる一歩がどうしても必要であるということを、時宜にかなう形で認めるかどうかによって、明らかに左右される。これを換言するならば、国際紛争の解決手段として武力が完全に無益なものであることを全ての国家が認めるかどうか、武力による威嚇、国境侵犯、秘密行動、公共道徳からの逸脱などの必然的な帰結としての、猜疑、不信、そして憎悪などを、国際関係から除去するのかどうか、戦争を忌み嫌い、戦争の恐るべき大殺戮による被害をもっぱら押しつけられる大衆の厭戦感情を具体化するだけの道徳的勇敢さを失わない世界的なリーダーシップが

存在するかどうか、そして最後に、戦争を放棄する日本のような国家が、その国家の保全を安心して委ねることができるような高次の法を、全世界の人民が支持するような、そのような世界秩序が生まれるかどうかによって左右される。かような世界秩序の中においてこそ、永遠平和への道は見出される。

それゆえに私は、世界の全ての人民によって、日本による戦争放棄の提案が慎重に考察されることを願うものである。この提案は、道を、ただ一つの道を示している。国際連合は、その意図において賞賛されるべきであり、その目的において偉大で高貴であるが、その永続的な意図と目的を成就することができるのは、日本がこの新たな憲法により一方的に成し遂げんと提案する国家の主権としての戦争放棄という提案が、全加盟国によっても成し遂げられる場合である。このような戦争の放棄は、同時に、そして普遍的に行われなければならない。それは、全部か、しからずんば無である。それは、言葉のみによるのではなく、行動によって達成されなければならない。そしてこの行動とは、平和のために力を尽くす全ての人民に信頼されるような、明白で偽りのないものでなければならない。国家がその意思を貫徹するために現在有する手段、すなわち、諸国家によりそれぞれ蓄積された武装戦力が、せいぜい一時的なものにせよ手段たりうるのは、諸国家が国家主権に含まれる交戦権をそれぞれが共有するものとして位置づけるかぎりにおいてのことである。

現代科学の発展により、次の戦争が人類に破滅をもたらすであろうことについて、思慮ある者の中でそれを認めないものはない。しかし、今なお我々は躊躇している。足元で深淵が口を大きく開いているにもかかわらず、我々は今なお過去から自らを解き放つことができないでいる。これまで我々は、もう一度世界大戦が起こったとしても、また何とか乗り越えて生き残ることができるという、将来についての子どもじみた確信を抱いてきた。この無責任な確信の中に、文明の重大な危機が横たわっている。

この理事会において我々は、現代世界有数の軍事力と道義力を誇るものである。戦争による途方もない損失の末にあがなわれた平和を強固にし、そして強化することは、我々の責任であり目的である。私が簡単にその概略につ

いて説明した決定的な課題の一部について、これを国際領域において処理する際、国際間の思想と行動を、理性による支配の下へと全面的に引き戻すことができるほどに、高いレベルにおいてこの普遍的な営みを促進することは、我々の責務である。これによって、世界の全人民の啓蒙された良心から満腔の承認をうけるような平和維持のため、この高次の法へと世界を後押しするものである」

平山は、"The United Nations Organization, admirable as is its purpose, great and noble as are its aims, can only survive to achieve that purpose and those aims…" を、「賞賛すべき目的と偉大で高貴な意図を伴う国際連合が存続し、その目的と意図を完遂しえるのは…」と訳出しているが、"survive to achieve that purpose and those aims" は、「存続し、その目的と意図を完遂しえる」という形のように「存続」と「目的と意図の完遂」を分けて訳出するのではなく、「その永続的な意図と目的を成就することができる」のように、両者を一体の形で訳出すべきであろう。

「このような戦争の放棄は、同時に、そして普遍的に行われなければならない。それは、全部か、しからずんば無である」という箇所については、国連のその永続的な意図と目的が成就された場合、すなわち全加盟国による普遍的な戦争放棄を想定するものであって、「日本がこの新たな憲法により一方的に成し遂げんと提案する国家の主権としての戦争放棄」にかかるものではない。何より、ここで「一方的に成し遂げんと提案する国家の主権としての戦争放棄」という箇所が注目されなければならない。

そして、まだ加盟国の大多数が「日本によるこのような行為」に倣うことなく、皮肉屋が、「日本によるこのような行為を、非現実的な理想に対する子どもじみた信仰を示威するものとして捉える」ような、普遍的な戦争放棄が未実現という状況の中で、日本は、「日本の戦争遂行能力の破綻から導かれる論理的帰結」にとどまることなく、「さらに先へと踏み込んで、国際領域において、武力に訴える国家の主権を放棄」と明言されており、日本が守るべき実定法として戦争放棄を定めていることを跡づけることができる。普遍的な戦争放棄が日本による「武力に訴える主権の放棄」の前提であるなら、「皮肉屋」の登場

の余地はないはずである。

　また、マッカーサー3原則のⅡの第1文、"War as a sovereign right of the nation is abolished." における主語 "the nation" が「総称単数」として読まれるべきことを前提として、この第1文が日本の戦争放棄を規定するものではないとし、「全ての、あるいは大多数の国家からなる普遍的な団体が主体として所属各国に対して定める戦争廃止が実際に成り立っているという大前提を第1文は表し、第2文以下でその条件のもとで日本は何をすべきかを定めたものが、マッカーサー3原則のⅡである」とする平山の解釈についても、文法の面から批判を加えることが可能である。

　英語の総称表現においては、定冠詞単数 "the＋単数形" の総称用法と、不定冠詞単数 "a＋単数形" の総称用法がある。定冠詞単数 "the＋単数形" の総称用法は、属性(内包)に注目した表現であり、「同種のものの中から特定のものを指す」という定冠詞の機能が、総称用法では「個体」のレベルではなく、「種類」のレベルで特定されることになる。例えば、"The terrier is a small active dog of a type originally used for hunting." という例は、犬という動物の中で1種類しかいない「テリア」という犬種をめぐる特定であり、取り上げられた犬種の属性に焦点が当てられたものである。さらに、定冠詞の総称用法には対照概念が不可欠であるともされており、例えば、in the east、in the summer、in the morning、in the dark、on the left という表現において、それぞれ、「西」に対して「東」、「他の季節」に対して「夏」、「他の時間帯」に対して「午前」、「明かり」に対して「暗がり」、「右」に対して「左」という識別が行われている[67]。

　これに対し、不定冠詞単数 "a＋単数形" の総称用法は、「ある種類のうち1つを取り上げ、その個体について言えることは同種類・同種属のほかの個体についても当てはまるという発想」に基づくものであり、「この場合のaは、any や each に近い用法である。無差別に、任意に選ばれたどんなものでもよいのであるから、総称という概念につながる」ことになる[68]。

　以上のような文法上の用法を前提にすると、平山による解釈のように、マッカーサー3原則のⅡの第1文が、日本の戦争放棄を規定するものではないとし、「全ての、あるいは大多数の国家からなる普遍的な団体が主体として所属

各国に対して定める戦争廃止が実際に成り立っている」ことを表すものであるならば、第1文における "the nation" は "a nation" と記述されているべきこととなる。「所属各国に対して定める戦争廃止が実際に成り立っている」状態を第1文が表すものである以上、定冠詞の総称用法において不可欠とされる対照概念、すなわち戦争廃止にコミットしていない国家はあり得ないはずである。

　さらに、マッカーサー3原則が示されるに至った文脈を考慮するならば、この第1文の "the nation" は、日本という国家の主権としての戦争を放棄するものとして読まれるべきであろう。「第2文に日本がそれ＝戦争を放棄する際の内容が書かれていることや、Ⅱの他の部分では Japan、Japanese とそれらを指す代名詞がイタリック体の部分のように多用されているのに第1文だけにはないこと[69]」をめぐる平山の指摘についても、国家主権行使の帰結としての戦争の放棄という先例のないドラスティックな内容を大前提として、第1文により規定された上で、軍事力の不保持と交戦権の否認という具体的な規定が「将来にわた」るものであることを第2文が示しているとすれば、第1文と第2文の間に問題はないということが出来よう。

　また、1946年2月22日の松本とホイットニーの対談において、松本による戦争放棄を前文に置きたいという提案が拒絶された経緯を踏まえ、ハッシーによる "we appreciate that position" という応答を根拠として、「戦争放棄の条項が本来は前文と一体の原則 principle だということはホイットニーも認めていたのである。ただし、そういったことが一般に知られると本国政府や他の連合国への説得力が弱まるので、このことは当面おおっぴらにはせず密教扱いすべきだとホイットニーは示唆した[70]」という平山の解釈についても、疑問を禁じ得ない。

　この解釈において、平山は、戦争放棄の条項を前文に置くという提案が結局は拒絶されたという側面よりも、"we appreciate that position" というハッシーの応答があったという側面を重視する。しかし、1946年9月27日に、佐藤法制局次長が文民条項につき、"The Prime Minister and other Ministers of State shall be persons without professional military or naval antecedents." という案文を携えて GHQ 民生局ケーディス次長と面会した際、ケーディスが、「衆議院による第9条の修正によって、第2項に「前項の目的を達するため」

(For the above purpose) の語が加わったために、日本はそれ以外の目的でならば再軍備をすることができるという誤解が連合国の間に起こったのではないかと推測される。あるいはまた、将来日本が国際連合に加入し、国際警察軍に参加の義務を負うような場合を予想してのことかも知れない」と述べ、その「誤解」を懸念して、9条2項の "For the above purpose" の語が誤解を生ずるから "In order to accomplish the aim of the preceding paragraph" と改めるべきことを指示したことから、「ケーディスはこの時点では、日本側の関係者に対し第9条の解釈として「芦田修正」にもかかわらず、自衛のためであれ戦力や軍隊を持つことは認められないこと、従って軍人の存在しない日本国憲法のもとでは「文民条項」を旧日本軍の職業軍人の経歴を有しない者と解釈すべきであるという見解を示した[71]」のであり、これは平山による解釈と矛盾する。

したがって、第九十回帝国議會衆議院本會議における吉田首相の、6月26日の「戦争抛棄に関する本案の規定は、直接には自衛権を否定はして居りませぬが、第九条第二項に於て一切の軍備と国の交戦権を認めない結果、自衛権の発動としての戦争も、又交戦権も抛棄したものであります、従来近年の戦争は多く自衛権の名に於て戦はれたのであります、満洲事変然り、大東亜戦争亦然りであります」という答弁、そして28日の「戦争抛棄に関する憲法草案の条項に於きまして、国家正当防衛権に依る戦争は正当なりとせらるるやうであるが、私は斯くの如きことを認むることが有害であると思ふのであります、近年の戦争は多くは国家防衛権の名に於て行はれたることは顕著なる事実であります、故に正当防衛権を認むることが偶々戦争を誘発する所以であると思ふのであります」という答弁が、あくまで国際平和団体樹立を「自衛のための交戦権を不要とするための前提」とするものであったのかどうかという点について、少なくとも、吉田の立場について、「マッカーサー3原則のⅡが、普遍的な戦争放棄を前提に日本が自衛の手段としての戦争までも放棄し、戦力を保持しないとしているのと同趣旨[72]」であったとすることは出来ない。

それでは、マッカーサーの意思から離れて、吉田自身の制憲者意思はどのようなものだったのであろうか。平山が、「『憲法改正草案に関する想定問答』[73]では、第9条第2項は集団安全保障の如何にかかわりないとされている。吉田はそのことを再三否定しているにもかかわらず、金森や法制局は『想定問答』に

こだわって吉田答弁をねじ曲げ続けた[74]」と述べるように、吉田は、普遍的な戦争放棄という前提条件を欠く現状において、個別的自衛権の行使を目的とする戦力の保持が憲法9条下で認められると考えていたのであろうか。

政権時の政府見解を示すものとして引用されることの多い、6月26日衆議院本会議での吉田の「戦争抛棄に関する本案の規定は、直接には自衛権を否定はして居りませぬが、第九条第二項に於て一切の軍備と国の交戦権を認めない結果、自衛権の発動としての戦争も、又交戦権も抛棄したものであります、従来近年の戦争は多く自衛権の名に於て戦はれたのであります、満洲事変然り、大東亜戦争亦然りであります」という答弁については、これに続く発言が下記のものであることにより、渡辺治が指摘するように、憲法9条の起草者意思が、「日本という平和の破壊者、当時の侵略戦争の責任者と思われた侵略大国である日本」という前提に立脚した上で、「世界やアジアの安全保障を実現するために日本をどうやって封じ込めるのか」を考えたものであったこと、自衛のため、日本が自衛のために戦力を持てることが出来るか否かという議論ではなく、日本の軍事大国化をどうやって防ぐのかという議論であったことが裏づけられることになろう。

　「今日我が国に対する疑惑は、日本は好戦国である、何時再軍備をなして復讐戦をして世界の平和を脅かさないとも分らないと云ふことが、日本に対する大なる疑惑であり、又誤解であります、先づ此の誤解を正すことが今日我々としてなすべき第一のことであると思ふのであります、又此の疑惑は誤解であるとは申しながら、全然根底のない疑惑とも言はれない節が、既往の歴史を考へて見ますると、多々あるのであります、故に我が国に於ては如何なる名義を以てしても交戦権は先づ第一自ら進んで抛棄する、抛棄することに依つて全世界の平和の確立の基礎を成す、全世界の平和愛好国の先頭に立つて、世界の平和確立に貢献する決意を先づ此の憲法に於て表明したいと思ふのであります、之に依つて我が国に対する正当なる諒解を進むべきものであると考へるのであります」

そうであればこそ、6月27日の衆議院本會議で、吉田安がその質問において「或る人は、戦争抛棄は、侵略国家たる日本が平和国に戦を仕掛けて負けたか

ら、其の贖罪的な規定であると、斯う言ふ人もある、勿論贖罪的な規定とも考へられまするが、之を唯贖罪的だとのみ考へるならば、余りにも過大過ぎると私は思ふ」と述べたのである。しかし、この質問に対する答弁において金森が、「日本は此の際大乗的見地に於きまして、平和の一路を突進して、世界文化諸国の先頭をなす趣旨を以て此の案を設けた」と述べているように、政府の制憲者意思は決して「之を唯贖罪的だとのみ考へる」ものではなかったことも、跡づけることが出来る。

　６月28日の衆議院本會議での吉田の「戦争抛棄に関する憲法草案の条項に於きまして、国家正当防衛権に依る戦争は正当なりとせらるるやうであるが、私は斯くの如きことを認むることが有害であると思ふのであります、近年の戦争は多くは国家防衛権の名に於て行はれたることは顕著なる事実であります、故に正当防衛権を認むることが偶々戦争を誘発する所以であると思ふのであります」という答弁は、制憲当時の政府見解を示すものとして引用されることが少なくない。吉田によるこの答弁について、平山は、これに続く「国際平和団体への吉田の言及」を無視し、「正当防衛権を認むると云ふことそれ自体が有害である」だけを切り離して、吉田が自衛戦争や自衛権まで無条件に否定したと解することを、「曲解」として批判する[75]。

　これに続く「国際平和団体への吉田の言及」とは、「又交戦権抛棄に関する草案の条項の期する所は、国際平和団体の樹立にあるのであります、国際平和団体の樹立に依つて、凡ゆる侵略を目的とする戦争を防止しようとするのであります」、そして「若し平和団体が、国際団体が樹立された場合に於きましては、正当防衛権を認むると云ふことそれ自身が有害であると思ふのであります」とされる。平山は、前者を根拠として、「第９条第２項は国際平和団体の樹立を期し、それを前提としていると吉田は考えていたことになる[76]」とし、また、後者を根拠として、「国連憲章第51条が暫定的措置として認めている自衛権行使、さらには自衛権そのものを無用とするような、理想的集団安全保障体制のことを、吉田は「国際平和団体」と言っていることがわかる[77]」と述べている。

　それでは、吉田によるかような答弁を、自衛戦争や自衛権まで無条件に否定したものと解することは、平山が述べるように「曲解」なのであろうか。平山

が述べるように、「『憲法改正草案に関する想定問答』では、第９条第２項は集団安全保障の如何にかかわりないとされている。吉田はそのことを再三否定しているにもかかわらず、金森や法制局は『想定問答』にこだわって吉田答弁をねじ曲げ続けた」[78]のか、あるいは、吉田もまた金森や法制局と同様の制憲者意思を抱いていたのか。このような問題意識とともに、政府の制憲者意思を跡づけるために、次節において、第九十回帝國議會衆議院帝國憲法改正案委員會における憲法９条関連答弁を参照することとしたい。

7　衆議院帝國憲法改正案委員會における戦争放棄に関する審議

　前節の衆議院本會議に続いて、本節では、衆議院帝國憲法改正案委員會における、憲法９条をめぐる制憲者意思について確認するため、戦争放棄に関する答弁をすべて引用し、参照することとする。まずは、７月２日に開催された、第三回衆議院帝國憲法改正案委員會における答弁から見ていくこととしたい。

　　黒田壽男委員　…第二章の戦争の抛棄と云ふ章に付てでありますが、私は単に第九条に盛られて居ります言葉だけでは積極性がないやうに思ひますので、更に我が国と致しまして、積極的に平和を愛し国際信義を重んずることを国是とすると云ふやうなことを此の第九条の前に加へることに致しまして、此の戦争抛棄の条章に関する積極的内容を国際的に明確にした方が宜しいと思ひます、本条の表現だけでは、何だか負けたものが武力を抛棄すると云ふ唯それだけの消極的な感じしか受けないのであります、私が今申しましたやうな積極性ある条文を加へる、即ち平和を愛好し国際信義を重んずると云ふやうな意味の積極的な条項を更に附加へて、本章の趣旨を徹底せしめたいと云ふやうに考へるのでありますが、之に対して御所見を伺ひたいと思ひます。

　　金森国務大臣　只今の点は此の憲法の前文の中に於きましては、稍々強く其の色彩が表はされてあるのでありまして、「常に平和を念願し、」と云ふやうなこと、「我らの安全と生存をあげて、平和を愛する世界の諸国民の公正と信義に委ねようと決意した。」其の外種々なる言葉が一に其の方向に向け

られて居る訳であります、併し第二章の所は謂はば謙抑なる形を以て、言葉は非常に質朴なる形を以て、之に伴ふ日本の方針が闡明せられて居るのでありまするが、其の中味に於ては烈々たる意義が之に盛り込まれて居ると思ひます、日本の憲法はと申しますか、私共の起案に関係致しました此の憲法は、激しい言葉を用ひずして、而も含蓄に依つて十分激しい心持を表明することを意図して居りまして、第九条は其の趣旨に於て御読みを願ひたいと思ひます。

黒田委員 尚ほ此の章に関連致しまして多少意見を述べ、政府の御所信を承りたいのであります、第九条に於きまして戦争の抛棄と云ふことを規定してありますが、私は更に国内に於ける政策と致しましても、戦争の発生を防止すると云ふ政策が執られなければならないと考へます、戦争が起る、何故に此の度のやうな戦争が起つたかと云ふことを科学的に研究して見る必要がある、漠然と戦争一般と云ふものを考へるのではなくて、最近に於ける戦争の性質はどう云ふものであるかと云ふことを突止めて見る必要があると思ふのでありますが、太平洋戦争は、私の考へでは支那事変の延長でありますし、更に其の支那事変は満洲事変の延長であると云ふやうに考へて居ります、其の当時から日本の資本主義が我が国の封建的な遺制と抱合ひまして、国内の勤労階級に対しましては経済的な搾取が行はれ、其の為に我が国内に於きまして必然的に国内市場の狭隘と資本主義的な生産の発展との矛盾が起る、此の矛盾を大陸侵略と云ふ形に依つて解決しようと致しましたのが、今次の戦争の原因である、私はさう云ふ風に考へて居ります、随て斯様な原因となるものを将来に於て除去する方策が執られなければ、憲法上戦争抛棄の規定を設けましても、内部から又戦争に対する衝動が起つて来る、斯う云ふ風に私は考へます、そこで対内的に斯う云ふ戦争を惹起すことに必然的な関係を持つ独占資本に対する政策を持たねばならない、現在独占資本は解体を命ぜられ、其の過程にありますけれども、併し実際には中々進行して居ないやうであります、私的な独占資本を禁止すると云ふ方針をはつきりと憲法の上で明示して置く必要があらうと私は考へる、国の内部から戦争に対する衝動を除去する方法を執らなければ、憲法上に戦争抛棄の条文を設けただけでは、真の戦争抛棄、平和愛好の意思を徹底させることにならないのではない

か、斯う云ふやうに私は考へます、政府は私的な独占資本を禁止すると云ふやうなことを、はつきりと憲法の上に於て明示せられる御意向ありや否や、此の点に付き御尋ね致したいと思ひます。

　金森国務大臣　此の憲法の起案の基本の構想として曽て機会を以て申上げたことがありますが、重要なる規定であつて而も国民の広き間に確実な基礎を持つて居る原理であり、而もそれが明かに記載し得るに適するものでありましたならば、此の憲法に記入することは適当と思ひますが、恐らく今御尋ねになりました論点を、必要なる限度に的確に書き表はして誤解の虞なからしむることは、相当困難なる問題であらうと考へて居ります、原案に於きましては其の規定を設けなかつたのでありまするし、今日と雖も其の規定を設けようとする考へは持つて居りませぬ。⁷⁹⁾

７月３日に開催された第四回衆議院帝國憲法改正案委員會における、戦争放棄に関する答弁は以下の通りである。

　穂積七郎委員　…其の次に御尋ね致したいと思ひますのは、今まで幾度か外の方に依つても触れられた点でありますが、戦争抛棄の条に付てであります、私は戦争抛棄の宣言をすることが今日の内外の状況或は今後の日本の積極的なる立国の精神を表明する意味に於て、何の恥らひもなく、何の卑屈さもなしに、之を表現する大らかな気持を信じやうではないかと云ふことを吉田総理に依つて表明されたことに付きましては、私も同感であります、併しながら憲法の文章の中に之を他のものと羅列致しまして表現すると云ふことは、不適当であります、それだけの立国の大精神であり大理想であるとするならば、是は凡ゆる政治、経済、文化、教育に亙りまする全体の性格を帯ぶべき文化国家建設の大理想でありまして、他のものと並列する「ワン・オヴ・ゼム」と致しましてここに掲げると云ふことは甚だ拙劣であり不自然さがある、さう云ふ表現を取るならば、寧ろ私が先程申しましたやうに、概念規定に依つて物が決められたり、それに依つて釘を打つて置くならば動かないと云ふやうな、一つの擬制に対して過信を抱くと云ふ過ちに陥ります、決めても、戦争などと云ふものは交戦権があらうがあるまいが、別個の所で起きて来るのであります、曽て我々は大学に於きまして、国際連盟は世界の最

後の平和構造であると教へられ、我々もそれを信じたいと思つたのでありますが、其の世界の申合せがあつたに拘らず、尚且つ戦争は起きて来たと云ふやうなことでありまして、さう云ふやうな条約或は文書と云ふものは、全く一つの妄想に過ぎないと思ふのであります、況して其の大理想を他の主権の問題とか国民の権利義務の条章の「ワン・オヴ・ゼム」でなしに、法律制度、政治全般に亙りまする我々の大眼目であり政治理想であると云ふことを表現される為には、私は前文なり或は総則を構へまして、其の中に明瞭に謳ふべきであると云ふことを、諄いやうでありますが、是は簡単なことではありませぬので、真剣に其の御反省なり御意見が承りたいと云ふ風に思ふ訳であります、さうしてそれをさう云ふ取扱にすることに依つて、其の他法律構成の中に於きましては、講和条約或は其の後各国との間に結ばれます諸々の条約の中に於て、其の文句を謳へば結構である、更に此の起草に対しまする吉田総理の、さう云ふ理屈は分るけれども、法律以外の今日の世界の政治情勢の裡に於て、此のことをやる必要があるのだと云ふ含みの御説明がおありになつたやうでありまするが、其の意味に於て、幸に御出席でありまするので、今後の日本の生きた民族方針なり外交方針と云ふものを伺ひたい、それを規定する所に戦争を防衛するべき問題があるのではない、此の前或る方に依つて自衛権の問題が論ぜられましたが、我々が今日の世界の政治情勢なり現実の中に立つて、万民が先程申しました階級の問題と共に民主主義政治改革の中心の問題である民族の問題に関しまして関心を傾けて居りますのは、世界の民主主義に大国家米「ソ」の間に於ける対立の現実でございます、是が何等かの意味に於て納得され説明されなければ、我々に取つては此の戦争抛棄の条章なしと云ふものは、まるで無意味なものであると云ふ風に、そこに寧ろ重点を置いて総理も御説明になり、私も其の意味に於て、其の問題は憲法に決めたから是で安心だと云ふやうな一つの文章に囚はれることなしに、是は国政一般に関連するかも知れませぬが、重要なことでありますので御尋ねしたいと思ひます、我々が今日懸念することは、第三国からの侵略を自己防衛すると云ふより、更にもう一歩退りまして、第三国の戦場となり、或は他の前衛隊として使はれると云ふ危機をすら、我々は今日戦争問題に対して警戒すべきものであります、之に対するものとして、此の条項だけを以

て致しましては、まるで的外れの、現実を見ない宣言である、寧ろ私は、世界の国民と共に我々も奇怪に思ふものでありまして、「アメリカ」或は「ロシヤ」なり其の他優れた叡智の方々から御教へ戴きたいのでありますが、今まで第二次世界戦争は、世界の唯一の軍国主義日、独、伊を叩く為めと云ふことであつたのでありますが、それが済みましたならば、「アメリカ」並にそれより更に民主主義思想に於て二段も先に進んで居ると云ふ「ロシヤ」の軍隊は、機関銃の代りに薔薇の花を持つべきであつたと思ひまするが、それが機関銃を捨て、薔薇の花を持つ代りに、「スターリン」は、今日「スラヴ」民族の運命と生活を防衛する為には我々の武力を強化することが最も中心の問題であると云ふことを説明になり採択になつたやうに仄聞して居りまするが、それは一体どう云ふことであるのか、其の点を寧ろ我々と致しましては、其の政治現実に向つて、憲法の前文に大理想を立てると共に、更に重要なことは、此の世界の政治危機に向つて、我々は自分が武装しない戦争はしないと云ふやうな消極的なものでなしに、此の世界の武力戦争其のものを我々は絶対に反対する主体的なる態度と云ふものが表明されて然るべきである、其の一貫した信念と思想の下に、さうして其の文章が前文に立国の大理想として掲げられた時に初めて言はれたやうな諸外国の疑ひを晴らすことが出来るし、日本国民の向ふべき大理想が我々の日常の生活の中に滲み渡つて出て来ると私は確信するのであります、其の意味に於きまして、此の第二章の取扱に付きましては、他の方々からも結論としては同じ御指摘がありましたが、以上申しましたやうな私の実感と切実なる要求に依つて、此の問題は是非御考へが戴きたい、果して其の御意思がおありになるかどうか、御尋ね致したいのであります。

金森国務大臣 前文の中に第二章にある所の趣旨を明確に書いたならばどうかと云ふ意味の御尋ねでありましたが、前文の中には此の第二章の因つて生ずべき基本となりまする思想を明かに掲げまして、平和を愛好する、或は世界的な道義の法則なり、之を守ることが各国の義務であると信ずる、我等が此の道義を守る為に大いに進んで行くと云ふ風の規定がありまして、第二章の言葉とは違ひますけれども、それより一層基本的な立場の原理が示されて居ります、前後照応致しますることに依つて、此の憲法で現在の日本国民

の此の勇気に満ちたと云ひますか、理想に満ちた所の主張が明かになつて居ると思ひます、更に又、此の趣旨を種々なる方法を以て実行的に具体化させて行くことは今後の問題でありまして、国内問題としては、幾多の方面、例へば教育の方面、産業の方面等に影響を持つて来ることと考へて居ります、国際関係に対しまして如何にするかと云ふことに付きましては、今日尚ほ未だ適当なる時期に至つて居ない、斯う云ふ風に考へて居ります。[80]

7月4日に開催された第五回衆議院帝國憲法改正案委員會における、戦争放棄に関する答弁は以下の通りである。

林平馬委員 …私は戦争抛棄に付きまして、総理大臣に御尋ね申上げたいと思ひます、惟ふに平和は神の心であり、又総ての人類の最高の念願であると信じます、然るに此の平和とは全然正反対である所の戦争をば、有史以来数千年、人類史上から払拭することが出来ないで、今日に至つた次第であります、人はお互ひ万物の霊長などと手前味噌を並べて居るくせに、最も好む平和へは一歩も近付くことが出来ずに、寧ろ次第に遠ざかりつつ、文化とは正反対に戦争の発達に一路邁進して来たことは、歴史の示す所であります、凡そ個人的にも国際的にも、紛争を腕力や武力を以て解決しようとすることは、最も低級下劣な行為でありますから、人類は最早此の辺で大懺悔すべきものと思ひます、若しもそれを悟ることなく、武力を飽くまでも最後の解決手段として培養し、確保して居るときは、其の為に相手方を脅威せしめるばかりでなく、自分自らも亦非常に其の不安を抱かざるを得ないのであります、歴史の教へるやうに、戦争は戦争を製造して居るのであります、若しも戦争を抛棄することが出来ないならば、人類は永久に戦争の中に、或は戦争の為に生存を続けて行かなければならないことに気付かなければならぬと思ひます、而して戦争抛棄の唯一絶対の方法は何かと申しますれば、武力を持たないことであると思ひます、けれども此のことたるや極めて至難のことでありまして、何れの国家に於ても、余所の国から何等かの圧迫要求を受けないで、全く自発的に武装を解除することは、恐らく不可能と信じます、然るに我が国は敗戦の結果、世界に率先して此の不可能を可能たらしめたことは、人類最高の念願から見るならば、敗戦の成功とも見るべきものと信ずるので

あります、而して「アメリカ」を初め連合国が、我が国をして世界平和に貢献の出来る態勢を整へるやうにと、常に多大の苦心と努力とを尽されて居ることは、我々の深く感銘する所であります、唯ここに我々の不安とする所は、今日こそは我々は何れの国よりも侵される気遣ひはありませぬが、併し近き将来に於て平和条約が成立し、連合国の手から離れた其の刹那に於て、武力なくしては如何なる小さな国家よりも、どのやうな弱小国家よりも受けるであらう国際的脅威をば、如何にして排除することが出来るかと云ふ点であります、それには平和世界建設を理想とする建前の連合国を初め、世界の諸民族の信義に信頼する以外には到底ないのであります、実に日本国民の戦争抛棄の宣言は、国民全体の生存を賭しての態度でありますことを、政府は内外に向つて十分に主張し、宣伝して貰はなければならないと信じます、先日本会議に於て吉田総理大臣は、従来自衛権の名に於て戦争が惹き起されて来たのであるから、真の世界平和建設の大理想達成の為には、其の自衛権をも亦抛棄すべきものであるとの御意思のやうな御答弁があつたのでありますが、恐らくは此の御答弁は世界の思慮ある人々をして感銘を博したことと信じます、幸ひにも本年四月五日、連合国日本管理理事会の初の会議に於きまして「マッカーサー」元帥がなさいましたあの演説こそは、此の戦争抛棄の条文と相呼応して、真に深き感銘と感謝とを感ずると共に、元帥は極めて力強く、此の崇高なる戦争抛棄の理想は、一方的では一時的な便法に過ぎないのである、でありまするから此の理想達成の為には、日本の戦争抛棄に関する提言を、全世界の人達の思慮深き考察に推薦する云々として、実に力強く世界各民族の良心と叡智に呼掛けられて居ることは、実に偉大なる保証と信ずるものであります、而して日本国民が此の戦争抛棄の宣言をすることは、所謂曳かれ者の小唄では断じてありませぬ、又あつてはなりませぬ、此の最大崇高なる使命の中に生きて行きたいのであります、是が我我民族の切なる念願であると信じます、是れ実に日本民族三千年来の大理想であります、最近は其の理想が非常に歪められて、世界の誤解を受けて今日を招いたのでありますが、実は世界平和は我々民族の三千年来の念願であるのであります、でありますから吉田総理大臣は余生を捧げられ、一身を挺して陛下を先頭に迎へられて、八千万国民を率ゐて、以て突起ち上つて貰ひたいのであ

ります、それでこそ日本が世界に存在の意義があると思ふ、其のことなくして日本の存在の意義はないとさへ信じます、恐らく斯様な機会は、日本に取つては実に空前であつて絶後であると思ふ、歴史的に唯一回限り天より与へられたる「チャンス」であると信じます、諄いやうでありまするが、敗戦の結果拠どころなく平和愛好者に我々が転向したものではありませぬ、世界随一の平和愛好民族であることを、世界に向つて宣言し諒解して貰はなければなりませぬ、其の平和愛好者であると云ふ民族の心持を表はす証拠は、幾らでもあらうと思ひます、其の一つを申上げて見るならば、此の猫の額のやうな狭い国土に、八千万に近い国民が生活をして居るのであります、即ち一平方「キロ」の中に約二百人の人口を持つて居る所の、世界随一の稠密なる国であります、斯かる国家は世界の何れにもないのであります、是れ即ち仮令如何なる苦労をしようとも、余所へは行きたくない、此の祖国に生存をして行きたい、祖国を離れずに生活をして行きたいと云ふ、国土愛着の結果に外ならないのであります、汽車で通つて見ましても、到る処山の上までも開拓して、営々辛苦を続けて居る日本の姿を見るならば如何でありますか、侵略移住の民族にあらずと断定することは、容易であると思ふのであります、侵略移住の民族であるならば、こんな所に営々やつて居る筈はありませぬ、如何に非侵略的民族であるかと云ふことは、此の日本の姿を見ただけで明瞭であると思ひます、私は此の日本の真の国民性を世界に諒解して貰いたいのであります、斯かる平和愛好国民が、殊に世界平和への一本道しか与へられない国民が、ここに憲法を以て戦争抛棄を世界に宣言せんとするのでありますから、此の憲法は実に日本の憲法に止まらず、世界の憲法たらしむるの信念を持たなければならぬと信ずるものであります、吉田総理大臣は人類平和の為に率先挺身、「マッカーサー」元帥の御演説と相呼応して、世界の与論を喚起せしむべく努力すべきものなりと思ひます、又それが即ち陛下の御聖旨に対へる所以でもあり、全国民の熱烈なる希望に副ふ所以でもあり、且つは「ポツダム」宣言の理念に応へる所以でもあると確信致します、果して総理大臣は其の御決心、御覚悟がおありであるかどうか、此の一点を特に御尋ね申上げる次第であります。

吉田内閣総理大臣 林君の御質問に御答へ致します、此の間の私の言葉が

足りなかつたのか知れませぬが、私の言はんと欲しました所は、自衛権に依る交戦権の抛棄と云ふことを強調すると云ふよりも、自衛権に依る戦争、又侵略に依る交戦権、此の二つに分ける区別其のことが有害無益なりと私は言つた積りで居ります、今日までの戦争は多くは自衛権の名に依つて戦争を始められたと云ふことが過去に於ける事実であります、自衛権に依る交戦権、侵略を目的とする交戦権、此の二つに分けることが、多くの場合に於て戦争を誘起するものであるが故に、斯く分けることが有害なりと申した積りであります、又自衛権に依る戦争がありとすれば、侵略に依る戦争、侵略に依る交戦権があると云ふことを前提とするのであつて、我々の考へて居る所は、国際平和国体を樹立することにあるので、国際平和国体が樹立せられた暁に於て、若し侵略を目的とする戦争を起す国ありとすれば、是は国際平和国体に対する傍観であり、謀叛であり、反逆であり、国際平和国体に属する総ての国が此の反逆者に対して矛を向くべきであると云ふことを考へて見れば、交戦権に二種ありと区別することそれ自身が無益である、侵略戦争を絶無にすることに依つて、自衛権に依る交戦権と云ふものが自然消滅すべきものである、故に交戦権に二種ありとする此の区別自身が無益である、斯う言つた積りであるのであります、又御尋ねの講和条約が出来、日本が独立を回復した場合に、日本の独立なるものを完全な状態に復せしめた場合に於て、武力なくして侵略国に向つて如何に之を日本自ら自己国家を防衛するか、此の御質問は洵に御尤もでありますが、併しながら国際平和国体が樹立せられて、さうして樹立後に於ては、所謂 UNO の目的が達せられた場合には UNO 加盟国は国際連合憲章の規定の第四十三条に依りますれば、兵力を提供する義務を持ち、UNO 自身が兵力を持つて世界の平和を害する侵略国に対しては、世界を挙げて此の侵略国を圧伏する抑圧すると云ふことになつて居ります、理想だけ申せば、或は是は理想に止まり、或は空文に属するかも知れませぬが、兎に角国際平和を維持する目的を以て樹立せられた UNO としては、其の憲法とも云ふべき条章に於て、斯くの如く特別の兵力を持ち、特に其の国体が特殊の兵力を持ち、世界の平和を妨害する者、或は世界の平和を脅かす国に対しては制裁を加へることになつて居ります、此の憲章に依り、又国際連合に日本が独立国として加入致しました場合に於ては、一応此の憲

章に依つて保護せられるもの、斯う私は解釈して居ります。…[81]。

7月5日に開催された第六回衆議院帝國憲法改正案委員會における、戦争放棄に関する答弁は以下の通りである。

　赤澤正道委員　…第二章の戦争抛棄の規定に付てでありますが、表現の仕方が非常にぎごちない、ごたごたして居ると云ふ印象を私は受けるのであります、之に付て私が論じたい又質問したいと思つて居りましたことは、一昨日の質問に於て尽された感がございまするので、深く触れたくはないと思ふのでありますが、何れに致しましても、此の原子力が実験期を通り越しまして実用化致しました際には、我々の考へ得る戦争方式と云ふものはまるで意味を成さない、ここに世界の絶対平和が近く来るのではないか、斯様に私は考へるのであります、随て寧ろ我々の構想としては、単なる国際連合に加入するとか、加入せんが為には義務を履行する上に於て幾らかの兵力が要るのではないか、或は自衛戦争の場合を考慮して兵力が要るのではないかと云ふ論議は避けて、もう一つ飛躍を致しまして、国際連邦へまで堤唱を発展させるべきであらう、斯様にも私は思ふのであります、さう云つた観点に立ちます場合に、此の条文を見ますと、一項の中にも「他国との間の紛争の解決の手段としては、」と云つたやうな、何か限られた条件的なる文義も見えるのであります、例へば此の言葉の裏には何かを御考へになつて入れてある、斯様に思ふのでありまするが、何かを前提としてあるのでありましたならば、それを明かに教へて戴きたいと思ふのであります。

　金森国務大臣　特別に何物をも含むと云ふ訳ではない、此の文字の示しまする通りの内容をここに規定した趣旨であります。

　赤澤委員　若し只今の御考へでありましたならば、私個人の考へとしては、「他国との間の紛争の解決の手段としては、」と云ふことは或は不必要ではないか、斯様に思ふのであります。…[82]

　三浦寅之助委員　…次に戦争抛棄の第二章の点でありますが、世界恒久の平和を布く為に於きましても、又平和主義、自由主義、民主主義を確立致し、国際信用を回復致しまして、世界の連合の中に入らなければならない日

本の立場から見ましても当然の規定でありますが、唯此の規定条項に於きまして、積極的に戦争防止の根源に対する所の問題をもう少し深く考へなければならないのではなからうかと思ふのであります。日本が世界から侵略国或は好戦国の如き誤解を受け、或は今日の如き惨めなる敗戦のことに至りましたことを遠く遡つて考へて見ますと云ふと、日本の頼朝以来の幕府政治或は近くは徳川三百年の武家政治、ああ云ふやうな封建政治から原因しまして、国民と懸け離れました所の特権階級とでも申しませうか、武士階級だけに依つて日本の政治が壟断せられて、国民には何等人権の保障のなかつた時代から引続きまして、明治の大維新、大革命を機会としまして、日本は一時は人権の尊重、或は民主主義的な、或は国民の権利が尊重されることになつたのではありまするけれども、併しながら明治二十二年の憲法施行以来五十数年の日本の議会政治なるものは、名は議会政治であるけれども、其の実体は軍閥政治であり、軍閥に操られ、或は官僚財閥に依つて日本の政治が壟断せられて、真の日本の政治の姿を現はすことが出来なかつたと云ふやうな点に於て、日本が外国から此の誤解を受け、或は今日の結果を生んだとしますならば、少くとも今日此の根本原因まで十分に掘下げて、さうして此の問題の解決をし、日本の国際信用を回復しなければならないことは当然であると信ずるのであります。「ポツダム」宣言受諾以来降伏しました日本が、其の当然の帰結としまして軍閥はなくなり、或は財閥も解体せられ、或は、官僚に対する所の論議はまだ尽きませぬけれども、斯う云ふやうに此の問題を考へまする際に於きまして、此の根本原因をしてなくす為の手段方法も、此の第二章に書いたならばどうかと云ふやうな気もするのであります。

　もう一つは、全部の武力の抛棄は勿論、武力がなくなることは当然でありますが、唯考へて見ますと、国内の治安が乱れました際に於きまして、或は一朝天災等のありました場合を想ひ起しまして、流言蜚語等が飛んで国内の治安が乱れ、或は国内の騒擾の起きた場合に於て之を如何にするかと云ふやうなことも考へられない訳ではないのであります。御承知の通り大正十二年の京浜地方の大震災の際に於きまして朝鮮人の問題、あの流言蜚語に依つて国内が非常に動揺したことは御承知の通りであります。あの当時戒厳令が布かれたやうでありますが、勿論今日に於きましては戒厳令と云ふものは絶対

になくならなければなりませぬし、考へられませぬ、唯斯う云ふやうな将来国内に於ける所の不安状態、治安の紊れたる際に於きまして、如何にして完全に国内の治安を確保するか、斯う云ふ場合を当局は如何に考へて居られるかと云ふことも、此の際御説明を承りたいと思ふのであります。

金森国務大臣 憲法第二章の規定は、言葉は簡単でありますけれども、其の中に於きましては、国家の運命を賭して世界の平和を主張するのでありまして、其の世界に対する、又世界の文化に対する日本の態度を正しく明かにすると共に、一枚の紙にも裏表があるが如くに、此の規定より来る所の幾多の不便と云ふやうなことは、又覚悟しなければならぬ訳であります、大体此の規程の文字は簡単でありますけれども、一つ一つ精密に考へて見まする と、非常な内容を持つて居るものでありまして、之を実際の面で趣旨に合ふやうに国の一般政治を動かして行きます為には、各般の制度に留意をせねばなりませぬ、其の留意をしなければ此の趣旨は貫かぬと思ふのであります、でありますから此の趣旨を実現致しまする為に、教育或は国民の文化的方面の発達、其の他考へ得る一切の手段を以て此の内容を実現すべきであると思つて居ります、さうして此の第二項に基きまして、必要なる場合に国家の治安を如何にして擁護するかと云ふ点に付きましては、軍隊がなくとも国内の秩序を必ずしも維持し得ざる訳ではありませぬ、一般行政の範囲内に於きまする諸種の自治力、主としてそれは警察力である訳でありますが、それを非常に注意深く育成し、利用致しまするならば、自ら此の目的を達し得ると思ふのであります、更に其の方法を以てして如何ともすべからざる場合が想像的に起るかも知れませぬけれども、さう云ふ時には国民各自の努力に依つて其の難局を打開して行くべきものであると考へて居ります。[83]

7月8日に開催された第八回衆議院帝國憲法改正案委員會における、戦争放棄に関する答弁は以下の通りである。

上林山榮吉委員 …次は国民の権利義務を中心にして御尋ね致したいのでありますが私は此の草案を眺めまして、何となく権威と温容に欠けて居る所が多いのではないか、斯う云ふ風に感じたのであります、日本は御覧の通り平和主義に徹底する為に、戦争を拋棄して居ります、更に自衛権をすら拋棄

せんとして宣言をされたのでありますが、翻つて、日本が平和主義に徹底する為には国内的にそれを裏付けするものがなければならぬ、同時に人道上からするも、ここに考へられる点は、世界各国に率先しまして、文明国として死刑の廃止を憲法に規定することが、確かに日本は文明国であり、国内的に平和主義に徹底をして居ることにもなると思ひますので、死刑廃止を憲法に取入れるべきであると考へるのであります。…

　　木村篤太郎国務大臣　御答へ致します死刑廃止に付ては御説の通り、従来非常に議論のあつた所であります、人道上死刑を廃止すべしと云ふ議論も随分行はれて居りました、併し現今の程度に於きましては早急に此の死刑廃止は出来ないかと思ひます、勿論草案第三十三条に依りますると残虐な刑罰は之を禁止する旨の規定は厳として存する、死刑執行等に当りまして、其の方法等に付ては、残虐に亙らないやうに、十分なる考慮を払ふ積りで居ります。…

　　上林山委員　死刑執行に対する慎重なる注意を払ふ、或は祈るやうな気持で死刑の執行に当ると云ふ当然の司法大臣の態度に対しましては、私之を諒とするのでありますが、第三十三条に、御話の如く、残虐なる刑罰は絶対に之を禁ずる、斯う云ふやうな文明国の平和的な理想を掲げられたと云ふことに対して、私は非常に期待を持つて居つたのでありまして、更に自衛権をすら含む戦争を世界的に抛棄した、斯う云ふ見地から政治的に—単なる法律上の議論を離れて、政治的に文化的に之を考へて見ても、此の際日本国民と云ふものは決して好戦国民ではない、非常に進んだ文明国民だと云ふことをここに示すと云ふことも、私は大きな理由になると思ふし、法の理想は言ふまでもなく法律の要らない世界を造ると云ふことが最高の理想であつて、唯已むを得ず社会の規範を維持する為にここにやるのであつて、少くとも已むを得ずやるのだと云ふことが其の重点でなければならぬ、斯う云ふやうな観点に御立ちになりますならば、是はここに思ひ切つて死刑執行を廃止すると云ふやうな規定を設ける或は之に積極的な何等かの方法を講ずると云ふやうな、もつと突き進んだ態度、御考へを御伺ひすることが出来れば幸だと考へて居りますが、是は反対であれば平行線でありますから、是れ以上続けませ

ぬが、其の点を明かにして戴きたいのであります。

木村国務大臣 御議論の点は能く諒承して居るのでありますが、先刻申上げました通り、現在の段階に於ては、まだ死刑を廃止すると云ふ気持にはなつて居りませぬやはり社会秩序維持の上から、死刑の制度は未だ認めて行かなければならぬと考へて居ります。[84]

7月9日に開催された第九回衆議院帝國憲法改正案委員會における、戦争放棄に関する答弁は以下の通りである。

藤田榮委員 …憲法草案第二章の戦争抛棄が制裁としての戦争、自衛としての戦争を含むのかと云ふ点に関する質問であります、詰り第二項の交戦権の否認と云ふことは、是等制裁の戦争或は自衛の戦争をなす場合にも、之を含んで居るのかと云ふ解釈上の問題であります、或る国家が他の国家に対して違法に戦争に訴へて、第三国が此の後者を援助して前者に対抗して戦争を行ふ場合には此の第三国に取つて其の戦争は制裁の戦争として認められるのであります、制裁の戦争は適法な戦争でありまして、それは特定の国家の利益を増進する為の手段としての戦争でもなければ、又紛争解決の手段としての戦争でもないのでありまして、随てそれは不戦条約に依つて禁止された戦争ではないのであり、此のことは国際法上一般に諒解されて居るのであります、然らば斯様な制裁としての戦争をも否認すると云ふのは如何なる理由に基くものであるか、是が一点、又一般に自衛行為は適法な行為であつて、自衛の戦争もそれが自衛行為である限りに於ては当然に適法であります、不戦条約に依つても、国家の政策の手段としての戦争、紛争解決の手段としての戦争が禁止されて居るのみでありまして、自衛の為の戦争は特定の国家の利益を増進する為の戦争でもなければ、又紛争解決の手段としての戦争でもないのであつて、斯様な戦争が一般に国際法上適法であることは諒解されて居る所であります、然るに政府は此の自衛の戦争を否認する理由として、七月四日の此の委員会の席上で、吉田首相は、自衛権に依る戦争を認めると云ふことは、其の前提として侵略に依る戦争がある、詰り違法の戦争と私は解釈するのでありますが、侵略に依る戦争が存在することになる、而も若し侵略に依る戦争が将来起つたならばそれは国際平和団体に対する冒犯であり、謀

叛であつて、世界の平和愛好国が挙げて之を圧伏するのであるから、其の意味よりすれば交戦権に、侵略に依る戦争、自衛の戦争を挙げる必要はない、又自衛の戦争を認めると云ふことは従来兎角侵略戦争を惹起する原因となつたのであるから、自衛に依る戦争と云ふものも否定したのだと云ふ御説明があつたのでありまするが、私は他国との紛争の解決の手段としての戦争を永久に抛棄すると云ふ此の第九条第一項は誠に結構であると考へるのでありまするが、第二項の交戦権の否認がなぜ制裁としての戦争或は自衛の戦争をも含まなければならぬか解釈に苦しむのであります、勿論戦争は兵力に依る闘争でありまして随てそれは双方的の行為であり一方的の行為は戦争を構成せず、一方の兵力が他方の領域に侵入しても、他方が之に抵抗しないか、或は戦争宣言をしない限りは戦争は生じないのでありまするが、一方戦争宣言があれば闘争がなくても戦争状態に入り得るのであります、なぜならば戦争は闘争其のものではなく、闘争を中心とした状態であることは、国際法上一般に認められて居る所でありまして、随て日本が事実上陸海空の戦力を保持しないと云ふことは、斯様な制裁の戦争なり或は自衛の戦争、詰り交戦権を直ちに否認しなければならぬ理由とはならぬと考へるのであります、若し交戦権の否認が制裁としての戦争をも含む、詰り違法な戦争当事国に対して其の違法な戦争当事国に対する制裁の戦争に参加出来ないと云ふことになるならば、日本は違法な戦争当事国に対する戦争裁判を請求する権利を留保しなければならぬ、同時に日本国は第三国間に於ける如何なる戦争にも事実上参加しないし又参加させられないと云ふ保障を確保しなければならぬと考へるのであります、又自衛の為の戦争をも一切禁止する理由として、先程引用しましたやうに、国際平和団体に対する冒犯に対しては、世界の平和愛好国が挙げて之を圧伏する、随て自衛の戦争は要らないと云ふのでありまするが、将来平和愛好国として発足した日本に対する仮に違法な戦争が仕掛けられた場合には、世界の平和愛好国が此の違法な戦争挑発者に対して之を圧伏すると云ふことは、日本に対して如何様な形で実現されるか換言すれば我が国の独立と安全は他の諸国家に依つて保障されなければならぬのでありますが、交戦権否認に付ての憲法の規定は、如何にして国際法上の安全保障と直結するかと云ふ問題であります、草案に付て見れば、草案の前文に「我らの安全と

生存をあげて、平和を愛する世界の諸国民の公正と信義に委ねようと決意した。」とあるのでありまするが斯様な日本国憲法に於ける決意だけでは、何等国際法上の権威たり得るものではないのでありまして、国際法団体に依る安全保障制度の全貌、其の中に占める日本国の地位に付て、政府は如何なる具体的な努力をして居られるか、或は国際連合に参加すると言ひ、或は国際安全保障の憲章に依つて日本は安全保障を受けるのだと言ひますが、如何なる具体的な努力をして居られるか、若し第二項の交戦権の否認が制裁としての戦争、自衛としての戦争も抛棄するならば、如何にして我々の生存と安全とを保障するか、国際法上の単なる国内事項に過ぎない所の日本の憲法に依り、それを否認したからと云つて国際法上当然我々の安全が保全されたとは言へないのであります、如何なる努力をされて居るか、斯様な画期的な規定を挿入されるからには相当具体的な根拠と自信があられなければならぬと考へるのでありまして其の点に付ての御考へを承りたいのであります。

金森国務大臣 憲法第九条の前段の第一項の言葉の意味する所は固より自衛的戦争を否定すると云ふ明文を備へて居りませぬ、併し第二項に於きましては、其の原因が何であるとに拘らず、陸海空軍を保持することなく、交戦権を主張することなし云ふ風に定まつて居る訳であります、是は予ね予ね色々な機会に意見が述べられました通り日本が捨身になつて、世界の平和的秩序を実現するの方向に土台石を作つて行かうと云ふ大決心に基くものである訳であります、御説の如く此の規定を設けました限り、将来世界の大いなる舞台に対して日本が十分平和貢献の役割を、国際法の各規定を十分利用しつつ進むべきことは、我々の理想とする所である訳であります、併し現在日本の置かれて居りまする立場は、それを高らかに主張するだけの時期に入つて居ないと思ふのであります、随て心の中には左様な理想を烈しく抱いては居りますけれども、規定の上には第九条の如き定めを設けた次第でございます。

藤田委員 是は私の希望でありまして、由来国際法上の条約にしましても、是は必要の前には常に蹂躙されて参つたのでありまして況んや日本国の憲法に於て国際法上の国内事項に過ぎない日本国の憲法に於て、交戦権を否認して、捨身になつて世界の平和愛好諸国の中に入らうと云ふのであります

るから、将来、而も制裁としての戦争、自衛としての戦争も交戦権否認の名に於て捨てて掛らうと云ふのでありますから、将来違法なる戦争当事国が生じた場合には、其の違法な戦争当事国に対する戦争裁判を請求するの権利、又戦力の国際管理に対する日本国の参加又日本国が将来第三国間に於ける戦争に対しては事実上参加しないし、又参加させられないと云ふ保障を、政府は此の際是非憲法が実施されるまでには国民の前に公表して戴いて、真に国民をして納得せしむるだけの措置を講ぜられんことを希望するのであります。次に解釈の問題に付きまして、更に草案第九条第二項の交戦権の否認は、交戦団体に対する場合も適用されるかと云ふ問題であります、交戦団体は国際法上の交戦者としての資格を認められた叛徒の団体でありまして、一つの国家に於て政府を顛覆したり或は本国から分離する目的を以て叛徒が一定の地方を占め、自ら一つの政府を組織する場合に、斯様な叛徒の団体に対して国際法上第三国が之を交戦団体として承認する場合があります、叛徒と政府の間の闘争は戦争ではなくて内乱でありますが、叛徒が第三国より交戦団体としての承認を受けた場合は、其の叛徒団体と政府の間は国際法上の戦争関係になる、例へば斯様な交戦団体が第三国に依つて日本国内に承認された場合に、政府は左様な場合でも交戦権の否認を以て之に対処されるかと云ふ点に付て、解釈の問題として承りたいのであります。

　金森国務大臣　第九条第二項の規定は、其の中の交戦権の問題は普通国際法上に認められて居ります交戦権を指して言つて居るのでありまして、随て国内に成立することあるべき交戦団体に対しても此の規定は当嵌つて来るものと考へて居ります。

　藤田委員　只今、交戦団体として承認された叛徒団体との間の関係は、国際法上是は戦争の状態に入るのでありまして、交戦団体として承認を受けた叛徒の方は国際法上の戦争資格が認められ、それが転覆しようとする政府の方は憲法に依つて交戦権が認められない斯様なことになるのでありますから、将来日本が世界の平和愛好国家に参加すると云ふ場合に、斯様な第三国に依る国内に於ける交戦団体の承認、左様なことのあり得ないやうに保障を受ける必要があると考へるのであります、是も前項の場合に準じて希望として政府に申上げたいのであります。[85]

第2章　戦争放棄規定の原意と歴史

森三樹二委員　…此の戦争抛棄の点に付きまして、各委員からも色々御説がありました、私は今此の戦争抛棄の箇々の条文、又是に付て自己の見解を述べることは、却て質問の要旨を複雑させ、各委員に対する御説明の重複も来しますから、御尋ねする所の結論のみを申上げたいと思ふのであります、我々は戦争を抛棄して永遠に戦争から解放されて、我々の子孫は平和な住み好き国家に生存することが得られる是は我々として誠に双手を挙げて賛成する所であります、併しながら戦争は自国の意思のみに依つて決定されるものでなく、他国よりの正当なる、或は不正当なる理由に依つて戦争が惹起され、又第三国同士の間から発生せらるる所の戦争の被害を受ける場合もあります、さうしたことを我々が考へる場合に、戦争を全面的に抛棄し、総ての軍備の保持を否定する所の此の条文は、我々が将来国家の存立を危くせざることの前提、其の保障の見透しが先に付いて居つて初めて斯うした所の条文が設けらるべきものであると私は考へるのであります、併しながら終戦後日本国の混乱から斯うした所の新憲法が生れるのでありますから、先にさうした戦争の惨害を受けることのない保障を得て此の条文を作ると云ふことは出来なかつたのでありませうけれども、将来我々が之に対して絶対的な戦争の惨害を免るる所の方法、手段、之に対する所の考慮を運らさなければならないのでありますが、之に付て吉田首相の御成案を御聴きしたいのであります。

吉田内閣総理大臣　御答へ致します、此の戦争抛棄の条項の消極的な意味から申せば、日本に対する疑惑—再軍備、若しくは世界の平和を再び脅かしはしないかと云ふ疑惑を除去することが、消極的の効果であります、又積極的に申しますと、日本が戦争を抛棄することに依つて、即ち国際の平和愛好国であることを表示することに依つて、世界の平和を脅やかす国から申しますると云ふと、此の国が一旦生じた以上は、何と言ひますか、所謂「ウノ」—国際平和団体と申しますか、其の「ウノ」の四十三条でありますかの規定に依つて、世界の何れの国と雖も侵略の戦争をなすものに対しては制裁を加へると云ふ規定があるのであります、即ち世界の平和を脅やかす国があれば、それは世界の平和に対する傍観者として、相当の制裁が加へられると云ふことになつて居ります、兎に角さう云う規定も今日に於て考へに入れて、

日本が憲法に於て交戦権を抛棄することに依つて、日本の地位が世界の疑惑から兎れ、更に万一日本に対して侵略する国が生じた以上には、連合国が挙つて日本の平和を保護すると云ふ態度に出づると云ふことに理論に於てなつて居る、斯う考へるのであります。

　森委員　只今首相の御説明がございましたが、さうした国際的な平和保障条約に日本が加入すると云ふ見透しは、講和条約の成立が前提であらうと思ふのでありまするが、我々の欲する所の講和条約は、新聞等には近い内に締結されるであらう、今後一箇年半と云ふやうなこともかつて新聞に見えたのでありまするが、講和条約の時期等に付て首相は大体の御見透しがございませうか、ございましたならば承りたいのであります。

　吉田内閣総理大臣　是は一に日本の態度なり、世界の諒解等に依ることでありまして、日本が民主化し平和化された日本が平和愛好国の一員として、世界の一員として齢するに足ると云ふ事実が認められれば、認められることの範囲だけそれだけ講和条約の時期は早まるものと想像致します。

　森委員　それから最後にもう一点御尋ねしたいのでありまするが、此の法案の前文中にありまする所の、我々の安全と生存を挙げて平和を愛好する諸国民の公正と信義に委ねようと決意して居る・私は此の一点を挙げて全面を否定せんとするものでありませぬけれども、併しながら斯うした委ねると云ふやうな言葉がある以上は、結局我々の安全と生存が我々自身に依つて何等維持することが出来ない、総てを挙げて他国に依存しようとして居る、斯う云ふやうな前文の形態から見まするならば、日本国の自主的な、而も首相は、或る意味から言ふならば、統治権は制限はされて居るけれども併しながら独立国として認めることも出来るんだと云ふやうな御説明もございましたが、我が国其のものが新しい日本として再建の第一歩を印する為に、此の貴重なる所の新憲法を作る以上は、我々国民全体も、政府も、挙つて再建の熱情と信念を持つて進まなければならぬと思ふのでありまするが、さう云ふ意味合から致しまして、余りにも他に依存する、而も又恰も第三国からの委任統治国でもあるかのやうな、弱々しい観念を植付けるものである、此意味に於きまして、我々はもつと根本的な熱情的な大理想を持つて、此の憲法を規定しなければならぬと考へるのでありまするが、さうした意味に於て、此の

第２章　戦争放棄規定の原意と歴史

前文の内容や形態もさうした所の信念に欠けて居ると云ふやうな考へを私は持つ者でありますが、之に付て首相の御所見を御伺ひしたいのであります。

　吉田内閣総理大臣　御答へ致します、此の委ねると云ふ文字の意味は平和を愛好する世界の諸国民の公正と信義に信頼する—信頼すると云ふ意味合を含めたものでありまして、我が国と致しましては、平和愛好国の先頭に立つて、我れ自ら他を率ゐて行く積極的な精神も此の中に籠つて居るのであります故に自主権（ママ）を抛棄した—無視したと云ふやうな表現であると申せないと思ひます、是は議論でありますが、私はさう考へて居ります。

　森委員　私は只今の文字を各条審議の時に修正することを自分の希望と致しまして、私の質問を打切ります。[86]

　芦田均委員長　此の際委員長より総括質問の補充として一、二の質疑を致しまして一般質疑の結末を付けたいと思ひます。…

　芦田委員長　私は主として改正案の前文と第九条とに付て具体的に考へて見たいと思ひますが、此の部門にける（ママ）憲法の改正は、先刻内閣総理大臣の言及されました通り、国際連合憲章と緊密な関係に立つて考慮せられなければならないと信じます、言葉を換へて申せば、日本が一年前まで国際連合加盟国の敵国であつた事実、又現に連合国の管理の下にある事実、及び日本が過去に於て平和維持の努力に欠くる所あつた点から申せば此の際思ひ切つた思想の転換をなすにあらずんば、我が国が再び国際社会に復帰することは、極めて困難な事業であると考へるのでありますが、政府は私の所説と見解を同じくせられますかどうか、御伺ひ致します。

　金森国務大臣　前文及び第九条を設けました趣旨は、此の憲法改正案の企ての根本の理由に基きまして、国際的及び国内的の両面から来て居るものでありますが、之を国際的の面から説明を致しますれば、今御尋ねになつた其の御趣旨の通りと思つて居ります。

　芦田委員長　憲法改正案は、我が国をして平和愛好国の水準にまで昂めるに止まらず、更に進んで日本の努力が一切の戦争を地球表面より駆逐せんとするにあることを表明致して居ります、さうして此の理想は国際連合の究極

153

の理想と合致するものであることは、国際連合憲章の第四条を見れば明白であると思ひます、固より現在の世界情勢から見て、我が国が今直ちに国際連合に参加し得るとは思へませぬ、何となれば、連合国が日本に国際連合憲章に掲げたる義務履行の能力及び意思ありと認めることが加盟の先決問題でありまして、今日は遺憾ながら未だ其の時機に達して居ないからであります、日本が「ポツダム」宣言の条項を完全に履行する能力と意思とを持ち、且つ国際連合憲章の理想と原則とに合致する平和的且つ民主的なる責任政府が樹立される場合、さうして広く世界から之を認められた時に、我が国は国際社会に於て名誉ある地位を回復することが出来るのであります、斯様な点から考へて見れば、我が国の憲法改正は日本が国際連合に加盟し、平たく申せば国際社会に名誉ある地位を占める先決条件を成すものと考へて居るのでありますが、政府の所見を御尋ね致します。

　金森国務大臣　今後如何なる国際情勢の変化があるか、是は我々は予測することは出来ませぬけれども、速かに国際社会に伍して名誉ある地位を占めたいと云ふ念願は此の前文の中に明かにしてある所でありまして、此の道を通ることに依つて、今委員長の御示しになりましたやうな方向に進む考へを以て、此の憲法の起案を致した訳であります。

　芦田委員長　更に問題を具体的に考へまして、改正案第九条を検討致しますと、ここに三つの問題があると思ひます。

　第一は、法案第九条の規定に依れば、我が国は自衛権をも抛棄する結果となるかどうか、此の点は本委員会に於て多数の議員諸君より繰返し論議せられた点であります。

　第二には、其の結果日本は何だか国際的保障でも取付けない限り、自己防衛をも全うすることが出来ないのか、延いて他国間の戦争に容易に戦場となる虞はないかと云ふ点であります。

　第三は、一切の戦争を抛棄した結果、日本は国際連合の加盟国として武装兵力を提供する義務を果すことが出来ないから、国際連合への参加を拒否せられる虞はないかと云ふ諸点であります。

　以上の三点に付て国際連合憲章の規定と照し合せて考へる場合、私は次の如き結論が正しいのではないかと思ひます、不幸にして自衛権の問題に付て

の政府の答弁は、稍明瞭を欠いて居ります、自衛権は国際連合憲章に於ても第五十一条に於て明白に之を認めて居ります、唯自衛権の濫用を防止する為に、其の自衛権の行使に付ては安全保障理事会の監督の下に置くやうに仕組まれて居るのであります、憲法改正案第九条が成立しても、日本が国際連合に加入を認められる場合には、憲章第五十一条の制限の下に自衛権の行使は当然に認められるのであります、唯其の場合に於ても、武力なくして自衛権の行使は有名無実に帰するではないかと云ふ論がありませう、併しながら国際連合の憲章より言へば、日本に対する侵略が世界の平和を脅威して行はれる如き場合には、安全保障理事会は、其の使用し得る武装軍隊を以て日本を防衛する義務を負ふのであります、又我が国に対しましても自衛の為に適宜の措置を執ることを許すものと考へて多く誤りはないと思ひます、此の点に付て政府の今日までの御答弁は、稍明瞭を欠くやに考へられますから、此の場合明白に其の態度を表明せられんことを希望致します。

　金森国務大臣　将来国際連合に日本が加入すると云ふことを念頭に置きまする場合に、現在の憲法の定めて居りまする所と、国際連合の具体的なる規定が要請して居りまする所との間に、若干の連繋上不十分なる部分があることは、是は認めなければならぬと思ひます、併しながら其の時に何等かの方法を以て此の連絡を十分ならしむる措置は考慮し得るものと考へて居りまして、必要なる措置を其の場合に講ずると云ふ予想を持つて居ります。

　芦田委員長　法第九条に関する第三の点、即ち日本が一切の戦力を廃止する結果、国際連合国としての義務を果し得なくなるから、連合加盟を許されないかも知れないと云ふ論、余りに形式論理的であります、日本が真に平和愛好国たる事実を認められる場合には、斯かる事態はあり得ないと考へて間違ひはないと思ふのであります何れに致しましても本改正案の目標は、我が国が国際連合に加盟することに依つて初めて完全に貫徹し得るものであることは明かであらうと思ひます。…[87]

　7月11日に開催された第十囘衆議院帝國憲法改正案委員會における、戦争放棄に関する答弁は以下の通りである。

　武田信之助委員　私は、前文の中に戦争抛棄に関する方針を明確に致して

居りますが、それに依りますと「政府の行為によつて再び戦争の惨禍が発生しないやうに」と云ふことをここで謳つて居るのでありますが、第九条と関連致して居りますので、第九条と之を比較して見ますると云ふと、第九条に於きましては「国の主権の発動たる戦争」と云ふ文字を以て表はして居るのでありますが、所が前文に於きましては「政府の行為によつて」と云ふことでありますので、此の間に聊か食違ひがあるやうにも考へられますするし、主権の発動と云ふものは政府が行ふのである、斯う云ふやうなことにも考へられますが、凡そ主権の発動と云ふことは国民の総意に依つて発動するのであると私共は考へて居るのでありますが、前文に於きましては、唯単に「政府の行為によつて再び戦争の惨禍が発生しないやうに」と云ふことで、戦争の起る事柄に付きまして、唯単に之を「政府の行為」と云ふことで表はして居るのでありますが、此の点の関係を明確にする必要があると考へて居る次第でありまして、此の点に付きまして御尋ねを申上げるのであります。

　金森国務大臣　此の憲法の前文は法律的な正確な意味を表明すると云ふよりも、もう少し物の本質に入りまして、今の国民として言はなければならぬやうな気持を述べて居るのでありまして、国民は平和を愛好し、十分国際社会に於ての立派な義務を尽すだけの根本的な素質を具へて居るのであるけれども、政府が間違つた導き方をすれば色々な弊害が起るそこで政府の行為に対して十分の注意をして間違ひを起さないやうにしなければならぬと云ふやうな考へでありまして、大体此の憲法の中に現はれまする一つの考へは、人民が能く物を整へて、さうして政府が誤つた行為をしないやうに持つて行くと云ふ基本な考へがありまして、そこでさう云ふ間違つた政府の出ないやうに、大いに此の憲法を整へた、斯う云ふ考へ方で出来て居りまして、中味の法律的な正確さと云うこととは少し心持が違つて居ります。

　武田委員　それでは斯う云ふ所に「政府の行為」と云ふことを特に表はさずに、「自由の福祉を確保し、再び戦争の惨禍が発生しないやうに」斯う云ふやうなことでやりますことに依つても、十分に其の目的は達成出来る、所が特に此の所に「政府」と云ふことを表はして居りますので、一応御尋ね申したのでありますが、大体政府の考へて居ります所が了解出来ましたので、私は是で前文の質問を終ることに致します。[88]

野坂参三委員 前文の第二行目の一番下の所に「政府の行為によつて」と斯うあります、之に付ては今日の討論の一番最初にも質問がありましたが、此の政府の行為、之に依つて再び戦争の惨禍が起る、是は明かに国際戦争のことを言つて居るので、政府の行為に依らない戦争と云ふものはない筈です、此の政府の行為と云ふものが余り大きな意味がないやうに思ふのですが、之に代へて寧ろ戦争の性質をここにはつきり表はすやうな言葉を入れるべきが当然ではないか、もう少し具体的に言へば「政府の行為によつて」此の代りに、例へば本議会で総理大臣も言はれたと思ひますが、征服的な、他国征服の意図を持つたとか、或は侵略的意図を持つた、斯う云ふ戦争の惨禍を発生しない云々と言つた方が正確ではないかと思ひます、之に付て御伺ひ致します。

金森国務大臣 御説のやうに、左様な言葉を使つて言表はすことも、一つの行き方であらうと思ひます、併しながら曾て総理大臣が申しましたやうに、日本が大勇気を奮つて斯う云ふ風に比較的簡明なる言葉を用ひまして、理論的には自衛戦争は正しいにしても、総ての戦争が自衛戦争の名を藉りて然らざる戦争に赴くと云ふことの労ひを、憲法の中に残して置くやうな言葉を避ける方が宜いと云ふ考へも成立する訳であります、此の憲法は其のやうな考へに依りまして、特に区別せず謂はば捨身になつて世界の平和を叫ぶと云ふ態度を執つた次第であります。[89]

野坂委員 …其の次に私、第一頁の最後から二言目の所に「平和を愛する世界の諸国民の公正と信義に委ねようと決意した。」此の「委ねよう」是は前にも質問がありましたが、此の委ねると云ふことは、我等の安全と生存を挙げて諸国民、詰り外国の公正と信義に委ねよう、斯う云ふことになつて居る、此の点をもう少し説明して戴きたい、此の委ねようと云ふことは、結局我等の安全と生存を諸国民の公正と信義に委ねよう、諸国民に委ねようと云ふのか、此の点もう少しはつきり……。

金森国務大臣 平和を念願すると云ふ前文から出発致しまして、我々は軍隊を持たないと云ふことを憲法の中に規定する、すれば如何にして我等の安全と生存を保持すべきかと云ふことが起るが、我等の安全と生存と云ふもの

は、必ずしも武器でなければ保全出来ぬと云ふ訳ではないのであります、武器なき世界平和の実現と云ふことが望ましきことであります、此の憲法全体の中に含まれて居る趣旨がそれである訳であります、兎に角武器の必要な場合もありませう、而してそれ等を総合して考へて見まして、どうして安全と生存を維持するかと言へば、我々は世界の中の一員でありまするが故に世界の平和愛好諸国民に信頼すると云ふことは当然出て来るのであります、是れ以外に方法はないと云ふ気がする訳であります、併しながら是は決して屈従を意味するものではないのであります、世界が本当の平和を保つて行くならば結局自分の国だけで解決するのではなくて、世界諸国民の公正と信義に委せると云ふことは、国際協調と言ひますか、国際的な人間の統一と云ふことを念頭に致しまする時に、自然のことであらうと思ふ訳であります。

　野坂委員　私は今の此の言葉は外の表現に変へるのが適当でないかと思ひます、是で見ると、我々の生存と安全と云ふものは兎も角も外国に頼んで置く、我々が之をどうすると云ふやうな積極性が出て居ないと思ふのです、だから此の点は私変へられることを要求します。

　金森国務大臣　是は諸国民と云ふ言葉を外国と云ふ風に御取りになりましたけれども、そこまで此の言葉の文字は、はつきりは指して居りませぬと云ふことを、一つ御留意を御願ひ致したいと思ひます。[90]

　7月13日に開催された第十二回衆議院帝國憲法改正案委員會における、戦争放棄に関する答弁は以下の通りである。

　鈴木義男委員　修正案を出すべきかどうかと云ふことを前提としてお伺いを致すのでありやす、第九条には国の主権の発動たる戦争を規定したのでありやすが、是は用語として適当でありませうか、主権と云ふ言葉の使ひ方は色々ありますが、「フランス」革命時代には国家の最高権力の意味に用ひまして、それが英米殊に米国に移りまして国家の最高権力と云ふ意味に使はれて来たのであります、併の近時の通説は、国法の最高性と云ふ職制を表はして居るものと存じます、さうでなくて国家権力と云う意味を表はしますならば、我が国の言葉では寧ろ国権と云ふ言葉が適切と存じます、戦争と云ふものは国家権力の発動に相違ないのであります、戦争をしないと云ふ誓ひは、

寧ろ国の政策としての戦争はしないと云ふ意味であらうと存じます、それならさう規定する方が一層適切簡明ではないかと思ふのであります、主権の発動と云ふ用語は、将来之を学問的に説明しまする場合に面白くないやうに存じまするが故に御尋ねを致すのでありますが、政府は何か特別の理由を以て、此の用語法を御採用になつて居るのでございませうか。

金森国務大臣 これは先に御示しになりました国家権、国家統治権、さう云ふ意味の主権でありまして、特に外の意味を含めては居りませぬ、唯それだけの単純な意義を表はす為に国の主権の発動と云ふ言葉を使つた訳でありやす、それが当否に付きましては、私から今別に御答へ致しませぬが、御諒承願ひます。

鈴木委員 私自身は此の主権と云ふ言葉の使ひ方に付て独自の考へ方を持つて居りますが、それは姑く預かるとしまして、最も妥協的に常識的に使ふと致しましても、国家と云ふ団体が他の如何なる団体からも拘束を受けないと云ふこと、法的に優越性を持つて居ると云ふことを示す概念であります、歴史的には先程申す通り、「フランス」革命の人権宣言に使はれたのが其の侭或る国の法系に伝はつて残つて居るだけでありまして、国家の最高性を表はすならば、私は之を使つても宜いと思ふのでありまして、前文で使つて居る主権と云ふ言権の使ひ方は、必ずしも非難に値しないと思ふのであります、之に反して実力的、即ち権力の源泉が何処にあるかと云ふ意味で此の主体を示しまする為の表現ならば、国の最高権力とか国権とか云ふべきことは殆ど世界各国の憲法及び公法学説の一致して居る所であります、戦争なるものは明らかに国家権力の発動現象でありまして、国家の法的最高性と云ふこととは無関係でありやす（ママ）、此の立案者も其のことを意識して居られましたらしく、前文で戦争のことを申しまする時には「政府の行為によつて再び戦争の惨禍が発生しないやうに」と言つて居るのであります、是が正しい表現であると存じます、将来の憲法を説明致しまする場合に、学問的に困難を感ずるやうな表現は、立案の際に気が付きまする以上は、出来るだけ改めて戴きたいと念願致しまするが故に、此のことを一言附加して私の質問を打切ります。

山田悟六委員　私は此の第九条の第二章と云ふものは、今回の憲法の平和国家宣言と云ふ事柄に非常に重大の意義を持つて居ると信ずるのであります、此の新憲法の目的から、或は国際的の重大関係と云ふやうな事柄から、本章をもつと大きく取り上げる御考へが政府にあるかどうか、此の所見を御伺ひ致すのであります。
　金森国務大臣　此の第二章に含まれて居る原理を、もつと大きく取上げる考へが政府にあるかどうかと云ふ御尋ねと心得ましたが、此の九条の規定は、言葉は簡単でありまするけれども、内容に於きまして実に深遠なる味はひを持つて居りまして、是れ以上容易に大きく取上げる余地はないやうに考へて居ります。
　山田委員　更に御伺ひ致しますが、此の平和国家の宣言と云ふ事柄には、平和を愛好する我々国民の意思と云ふものが非常に重大であるやうに考へるのであります、此の平和愛好の意思を本条に加へる御考へが政府にありますかどうか、之を重ねて申上げます。
　金森国務大臣　憲法は言ふまでもなく国の法でありまして、各箇の規定は法則を規定するのが順序であらうと思ひます、併し憲法と云ふやうな基本法になりますると法則でない一つの主義、主張の闡明と云ふものも幾らか含まれては居りまするけれども、凡そ範囲を守りまして、法則に近いものを規定致しまして、其の埒を越えまするのにも自ら遠慮深く決めて居るのであります、今御示しになりましたやうに、平和に対しての日本の態度を大いに明かにすると云ふことは、確かに実質に於て適当なることでありまするけれども、此の憲法の各箇の条文は出来るだけ法則的のものを内容と致しまして其の周りに存在致します種々の原理の表明とか、主張とか、歴史的過程を叙述するとか云ふことは前文の中に委ねることを適当と思ひまして、平和の大いなる理想を実現しようとする宣言は、前文の中に相当力強く盛り込んであると思ひますから、前後相承けて意味を成すものと考へて居ります。
　山田委員　次に戦争抛棄でありますが、是は世上多く戦争抛棄と唱へられて居り、又英文を訳しますと、是より仕方がないのでありますが、私共から考へさせると、戦争の抛棄と云ふ事柄はあり得ない、戦争の否認と云ふことであるならば、あり得ますが、強ひて言へば、戦争権の抛棄ならばいざ知ら

ず、戦争の抛棄と云ふ事柄はあり得ない、戦争と云ふものを抛棄と云ふ文字を使用して表現致しまするのは、戦争をものとしての御考へに依つての結果より出たるものと思ふ、之に対する御所見を承りたいのであります。

　金森国務大臣　御趣旨にありまするやうに、是は固より戦争及び武力の行使をやらないことにすると云ふことに外ならぬのであります、併しながら斯くの如き思想を的確に言表はしまするには如何なる言葉が宜いであらうか、私共之を考へまする時に、或る場合には否定と云ふやうなことを考へました、戦争の否定……併しそれも語弊がありまして面白くない、又或る場合には戦争の否認と云ふ言葉を使つて見ました、是も戦争其のものの観念を否認するが如き形であつて面白くない、或る場合には戦争の断念と云ふやうな言葉を使つて見ましたが、如何にもそれは残り惜しさうに断念をすると云ふ感じを起しまして面白くない、色々な文字を探りましたけれども、的確に之を表はす言葉が容易に見付からなかつたのであります、然るに曽て不戦条約を締結致しまする場合に、其の時に戦争の抛棄と云ふ言葉を使ひました、文字を一字一字分析して読んで行きますれば、それは意味を成さないとの非難も起り得るかも知れませぬけれども、やはり、時代に応ずる一つの表現がありまして、それが外観上不自然な所があればある程、人心に沁み易き効果的なる味はひもあることでありまして、従前の慣例に依りまして戦争抛棄なる言葉を使つた次第でございます。

　山田委員　更に私は此の最後の項の「陸海空軍その他の戦力は、これを保持してはならない。」如何にも他動的に「保持してはならない。」と示してありますが、他動的なる事柄である、然るが故に此の項に対しては、他動的なるものであるか‐私共は自主的に保持しないと解釈を致して居りますが、保持してはならないものであるか、自主的に保持しないものであるか、此の点に対する御所見を承りたいと思ふのであります。

　金森国務大臣　是は国家が国家の働きをして居る人々に対しまして言渡すやうな形でありまして、国が中心になりまして、国の事務を担任して居る者に向つて戦力は保持してはならない、交戦権は之を認めない、斯う云ふ風に言表はしたのでありまして、其の外の特別な趣旨を持つて居る訳ではございませぬ。[91]

7月15日に開催された第十三回衆議院帝國憲法改正案委員會における、戦争放棄に関する答弁は以下の通りである。

　加藤一雄委員　私は戦争抛棄の規定に付きまして文理解釈は偖て措きまして、其の精神解釈に重点を置きまして御伺ひしたいと思ひます、左様申上げますことは、此の規定が特に重要でありますから、此の規定の背後にございまする各般の事象を究明致すことが必要と考へて居ります、日本は今次世界戦争に参加、又は自分の方から始めまして、歴史を破壊致しますと同時に、世界の物嗤ひに相成つて居ります、戦争抛棄と一概に申しまするが、是は大事業でありまして、我々国民と致しましては、戦争を抛棄致しますに当りましては、又之を世界に宣明した以上は、是が非でも之をやり遂げまして、二度と再び世界の前に嗤ひものにならぬと云ふ覚悟を今日私は新たにしたいと存じて居ります、それで私が御伺ひ致しまする事は、斯様な意味合でありますから、政府の端的なる御決意を伺つて見たいのであります、今まで政府の御答弁が口先だけの御答弁とは考へて居りませぬが、特に私が御伺ひ致したいことは、心の底から送り出る所の政府の御決意を開陳願ひたいと存じます、是と同時に国民も政府の意のある所を十分に諒解致しまして、新たなる覚醒を喚び起すと同時に、絶大なる決意を強固に致しまして、茨の道を真一文字に突貫致しまして、先に申上げました通りの新日本建設を致すことを確信を致します、惟ふに戦争と申しますのは「バートランド・ラッセル」が申しました通り、罪悪の樹に咲く最後の華であることは申すまでもございませぬ、現在地球上に存在致して居りまする、又世界を料理致して居りまする大部分の人達は、一度ならず二度までも、有史以来の甚大なる惨禍を齎しました戦争を経験致して居ります、静かに人類は今胸に手を当てて考へて居ることと私は思ひます、三度此の地球上に戦争を勃発せしめないやうにする努力を傾倒しなければならぬと云ふことであります、ここに天皇陛下は、突如として政府をして世界各国に率先致しまして、此の悲しむべき戦争を抛棄すると云ふことを、国の基本法でありまする憲法に御明定になりまして、我々国会に之を提示遊ばされまして、審議を御命令に相成つて居ります、又同時に世界人類の前に之を御明示に相成つた訳であります、此の戦争抛棄の条文

は、綴れば一条文のことでありまするが、此の重大性は実に甚だしいものでありまして私が只今申上げるまでもございませぬ、私は此の新日本の再建と云ふものは、懸つて此の戦争抛棄の規定を円満且つ迅速に、完全に遂行すると云ふことにあると申上げたいのであります、即ち戦争抛棄を完全に遂行致しますに当りましては、一国の政治外交、経済、産業、教育、文化、社会、各般に亙りまして、其の裏付になつて居ります事象を正確に把握致しまして是等に対しまして絶えず誤らざる研究と、政策とを実施致しまして而も是等研究と実施とは、総て戦争抛棄の一点に集結するの政策でなければならぬと確信を致します、此の研究と政策の実施があつて初めて世界の諸国民は、公正と信義の命ずる侭に、我が民族に対しまして喜んで協力をやつて呉れると是れ亦確信を致します、日本は今次戦争に於きまして完全に敗北致しました、而して世界人類の前に服罪を致して居ります、之に対しては如何なる高価な犠牲をも辞するものではないと云ふ謙虚な気持を以て私はここに起ち上がりまして政府に一問一答を試みることに致します、私の言葉を通じまして、日本民族の現在の心境を、必ずや連合軍は、平和を愛好する世界の諸国民に代りまして十分に諒解して呉れると是れ亦確信を致します、重ねて申上げます、政府は勿論のこと、日本国民は全部自分の手で日本再建の大努力を致すことが、第一に肝要であります、先づ之をやりまして然る後連合軍に諸種の救援を求めることが必要と考へて居ります、先づ一問一答に入りますに当りまして、先般本委員長から政府に対しまして、本憲法草案を審議するに当りましては、皇室典範と参議院の制度の御提出が願ひたいと申されて居りますが、私はそれに重ねまして、教育の基本法と、労働法案と、官吏法案と、最高裁判所の構成法案を御提出戴きたいと存じます、若し此の法案の全部が出来て居ないと云ふことでありますれば、要綱のみに止めても宜しうございます、之を憲法委員会の方に御提出を希望して置きます、先づ之を前提に致しまして、以下一問一答致します。

　過去に於きまする戦争は、概ね其の原因が、人口問題を中心に致します経済問題にあつたやうに自分は考へて居りますが、政府の御所見は如何でございますか。

　金森国務大臣　全部がさうと云ふことは固より申されませぬが、大いなる

要素としてそれがあることは御説の通りと考へて居ります。

　加藤委員　そこで完全に戦争を抛棄致しまして、而も我等の安全と生存を確保する上に於きましては、経済の安固と云ふものが第一条件となります、之に配するに思想教育の確立と云ふことが必要と考へまするが、此の点は如何でございますか、金森国務相と文相の御答弁を戴きたいと思ひます。

　金森国務大臣　それ等の御示しになりました要素を堅実に発展せしむると云ふことが、此の平和的文化的なる国家の建設の上に最も重点を置かなければならぬことは申すまでもないことと存じます。

　田中耕太郎文部大臣　御答へ申上げます、戦争抛棄の問題に付きまして只今教育との関係に付ても十分考慮しなければならない、是は全く御説の通りでありまして、是は詰り民主主義的、平和主義的教育を今後遂行致して参りますのに付きまして、非常に意味あることであります、日本が詰り今後の国際政治に於きまして「パワー・ポリティックス」詰り権力政治と申しまするか、其の「パワー・ポリテックス」の「クライマックス」は、要するに武力に依る世界制覇と云ふことになるのでありまして、戦争を抛棄して本当の平和主義的な活動を国際政治に於て演ずると云ふことは、是は国内の教育に付ても非常に大きな意味を持つのであります、詰り戦争抛棄をなぜ致したかと申しますと、西洋の聖典にもございますやうに、剣を以て立つ者は剣にて滅ぶと云ふ原則を根本的に認めると云ふことであると思ふのであります、併しながらさう云ふ風に考へまするど、或は不正義の戦争を仕掛けて来た場合に於て、之に対して抵抗しないで不正義を許すのではないかと云ふやうな疑問を抱く者があるかも知れない、詰り正しい戦争と正しからざる戦争の区別も全然無視して単に不正なる力に負けてしまふと云ふやうなことになりはしないか、さうすると詰り国際政治に於きまして、不正義を此の侭認容すると云ふ風な、道義的な感覚を日本人が失ふと云ふことになつても困るではないかと云ふやうなことも考へられます、併しながら決してそれはさうではない、不正義は世の中に永く続くものではない、剣を以て立つ者は剣にて滅ぶと云ふ千古の真理に付て、我々は確信を抱くものであります、さう云ふ場合に於ては、与論の力が今後は国際政治に於きましても益々盛んになることでありますし、又或は仮に日本が不正義の力に依つて侵略されるやうな場合が

あつても、併しそれに対して抵抗することに依つて、我々が被むる所の莫大なる損失を考へて見ますると、まだまだ日本の将来の為に此の方を選ぶべきではないか、併し世界歴史的の大きな目を以て考へて見ますと、世界歴史は世界審判だと云ふことを申します、大きな目を以て考へますと、戦争抛棄と云ふことも決して不正義に対して負ける、不正義を認容すると云ふ意味を持つて居ないと思ふのであります、此の点に付きまして教育の面に於ても非常に被教育者を精神的に指導致すのに付て大いに考慮を要することと思ひます、只今御質問の此の戦争抛棄と教育の関係と云ふことに付きまして御触れになつた点に付て御答へ申上げました訳であります。…[92)]

笠井重治委員 総理大臣に質問致します、新憲法の二章九条に付きましては私は賛成でございます、又政府が非常なる決心を以て此の九条を加へられたと云ふことは、現下の日本を救ふ意味に於ける政府の重大なる決意を示すものであると思ひまして、慶賀する次第でございます、そこで既に北浦君からも只今申されたやうに、「ポツダム」宣言の趣旨に基いて新憲法がここに出来て居る、「ドラフト」が出来て居る、併し又同時に日本が敗けたと云ふ現実の下に、国内の情勢からも斯う云う憲法が必要である、そこで内外呼応しての精神に基いて居るのだと云ふことを金森国務大臣が仰せられて居りましたが、私は此の点に付て此の第九条即ち戦争抛棄と云ふ条項を入れるに付きましての我が帝国政府の決意のある所を総理から伺ひたいと思ひます。

吉田内閣総理大臣 御答へ致します、此の九条の挿入を致しました政府の趣意に付ては、屢々本議場又此の委員会に於ても政府は説明したと思ひますが、要するに日本国が列国に先だつて、或は世界を率ゐて平和愛好の平和的条約を現出せしむる其の先駆けになつて自ら戦争を抛棄し、軍備を徹廃することに依つて世界の平和を事実ならしめる、此の決意に基いて政府は此の案を提出した訳であります。

笠井委員 戦争抛棄と云ふことは、是は侵略戦争を抛棄しようと云ふので、一七九一年の「フランス」革命の後の「フランス」の憲法に見えて居りましたが、今回恐らく世界に先んじて日本が戦争抛棄をなす、之に付ては、北浦君が仰しやられたやうに、又私が一昨日読上げましたやうに、「マッカーサー」元帥が三月に同じやうな声名を致して居る、又四月五日の連合国

四国委員会の第一回席上に於て、「マッカーサー」元帥が日本独自に於ける所の此の戦争抛棄と云ふことは実に立派なことである、それで又日本が自身でやることは非常に結構なことであるけれども世界が斉しく此の状態を認めて、そして日本の一方的行為とせずして、世界が此の場合に於て日本と斉しく戦争抛棄の方面に進むのが必要ではないか、就ては国際連合と云ふものが、どうか此の精神を酌んで、そして世界相共に戦争抛棄の状態に進むべきであると云ふことを言はれて居ります、そこで総理大臣に伺ひたい問題は、国際連合でありまするが、国際連合の憲章の第四十三条に於きましては国際的平和及び安全の維持に貢献せんが為に、国際連合の一切の加盟国は安全保障理事会に対し其の要請に基き、及び特別協定に従ひ国際的平和及び安全の維持の為に必要なる武装軍隊及び援助及び通過権を認める便利を利用し得ることを約す、斯う書いてあります、是は第一項でありますが、第二項第三項とありますが、要するに国際連合と云ふものに将来我が日本が加盟をする場合に於て最も必要なることは、第一条件と致しましては、我が日本の独立国家が軍備なくして国際連合の負担を負ふことが出来るや否や、又軍備がなかつた場合には、国際連合と云ふものは日本がそれに入会することを拒否するのであるかどうか、此の点に付ては屢々質問もあつたやうでありまするが、金森国務大臣の此の間までの御答弁に依りますと国際連合とまだ政府との間に於てはしつくり行つて居らない所があると云ふ意味のことを申せられて居りましたが、此の点に付て総理大臣の明確なる御答へを願ひたいと思つて居ります。

　吉田内閣総理大臣　御答へ致します、今日の所は日本はまだ国際連合に入つて居らないのみならず、入り得る資格に付ても決まつて居ないので、総ては講和条約が出来た後のことであると思ひます。

　笠井委員　其の問題は分つて居ります、固より日本が今日の状態に於て国際連合に加入が出来ないことは当然でありますし、まだ平和条約も出来て居りませぬ、我々も此の憲法と云ふものは今後日本帝国の続く限り、日本国の続く限りは此の儘で行くものである、将来に於て或る変更はありませうけれども、さう云ふことを予想して日本が独立性を勝ち得た時の状況を思つてここに於て伺つて居る訳でありますから、どうか其の点をはつきり仰しやつて

戴きたいと思つて居るのであります。

　最後に総理にもう一度伺ひたいのでありますが、其の点は総理からここに掲げてある第九条の政府の御決意を伺ひまして、深く私は賛意を表するものでございます、又同時に進んで此の場合に於て日本が自らの力に於て戦争を抛棄すると云ふことでありますが、どうか我が日本が独立を勝ち得た後に於て、世界の各国に此の精神を徹底せしめて、以て世界各国が、即ち国際連合に加盟して居る国々が平和愛好の日本国の精神を諒解すると共に、此の戦争抛棄と云ふことが、各国の憲法の中にも編み込まれるやうに、政府の御努力を戴きたいのですが、此の点に付て総理の御決意を伺ひたいと思ひます。

　吉田内閣総理大臣　新憲法第九条の精神を世界各国に徹底せしむるやうにと云ふ御意見は誠に賛成であります、政府と致しましても極力機会ある毎に九条の精神を徹底せしむるやうに努力致す考へであります、又国際連合に入る場合に於て、今日の軍備のない日本の国家を連合に入れるか入れないかと云ふことは、一に国際連合が決すべき問題でありまして、講和条約が出来、日本が独立国の体裁を成し独立の国家主権を回復して、而して国際連合が如何なる条件で以て日本が入ることを許すか許さぬかと云ふことは、国際連合が決めるべき問題であつて、日本と致しましては、今の憲法を以て国際連合が如何なる処置をするか、是は進んで言ふよりは、寧ろ連合の意見を聴くのを待つより外、仕方がないと思ひます。[93]

　山崎岩男委員　第九条の戦争の抛棄に付て御尋ね申上げます、本条は本草案の中に於きまして最も特色を有しまする、日本政府としましての将来に関する重大なる発言でありまして、世界にも大きな影響を与へたことと私信ずるのであります、戦争の抛棄と云ふことを私熟々考へまして、日本の史実に徴して見まして、誠に我々国民としまして感に堪へないものを私は発見したのであります、二千六百有余年の丁度半ば、紀元千三百年の頃、天武天皇様の御代の当時でありまするが、天武天皇様の時代に三種の神器の一つでありまする所の草薙の御剣が朝鮮の坊さんに依つて盗まれた、朝廷では大変驚きまして、之に対して追手を向けたのでありましたが、筑紫の大荒波に揉まれまして、其の船が又筑紫の方に打寄せ上げられた、其の為に朝廷に於きまし

ては、朝鮮の坊主から此の草薙の御剣を取返すことが出来たのであります、朝廷では非常に驚きまして、之を禁廷の中に御保護申上げて居つたのであります、時偶々天武天皇は非常な御病気に罹らせられまして、八方手を尽しましても御快癒を見ることが出来なかつた、そこで神様に占を立て、見ました所が、それは草薙御剣の祟りであると云ふ御託宣であつた、陛下は非常に驚かれまして、此の御剣を再び熱田神宮に御返し申上げた、所が陛下の御悩みが立どころに癒られまして、さうして天武天皇様のあの偉大なる所の政治と云ふものが確立したと私承知して居るのであります、草薙御剣が熱田神宮に返されまして、さうして落着く所に落着いた、天武天皇様の御治政と云ふものは歴史の上にも燦として輝いて居るのであります、例へば古事記の草案を稗田阿礼をして作らせたが如き、天皇様の御治績の一つであります、私は此の事を考へて見まして、熱田神宮に御返し申上げました為に、陛下の御悩みが御癒り遊ばされました、さうして立派なる所の御政治が出来上つたと云ふことを当代に比較致しまして軍閥と云ふものが此の機会に払拭されて、本当に平和国家が建設されると云ふことは、其の昔草薙御剣が納まるべき所の熱田の宮に納め返されまして、本当の平和が確立されたと云ふことと思ひ合せて見ますれば、私は此の戦争抛棄の条項と云ふものは、歴史的に考へて見ましても、誠に重大なる意義を持つものと考へるのであります、陛下の今日までの御軫念と云ふものの大あら方と云ふものは、軍閥の為の、即ち剣の禍ひであつたと私断ずることが出来るのであります、満洲事変と云ひ、上海事変と云ひ、支那事変と云ひ、一つとして軍閥即ち剣の禍ひでないものはありませぬでした、然るに此の機会に於きまして陛下が御敏くも此の戦争を抛棄されて、日本の未来永劫に亙つて武力に訴へることがない、剣を収められた、過日国務相の御答弁の中にも剣と云ふものは必ずしも是はまつろはぬ敵を平らげることだけが其の使命ではない、我々の魂を治める点にも剣の使命があると仰せられたと私拝承したのでありますが、私は此の一条は納まるべき所に剣が納まつて、軍閥が本当に収まつて、さうして日本の立派な平和国家が建設されると云ふ陛下の大御心を偲んで、洵に感に堪へないものがあるのであります、過日も本会議に於きまして森戸代議士は此の点に言及されまして、陛下の御心情に思ひを致されて、臣下としての感懐を述べられたのであ

ります、森戸先生にして尚且つあの言あり、誠に私共は此の一条に対しましては国民的感情を抑へ切ることが出来ない、誠に有難い極みであると考へるのであります、一方私は此の条項に依りまして、日本は日本の有すべき所の自衛権と云ふものを拋棄したのであります、果して此の妖怪変化とも言はなければならぬ又複雑雑多なる所の世界の情勢を、此の日本が本当に無手勝流で以て全く素裸で以て此の大荒波を乗切ることが出来るであらうか、日本丸の前途と云ふものは、誠に私は多事多難であると思ふのであります、其の大海原の対岸には、政府や国務相が言はれるやうに、如何にも国際連合と云ふものがありまして、是が水難救助の仕事をやつて呉れるかも知れない、けれども水難救助の行届かない中に日本丸が世界の国情に押されて、揉まれて大海原の藻屑になつてしまはないとも限らないと云ふ懸念をも私は持つのであります、私は此の機会に寧ろ思ひ切つて国際連合と云ふものよりも更に一歩進めて会て日英同盟があつたやうに、日本は国際上の保護国関係と云ふものを作る、例へば「アメリカ」の力を藉りて国際間に於ける所の保護国の関係を作り上げてやつて行くやうな状況にしなかつたならば私は日本が此の国際場裡を漕抜けて行くのには誠に困難が多からうと思ふのでありますが、此の点に付きまして総理大臣は先程御答弁があつたのでありますが、国務相は如何なる御考へがありませうか承りたいと存じます。

金森国務大臣 御尋ねの点は此の第九条に依りまして、日本が真に捨身の態勢を取つて、世界平和の先頭に立つて之を提唱すると云ふのでありまするが故に、余程の大いなる決心と正義を愛する熱情とを以て臨まなければ、十分の結果は得られないと思ふ訳であります、今仰せになりました特殊なる国際関係を結ぶことに依つて、果して此の趣旨が十分達成せられ得るであらうか、或は又此の九条に於きまして我々が世界の第一線として平和を主唱する其の態度と、今仰せになりました行き途とが、果して一致し得るであらうかと云ふやうなことは、今後の国際情勢の動きが我々の持つて居る理念と同じやうに、全般的に動いて呉れるかどうかと云ふやうなことをはつきり見定めまして、十全の方途を執らねばならぬのでありますから、御示しになりました一つの御考へは、非常に貴重なる御考へとは思ひますけれども、今日何事もまだそれに対しては御答へすることが出来ないと思ひます。[94]

高橋英吉委員 九条に付きまして二点程御伺ひ致します、第一点は極く簡単に箇条的に御尋ね致しますが、日本は自衛権の規定を此の戦争抛棄の規定から除いたこと即ち之を挿入すると云ふことは有害無益であると云ふことの総理大臣の御説に対しては、私了解致すのでありますが、然らば唯一つの頼みの綱である国際連合、此の国際連合に加入することは、講和条約の結果此の見透しがあるのでありますかどうか、講和条約が成立しました結果、当然此の国際連合に日本も入り得る可能性があるのであるかどうか、是が一つと、それから仮に国際連合に加入が出来ない場合でも、日本国が被害国である場合、即ち日本の自衛権が障碍された場合、日本が侵略の対象となつた場合に、日本国から積極的に提訴することが出来るかどうか、是が第二、それから第三としまして、先日終戦後当然速かに家郷に帰して貫ふことになつて居る武装解除せられました日本の軍隊が、尚ほ今日抑留拘禁の憂目に遭つて居る、即ち是は「ポツダム」宣言に違反するものであると云ふことの質問を致しましたに対して総理大臣から私と同意見であると云ふ御答へを得ました、然らば現在日本として国際連合に之を提訴することが出来るかどうか、日本としては如何なる方法に依つて是が救済策を仰ぐことが出来るか、国際連合は現在日本との直接の関係がないが為に、之を放置して顧みないと云ふ風なことの組織になつて居るのであるかどうか、是が第三と、それから第四に、講和会議の開催は何時頃になる見透しであるかと云ふこと、此の四つの点に付て政府の御所見を伺ひたいと思ひます。

金森国務大臣 今御尋ねになりました諸点は、固より政府の誰かが御答へすべき筈のものではありませうけれども、私自身と致しましては、仕事の分担の関係上御答へし にくい、又御答へ致しましても権威のない事柄に属すると思ひますから、暫く御猶予願ひたいと思ひます。[95)]

笹森順造委員 第二章の見出しに「戦争の抛棄」と云ふ文字があり第九条の第二行目に「抛棄する。」とありますが、此の抛棄と云ふ文字に付きまして、もつと適切な文字があつたならば改めても宜いと云ふ御考へがあるやにも伺つて居つたのでありますが、此のことでもう少し御尋ねを申上げたいと思ひます、……単に戦争を抛棄するばかりではなく、自衛権をも否定して、

進んで世界の平和国家の先頭に立つと云ふことを仰せになつて居りますることからして、単に是は国際連合と云ふものに加入し、之に依存すると云ふやうな立場から、更に一歩を進んで、日本が独自的に此の目的を達成せしむると云ふやうなことから考へますると、一昨日金森国務相が仰せになりました、否定、認定、断念と云ふやうな言葉を用ひようとしたが、結局抛棄となつたと云ふのであるが、それよりもつと進んで寧ろ日本の国土全体を戦争に参加をせしめないと云ふやうに考へ、或は又進んで日本が世界の平和の指導者となると云ふ観点からするならば、此の抛棄と云ふ文字は弱い、是は寧ろ排除と云ふ文字を使つたならばどうか、英語の方の翻訳を見ますと「レナンシェーション」と云ふ文字が使つてあるやうでありますが、此の意味の内容は単に棄てると云ふ意味ばかりではなく、「レジェクト」「レフューズ」する、之を拒否する、こつちから止めてしまふ、排除すると云ふ意味が含まれて居るやうに考へて居りますので、是は英文は其の儘で結構でありますが、此の「抛棄」を「排除」とすればもつと適切で而も此の意味がもつと徹底するではないかと云ふことから金森国務相に此の点を、簡単なことでありますが、御尋ねしたい、斯う云ふことであります。

金森国務大臣 排除するですな。

笹森委員 排除、押し除ける、さうするともつと積極性がある、斯う云ふ意味で申上げたのであります。

金森国務大臣 今御示しになりました排除と言ふ言葉と抛棄すると云ふ言葉と、何れが適切であるかと云ふことは、もつと能く時間を戴いて考へて見ないと、正確な御答へは出来兼ねますけれども差当り考へて見ましても、何か排除すると云ふだけでは抛棄程決意が十分に表はれない、傍の方に向けるだけであつて不十分なやうな気がする、其のやうな心地があります、はつきり致しませぬから此の程度に止めて置きます。

笹森委員 次に「国の交戦権はこれを認めない。」とある、此の憲法の効力の及ぶ地域的範囲と、此処に掲げて居りまする国の範囲とを明白に伺ひたい、是は四つの場合があるのぢやないか、世界の凡ゆる所で凡ゆる国の交戦権を認めないと云ふのか、第二に或は全世界の凡ゆる所で我が国の交戦権を認めない、他国の交戦権は認めると云ふのか、第三の場合の我が国土内で凡

ゆる国の交戦権を認めない、他の地域で他国の交戦権は認めると云ふのか、第四の場合の我が国土内で我が国の交戦権を認めないが、他の交戦権は認めると云ふのか、斯う云ふ四つの場合があると思ひますが、どんなに狭義に之を考へましても、此の憲法の効力は我が国土全体に及ぶものであると考へられる、随て我が国土内では如何なる国の交戦権をも認めないとすると云ふことが、結り先程私が排除しようと云ふやうな意味と関連を持つて居るのであります、即ち我が国は如何なる地域に於ても戦争をしないと解するのは無論当然でありますが、其の以上に今申上げたやうなことを考へて見たい、我が国土を外国同士の戦争の基地化するのを認めないのは、是は国家として当然であるし過去の日本の軍事施設は一切棄却さるべきものであり、又今日占領軍の関係して居りまする日本国内に於ける軍事施設も、占領軍が撤退後我が国に返却された後に於ては是等の軍事施設を一切棄却し、或は排除し、転用せらるべきことも無論である、さうなりました暁に於て、爾後如何なる事態に於ても我が国土の戦争基地化を拒絶し如何なる国の交戦権をも我が国土内に於て認めないことにすることが、国土の安全が保たれる所以であると思ふ、是が即ち日本の国に戦争が来た時、唯棄てると云ふのでは弱いので、どんなものが来ても排除してしまふと云ふやうな意味で先程申したことと関連して居りますが、結局する所、国の交戦権と云ふものは、憲法の及ぶ地域的範囲及びここに掲げた国と云ふものの定義及び範囲を明確に御示し願ひたいと思ふのであります。

金森国務大臣 御話の次第を能く考へて見ますると、御示しになりました排除と云ふ言葉も能く分るやうに思ひます、此の憲法を起案致しましたのは、日本の国防として効力あらしめようと云ふ趣旨であります、随て縦しや日本の土地の中でありましても、今日国際法上認められて居ります他国の交戦権の類を日本が一方的に否定することは、是は国内法上の問題として扱ふに致しましても、国際法に反し又国際信義にも反することでありまして、是は困難なことと思ふ訳であります、理想と致しまして今御示しになりましたやうに日本の領域内に於きましては一切の国の戦争行為に付て、第九条に該当するものは全部之を排除すると云ふことは、確かに一つの考へ方でありまして、将来それに向つて努力することに意義があると思ひまするが、併し今

の段階に於きまして日本が致しまするこ とは、直ちに之を以て国際法上の変動を行ふと云ふ所までは遺憾ながら進んでは居りませぬ、結局日本が之を抛棄すると云ふ趣旨であります而して第二項に色々之を認めないと云ふ規定があります、是も日本国の働きに付て言ふのでありまして、随て行はれまする地域は必ずしも日本国ばかりではないかも知れませぬが、国と国との関係が起りまする場合には、固より日本の領域内に於ても日本の主権の発動と云ふものは考へられまするから、地域は広くなるかも知れませぬ、併し考へ得る主体は日本国だけの働きと云ふ意味であります。

笹森委員 次には反乱鎮定の為に警察は武力を行使し得るか、或は又此の場合に警察の強制力は武器を使用しても武器とは看作さないか、第九条の関連に付て御尋ねしたいのでありますが、将来平和条約の締結後、何れの時にか、若しも不幸にして国内の一地方に反乱が起つて一地方を占領し独立を宣言したと云ふ場合に、日本は戦争を抛棄したのであるから、其の反乱者に対しては戦力に依る鎮定が出来ないことになる、出来ないとすれば皇土の安全を保たれず、国家は破滅に瀕するのであります、因つて此の場合には警察権の強力な発動に依つて鎮定するのは、国内問題として第九条の発動に依つて許されなければならぬものだと思ふ、此の点に関して特に現在警察官が帯剣し、或は拳銃を使用して隊伍を組んで行動して居りますることが将来反乱鎮定行動、或は暴徒鎮定行動となつた場合に、やはり是は武力の行使と云ふこと以外になるではなからうか、曾て西南役の時に警視庁の巡査隊が許されたことなども色々思ひ合される、此の場合に於て結局第九条に決めて居りまする戦力と武力と云ふものとの関係に於て警察力との区別、限界を明確に御示しを願ひたいのであります。

金森国務大臣 第九条は第一項も第二項も共に戦争と云ふことに着眼して居る訳であります、随て国内の治安を維持する為に実際上の力を用ひることは禁止しては居りませぬ、或る場合に警察官が其の機能を発揮して治安を擁護することは固よりなし得べきことであり、なさなければならぬことと思ふのであります、併しながらどの程度までが警察権であり、どの限度を越えますれば陸海空軍の戦力となるか、許さるべき範囲と許されざる範囲と云ふものが起つて来て、是は理論的に何処かに境界線が明白に存するものと思ふ訳

であります、唯実際に於きまして若しも国内治安維持の為の警察力と云ふことに言葉を藉りて、陸海空軍の戦力其のものに匹敵するやうなものを考へまするならば、やはり此の憲法第九条違反となります、運用の上に於きましては誰が見ても警察権の範囲と認め得る程度に於て実施すべきものと考へて居ります。

笹森委員 只今の戦力の問題に付て進んで御尋ね申上げます、第九条の規定に於きまして抛棄又は否認せらるべき武力及び戦力のことが書いてありますが、此の定義及び内容を判然と承りたい、武力と申しますと大概明かでありますが、戦力と云ふことになりますと稍々明瞭を欠た観念が出て来るのであります、広義に申しますと凡ゆる国力がやはり戦力に関係して来る、是が従来の考へ方であります、そこで此の戦力と云ふものを全くここから切離して平和的、経済的、或は文化的に経済力と云ひ文化力と云ふことを明確に区別して置かなければならぬ必要を感ずる、一般の生産力、軽工業、重工業等の工場に致しましても、或る場合には直ちに戦力に転用せられることがあり得ると云ふのが従来の考へ方であり、事実さうでもありませう、又それ等の諸施設ばかりでなく、飛行場のやうなもの、戦闘飛行機を除いた飛行機、或は港湾、汽船、汽車、自動車、電信電話其の他の施設と申しましても武力戦力以外の平和国民生活の施設として当然益々発達せしめなければならぬものが沢山ある、此の武力、戦力と平和的な経済国力、文化力と云ふものの限界を明確に示して戴いて、此の「認めない。」と云ふものの中に入らないものをはつきりと此処で御示しを願ひたいと思ふのであります。

金森国務大臣 斯様な言葉は中心の所は誰でも直ぐ諒解を致しますけれども、其の内容の周辺に当る所、詰り何処まで行けば戦力になり、何処まで行けば平和力になるかと云ふ限界は中々決め兼ねる点があります、大体の基本の原則と致しましては、一国の戦闘力を構成することを常の姿として居る力、之を戦闘力と云ふものと思ふのであります、新たに学問上発達致しました所の特殊なる戦争手段の如きは、陸海空軍でなくても固より戦力であり、多数の人間に多くの生命身体に関する変化を惹起すると云ふやうな手段は之に入ると思ふのであります、併し専ら平和の目的に使はるると云ふことに依つて説明が出来るやうな、而して詰り一般の経済的な設備等は、此の戦力に

は入るものではない、斯う云ふやうに考へて居りまして現実の施設が戦力であるかどうかは総合的な判断に依つて決めるより外に名案はないものと思つて居ります。

　笹森委員　最後に、司法大臣に御尋ね致したいのであります、此の憲法の条文に違反者があつた場合、特に此の二章に対して違反者のあつた場合の処罰等に関する御考への御用意を伺ひたいのでありますが、ここでは特に「国の交戦権はこれを認めない。」とあります、所で国と申しましても国民が其の中に居つて活動することでありますから、不幸にして自衛権を発動しなければならない場合が出来て、国民が国土内で武器を持つ以前に腕力或は其の他の器物で正当なる自己防衛を行ふと云ふやうな場合でも、それが違憲行為となるかどうか、さうであるとするならば之を如何に処罰すると云ふことになりますか、先づ此の点を第一に伺つて、もう一つ御尋ねをしたいと思ひます。

　木村司法大臣　御答へ致します自衛権の発動であるや否やと云ふことは大問題でありまするが、今御話の通り武力行使せずして単に腕力で以て之を自衛した場合にどうかと云ふ御質問のやうに受取られましたが、それは其の時の場合に、果してそれが交戦権と認められるや否やと云ふことで解釈が違つて来るだらうと思ひます、勿論此の交戦権の範囲に属すると認められた場合は憲法違反になることは当然であります、是は只今でも刑法に所謂国交に関する罪と云ふ規定があります、将来又此の憲法の線に沿うて刑法も改正されるので、それに依つて取締つて行きたいと思ひます。[96]

　なお、1946年8月21日に開催された、第二十一回衆議院帝國憲法改正案委員會においても、戦争放棄に関する内容が含まれているが、これは第九十回帝國議會衆議院帝國憲法改正案委員會小委員會の経過並に結果、すなわち共同修正案についての報告並びに説明であるため、本節においてではなく、9節において参照するものとする。

8 衆議院帝國憲法改正案委員會における戦争放棄に関する審議の分析

　それでは、以上の衆議院憲法改正案委員會における憲法9条関連答弁の内容について、整理・分析を行うこととしたい。まずは、7月4日に開催された、第五回衆議院帝國憲法改正案委員會での吉田答弁を取り上げる。この吉田答弁は、林平馬による「先日本會議に於て吉田総理大臣は、従来自衛権の名に於て戦争が惹き起されて来たのであるから、真の世界平和建設の大理想達成の為には、其の自衛権をも亦抛棄すべきものであるとの御意思のやうな御答弁があつたのでありまするが、恐らくは此の御答弁は世界の思慮ある人々をして感銘を博したことと信じます」という質問への応答としてのものであった。

　まず吉田は、「此の間の私の言葉が足りなかつたのか知れませぬが、私の言はんと欲しました所は、自衛権に依る交戦権の抛棄と云ふことを強調すると云ふよりも、自衛権に依る戦争、又侵略に依る交戦権、此の二つに分ける区別其のことが有害無益なりと私は言つた積りで居ります」と述べて答弁を始めている。「自衛権に依る交戦権の抛棄」は、吉田の強調したいところではなく、多くの戦争が自衛権の名の下に行われてきたこと、「自衛権に依る交戦権、侵略を目的とする交戦権」を峻別することにより戦争が誘起されることこそが吉田の強調したい点であったとされる。

　そもそも6月28日の衆議院本會議の答弁において、吉田は、「国家正当防衛権に依る戦争」という概念を否認し、「正当防衛権を認むることが偶々戦争を誘発する所以である」と述べており、これを林は「自衛権をも亦抛棄すべきものであるとの御意思」として捉えた訳であるが、吉田は6月28日の答弁で、「正当防衛権を認むると云ふことそれ自身が有害であると思ふ」という見解の前提として「若し平和団体が、国際団体が樹立された場合に於きましては」という条件を挙げている。6月28日吉田答弁において、林の言う「自衛権」とは「正当防衛権」、「国家防衛権」のことであった。したがって、6月28日吉田答弁をみると、「平和団体」が未樹立である当時において、自衛権は放棄されていないものとして読むことが、たしかに可能である。「平和団体」とは、「凡ゆる侵略を目的とする戦争を防止しようとする」ための「国際平和団体」とされ

ており、「正当防衛に依る戦争が若しありとするならば、其の前提に於て侵略を目的とする戦争を目的とした国があることを前提としなければならぬ」という吉田の発言は、「平和団体」がいまだ未実現である以上、「侵略を目的とする戦争を目的とした国があること」が前提とされるものとして読むことが出来る。したがって、「自衛権」「正当防衛権」「国家防衛権」は留保されるべきことを示すものとして位置づけられ得る。

これは、7月4日の吉田答弁中の「又自衛権に依る戦争がありとすれば、侵略に依る戦争、侵略に依る交戦権があると云ふことを前提とするのであつて、我々の考へて居る所は、国際平和国体を樹立することにあるので、国際平和国体が樹立せられた暁に於て、若し侵略を目的とする戦争を起す国ありとすれば、是は国際平和国体に対する傍観であり、謀叛であり、反逆であり、国際平和国体に属する総ての国が此の反逆者に対して矛を向くべきであると云ふことを考へて見れば、交戦権に二種ありと区別することそれ自身が無益である、侵略戦争を絶無にすることに依つて、自衛権に依る交戦権と云ふものが自然消滅すべきものである、故に交戦権に二種ありとする此の区別自身が無益である、斯う言つた積りであるのであります」とも整合する。

それでは、以上の「国際平和団体」と国際連合はどのように関係づけられるか、という問題について検討することとしたい。先述のように平山朝治は、吉田の言う「国際平和団体」について、「国連憲章51条が暫定的措置として認めている自衛権行使、さらには自衛権そのものを無用とするような、理想的集団安全保障体制のこと」[97]として捉えていたとし、マッカーサー3原則のⅡをめぐるGHQの立法意思と、吉田の立法意思は同趣旨であったと主張している。これに対し本稿は、前節の検討を通じて、GHQの立法趣旨はそのようなものではなかったという結論を導いた。それでは、吉田の立場はどうだったのであろうか。平山が指摘したようなものだったのであろうか。

ここで、7月4日吉田答弁の続きの下記の部分を参照してみよう。

「又御尋ねの講和条約が出来、日本が独立を回復した場合に、日本の独立なるものを完全な状態に復せしめた場合に於て、武力なくして侵略国に向つて如何に之を日本自ら自己国家を防衛するか、此の御質問は誠に御尤もであ

りますが」に続けて、吉田は、「併しながら国際平和国体が樹立せられて、さうして樹立後に於ては、所謂 UNO の目的が達せられた場合には UNO 加盟国は国際連合憲章の規定の第四十三条に依りますれば、兵力を提供する義務を持ち、UNO 自身が兵力を持つて世界の平和を害する侵略国に対しては、世界を挙げて此の侵略国を圧伏する抑圧すると云ふことになつて居ります」（下線は麻生）

上記答弁の下線部からうかがえること、それは、「国際平和団体」と「所謂 UNO」が同視されていることである。その上で、国際平和団体樹立後、さらに国連の目的達成後、国連憲章43条の集団安全保障が加盟各国から兵力提供を受けて機能するとの展望が示されている点に注目したい。ここでの「所謂 UNO の目的」については、7月4日吉田答弁のさらに続きの部分を参照することにより確認することができる。

「理想だけ申せば、或は是は理想に止まり、或は空文に属するかも知れませぬが、兎に角国際平和を維持する目的を以て樹立せられた UNO としては、其の憲法とも云ふべき条章に於て、斯くの如く特別の兵力を持ち、特に其の国体が特殊の兵力を持ち、世界の平和を妨害する者、或は世界の平和を脅かす国に対しては制裁を加へることになつて居ります、此の憲章に依り、又国際連合に日本が独立国として加入致しました場合に於ては、一応此の憲章に依つて保護せられるもの、斯う私は解釈して居ります」（下線は麻生）

吉田によれば、「所謂 UNO の目的」とは、「国際平和の維持」である。平山が主張するように「普遍的な戦争放棄の実現」ではない。これを換言するならば、集団安全保障体制ということになるであろう。吉田は、「所謂 UNO の目的が達せられた場合には UNO 加盟国は国際連合憲章の規定の第四十三条に依りますれば、兵力を提供する義務を持ち、UNO 自身が兵力を持つて世界の平和を害する侵略国に対しては、世界を挙げて此の侵略国を圧伏する抑圧すると云ふことになつて居ります」と答弁している。「所謂 UNO の目的」が、平山が主張するように「普遍的な戦争放棄の実現」であるとするならば、「普遍的な戦争放棄」が実現した後の国連加盟国は、国連憲章43条の兵力提供義務を履

行することが出来ないはずである。

　吉田は、独立後の日本の安全保障を、国連憲章43条により加盟国から兵力提供を受けて展開される集団安全保障に委ねんとする立場を表明したのである。ここで「一応」という留保が述べられた背景に、一方的に戦争放棄を行った日本が国連憲章43条による兵力提供義務を果たし得ないという現実が呼吸していることについてはいうまでもないであろう。したがって、マッカーサー3原則のⅡにおけるGHQの立法意思と、憲法9条をめぐる吉田による制憲者意思は同趣旨であると結論することが出来るのではないだろうか。

　このように解釈すると、吉田答弁が「若し平和団体が、国際団体が樹立された場合に於きましては」という形で、平和団体がいまだ樹立されていないと表現していることとの整合性はどうなるのか、という問題が残ることになるが、これは「日本の国連加盟が実現した場合においては」という意味を持つものとして述べられたものであるように思われる。

　「此の間の私の言葉が足りなかつたのか知れませぬが、私の言はんと欲しました所は、自衛権に依る交戦権の抛棄と云ふことを強調すると云ふよりも、自衛権に依る戦争、又侵略に依る交戦権、此の二つに分ける区別其のことが有害無益なりと私は言つた積りで居ります」という7月4日の吉田の弁明は、林による「其の自衛権をも亦抛棄すべきものであるとの御意思のやうな御答弁」をめぐる問いと、「唯ここに我々の不安とする所は、今日こそは我々は何れの国よりも侵される気遣ひはありませぬが、併し近き将来に於て平和条約が成立し、連合国の手から離れた其の刹那に於て、武力なくしては如何なる小さな国家よりも、どのやうな弱小国家よりも受けるであらう国際的脅威をば、如何にして排除することが出来るかと云ふ点であります」という問いの双方に対して向けられたものであった。

　自衛権を放棄するというのであれば、どのように安全保障を果たすというのか。このような疑問に対し、吉田は、国連による集団安全保障システムという具体的な手段に言及することで、国際的脅威の排除をめぐる政府の責任は果たされるのだ、という姿勢を再確認したということになろう。

　渡辺治が指摘したように、憲法9条の起草者意思は、「日本という平和の破壊者、当時の侵略戦争の責任者と思われた侵略大国である日本」という前提に

立脚した上で、「世界やアジアの安全保障を実現するために日本をどうやって封じ込めるのか」を考えたものであり、「日本に対する安全保障という考え方」を内包したものとして、憲法9条は生まれた。「非武装はもっぱら日本の侵略に対する連合諸国の安全保障として構想されており、日本の安全保障としての非武装という側面は少なくとも第一義ではなかった」のである。「自衛のため、日本が自衛のために戦力を持てることができるか否かという議論ではなく、日本の軍事大国化をどうやって防ぐのかという議論であった」がゆえに、吉田をはじめとする政府は、日本の安全保障について、占領期はアメリカの軍事力に、そして独立後は国連の集団安全保障によるという不確かなビジョンしか示すことが出来なかったものと考えられる。

　本書によるこの主張を裏づけるさらなる答弁として、7月9日に開催された第九回衆議院帝國憲法改正案委員會での、森三樹二による「戦争は自国の意思のみに依つて決定されるものでなく、他国よりの正当なる、或は不正当なる理由に依つて戦争が惹起され、又第三国同士の間から発生せらるる所の戦争の被害を受ける場合もあ」るという前提に基づき、「戦争を全面的に拋棄し、総ての軍備の保持を否定する所の此の条文は、我々が将来国家の存立を危くせざることの前提、其の保障の見透しが先に付いて居つて初めて斯うした所の条文が設けらるべきものである」、「将来我々が之に対して絶対的な戦争の惨害を免る所の方法、手段、之に対する所の考慮を運らさなければならないのでありますが、之に付て吉田首相の御成案を御聴きしたい」という質問に対する、吉田の答弁を挙げることが出来る。

　森の質問は、理想的な国際平和団体の設立による普遍的な戦争放棄を前提とすることなく「戦争を全面的に拋棄し、総ての軍備の保持を否定する所の此の条文」を制定することの是非を問うものだが、吉田は森によるこのような9条の位置づけに一切異論を示すことなく、戦争放棄条項には消極的、積極的な2つの意味があるとし、「日本に対する疑惑―再軍備、若しくは世界の平和を再び脅かしはしないかと云ふ疑惑を除去すること」という消極的効果を第1に挙げている。この効果が「消極的」と位置づけられた理由は、そもそも9条が日本の安全保障規定であるという前提に求められよう。日本の安全保障に資するものではない、このような効果が、「消極的」とされながらも、9条に認めら

れる2つの意味の第1の柱として挙げられた事実は、渡辺治による指摘を裏付けるものであろう。

　その上で、「日本が戦争を抛棄することに依つて、即ち国際の平和愛好国であることを表示することに依つて」「所謂「ウノ」―国際平和団体と申しますか、其の「ウノ」の四十三条でありますかの規定に依つて、世界の何れの国と雖も侵略の戦争をなすものに対しては制裁を加へる」とし、「日本が憲法に於て交戦権を抛棄することに依つて、日本の地位が世界の疑惑から兎れ、更に万一日本に対して侵略する国が生じた以上には、連合国が挙つて日本の平和を保護すると云ふ態度に出づると云ふことに理論に於てなつて居る」という積極的効果に言及する吉田答弁は、上述の本書の分析と整合するものである。

　それでは、ここまでの分析を整理してみよう。本書第2章2節の、憲法改正草案枢密院審査委員會審査記録を踏まえた分析においては、「第一項に於ては自衛権は観念的に否定してゐない。但し、戦争による自衛権の行使は第二項で否定される。戦争によらざる自衛権の行使なら出来る。唯武力を有たぬ以上実際には問題にならぬかもしれぬ」とする入江が「戦争による自衛権」と「戦争によらざる自衛権」を区別していた点に注意を喚起した。入江が、国家として最小限認められるとする自衛権とは「戦争によらざる自衛権」であり、「国家固有の自衛権」について憲法9条の主旨が、「戦争、武力による解決を今後絶対にやらぬと云ふ捨身の態度をとると云ふこと」だと述べていた。

　本書第2章3の、憲法改正草案枢密院審査委員會審議を踏まえた分析でも、吉田が、「戦争による自衛権」の放棄（個別的自衛のための戦力も放棄）という立場を示していたことを確認した。第2章4の法制局による『憲法改正草案に関する想定問答・同逐条説明』においても、法制局が、憲法9条2項の交戦権の否認により、憲法9条1項では直接禁じられていない自衛戦争まで出来なくなるという結果が生じることを「やむを得ない」とし、「何等らかの形において自衛戦争的な反抗を行つてもそれは交戦権を伴ひ得ぬ」から、憲法9条2項交戦権否認規定により自衛戦争も実際上行い得ないとしたことを確認した。以上を踏まえると、少なくとも衆議院における審議に至る以前の時点において、政府見解は、自衛のための実力を持つことは出来ないという理解で一貫していることがわかる。

その上で、本書第2章6から8において、第九十回帝國議會衆議院本會議における戦争放棄に関する答弁の分析を行い、吉田による自衛権放棄答弁が、現存する国連の集団安全保障体制を前提とするものであったことが跡づけられた。
　以下の分析では、長谷部による指摘の妥当性をめぐる考察に戻ることとしたい。衆議院帝國憲法改正案委員會での答弁を参照することにより、この点について検討してみよう。
　7月5日に開催された第六回衆議院帝國憲法改正案委員會では、三浦寅之助による「将来国内に於ける所の不安状態、治安の乱れたる際に於きまして、如何にして完全に国内の治安を確保するか、斯う云ふ場合を当局は如何に考へて居られるか」という質問に対し、金森は「軍隊がなくとも国内の秩序を必ずしも維持し得ざる訳ではありませぬ、一般行政の範囲内に於きまする諸種の自治力、主としてそれは警察力である訳でありますが、それを非常に注意深く育成し、利用致しまするならば、自ら此の目的を達し得ると思ふのであります、更に其の方法を以てして如何ともすべからざる場合が想像的に起るかも知れませぬけれども、さう云ふ時には国民各自の努力に依つて其の難局を打開して行くべきものである」と答弁している。
　この金森答弁が示すところの国家が保持する実力とは、まず「一般行政の範囲内に於きまする諸種の自治力、主としてそれは警察力」であり、これでは打開できない場面においては「国民各自の努力に依つて其の難局を打開して行くべきもの」とされており、警察力を上回る実力の保持は想定されていないことがわかる。
　7月8日に開催された第八回衆議院帝國憲法改正案委員會においては、上林山榮吉が、死刑廃止を求める文脈において「自衛権をすら抛棄せんとして宣言をされたのでありますが」、「自衛権をすら含む戦争を世界的に抛棄した、斯う云ふ見地から政治的に─単なる法律上の議論を離れて、政治的に文化的に之を考へて見ても、此の際日本国民と云ふものは決して好戦国民ではない、非常に進んだ文明国民だと云ふことをここに示すと云ふことも、私は大きな理由になると思ふし…」と述べたのに対し、答弁を担当した木村司法大臣、金森国務大臣は、「自衛権の抛棄」について一切異議を示すことなく、死刑制度をめぐる

答弁に終始している点が注目される。

　7月9日に開催された第九回衆議院帝國憲法改正案委員會では、9条2項の交戦権否認規定が自衛としての戦争を含むのかという藤田による質問に対し、金森は、9条1項は自衛戦争を否定するものではないが、9条2項により、「其の原因が何であるとに拘らず、陸海空軍を保持することなく、交戦権を主張することなし云ふ風に定まつて居る」と答弁している。これに対する藤田の「自衛としての戦争も交戦権否認の名に於て捨てて掛らうと云ふのでありますから」という発言に対しても、金森は異議を唱えていない。

　次に、同日の芦田委員長による「憲法改正案第九条が成立しても、日本が国際連合に加入を認められる場合には、憲章第五十一条の制限の下に自衛権の行使は当然に認められるのであります、唯其の場合に於ても、武力なくして自衛権の行使は有名無実に帰するではないかと云ふ論がありませう、併しながら国際連合の憲章より言へば、日本に対する侵略が世界の平和を脅威して行はれる如き場合には、安全保障理事会は、其の使用し得る武装軍隊を以て日本を防衛する義務を負ふのであります、又我が国に対しましても自衛の為に適宜の措置を執ることを許すものと考へて多く誤りはないと思ひます、此の点に付て政府の今日までの御答弁は、稍明瞭を欠くやに考へられますから、此の場合明白に其の態度を表明せられんことを希望致します」という総括質問に注目してみよう。

　芦田質問における「憲法改正案第九条が成立しても、日本が国際連合に加入を認められる場合には、憲章第五十一条の制限の下に自衛権の行使は当然に認められるのであります」と始まる部分により、芦田は、国連加盟を果たさない時点においては、自衛権の行使が認められないと考えていることがわかる。しかし、日本の国連加盟により、国連憲章51条下で自衛権行使が可能となるが、「唯其の場合に於ても、武力なくして自衛権の行使は有名無実に帰するではないかと云ふ論がありませう」という部分からわかるように、芦田は、国連加盟の時点において日本が自衛権行使のための実力を保持していないことを前提としている。しかし、国連の集団安全保障体制は、加盟国による兵力提供と、加盟国の自衛権行使に基づくものであるため、問題が生じることになる。

　「此の点に付て政府の今日までの御答弁は、稍明瞭を欠くやに考へられます

から、此の場合明白に其の態度を表明せられんことを希望致します」という芦田の質問に対し、金森は、国連憲章と日本国憲法の間に「若干の連繫上不十分なる部分」があることを認め、「其の時に何等かの方法を以て此の連絡を十分ならしむる措置は考慮し得るものと考へて居りまして、<u>必要なる措置</u>を其の場合に講ずると云ふ予想を持つて居ります」と答えるにとどめている。この「必要なる措置」について、金森はどのような内容を想定していたのであろうか。

これを確認する手掛かりを、本書2章4で参照した、法制局の手による『<u>憲法改正草案に関する想定問答・同逐条説明</u>』中に求めることができる。すなわち、「将来の国連加盟に際する支障については、その際の事情を考へ<u>最も適当と考へる措置を講ずる</u>」と述べられており、その具体的な内容として、①「憲法9条の改正」、②「国連憲章の改正あるいは解除」による「我国に対し例外的取扱をなし、兵力提供の義務を免ぜしめること」という2つの選択肢が用意されていたのであった。

7月11日の第十回衆議院帝國憲法改正案委員會では、野坂により、前文における「平和を愛する世界の諸国民の公正と信義に委ねようと決意した」という表現の具体的内容を示すよう求められたのに対し、金森は、「我等の安全と生存と云ふものは、必ずしも武器でなければ保全出来ぬと云ふ訳ではない」、「兎に角武器の必要な場合もありませう、而してそれ等を総合して考へて見まして、どうして安全と生存を維持するかと言へば、我々は世界の中の一員でありまするが故に世界の平和愛好諸国民に信頼すると云ふことは当然出て来るのであります、是れ以外に方法はないと云ふ気がする訳であります」と答弁している。

7月15日に開催された第十三回衆議院帝國憲法改正案委員會では、田中文部大臣の「或は不正義の戦争を仕掛けて来た場合に於て、之に対して抵抗しないで不正義を許すのではないかと云ふやうな疑問を抱く者があるかも知れない…併しながら決してそれはさうではない、不正義は世の中に永く続くものではない、剣を以て立つ者は剣にて滅ぶと云ふ千古の真理に付て、我々は確信を抱くものであります、さう云ふ場合に於ては、与論の力が今後は国際政治に於きましても益々盛んになることでありますし、又或は仮に日本が不正義の力に依つて侵略されるやうな場合があつても、併しそれに対して抵抗することに依つ

て、我々が被むる所の莫大なる損失を考へて見ますと、まだまだ日本の将来の為に此の方を選ぶべきではないか、併し世界歴史的の大きな目を以て考へて見ますと、世界歴史は世界審判だと云ふことを申します、大きな目を以て考へますと、戦争抛棄と云ふことも決して不正義に対して負ける、不正義を認容すると云ふ意味を持つて居ないと思ふのであります」という答弁も、自衛権行使のための実力行使はできないとする政府の制憲者意思を裏づけるものである。

　また、同日の笹森による質問において、「単に戦争を抛棄するばかりではなく、自衛権をも否定して、進んで世界の平和国家の先頭に立つと云ふことを仰せになつて居りますことからして…」とあるが、金森はこれに対しても異議を唱えていない。

　以上の内容を踏まえると、衆議院帝國憲法改正案委員會を終えるまでの政府の見解は、自衛権行使のための実力保持、そして実力の行使が許されないという形で一貫していたと結論することが出来る。それでは、この後、憲法公布までの段階を通じて、「少なくとも個別的自衛権の行使については、…内閣法制局のメンバーは想定」することになるのであろうか。

9　衆議院憲法改正案小委員會における戦争放棄に関する審議および第二十一回衆議院帝國憲法改正案委員會での、芦田委員長による小委員會の経過並に結果、すなわち共同修正案についての報告並に説明

　続いて、本節においては、第九十回帝國議會衆議院憲法改正案小委員會における戦争放棄に関する答弁を参照することとしたい。衆議院憲法改正案小委員會は、1946年7月25日から8月20日まで13回にわたり秘密会で開催され、各会派による修正案の調整が行われた。

　小委員會で、戦争放棄に関する議論が初めて登場したのは、7月26日に開催された第二回衆議院憲法改正案小委員會においてであった。

　　林平馬委員　前文はそう云ふやうにもう決定的なものになつてしまひますと、私の方では前文に盛り込むやうなものにしたいと云ふのが党議であるの

ですが、若し此の希望が容れられぬと云ふことになりますと、其の結果として戦争抛棄と云ふことを実は此処から除きたい、なぜかと云ふと第一、戦争抛棄と云ふことを一つの第九条と云ふ条項に嵌めることは小さい、是は非常に大きなものに扱ひたい、戦争抛棄と云ふことが此の新憲法の依つて生れる原因となると言つて宜いのだから、それを非常に大きく扱ふべきである、さうすれば条項から除いて、前文の方に大きくうたつて貰ひたいと云ふのが我が党の意見でありますのに、さうなると私の方のは全然容れられないことになつてしまふ……

　芦田委員長　一寸御答へしますが、それは非常に困難な理由があるのです―速記を止めて……

　　　　〔速記中止〕

　芦田委員長　速記を始めて……

　林委員　私の方では重要だから、それを前文に入れたいと云ふのですが、成程それでは……[101)]

次に、1946年7月27日に開催された、第三回衆議院帝國憲法改正案小委員會における戦争放棄に関する議論は下記の通りである。

　芦田委員長　それでは第二章に入ります、是も社会党の修正案から……

　鈴木義男委員　是は私が出さうと思つて居る内に、自由党から出されてしまつたのですが、「国権の発動たる戦争」、斯う直すやうに‐是は法律的に「主権の発動たる戦争」と云ふのは変なんです。

　芦田委員長　どうも私共も之を法律的に説明出来ませぬが、佐藤君、あなたの方が説明は正確だらうと思ふのですが……

　佐藤達夫政府委員　委員長以上の御説明は出来ませぬ。

　芦田委員長　あなたの意見を一つ―国権とやる方が宜いか、国の主権とやる方が宜いか、鈴木君からの御話も委員会に出て居る筈ですが……

　鈴木委員　戦争に訴へる権力の問題です……

　佐藤政府委員　私の方の少くとも今日までの考へでは、国権として戴いた方が宜くはないか、其の意味で国の主権と云ふ言葉を使つて居ります。

　鈴木委員　国権と云ふ方が簡略で宜い。

佐藤政府委員 前文の後の方に「自国の主権」と云ふことがありまして、それとの関係を実は密かに心配して居りますので、是は皆様の御教へを仰ぎたいと思ひます。

鈴木委員 前文の方はあれで宜いが、大綱で独立性を意味して居るのですから、それこそ主権と云ふ言葉を使はうとすれば使へる、こつちの方は戦争ですから国権の発動です、何も一つの言葉を使つていけないと云ふことはないでせう、統治権と云ふ言葉を使ふか使はぬかと云ふことは別の問題になります、それから社会党は此の総則の方へ持つて来るならば今一条平和愛好国であると云ふやうなことを出したいと思つた、日本国は平和を愛好し、国際信義を重んずる―是は法律に直すには可なり難かしい技術を要しますが、是は道徳的の規定になりますから、外にも道徳的の規定は沢山ありますけれども、其の趣旨は前文に出て居りますから、無理にさう云ふ一条を設け、或は此の前に出すことはないと思ひます、強ひて固執は致しませぬが、皆さんの御意見を伺ひます、唯戦争をしない、軍備を皆棄てると云ふことは一寸泣言のやうな消極的な印象を与へるから、先づ平和を愛好するのだと云ふことを宣言して置いて、其の次に此の条文を入れようぢやないか、さう云ふことを申出た趣旨なのであります。

芦田委員長 それから字句の修正が、自由党の方から出て居りますが、「戦争の抛棄」と云ふのは「否認」としよう、「抛棄」と云ふ字は、山田悟六君も委員会で言はれたやうに、戦争権なら「抛棄」で宜いけれども、戦争を「抛棄」すると云ふことは、「抛棄」と云ふ字と相容れないと思ふのです、何か具体的にものを打突けるやうなものでなくては「抛棄」と言はないさうです、もう一つは「抛棄」と云ふ字は漢字制限に引掛かつて居るから、「抛棄」の「抛」はどうも困る、そこで寧ろ英文の意味から言ふと、「否認」とした方が宜いと云ふことで、自由党では「戦争の否認」と云ふやうにしたのですが、是はどうでせう。

笠井重治委員 それは賛成です。

大島多蔵委員 私の所も大体「否認」とした方が宜いと云ふ主張がありましたので、私も賛成であります。

原夫次郎委員 是は私はやはり前の方が宜しいと思ふのです、「否認」と

云ふと、頭の形式的な働きのやうにも思はれるし、「抛棄」と云ふのは、是よりかまだ強い実際的の意味を含んで居る訳なのです、是はもう民法其の他の法律には、皆「財産権の抛棄」なんと云ふことはざらに使つて居るのですが……

　芦田委員長　戦争権なら宜いでせう、戦争権の抛棄なら……

　原委員　それは結局戦争抛棄権と云ふものを持つて居るだらうとは思ひますが……

　芦田委員長　実質に於ては一致するのでせうな。

　原委員　「抛棄」の「抛」を「否認」と云ふだけでは、制限的な意味から申しましても弱いと思ふのです、だから「抛棄」は、やはり是はもう戦争は捨ててしまふのだ、投げるのだと云ふ所に却て意味があると思ふのです、是だけ申上げて置きます。

　犬養健委員　折角御纏まりになつた所に、又波欄を起すやうでありますが、私見を申します、第二章は非常に結構な法文で、此の憲法の中の傑作ですが、何だか仕方がない、止めようかと云ふやうな所があります、何か積極的な摂理として、戦争はいかぬと云ふやうな字が入れば尚ほ宜いかと思ひますが、其の為に此の委員会が非常に面倒になるなら固執致しませぬ。

　鈴木委員　面倒になるどころぢやない、大いにそれは賛成するだらうと思ひますがね。

　犬養委員　原さんの御説は御尤もと思ひますが、一方から言ふと、心にあつても「抛棄」すると云ふ場合がある、「否認」と云ふと理念的に否決する、斯う云ふ風にも考へられないでもないと思ひますが、皆さんの御考へを聴きたいと思ひます。

　廿日出ひろし委員　それを要求して居るのではありませぬか。

　芦田委員長　どれを……

　廿日出委員　今の犬養さんのです。

　芦田委員長　犬養さんのは、御説は御尤もでありますが、さう云ふ調子の高い文句で書くと、前文に書けば非常に映りが宜いのですが、第何条として多少文学的な調子の高いもので一条を書くと云ふことは中々難かしいのではないですかね。

原委員　一寸申し落したのでありますが、「戦争否認」と言へば事実は其の通りですが、認めない、戦争を認めない、詰り議論してもそれを認めない、さう云ふことになります、拒否することになります、此の「抛棄」とは大分字の意味が違ふと思ふのです、さう云ふ感じがしますが、どうですか。
　芦田委員長　さう云ふ風にも見えるし、又読みやうに依つては「否認」と云ふことが強いと思ふのです、戦を仕掛けて来たが、俺は戦が厭やだと言つて、鉄砲を捨ててごろごろ、逃げて行くのも「抛棄」ですね。
　犬養委員　さう云ふ風にも取れるが、「否認」と云ふことは、危いから止めようぢやないかと云ふ風にも取れると思ふ。
　芦田委員長　それは読みやうで強くも弱くも取れます。
　大島委員　「抛棄」と云ふと、戦争をやつて居る時とか、何か権利を捨てると云ふ時には宜いが、全然何もやつて居ない時に「抛棄」と云ふのはをかしい、持つて居るものを捨てるとか、又は実際従事して居ることを止めると云ふ時は、「抛棄」と云ふ言葉が適当でありませうが、実際やつて居ない戦争を「抛棄」すると云ふのは、文字の使ひ方がをかしいと思ふ。
　原委員　それはさうではないのです、第二項で、戦争権と云ふものは国家にある。
　鈴木委員　戦争権の抛棄ですからね。
　大島委員　戦争を権利と見る訳ですね。
　鈴木委員　権力の発動ですからね、唯「抛棄」と云ふ言葉は、漢字制限会の方では、やはり「否認」より「放つ」と書いた「放棄」と直すやうですが……
　廿日出委員　事実に於ては、終ひの所にあるではないですか、国の交戦権は之を認めないと云ふことか……
　鈴木委員　交戦権と言つても同じやうなものではないと思ひますが……
　廿日出委員　いや、それはさうだが、認めないと云ふから「否認」となる。
　鈴木委員　「否認」と云ふことを使ふかどうか、それと漢字制限の字をどう使ふかと云ふ問題がある、所が漢字制限会の出して居る所を見ると、どうも感心して居ないから、原案の方が宜い、だから「抛棄」も「否認」とする

とぴつたり来ない、「抛棄」ならば適切な言葉ですから、将来学校や何かで子供に教へる時は、仮名で「ほうき」と云ふ風に教へる、さうして憲法ではやはり斯う云ふ字を使つて居ると云ふことを是からやる外ないと思ふ。

　芦田委員長　仮名で書いては子供は掃き掃除の「箒」と間違へる。

　犬養委員　漢字制限で斯う云ふ漢字はいけないと云ふことは、誰が決めたか知らないが……

　鈴木委員　「抛棄」と云ふことは棄てたくない。

　林委員　「否認」と云ふよりも、「抛棄」と云ふ方がぴつたりするやうに思ふ、戦争をすると云ふ、さう云ふ手段を執らない、永久に棄てるのだと云ふことであり、戦争権を我々は棄ててしまつたのだと云ふことだから、どうも「否認」と「抛棄」とは似て非なるものがある、距離があると思ふ、だからやはり「抛棄」と云ふ文字がいけないなら別に考へて、「ほうき」と仮名で書くと云ふのではなく、「抛」の字に意味があるから、「ほう棄」と書いてもやはり此の字を生かすことでせうね。

　犬養委員　私は敢て固守致しませぬが、さつきの第九条の一等初めに「日本国は、永遠の国是として、戦争の抛棄を宣言する。即ち国権の発動たる戦争」云々と云ふやうなことを入れたら、少し強くなりはしないですか、此の侭だと、何だかどうも到頭いけなくなつちやつたから戦争は止めようと云ふ風に聞えてならぬです、どうもさう取れる、併し是は国是だ。

　鈴木委員　今仰しやつたのは……

　犬養委員　「日本国は、永遠の国是として、戦争の抛棄を宣言する。即ち」と入れますか、いきなりぶつきら棒に「国権」としてもどうかと思ふから、斯う云ふ風にやつたら宜いでせう、委員長、斯う云ふ範囲の修正は可能ですか。

　芦田委員長　無論可能でせう。

　佐藤政府委員　どちらでも結構です。

　犬養委員　どうもそれを入れた方が宜いと思ふ。

　原委員　それは宜いね。

　犬養委員　どうもめそめそして居るやうに思ふ。

　鈴木委員　それは第二項にしますか。

犬養委員 それは一つ御考へ願ひたい。

芦田委員長 犬養君、是は斯う云ふ風になさつたらどうですか、「日本国は永遠の国是として戦争の抛棄」、さうして此の第九条の一項に残つて居るやうな文句を入れて……

犬養委員 それでも結構です、要は余り仕方なしに廃めたと云ふ感じをもう少し少くしよう……

廿日出委員 委員長の言ふことは「戦争を抛棄す」ですか

芦田委員長 日本国は永遠の国是として他国との間の紛争を解決する手段としては戦争、武力に依る威嚇、さう云ふやうなものを抛棄する、さうしないと此の九条の一項を生かして置いて、戦争の抛棄を宣言するとやつて、又第九条の一項を入れると重複するやうな気がするのです、だから犬養君の初めの書出しを以て第九条の一項と合体することにしたらどうかと思ふのです、さうでなければ、此の犬養さんの所に持つて行つて、永遠の国是として寧ろ平和を愛好するやうな趣旨で行くのだと云ふやうなことを書いて、それから国権の発動たる戦争云々と入れれば重複しないのですがね、社会党の案に何か平和愛好の意味の箇条があつたのではないですか。

鈴木委員 斯う云ふ風にしようと云ふのです、「日本国は平和を愛好し国際信義を重んずることを国是とし教育の根本精神をここに置く」と云ふやうなことを現はせば法律になる―法律になるかならないか疑問だが……

芦田委員長 教育の根本と云ふことは後にして、外務省から来た印刷物に、「国際信義を重んじて条約を守る」と云ふことが何処かにあつて欲しいと云ふやうな意見が出て居りましたがね。

犬養委員 あれは九十四条の削つた後に入れようと云ふのです。

芦田委員長 だが、私はあそこに条約のことを入れるのはまづいと思ふのです、だから若し条約のことを入れると云ふならば第二章に入れる。

犬養委員 それなら御参考までに一寸九十四条を読みます、外務省が今日言つて来たのは、「日本が締結又は加入した条約、日本の参加した国際機関の決定及び一般に承認された国際法規は、この憲法と共に尊重せられなければならない。」斯う云ふことを第二項に入れたらどうかと云ふことを言つて来たのです、是はどちらでも宜いと思ふのですが……

吉田安委員　今の文章ですが、社会党の「日本国は平和を愛好し、国際信義を重んじ」さうして今犬養氏の言はれた「重んずる」次に「永遠の国是として戦争の抛棄を宣言する。」斯う云つたことではいかぬですか。
　原委員　此処へは犬養君の言はれたやうな永遠の国是としてと云ふやうな形で、平和愛好なんて云ふことはもう入れる必要はないことで、極く簡単な僅かな文字だけで其の意味を現はすやうに願ひたいと思ふのですが、戦争の抛棄も平和愛好と云ふことは直ぐ分りますから……
　犬養委員　若しさつき私が申上げたやうな修正文が、第九条第一項のお終ひの「永遠にこれを抛棄する。」と是がかち合ふ虞があれば、斯う云ふ行き方も考へられます、「日本国民は永遠に平和愛好者たることを宣言する。国権の発動たる戦争」云々、斯うやつても宜いと思ひます。
　廿日出委員　一つの案ですが、色々と折衷しまして、「日本国は平和を愛好し、国際信義を重んずることを国是とし、国権の発動たる戦争」と言つて、後は続けても差支へないと思ふのです。
　芦田委員長　私の個人の意見としては、平和を愛好すると云ふよりは、世界平和の維持に努力するとか、協力するとか云ふことを言ひたいのです、唯平和が好きだと云ふのみならず、自動的に平和維持の為に努力する。
　廿日出委員　それでは斯うしたらどうでせう、「日本国は恒久平和の建設に志す」……
　原委員　どうでせう、唯簡単に犬養君の言ふやうに「日本国家は永遠の国是として国の主権の発動たる」と持つて行つたのでは、余り短か過ぎるですか。
　犬養委員　お終ひの「永久」を削つてしまふのですか。
　原委員　削つてしまふ。
　吉田委員　それでも宜いですね、あつさりして……
　犬養委員　法律文らしくもある。
　大島委員　私は犬養さんが一番先に言はれた「日本国は永遠の国是として戦争の抛棄を宣言する。国の主権の発動たる戦争と武力による威嚇又は武力の行使は、他国との間の紛争の解決の手段としては、永久にこれを抛棄する。」を言ふからいけないので、「永久にこれを認めない」としたらどうでせ

う、「抛棄する」はだぶるから感じが悪いので、此処の所を「認めない」としたらどうでせう。

　犬養委員　それも宜いですね。

　森戸辰男委員　「日本国は恒久平和の愛好者として、国権の発動たる戦争」云々と云ふやうにしても宜いと思ひます。

　吉田委員　今、原君の言はれたやうに、「日本国は永遠の国是として」、それから「国権の発動たる戦争」とずつと続けて行つて、先の「永久」と云ふのがあるから、是が邪魔になれば之を除いて、「これを認めない」、斯う行つたらどうですか、「日本国は永遠の国是として、国権の発動たる戦争と、武力による威嚇又は武力の行使は、他国との間の紛争の解決の手段としては、これを認めない。」

　犬養委員　「これを抛棄する」でも宜いですね。

　原委員　どうです、宜い加減な所でどうでせうか。

　犬養委員　其の位の所で落着いてはどうです。

　芦田委員長　併し是は来週まで考へませう、今日中に考へなければならぬ問題ではないから……

　森戸委員　「抛棄」と云ふのは斯う云ふ難かしい字ですが、僕等が普通に書く時には「放」を書くのですが、普通国民的には「放」ではないでせうか、字引的には此の字だけれども……

　高橋泰雄委員　此の「抛棄」と云ふ字は、今度の議会の詔勅にもありますね。

　芦田委員長　あります、それは条約文にもあるのです、「抛棄」と云ふのは法律には沢山ある、一九二八年の国約などにも使つてあります。

　高橋委員　「抛棄」と云ふ以上は「放」と云ふのは拙いでせう。

　森戸委員　それはさうなのですが、漢字制限とか云ふことがあれば、易しいのでも構はないのではないかと云ふ意味なので、唯参考に申上げただけです、別に固執する訳ではありませぬ。

　芦田委員長　今度の漢字制限の中には、此の「抛棄」の代りに「放」と云ふ字を使ふことになつて居ります。

　高橋委員　今のは斯うなるのですか、「日本国は永遠の国是として、国権

の発動たる」と行つて、「永久」を取るのですか。

　芦田委員長　其の点は尚ほ明日一日各派で考へて、出来るだけ良い案を持寄らうではありませぬか、さう云ふことにして今日は最終的に此の文句を決定しないと云ふ案はどうですか。

　高橋委員　それではさう云ふことに御願ひ致します。[102]

1946年7月29日に開催された第四回衆議院帝國憲法改正案小委員會における戦争放棄に関する答弁は下記の通りである。

　芦田委員長　…昨日は色々第九条の修正案に付て意見が出ましたが、今朝来早く此の席に来られた委員諸君と相談をした結果、斯う云ふ文字にしたらどうかと云ふ試案が一つ出て居るのですが、それを御協議を願ひます、便宜の為に私一寸読みます、此の案は第二項の現在の字句が余り気に入らないから、それを修正すると云ふ趣意を兼ねて斯う云ふ文字にしたらどうか、「日本国民は、正義と秩序とを基調とする国際平和を誠実に希求し、陸海空軍その他の戦力を保持せず。国の交戦権を否認することを声明する。」と第一項に書いて、それから現在の第一項を第二項に持つて来て「前掲の目的を達するため、」さうして第一項の「国権の発動たる戦争」云々と斯う云ふやうにしたらどうかと云ふ試案なのです、さうして第二項の「他国との間の紛争の解決の手段」と云ふ文句が、如何にも持つて廻つてだらだらして居るから、之を「国際紛争を解決する手段」と直したらどうか、それから「否認」にするか、「抛棄」にするかと云ふことに付て、昨日大分意見があつたやうですが、「否認」と云ふのは意見が少数のやうに見えましたから、戦争の「抛棄」とするが、其の「ほう」は漢字制限の意見を入れて「放」と云ふ字にしたらどうかと云ふ意見が出て居るのです、手偏の難かしい字を止めて……

　廿日出委員　「国権の発動たる戦争」と云ふのを「国権の発動による戦争」とするのが宜いのではないかと思つて、随分考へて見たのですが……

　芦田委員長　意味はさう云ふことでせうね、「国権の発動による戦争」と云ふことでせう、併し翻訳をすると国権の発動としての戦争と云ふことになります。

　原委員　やはり「国権の発動たる」と云ふのが語呂が宜いし、意味も同様

であるし、其の下に又「武力による」と云ふのがあるのですから、やはり案の通りにしたら宜いのではないかと思ひます。

　吉田委員　只今の委員長の修正案には、進歩党に異議ありませぬ、賛成です。

　林委員　改つた第一項の「その他の戦力を保持せず」ですが、「保持しない」ではないですか。

　芦田委員長　「保持しない」とすると続くのに一寸切れてしまひますね。

　林委員　「保持せず」とすると、口語体にならないではないですか。

　芦田委員長　口語体でさう云ふことを言ひませぬか。

　林委員　「保持せず」と言ひますかね、差支へなければ修正案に賛成です。

　高橋委員　今の修正に賛成です、それで今林君から御話のあつた「保持せず」と云ふのは差支へないと思ひます、幾らも口語体で斯う云ふ使ひ方をして居る、だからやはり先程委員長から御朗読の通り「国の交戦権を否認することを声明す。」、是で差支へないと思ひます。

　吉田委員　私も今の高橋さんの言はれることに賛成です、林さんの言はれるやうに「しない」とすると、如何にも文章の繋りが変なやうにも考へられまするし、やはり「せず」で宜くはないかと思ひます。

　林委員　賛成いたします。

　笠井委員　是は私賛成でございます、而して今の林君の御説は「保持せずして」としては如何でございませう、「保持せずして、国の交戦権を否認することを声明す。」云々……

　古田委員　一寸をかしいね。

　笠井委員　いけませぬかね。

　原委員　どうも「して」とすると何だか語呂が弱くなつて、繋りも悪いから、やはり是で宜いぢやないですか、唯「否認することを声明す」を「声明する」と「る」を付ける。

　芦田委員長　それはさうですね。

　吉田委員　是は必要かも知れないね。

　芦田委員長　其の方が口語になりますね。

　大島委員　私の方も今度の修正案に賛成でありますが、此の声明すると云

ふ所は、宣言するとした方が力強い感じは致しますね。

芦田委員長 私も一寸宣言すると考へて見たのだが、どつちが良いかはつきり確信なくして、声明と云ふ方を先に御相談したのです、併し此の方は皆さんの御相談でどつちになつても私は宜いと思ひます。

大島委員 私は何だか宣言の方が力強いやうな気がします、是は主観的なものかも知れませぬが……

吉田委員 大島君の宣言の方が宜いですな。

原委員 私も此処は真剣な所ですから、宣言すると云ふ方が力強くて宜いやうな気がします。

鈴木委員 宣言とか声明とか云ふことは、法律の「テクニック」として前文にはありますが、条文の中にはないと思ふのです、此の用語は考へなければいけませぬ、佐藤さんどうでせう、世界的にも立法例にないでせう、宣言すと云ふ法律文は……

原委員 鈴木委員の御話ですが、一体戦争の拋棄と云ふのは世界に向つても国内に向つても、一寸一般の法律の頭を以ては此の条文は変に見えると思ふのですが、やはり斯う云ふ所は宣言すと云ふ方が、威厳があつて宜いやうに思ふのです、声明よりか……

鈴木委員 一般文章としては宜いですが、法律文としては一つの命令を表はすのです、此処で拋棄するのは意思を表はして居るので、宣言すると云ふことはどうも法律技術的には拙いと思ふ。

芦田委員長 私も初め之を声明と書く時に一寸考へて見たのですが、此の第九条と云ふ条項は本当は箇条書でなくして、是は前文に入る程の文だから、そこで之を大きく出す意味に於て声明とか宣言とか言つた方が、寧ろ内容に相応しいのではないかと思つたのです。

鈴木委員 内容に相応しいことは申すまでもないのですが、唯どうも法律としては変なものだと思ふ、是は条約ではないし、条約なら宣言すでも宜いが……

吉田委員 鈴木委員の仰しやることは能く分るが、今委員長の言はれたやうな意味もあります、併し鈴木君の仰しやるやうになつて来ると、私は是でも宜いと言ふ勇気もないのですが、何とか良い文句はありませぬか。

第2章　戦争放棄規定の原意と歴史

鈴木委員　「戦力を保持しない」、「国の交戦権を否認する」と言ひ放せば宜い、「宣言する」だけが余計だ。

芦田委員長　是は私は上に懸かつて居る積りなんです、「国際平和を誠実に希求し」と云ふ所までを含んで、さう云ふ風に読んで呉れるかどうかは別として‐それだからやはり声明とか宣言すると云ふことを入れたい、「誠実に希求し」、「戦力を保持せず」、「交戦権を否認する」、斯う云ふ風に掲げて、それを高らかに世界に宣言するんだ、斯う云ふ意味に読んでどうですか。

鈴木委員　前文なら申し分ないのですが……

吉田委員　寧ろ是は「その他の戦力を保持せず、国の交戦権を否認する」、で放つて置けば宜い。

鈴木委員　さうです、それならば法律になる。

吉田委員　さう云ふ風にすれば法律になる。

鈴木委員　一つの外交文書みたいになつてしまふ、さう云ふことを声明すると……

芦田委員長　けれども、諸外国は寧ろ外交文書的重要性を以て此の条文を見て居る、それだから外の条項との重要性から見ても、少し変つた形でやつても宜いのぢやないか。

鈴木委員　一つの新機軸を出すと云ふ意味で宜いかも知れぬとも考へるのですが……

芦田委員長　それ程重きを置いて居るんだと云ふ意思をはつきりする為に……

鈴木委員　兎に角法律専門家も此の中に居るのだから、さう云ふことも議に上つたと云ふことを記録に留めて置きたい。

芦田委員長　佐藤君の此の条項に関する意見を一つ……

佐藤政府委員　私の気持でございますけれども、忌憚なく申上げて宜しうございますか――一寸気になります所は、今御指摘の声明するとか宣言するとかやりますと、此の原案よりも、原案の丁度第二項に当ります戦力を保持することはいかぬと云ふことと、国の交戦権は認めないと云ふことと、今度の修正案の第一項に入ります、保持せず、国の交戦権を否認することを声明する、と云ふ此の言葉を両方対照して見ますると、少し禁止的な色彩が弱くな

197

つて来るのぢやないか、原案で行きますと、国の交戦権は別として、陸海空軍其の他の戦力を仮に保持した場合に於ては憲法違反になることが明瞭と云ふことになりませうが、今度の修正案になりました場合には、是は其の声明には違反するけれども、憲法との違法関係がどうなるであらうかと云ふ、一寸さう云ふ所の気持が気になる所があるのです。

芦田委員長 併し憲法で以て戦力を保持しないのだ、斯うはつきり言つて居れば、保持すれば憲法違反になると云ふ意思表示だと私は思ふのですがね、保持してはならないと云ふ命令が何処から来て居るか、保持してはならないと云ふことの言ひ方だが、自分が自分に保持してはならないと言ふのならば、自分が自分で戦力は保持しませぬと言ふのと効果はちつとも違はない、他人に向つて押しつけたものならば、それは保持してはならぬと云ふのと、本人が保持しませぬと云ふのは差があるけれども、第二項の原案と雖も、唯自分が自分を規律して居るだけです、私は保持は致しませぬと云ふことに外ならない、さうすれば私はどうも強弱の差があるとは思へないのですがね、自分の行動を規律して居る、さうぢやないのですか。

鈴木委員 それだから声明する必要はない、自分の行動を規律することをここに意思表示するのですから……

芦田委員長 だから声明するとか宣言するとか云ふのは、さう云ふ「テクニック」を離れた意味から、さう云ふ風にやることがどうかと云ふことで……

鈴木委員 それは分るのです、委員長其の他の仰せられることも分るけれども、それならば本来ならば此の憲法全体が各条項とも声明す、宣言すなんです、国会の議決に依つて宣言して居る訳なんです、だから本来はさう付けて行かなければならぬ訳だから、此処だけに付けると云ふのが一寸変なんです。

芦田委員長 斯うなつたら、是れ以上論議しても仕方がないが、どうしますか。

原委員 鈴木君の御意見も御尤もな所もありますが、法律と云ふ頭で御考へですが、此の第二章は法律的な問題よりか、国際関係の問題を此処に入れて居るのですから、其の他の章との牽連性を考へて見ると、是は全く国際関

係の問題ですから、やはり声明するとか宣言するとか云ふ異例があつても、第二章に関する限り差支へない、実際的に異例なことを憲法規定で採用したのですから、其の意味から言つても、声明と云ふよりか、宣言が宜いと思ひます、仮に宣言とすれば、異例があつても宜いのぢやないかと思ふのです。

　林委員　私の方では実は第九条を削除することを主張する訳であります、どうしてかと言ふと戦争抛棄は実に大きな問題だから、条文に入れると云ふやうに小さく扱ふよりか大きく扱ふ意味で前文に十分に言ひ表はして、条文より削除したい、詰り謂はば是は大きな宣言的な性質のものである、斯う云つたやうな考へを持つて居る訳であります、既に前文も大体決まつたので、其の主張を棄てて、第二章を残さうと云ふことになつて来た訳ですが、然し是はやはり大なる宣言的性質のものであるとの気持は取れないで居る訳なんです、さう云ふ意味から見て、鈴木さんの仰しやることは、如何にも筋の通つた、理屈のある話ではありますが、本当に是は例外中の例外のものと考へて行きたいと思ひます、随て宣言とか声明とか云ふことは是非付けたい気持がするのであります、又宣言と云ふ言葉は、一つの大なる公約と云つたやうな意味も多量に含まれて居る、天下に向つて、国民に向つて、或は社会に向つて宣言すると云ふことは、言ひ放しと云ふ意味でなく、国民に向つて宣言すると言つたならば、国民に向つて公約すると云ふやうな意味も含まれて居るものと思はれるのです、少し法律文としては或は御不満かも知れませぬけれども、例外の例外として私は宣言若しくは声明とすることにしたいと思ひます。

　吉田委員　私も法律的技術から言へば、鈴木さんの言はれることは頗る同感ですが、他の諸君からも議論があつた通り、是は国際的に非常に大きな意味があるのでありますから、やはり宣言と云ふことを入れた方が宜くはないかと思ひます、鈴木さん、どうです、是は仰しやることは御尤もですけれども、唯さう云ふことをお互ひ此処で議論があつたと云ふことを記録に留めて置くことになさつて、宣言でどうでございますか。

　鈴木委員　多数決と云ふことになれば已むを得ないけれども……

　芦田委員長　多数決と云ふことは成べく避けたいのです、多数決と云ふ意味ではない。

鈴木委員　私はずつと昨日からも考へ、昨夜からも暇ある毎に此のことを考へて居つたんですが、結局難しいことであり、さうして非常に大事な第二章であるのだから、色々考へて見ました、前に註釈を付けようとしても、法律の形で付けることは難しい、已むを得ぬから、是は原案支持で行くしかないと云ふ気持で実は此処に臨んで来たのでありまして、修正文を拝見してもどうも……

芦田委員長　修正した趣旨の一つの動機は、原案の「陸海空軍その他の戦力の保持は許されない」と云ふ書き方が、日本文としてはどうも面白くない、自分で自分に言つて居る言葉でせう、それに、保持してはならないと云ふことは、独り言を言つて居る訳なんで、さう云ふ形を貽すことはどうも面白くない、俺は嘘を言つてはならないと云ふよりは、俺は嘘を言はないのだと云ふ方が日本文としては自然です、そこを直したい、それだけを唐突に直すと云ふこともどうかと思つたから、初めに日本国民は正義と秩序を基調とする国際平和を熱烈に希望する、だから陸海空軍其の他の戦力を持たないのだ、斯う行けば非常に自然に出て来ます、斯う云ふのが修正の一つの動機になつて居ると思ふのです。

廿日出委員　鈴木さん、国の交戦権を否認することを公約すると言つたらどうですか。

鈴木委員　法律や憲法である以上は総て公約なので、是だけが公約ではない。

廿日出委員　さう云ふ言葉を使つたら法律的に支障があるかないかと云ふことです。

鈴木委員　一寸変な法律だと云ふ感じを持ちますね。

西尾末広委員　政府委員に御尋ねしたいのですが、例へば宣言すると云ふ案は、GHQ の方の考へはどうなんでせう、少し難しいのではないかと云ふ感じがするんですが……

佐藤政府委員　私先程申しましたことは、実は其の方を念頭に置いて申上げましたので、余計なことかも知りませぬが、鈴木さんの仰しやつて居られた法律の中に宣言を書き込むことはどうだと云ふことは、近頃は相当「ルーズ」になつて居りまして、例へば法律の第一条に、本法は何々を以て目的と

Horitsubunka-sha Books Catalogue 2019

法律文化社
出版案内
2019年版

■新テキストシリーズ登場！

ユーリカ民法
田井義信 監修

2 物権・担保物権　渡邊博己 編
　　　　　　　　　　　　2500円
3 債権総論・契約総論
　　上田誠一郎 編　　　2700円
4 債権各論　手嶋豊 編　2900円
【続刊】1 民法入門・総則
　　　　5 親族・相続

スタンダード商法
Ⅰ 商法総則・商行為法
　　北村雅史 編　　　　2500円
Ⅴ 商法入門　髙橋英治 編　2200円
【続刊】Ⅱ 会社法　Ⅲ 保険法
　　　　Ⅳ 金融商品取引法

■ベストセラー

憲法ガールⅡ
大島義則　　2300円
小説形式で司法試験論文式問題の解き方を指南。

憲法ガール Remake Edition
大島義則　　2500円
2013年刊のリメイク版！

好評シリーズのリニューアル

新プリメール民法
2500～2800円
1 民法入門・総則
2 物権・担保物権法
3 債権総論
4 債権各論
5 家族法

新ハイブリッド民法
3000～3100円
1 民法総則
3 債権総論
4 債権各論
【順次改訂】
　2 物権・担保物権法
　5 家族法

法律文化社　〒603-8053 京都市北区上賀茂岩ヶ垣内町71　TEL075(791)7131　FAX075(721)8400
URL:http://www.hou-bun.com/　◎本体価格（税抜）

法律

大学生のための法学 長沼建一郎
●キャンパスライフで学ぶ法律入門 2700円

スポーツ法へのファーストステップ
石堂典秀・建石真公子 編 2700円

イギリス法入門 戒能通弘・竹村和也
●歴史、社会、法思想から見る 2400円

「スコットランド問題」の考察
●憲法と政治から 倉持孝司 編著 5600円

法の理論と実務の交錯 11600円
●共栄法律事務所創立20周年記念論文集

スタディ憲法
曽我部真裕・横山真紀 編 2500円

大学生のための憲法
君塚正臣 編 2500円

講義・憲法学 3400円
永田秀樹・倉持孝司・長岡 徹・村田尚紀・倉田原志

憲法改正論の焦点 辻村みよ子
●平和・人権・家族を考える 1800円

離島と法 榎澤幸広 4600円
●伊豆諸島・小笠原諸島から憲法問題を考える

司法権・憲法訴訟論 上巻/下巻
君塚正臣 上:10000円/下:11000円

司法権の国際化と憲法解釈 手塚崇聡
●「参照」を支える理論とその限界 5600円

行政法理論と憲法
中川義朗 6000円

大学における〈学問・教育・表現の自由〉を問う
寄川条路 編 926円

公務員をめざす人に贈る 行政法教科書
板垣勝彦 2500円

公共政策を学ぶための行政法入門
深澤龍一郎・大田直史・小谷真理 編 2500円

過料と不文の原則
須藤陽子 3800円

民法総則 2000円
生田敏康・下田大介・畑中久彌・道山治延・蓑輪靖博・柳 景子

民法の倫理的考察 ●中国の視点から
趙 万一/王 晨・坂本真樹 監訳 5000円

電子取引時代のなりすましと「同一性」外観責任
臼井 豊 7200円

組織再編における債権者保護
●詐害的会社分割における「詐害性」の考察
牧 真理子 3900円

会社法の到達点と展望
●森淳二朗先生退職記念論文集 11000円

◆法学の視点から

18歳から考える家族と法 2300円
[〈18歳から〉シリーズ]
二宮周平

ライフステージの具体的事例を設け、社会のあり方を捉えなおす観点から家族と法の関係を学ぶ。

◆政治学関係の視点から

デモクラシーとセキュリティ 3900円
グローバル化時代の政治を問い直す
杉田 敦 編

境界線の再強化、テロリズム、日本の安保法制・代議制民主主義の機能不全など政治の諸相を深く分析。

◆平和

沖縄アジ
怒りを力

―社会の事象を検証する―

ベーシックスタディ民事訴訟法		住宅扶助と最低生活保障	
越山和広	3000円	●住宅保障法理の展開とドイツ・ハルツ改革	
刑事訴訟法の基本		嶋田佳広	7000円
中川孝博	3200円	公害・環境訴訟講義	
労働者のメンタルヘルス情報と法		吉村良一	3700円
●情報取扱い前提条件整備義務の構想			
三栁丈典	6200円		

政治／平和学・平和研究／経済・経営

民意のはかり方 吉田徹 編		「街頭の政治」をよむ	
●「世論調査×民主主義」を考える	3000円	●国際関係学からのアプローチ	2500円
「政治改革」の研究 吉田健一		阿部容子・北 美幸・篠崎香織・下野寿子 編	
●選挙制度改革による呪縛	7500円	グローバル・ガバナンス学	
都道府県出先機関の実証研究		グローバル・ガバナンス学会 編	
●自治体間連携と都道府県機能の分析		I 理論・歴史・規範	3800円
水谷利亮・平岡和久	5200円	大矢根聡・菅 英輝・松井康浩 責任編集	
地方自治論 幸田雅治 編		II 主体・地域・新領域	3800円
●変化と未来	2800円	渡邊啓貴・福田耕治・首藤もと子 責任編集	
いまから始める地方自治		環境ガバナンスの政治学 坪郷 實	
上田道明 編	2400円	●脱原発とエネルギー転換	3200円
日本外交の論点	2400円	国際的難民保護と負担分担 杉木明子	
佐藤史郎・川名晋史・上野友也・齊藤孝祐 編		●新たな難民政策の可能性を求めて	4200円
安全保障の位相角		SDGsを学ぶ 高柳彰夫・大橋正明 編	
川名晋史・佐藤史郎 編	4200円	●国際開発・国際協力入門	3200円

◆社会学の視点から

アニメ聖地巡礼の観光社会学 2800円
コンテンツツーリズムのメディア・コミュニケーション分析
岡本 健

国内外で注目を集めるアニメ聖地巡礼の起源・実態・機能を、聖地巡礼研究の第一人者が分析。

◆社会保障の視点から

貧困と生活困窮者支援 3000円
ソーシャルワークの新展開

埋橋孝文
同志社大学社会福祉教育・研究支援センター 編

相談援助活動の原点を探り、研究者が論点・争点をまとめ、理論と実践の好循環をめざす。

核の脅威にどう対処すべきか ●北東アジアの非核化と安全保障	鈴木達治郎・広瀬訓・藤原帰一 編	3200円
平和をめぐる14の論点 ●平和研究が問い続けること	日本平和学会 編	2300円
現代地域政策学 ●動態的で補完的な内発的発展の創造	入谷貴夫	5300円
グローバリゼーション下のイギリス経済 ●EU離脱に至る資本蓄積と労働過程の変化	櫻井幸男	5200円
生活リスクマネジメントのデザイン ●リスクコントロールと保険の基本	亀井克之	2000円

社会学／社会一般／社会保障・社会福祉／教育

変化を生きながら変化を創る ●新しい社会変動論への試み	北野雄士 編	4000円
在日朝鮮人アイデンティティの変容と揺らぎ ●「民族」の想像／創造	鄭 栄鎭	4900円
教養のためのセクシュアリティ・スタディーズ	風間 孝・河口和也・守 如子・赤枝香奈子	2500円
人口減少を乗り越える ●縦割りを脱し、市民と共に地域で挑む	藤本健太郎	3200円
貧困の社会構造分析 ●なぜフィリピンは貧困を克服できないのか	太田和宏	5500円
日常のなかの「フツー」を問いなおす ●現代社会の差別・抑圧	植上一希・伊藤亜希子 編	2500円
テキストブック 生命倫理	霜田 求	2300円
協働型社会と地域生涯学習支援	今西幸蔵	7400円
新・保育環境評価スケール②〈0・1・2歳〉	T.ハームス 他／埋橋玲子 訳	1900円
新・保育環境評価スケール③〈考える力〉	C.シルバー 他／平林 祥・埋橋玲子 訳	1900円
新時代のキャリア教育と職業指導 ●免許法改定に対応して	佐藤史人・伊藤一雄・佐々木英一・堀内達夫 編著	2200円

改訂版

ローディバイス法学入門〔第2版〕	三枝 有・鈴木 晃	2400円
資料で考える憲法	谷口真由美 編著	2600円
いま日本国憲法は〔第6版〕●原点からの検証	小林 武・石埼 学編	3000円
家族法の道案内	川村隆子 著	2600円
テキストブック 法と国際社会〔第2版〕	德川信治・西村智朗 編著	2300円
国際法入門〔第2版〕●逆から学ぶ	山形英郎 編	2700円
レクチャー国際取引法〔第2版〕	松岡 博 編	3000円
18歳から考えるワークルール〔第2版〕	道幸哲也・加藤智章・國武英生 編	2300円
労働法II〔第3版〕●個別的労働関係法	吉田美喜夫・名古道功・根本 到 編	3700円
18歳からはじめる環境法〔第2版〕	大塚 直 編	2300円
新版 日本政治ガイドブック ●民主主義入門	村上 弘	2400円
新版 はじめての環境学	北川秀樹・増田啓子	2900円
新・初めての社会保障論〔第2版〕	古橋エツ子 編	2300円

するのと云ふやうなこと、是は法律の意味があるかどうかと云ふことを議論したことなどもありましたが、さう云ふことが多少慣れっこになつて居りますから、私自身としては余り気に致しませぬけれども、先程私が申しましたのは、禁止規定が宣言規定に代つたと云ふ感じが、普通の人が見た場合にどう云ふやうに思ふだらう、何か弱くなつた感じを与へるのではないか、私はさう感じました、併し皆さんの御考へで寧ろ強くなるのだと云ふことでありますれば、大いに安心致します。

　西尾委員　私の考へますことは、宣言すると云ふことになりますと、日本国民にも宣言することになる、世界にも宣言することになる、一体此の憲法は日本の国民の行くべき方向を決定するのが主たる目的なので、それが憲法の中で、而も敗戦国の日本が今直ぐ世界に向つて宣言すると云ふやうな形の行き方を、GHQの方でどう云ふやうに取るかと云ふことを私は気にして居るのです。

　芦田委員長　併しそれは前文にも宣言すると云ふ言葉はあるのですよ。

　鈴木委員　前文は構はないですよ。

　芦田委員長　是だつて実際の意味に於てはやはり内と外とを両方兼ねての宣言であるのだから、そこで若し此の修正案が何処かで引掛かれば、又其の時は其の時で考へ直す余地があるんぢやないですか、我々は国民の意向を一斯うしたら宜いと思ふ案があれば、一応はそれで行つて、それに差支へが生じた時には又変へると云ふことは宜いが、外の条件を忖度する余り、我々が言はんとする所までも萎縮してしまふと云ふやうな態度であるよりは、一応は兎に角自分達の真意はここにあるんだと云ふことを出したらどうか。

　鈴木委員　それは結構ですが……

　芦田委員長　第二項の書き方は国民多数は決して喜んで之を読むとは私は思はない、それならば一応其の意向をはつきりして、支障があつた時には已むを得ない、不可抗力ならば其の時々で考へる、斯う云ふことでどうでせうか。

　鈴木委員　それは結構です。

　西尾委員　さうなつた時には已むを得ないけれども、国民に満足させようと思つてやつたことが、支障が起つた結果として余計不満足な感じを与へる

と云ふことは、我々としては考慮すべき余地があると思ふ。

芦田委員長 是れ以上余計に悪くなるとは思はないです、原案よりも悪くなるとは思はないです。

西尾委員 いや、さう云ふ宣言と云ふことが削られて居ると云ふことになると、其の印象がですね。

芦田委員長 それは是がはつきり発表されるまでに話合ひをするんだから―憲法委員会の確定した意見が斯うだと云ふことを出す前に一応は話合ひをするんだから、それが為に非常に立場が悪くなると云ふことは私はないと思ふんですがね。

吉田委員 さうすると今の御話では、順序としては憲法委員会に上せます前に GHQ と……

芦田委員長 本委員会に持つて行く前に一応やらないと、本委員会に出した案が又途中で色々変化しなければならぬでは困ると思ふ。

鈴木委員 さうですよ。

吉田委員 それぢやどうですか西尾さん、本委員会に掛らぬ前に関係方面と交渉があるとすれば……

西尾委員 併しそれまでに発表するでせう。

芦田委員長 発表しない中に持つて行かなければ……

西尾委員 本委員会に掛らぬ前に発表しないのですか。

芦田委員長 委員会の成案は発表しては交渉の時に工合が悪いでせう、さう云ふものを発表する前に相談しろと云ふことだらうと思ふんだ。

鈴木委員 併しどうも漏れるんでね。

芦田委員長 漏れる場合は已むを得ないですね。

鈴木委員 さう云ふことを除いて、私も幾らか法律をやつて来て居るものだから、さう云ふ委員が混つて居つたのに、変なものを拵へたと言はれるのが辛いので、「声明す」とか「宣言す」とか云ふことは、政府が言はれるやうに弱くなるのです、素人の方は其の方が強くなると思はれるかも知れませぬが、「戦争権を抛棄する」、斯う言ひ切つた方が遥かに強いんです、「抛棄することを宣言する」と云ふのは一段弱くなつてしまふんです、それだから其の点はやはり法律的な形を執つて戴かないとどうも困ると思ふんです。

芦田委員長　どうも私は其の点は必ずしも鈴木さんの御意見と一致しない、どうですか、例へば前文に「国民の総意が至高なものであることを宣言し」と云ふ所は向ふの言葉で言ふと「ドゥ・プロクレーム・ザ・ソヴァレンティ・オブ・ザ・ピープルス・ウイル」と云ふ言葉を使つて居りますが、此の「ドゥ・プロクレーム」と云ふ言葉は弱くなるとは私は思はない、宣言すると云ふ字は、唯言放すよりも弱くなると云ふ虞があると云ふあなたの御懸念であるが、どうも之を読んで見て、「ドゥ・プロクレーム」と云ふことは、単に主権が国民にあると云ふ事実を述べるよりも寧ろ強い意味ではないですか。

　鈴木委員　是は客観的事実の宣言ですからね、こちらは或ることをやろうと云ふことなんですから……

　芦田委員長　けれども国際平和を誠実に希求すると云ふ客観的の事実を「ドゥ・プロクレーム」と言つた方が寧ろ強いのではないか、さう云ふ時には……

　鈴木委員　宣言する位ならば実行すれば宜い、こちらは実行を約して居るのですからね。

　芦田委員長　実行と言ふけれども、さう云ふ意味に於ては主権が国民にあると云ふことと、それから平和を熱愛すると云ふこととは同じ状態でせう、だから其の点は違はないではないですか、どうも書き方の如何に依るのであつて、宣言するとか声明すると云ふことを附加へれば、唯実在を認識すると云ふことよりも弱くなると云ふやうには私はどうしても考へられない。

　鈴木委員　言ひ方が悪ければやはり元に戻つて、詰り説明的規定を除いては、法律は作為、不作為の規範なんですから……

　芦田委員長　其の説は私には能く分つて居ります、だからそれは其の通りだと思ふ、けれども此の章に関する限り、実は作為とか不作為と云ふことを客観的に認定する以上に意味がある章であるのだから、それに相応しい一つの力を持つた如き形で書いたらどうかと思ふ、是だけの議論で、あなたの議論と我々の言つて居る着眼とはまるで違つた着眼で議論して居るのだから、是は幾ら議論しても仕方がないことだ。

　鈴木委員　寧ろ私は委員会の名誉の為に是は守らなければならぬと思つて

申して居るので、決して頑固に主張して居る訳ではない。

芦田委員長 それは能く分ります。

原委員 是は各人思ひ思ひで、私共も末席を占めて居る者ですから、委員会で賛成したことが責任があると言はれれば私共が第一番に負はなければならぬから、そこは意見の岐れる所なんですが、一つ協調を保つて、第二章の趣意から言へば、今から抛棄するのだ、実行に移すのだ、法律は実行すると言ふのではなくて規範なんですから、それを声明すると云ふことが意思表示なんだから、さうやらなければならぬと云ふことは当然分つて居る問題だと思ふ、ですからここで如何でせう、大体の戦争の抛棄と云ふ前文に付ての註釈を是は加えたやうなものですから……

鈴木委員 交戦権と戦力の保持を先にして、戦争の抛棄を後にするのも考へる余地がありはせぬかと思ふのですがね。

芦田委員長 それは極く簡単な考へ方で斯う云ふ風にしたのです、それは交戦権を否認すると云ふことは、先づ戦争をやらないと云ふことの前提でせう、それだから初めの原文の書き方がをかしい、戦争はもうやりませぬと言つて置いて、一番最後に交戦権は行使しませぬと言つて居る、交戦権を棄てるから戦争をやらなくなる、それだから寧ろ交戦権を否認すると云ふことの方が先に行く、それから陸海空軍と云ふものがあるから戦争の手段になるのだが、だから軍備は持たない、交戦権は認めませぬと言つて、然る後にもう国際紛争の解決手段として戦争はしませぬ、斯う云ふことが思想的には順序だと思ふ。

鈴木委員 さうも考へられますね、私其の点は余り強く……

吉田委員 委員長、此の程度で進行しませう。

笠井委員 それが御決りになつて、「否認することを宣言する」と御続けになるならば、「前掲の目的を達する」と仰しやつたが、「達成する」と強くピンと跳ねたらどうでせう。

芦田委員長 それも新たなる提議ですが、其の前にどうですか、何とかそこで落付きが……

廿日出委員 「宣言する」と云ふ言葉を前へ持つて行きまして、「日本国民は正義と秩序を基調とする国際平和を誠実に希求することを宣言し、陸海空

軍その他の戦力を保持せず、国の交戦権はこれを否認する」、斯う云ふ風にすれば、全文本当の意味が通るやうに思ふ。
　芦田委員長　私個人としては廿日出君の意見で賛成で、それでも結構だと思ふ。
　原委員　今の御話のやうだと、国際平和、秩序等を希求すると云ふことは、もう前文の方でさう云ふやうなことがあるのですから、此処では希求する為に、それが理由になつて居つて、さうして交戦権を否認することを宣言すと、終ひの所でないと一寸宣言は工合が悪いやうに思ふ。
　芦田委員長　之を書いた時の気持は「正義と秩序を基調とする国際平和を誠実に希求し」と云ふのは、希求する所の日本国民とか、希求するが故にとか云ふ意味に於て此の文句を置きたい、斯う云ふ風に考へて書いた、だから希求することを宣言すと言へば、初めの趣意とは多少変つて来るんですがね。
　廿日出委員　其の点に付きまして色々と鈴木委員の御気持、又法律的な扱ひ、技術的な扱ひ、色々な難点を此処ではつきり緩和出来ると思ふ。
　芦田委員長　それは駄目ですよ、と云ふのは一体法律の文句の中に宣言とか声明とか云ふ文字を使ふこと、其のことがどうも余り希望すべきことぢやない、斯う云ふ御趣意なんだから、何処に宣言と云ふ字を入れやうと、其の趣意は附いて廻るのです。
　鈴木委員　それは法律技術的に言ふことなんで、其の通りなんです、それでは若し此の後に北さんや犬養さんが御出ましになつてもやはり委員長の仰しやるやうなことに賛成ならば決めると云ふことにして一応留保して置いて戴いてどうでせう。
　芦田委員長　さう云ふことに致しませう、さうすると笠井君の御提案の「前掲の目的を達するため」とするか、「達成するため」とするか。
　笠井委員　私は撤回します。
　芦田委員長　それでは一応第二章は其の程度にして、第三章に移ります。[103)]

　1946年7月30日に開催された第五回衆議院帝國憲法改正案小委員會における戦争放棄に関する答弁は下記の通りである。

芦田委員長　第九条の規定に委員会では修正を加へようと云ふ意見がありまして、さうして一応の修正案としては斯う云ふ文字を考へたのです、「日本国民は正義と秩序とを基調とする国際平和を誠實に希求し」、それから原文の第二項の「陸海空軍その他の戦力は、これを保持せず、国の交戦権は、これを否認することを宣言する」、是が第一項、第二項として「前掲の目的を達する為め」、今度は原文の第九条の第一項に行きまして、「国権の発動たる戦争と、武力による威嚇又は武力の行使は、国際紛争を解決する手段としては、永久にこれを抛棄する」、斯う云ふ風に直したらと云ふ案が出て居るのです、一寸読んだだけではお分りにくいかも知れませぬが、第一項の末に「戦力を保持せず、国の交戦権はこれを否認する」と云ふ文字が出て居る、それに対して「宣言する」と云ふ文字を支持する意見は、此の戦争抛棄は現在の改正案に於ては最も重要なる点であり、内外に対する影響が頗る深刻であるから、特に此の戦争抛棄の趣意に重きを置くと云ふ意味に於て、さうして日本国民の決意を更に強調する意味に於て、憲法の規定ではあるけれども、特に宣言すると云ふ文字を入れたいと云ふのです、それから之に反対する意見は、各条の中に「宣言する」と云ふ文字を入れることは、法律の体裁としては甚だ面白くない、寧ろ前文等であれば「宣言する」と云ふ文字を使ふことはそれ程差支なからうが、各条の規定の中に斯う云ふ文字を挿入することは体をなさぬ、又必ずしも「宣言する」と言つたからとて、特に此の心持を宣言する意味にはならない、斯う云ふ意見があつたのであります。

　金森国務大臣　議会の方で御修正になる点に付きまして、私の方から特に意見を申述べる考へを持つて居りませぬ、只今の考へではさう云ふ考へを持つて居りませぬが、唯此の憲法の各個の条文を作ります時の気持を一つ申上げて置きたいと思ひます、此の憲法は実際世界の情勢の中に日本が処して行く大原則を相当盛込みましたけれども、態度としては成べく普通の法規の形で行きたい、それで各個の表示も、出来るだけ謙抑な、余り大きく物を言はないやうな形で行きたい、併し其の中にはがつちりした規定を意味の上に於きましても置く、斯う云ふ態度で来ましたものですから、前文の中では可なりさう云ふやうな事実を述べたり、或は宣言をすると云ふやうな大胆な行動をして居りますが、各個の条文の中に於きましては、一国の極く質実な、法

として形をなし得る程度の言葉を使ふやうに始終気を付けて参りました、そこで今御述べになりました此の修正の中に宣言を御入れになることの是非は、私固より此処で申上げる自由を持ちませぬけれども、今までの他の条文を整理しました方針から言へば、成べく国内法の形を採る方が調和的である、斯う云ふ考へを持つて居ります。

　芦田委員長　有難うございました。

　鈴木委員　今一つ念の為に、交戦権を先に持つて来て、戦争抛棄を後に持つて来ることは、立法技術的に如何ですか。

　金森国務大臣　是は非常に「デリケート」な問題でありまして、さう軽々しく言へないことでありますけれども、第一項は「永久にこれを抛棄する」と云ふ言葉を用ひまして可なり強く出て居ります、併し第二項の方は永久と云ふ言葉を使ひませぬで、是は私自身の肚勘定だけかも知れませぬが、将来国際連合等との関係に於きまして、第二項の戦力保持などと云ふことに付きましては色々考ふべき点が残つて居るのではないか、斯う云ふ気が致しまして、そこで建前を第一項と第二項にして、非常に永久性のはつきりして居る所を第一項に持つて行つた、斯う云ふ考へ方になつて居ります、それが御質疑と直接関係があるかどうか知りませぬが、さう云ふ考へで案を作つたのであります。

　鈴木委員　私は法律専門家としての国務大臣に、今の宣言すると云ふやうな立法体裁が正しいかどうか参考として御意見を聴きたいので、私自身はさう云ふことは法律としてなつて居ないから止めた方が宜いと云ふ意見であつたのであります。[104]

1946年8月1日に開催された第七回衆議院帝國憲法改正案小委員會における戦争放棄に関する答弁は下記の通りである。

　芦田委員長　…第二章に参りまして、宣言すると云ふ言葉に付て色々議論をしたのでありますが、若し宣言すると云ふ字を取つて、此の間の修正案の通りで、多数の委員諸君の異議がなければ、是は臨時に私が斯う云ふ案を作つて見たと云ふ程度のことですから、最後の宣言すると云ふ文字を削つて、それで一応の修正とすることに御異議がないでせうか、第二章の九条です。

鈴木委員　今一度念の為に……

　芦田委員長　読みませうか。

　鈴木委員　読まなくても分りますが、非常に私は心配するのです、どうも交戦権を先に持つて来て、陸海空軍の戦力を保持せずと云ふのでは、原案の方が宜いやうに思ふのです、其の点に付て十分御考慮下さつたでせうか。

　芦田委員長　私は之を保持してはならないと云ふ書き方が……

　鈴木委員　いや其の書き方を変へるのは賛成しますが、順序を変へることです。

　芦田委員長　順序を変へるのは其の人の趣味で、例へば演説をする時に、一番大事なことを一番初めに言ふ人もあれば、一番大事なことは最後に言ふ人もある、是は其の人其の人の趣味であつて、偶々私の趣味が一体交戦権は之を認めないと言ふから、戦争を拋棄すると云ふ結果が出て来るのだ、戦争を先づ拋棄すると言つた其の後で、交戦権は之を認めないと言ふことは、どうも順序を得てない、それだから初めに交戦権は認めないと言つて置いて、国際紛争を解決する為の戦争は之を拋棄する、斯う云ふことが原則から出て来る結果なんだから、それで後に書いた方が宜い、斯う云ふ風に私は感じたのです。

　鈴木委員　或る国際法学者も、交戦権を前に持つて来る方が、自衛権と云ふものを捨てないと云ふことになるので宜いのだと云ふことを説明して居りました、だから色々利害はあるのですけれども、何か先達て金森国務大臣は、戦争の方は永久に之を拋棄する……

　芦田委員長　金森君と私の意見は、其の点に於て違ふのです。

　鈴木委員　それも分ります、十分御考慮下さつた後で、それで宜いと云ふことであれば私は強ひて反対しませぬ。

　犬養委員　是は一寸法制局に伺ひますが、第九条の第一項は今一寸鈴木君が触れられましたが、是は永久不動、第二項は多少の変動があると云ふ、何か含みがあるやうに、一寸此の間国務大臣の御発言があつたのですが、さう云ふ含みがありますか。

　佐藤政府委員　正面からさう云ふ含みがあると云ふことを申上げることは出来ないと思ひますが、唯気持を分り易く諒解して戴けるやうに、金森国務

大臣はああ云ふ言葉を御使ひになつたのだらうと思ひます。
　犬養委員　随て此の順序は無意味でなくて、相当意味がある……
　佐藤政府委員　意味があると云ふことを申したい為にああ云ふ表現を使はれたと思ひます。
　犬養委員　是は一応論議の対象になる。
　鈴木委員　それから是は別なことですが、念の為に此の条文に付て一寸申上げて置きたいのです、「国の主権」と云ふのを「国権」と直しましたね、併し国権を英語に訳すときに変な訳し方をされると却て迷惑する、英語の方では「シュターツゲワルト」に相当する言葉は、無理に使へば「パワー・オブ・ステート」と云ふ言葉もありますけれども、それは適当でない、英語では主権も国権も共に「ソヴァレンティ」です、だから此の通りで宜いと云ふことを御諒承願ひたいと思ひます。
　大島委員　あの宣言は取つてしまふと云ふ。
　芦田委員長　それを今御相談します、今第一項と第二項とどうしようかと云ふ議論に入つて居つて、其の文句のことをまだ決めて居ないのですが、若しそれを取れば、第一項の一番終ひが「その他の戦力を保持せず」、此処で一寸「又」と云ふ字を入れた方が、何だか日本語としては宜いやうな気がするのですが「又国の交戦権を否認する」……
　鈴木委員　「保持せず」と云ふ言葉は口語体として一寸どうですか。
　芦田委員長　「保持しない」とすると、此処で切らなくてはならぬですね、それで此の前、原委員から、やはり「保持せず」とした方が力強く且つ簡潔に出るのではないかと云ふ御意見が出たのですがね。
　鈴木委員　それはさう思ひますが、唯全体が口語になつて居るものですから……
　芦田委員長　「せず」と云ふのは口語ぢやないのですかね。
　鈴木委員　口語にも使はれませうね、唯感じがさう出て来ないやうな気がする。
　犬養委員　江藤さん、順序はどうですか。
　江藤夏雄委員　順序はどうも原文の方が宜いやうな気がするのですがね。
　吉田委員　昨日でしたか、金森国務大臣が一寸言うて居られた永久と云ふ

こと、第一項と第二項の何ですが、今又法制局の佐藤さんからの御話、さう云つたことを考へますと、大分是は強さに於て第一項と第二項―勿論第二項は何ですが、含みがあるやうに考へられるのですが、さうすれば是はどうでせうか、やはり原文のやうにして置いたら如何でせうか。

　芦田委員長　それでは私もう一つ説明しなかつた理由を申上げます、原文の侭に第二項に置いて、さうして文句を変へると、関係筋で誤解を招くのではないか、独立の条項として置く限りは「これを保持してはならない」、「これを認めない」と云ふ風にしないと、どうも却て修正することが藪蛇になるのだから、そこでどうしても日本は国際平和と云ふことを誠実に今望んで居るのだ、それだから陸海軍は持たないのだ、国の交戦権も認めないのだ、斯う云ふ形容詞を附けて「戦力を保持せず」と言ふことの方が、其の方面の交渉の時には説明がし易いのではないか、此の侭に置いて此の第二項の英文を書換へると云ふことは相当困難ぢやないか、斯う云ふ理由もあつて、それで之を一定の平和機構を熱望すると云ふ機構の中で之を解決して行く、斯う云ふ風に実は考へたのです。

　犬養委員　今言はれた国際平和を誠実に希求すると云ふ前文は、順序を変へても入れてはいけないのですか。

　芦田委員長　それは併し紛争解決の手段として永久に之を抛棄すると云ふことも、やはりさうなんですね、それなら初めと……

　犬養委員　私の言ふのは、九条前文が、事態斯くの如くになつては万已むを得ないと云ふやうな、読んだ後味があるので、積極的に何か入れたいと云ふのが抑々の私の発言なんです、其の趣旨を御賛同願つて段々文章が変つて来たやうですが、最初に委員長が言はれた文章は非常に良い文章だ、それを第一項に入れて順序は原文通りにしたら、何処か差支へのある所が起りさうでせうか。

　芦田委員長　結局私の考へは、第二項をどう云ふ風にして書換へるかと云ふことが一つと、それから日本が国際平和を望むと云ふことを入れたいと云ふことも一つで、其の為には斯う云ふ風にして原文を第一項と第二項とを変へて、そして戦力の問題、交戦権の問題を形容詞の下に包含させるならば、是はやつて見なければ分らないが、其の方がどうも説明が楽に行くやうに思

ふ。

吉田委員 私は委員長の修正案文は最初から非常に賛成です、鈴木委員の御説もありますが、委員長の仰しやることに賛成します、併し金森さんの仰しやつたことに一寸引掛りがありますが、何か将来第二項の方はもう少しどうにかなりはしないかと云ふ気がするのです。

芦田委員長 併しそれは憲法の書き方で決まるのではなくて、今後の日本の民主化の程度、国際情勢で決まるのだから、私は此処に「永久」とあるから、何かあると云ふやうなことは、形の上の問題としては非常に重要だが、実際問題としてはさう大した変りはないと思ふ。

原委員 私は草案の原文を非常に尊重し、又委員長の修正案に付ても非常な御苦心だつたことを思つて、一字一句忽せにしないで読んで大体会得致して居るのですが、色々な本日の御議論の跡を考へて見まして、いつそ是は第九条の冒頭に「国の主権の発動たる戦争」とある上に、少し文字が欲しいぢやないかと云ふ今犬養君の言はれた趣意から是は出発して居るのですが、そこへ帰つて一応考へて見る所に依りますと、委員長の修正案の「日本国民は、正義と秩序を基調とする国際平和を誠実に希求し」そこまで取つて、さうして前文に続ける、それ位の所ではどうでせうか。

鈴木委員 賛成です。

原委員 委員長の労苦を感謝して、賛成はして居つたのですが……

芦田委員長 さうすると原案通りになるのですね。

鈴木委員 原案の前に「日本国民は、正義と秩序を基調とする国際平和を誠実に希求し」、それから「国の主権の発動たる戦争」、斯う云ふ風に続けて、やはり一項、二項と云ふことを原案の侭に残して置いて宜い。

芦田委員長 さうすると二項は変へないと云ふことですか。

鈴木委員 さうです。

芦田委員長 是は人の趣味の問題だが、之を読んで、陸海空の戦力は之を保持してはならないと云ふと、何だか日本国民全体が他力で押へ付けられるやうな感じを受けるのですね、自分で……

大島委員 そこの第二項の所を斯う云ふ風に修正したらどうでせうか、「陸海空軍その他の戦力の保持及び国の交戦権はこれを認めない」……

芦田委員長　だからそれだけを独立して、さう云ふ風に直すことが果して関係方面と簡単に旨く行くかどうか。
　大島委員　いや、そこの所は私が言つたやうにする方が英文に忠実ですよ、そこの所は「ワン・センテンス」になつて居ないのです、私も之を考へまして、是は一文にした方がましだと思ふのですが―是は二つの文章になつて居りますが、それは一文にしても、ちつとも意味が変らないと私は考へます。
　芦田委員長　併し欲せずと云ふことは、「ウィル・ネヴァ・ビー・オーソライズド」と云ふ言葉の翻訳としては、是は英文は変りませぬとは言へないんぢやないですか、相当強い言葉ですよ、決して許可はしない、斯う書いてある。
　鈴木委員　元来戦争の問題だから、何か委員長のやうな感じを私共も最初は持つたんですが、考へて見ると、憲法は国家機関に対する命令を規定して居ることが非常に多い、何々を保障する、何々をしてはならない、思想及び良心の自由を侵してはならないと云ふのであつて、国家機関が、将来の政府は陸海空軍を設置してはならないと云ふことを命令して居るんですから、差支へないと思ひます。
　芦田委員長　だから初め申上げたやうに、是は趣味の問題だが、我々の趣味では、其の他の戦力は之を保持してはならないと云ふやうな言葉を読まされることが何だか……
　吉田委員　それは分る、辛い。
　芦田委員長　保持せずと云ふならば自分の決心だが、「オーソライズド」と云ふ字を使つた所は外にないでせう、此処に限つて「ネヴァ・ビー・オーソライズド」と斯う書いてある、それが何となく我々には辛いので、そこで保持してはならないと云ふやうな、一種の受動的な形でなく、自発的に之を保持せずと……
　鈴木委員　保持せずとした時は、どう御訳しになるんですか。
　芦田委員長　是は余り良い翻訳でもありませぬけれども、「ナット・メンテン・ザ・ランド・シー・エンド・エア・フォーシズ」―「ネヴァ・ビー・オーソライズド」と云ふやうなことは書かないで、斯う云ふ風にでも

したら……

　鈴木委員　さう神経過敏に考へなくても宜いと思ふ、「オーソライズド」と云ふことは、要するに……

　芦田委員長　それは法理的にはあなたの仰せられる通りだと思ふ、唯読んだ時に、此の文句が気になる人は、私ばかりではなく、相当多いと思ふ。

　鈴木委員　私共もさう云ふ感じから、此の修正案を考へて提案した訳ですが、偖て段々思案して行つて手を着けて見ると、又元へ戻つて来て、是しかないと云ふやうな感じがしたものですから……

　芦田委員長　多数が原案で宜いと云ふことなら、是でも宜い。

　原委員　原案の第一項に冠りを付ける、斯う云ふ……

　芦田委員長　唯簡単に之を保持せずと云ふ風に修正する為には、何か一応の理屈を述べなくてはならない、なぜ斯う変へるか、それにはやはり前文のやうな形容詞を付けて、「日本国民は誠実に平和を希求するが故に戦力を保持せず、交戦権を否認する」斯う云ふことがあつた方が、修正の場合に幾分か楽に行くんではないか。

　原委員　それは総て総合して、成べくさう云ふ風にしたいのは山々なんですが、私などもやはり最初から一項、二項を区別して、交戦権の問題と軍備の問題、此の関係が中々難かしいので、其の精神を探求するのに、同文章の出来上りに非常に苦心したんですが、併しながらそこまで草案で区別がしてあるんですから、戦争抛棄と云ふことから、やはり第二項も来て居る訳ですから、そこで結局此の両方を総括した何か文句があれば結構ですけれども、そこまでなくても、第一項の戦争抛棄の頭に今言つた如く「国際平和を誠実に希求し、国の主権の発動たる」と言へば、国際平和を希念した国民が正義と秩序を基としたのだと言ふことだけでも、ここに冠が掛かると非常に文章の工合も宜し、観念上からも非常に宜いのぢやないかと思ふ。

　吉田委員　私は個人としましては今原さんの仰しやつたことも能く分りますけれども、どうも第二項を見ますと、是が此の侭で憲法として残ります以上は、将来之を読む度毎に、国民の誰もが如何にも他力的に情なさを感ずるやうな気がします、随て委員長の仰しやる通り、是は積極的に之を保持せず、之を否認すると言つた方が宜いのぢやないかと私は考へます、是は許さ

れない、保持してはならないと云ふことは一種の情なさを感ずる、随て個人としては私は委員長の修正案に賛成を致します。

　林委員　どうも其の日其の日の気持で色々に変ると思ふのですが、今の第九条は先日満場一致で修正され、唯宣言と云ふ文字を残すか残さないかと云ふことだけが問題となつて残つて居つた、又引繰返してしまふと……

　犬養委員　此の条文は私が居ない為に保留されたんです。

　芦田委員長　さう云ふことはありませぬ、委員が一人欠席したからと云つて……

　林委員　それで宣言と云ふことだけが残されたと私は承知して居ります、それから斯う云ふ風に修正しようと云ふ重点は何処にあるかと云ふと、保持してはならないと言へば非常な刺戟を与へる、此の点に重点があつたので、私は委員長案に賛成した訳でありますが、今日もやはり其の心持は変らないので、委員長案に賛成致します、又其の宣言を除くと云ふことにも賛成致します。

　原委員　此の前、宣言と云ふことに主に議論が集中を致したのであつて、法律文章としては悪いのぢやないかと云ふことで、之に重点が置いてあつたけれども、是は宣言だけのことが問題になつた訳ではないんです、文章は全部の釣合等もあるものですから、そこで私は其の時に—今日は犬養委員も出席ではないし、大体私も賛成は致したが、其の次にまで延ばさうと云ふので、実は確定的な賛成意見も私は述べては居ない、出来るだけ二度も三度も発言をしたくないから、其の点詳しいことは申しませぬでした、そこはどつちにした所が、ものを良く作らうと云ふ重大な案件ですから、さう理窟なく……

　芦田委員長　御趣意は能く分りました、それではまだ進歩党の方でも党としての一定の意見がおありにならぬやうでありますから、是は後に廻しませう、やはり党の意見を纏めて述べた方が……

　鈴木委員　後にすると云つても、切りがないことですから、最後の結論が出て来るやうに、此処で一応は決めて置きたいですね、それで私も外の条文ならば蒸返しは決して致しませぬ、是は非常に心配して始終考へて居りまして、佐藤君も御存じだが、議場外に於ても、どうもあれは心配だから能く国

務大臣の意見も聞いて呉れ、順序を変へることもどうかと色々話をした位で、此の条文は恐らく関係方面との関係に於ても一番大事な条文になると思ふから、他の事は決して蒸返ししないが、是だけは除外例として蒸返しても宜いと思ふ。

　芦田委員長　御説の通り再検討することにして、今一寸拝見すると必ずしも一つの党でもまだ意見が一致してないから、やはり党の意見を纏めて御話を願はないと纏めやうがないと思ふから、後廻しにして……

　鈴木委員　大体論点は此処にある、此の論点を決めて返事することに御願ひしたい。

　原委員　私も鈴木君と同意見だが、此処で英文の話から委員長の含みなど色々考へさせられる、ですから非常に研究になつて喜んで居るのですから、もう此の位な所で一応片付けて戴きたい。

　芦田委員長　私も一刻も早く終りたいのですけれども、纏まりますか。

　犬養委員　委員長の仰しやつた前掲の目的を達する為めと云ふことを入れて、一項、二項の仕組は其の侭にして、原委員の言はれたやうに冒頭に日本国民は正義云々と云ふ字を入れたらどうかとも思ふのですが、それで何か差障りが起りますか。

　芦田委員長　前項のと云ふのは、実は双方ともに国際平和と云ふことを念願して居ると云ふことを書きたいけれども、重複するやうな嫌ひがあるから、前項の目的を達する為めと書いたので、詰り両方共に日本国民の平和的希求の念慮から出て居るのだ、斯う云ふ風に持つて行くに過ぎなかつた。

　吉田委員　そこで、正義と秩序を基調とする国際平和を希求して、此の希求の目的を達成する為め、陸海空軍其の他の戦力は之を保持してはならない、「これを保持せず」、斯うしたら「保持せず」と直しても目的が謳つてあるから、委員長の御苦心が生きる、委員長と意見の違ふ所は、一項と二項は原文の侭で、自発的な精神を生かして……

　廿日出委員　委員長の御心配になつて居る二項の所謂他動的な文句、何だか属国ででもあるやうに国民に映る卑屈な気持、之を完全に除きさへすれば、私は此の第九条は解決すべき問題ぢやないかと思ふ、実は新聞に載つた時の文は、是より違つて、「戦力保持は許されない。国の交戦権は認められ

ない」、斯うなつて居ります、そこで誰も皆気を腐らした、それが今度此の文に現れた時には、「これを保持してはならない。」「これを認めない。」と云ふ程度になつて居る、是は変つて居ると思つた、それを今度「保持せず」又は「保持しない」と、ピシヤツとやつて置けば、非常に心がすつとするのではないかと思ふ、それと同時に今前文のことを気にして居りましたけれども、本当にあの前文があれだけの内容を含めた前文、さうして最後に「誓ふ」と云うた、あれが宣言だ、其の宣言の後に此の九条が直ぐ来ると見て私は何等差支へないと思つて居ります、長い間私は是で苦しんで居る、皆からも責められた、此の点だけでも直さなければならぬと随分言はれた、そこでどうか第二項の所は何も加へずに、さつとやつて下されば一番解決するのではないかと思ひます。

芦田委員長　さうすると、今進歩党の案は「日本国民は、正義と秩序を基調とする国際平和を誠実に希求し、国権の発動たる戦争と、武力による威嚇又は武力の行使は、国際紛争を解決する手段としては、永久にこれを放棄する」、それから第二項に於て「前項の目的を達するため、陸海空軍その他の戦力は、これを保持しない。国の交戦権は、これを認めない」

廿日出委員　それで宜しうございます、私は異論はありませぬ。

鈴木委員　それなら大賛成です。

大島委員　そこの所を英文に直す時にどうでせうか。

鈴木委員　其の程度の翻訳は許されると思ひます。

笠井委員　此の九条の「抛棄」は否認に変へることに決定致したのですか。

芦田委員長　いや、「抛棄」に還つたのです、唯「抛」の字を放すと云ふ字にしようと云ふのです。

笠井委員　此の憲法に付ては、随分「マッカーサー」の方でも力を入れて居るらしいですから、成べく此の原案に余程力のある文章を作つて戴きたいと思ふ、認めないとか何とか簡単でなく―左様に御願ひします。

江藤委員　私も大体今の笠井さんの御意見と同じです、成たけ斯う云ふことは原案を忠実に作るやうにと云ふことで宜いのぢやないかと思ふ、さつきの鈴木さんの御話にもありましたやうに、私等はさう抑へ付けられたと云ふ

やうな感じを殊更持たないのですけれども……

　芦田委員長　そこは非常に意見がある所でありまして、感情と言ふか、趣味の問題で、勿論是で何でもない人も沢山あるに違ひない、又之を見る度に始終口惜しい気持のする人もあるのだから、是はもう百人百様の印象を受けるので、決して其の感情を強ひようと云ふ趣意ではないのですが、併し相当に神経を起す人があるとすれば、神経の起らないやうなものに直すことが出来ないかと云ふ問題に過ぎぬのです。

　鈴木委員　どうです、皆さん、折角纏まりかけて来たのだから「保持しない」「認めない」と云ふことで原案通り御賛成願ひたい。

　廿日出委員　皆さん賛成でしたら、私は異論はありませぬ。

　芦田委員長　さうすると保持しないと直すのですか。

　鈴木委員　さうです。

　芦田委員長　それではもう一遍読んで見ませうか、「日本国民は、正義と秩序を基調とする国際平和を誠実に希求し、国権の発動たる戦争と、武力による威嚇又は武力の行使は、国際紛争を解決する手段としては、永久にこれを放棄する。前項の目的を達するため、陸海空軍その他の戦力は、これを保持しない。國の交戦権は、これを認めない。」、斯う云ふことでしたね、それでは第三章に参ります…[105]

続いて、1946年8月21日に開催された、第二十一回衆議院帝國憲法改正案委員會での、芦田委員長による小委員會の経過並に結果、すなわち共同修正案についての報告並に説明における、憲法9条に関するものは以下の通りである。

「法第九条に於て第一項の冒頭に「日本国民は、正義と秩序を基調とする国際平和を誠実に希求し、」と附加し、其の第二項に「前項の目的を達するため、」なる文字を挿入したのは戦争放棄、軍備撤退を決意するに至つた動機が専ら人類の和協、世界平和の念願に出発する趣旨を明かにせんとしたのであります、第二章の規定する精神は人類進歩の過程に於て明かに一新時期を画するものでありまして、我等が之を中外に宣言するに当り、日本国民が他の列強に先駈けて正義と秩序を基調とする平和の世界を創造する熱意あることを的確に表明せんとする趣旨であります」[106]

1946年8月24日に開催された、第九十囘帝國議會衆議院本會議での芦田均帝國憲法改正案委員會委員長による憲法改正案委員會による議事経過並に結果報告における、憲法9条に関するものは以下の通りである。

　「「第二章戦争の放棄」」に付て説明致します、改正案第二章に於て戦争の否認を声明したことは、我が国家再建の門出に於て、我が国民が平和に対する熱望を大胆率直に表明したものでありまして、憲法改正の御詔勅は、此の点に付て日本国民が正義の自覚に依り平和の生活を享有することを希求し、進んで戦争を放棄して誼を万邦に修むる決意である旨を宣明せられて居ります、憲法草案は戦争否認の具体的な裏付けとして、陸海軍其の他の戦力の保持を許さず、国の交戦権は認めないと規定して居ります、尤も侵略戦争を否認する思想を憲法に法制化した前例は絶無ではありませぬ、例へば一七九一年の「フランス」憲法、一八九一年の「ブラジル」憲法の如きであります、併し我が新憲法の如く全面的に軍備を撤去し、総ての戦争を否認することを規定した憲法は、恐らく世界に於て之を嚆矢とするでありませう、近代科学が原子爆弾を生んだ結果、将来万一にも大国の間に戦争が開かれる場合には、人類の受ける惨禍は測り知るべからざるものがあることは何人も一致する所でありませう、我等が進んで戦争の否認を提唱するのは、単り過去の戦禍に依つて戦争の忌むべきことを痛感したと云ふ理由ばかりではなく、世界を文明の壊滅から救はんとする理想に発足することは言ふまでもありませぬ。

　委員会に於ては此の問題を繞つて最も熱心な論議が展開せられました、委員会の関心の中心点は、第九条の規定に依り我が国は自衛権をも放棄する結果となるかどうか、自衛権は放棄しないとしても、軍備を持たない日本国は、何か国際的保障でも取付けなければ、自己防衛の方法を有しないではないかと云ふ問題、並に我が国としては単に日本が戦争を否認すると云ふ一方的行為のみでなく、進んで世界に呼び掛けて、永久平和の樹立に努力すべきであるとの点でありました、政府の見解は、第九条の一項が自衛の為の戦争を否認するものではないけれども、第二項に依つて其の場合の交戦権も否定せられて居ると言ふのであります、之に対し委員の一人は、国際連合憲章第

五十一条には、明かに自衛権を認めて居り、且つ日本が国際連合に加入する場合を想像するならば、国際連合憲章には、世界の平和を脅威する如き侵略の行はれる時には、安全保障理事会は其の兵力を以て被侵略国を防衛する義務を負ふのであるから、今後に於ける我が国の防衛は、国際連合に参加することに依つて全うせられるのではないかとの質問がありました、政府は之に対して大体同見である旨の回答を与へました、更に第九条に依つて我が国が戦争の否認を宣言しても、他国が之に賛同しない限り、其の実効は保障されぬではないかとの質問にたいして、政府は次の如き所見を明かに致しました、即ち第九条の規定は我が国が好戦国であるとの世界の疑惑を除く消極的効果と、国際連合自身も理想として掲げて居る所の、戦争は国際平和団体に対する犯罪であるとの精神を、我が国が率先して実現すると云ふ積極的効果があり、現在の我が国は未だ十分な発言権を持つて、此の後の理想を主張し得る段階には達して居ないけれども、必ずや何時の日にか世界の支持を受けるであらうと云ふ答弁でありました、委員会に於ては更に一歩を進めて、単に我が国が戦争を否認すると云ふ一方的行為のみを以ては、地球表面より戦争を絶滅することが出来ない、今日成立して居る国際連合でさへも、其の組織は戦勝国の平和維持に偏重した機構であつて、今尚ほ敵味方の観念に支配されて居る状況であるから、我が国としては、更に進んで四海同胞の思想に依る普遍的国際連合の建設に邁進すべきであるとの意見が表示せられ、此の点に関する政府の努力に付て注意を喚起したのでありました…[107]

…第九条に於て第一項の冒頭に「日本国民は、正義と秩序を基調とする国際平和を誠実に希求し、」と加へ、其の第二項の冒頭の「前項の目的を達するため、」なる文字を挿入したのは、戦争放棄、軍備撤退を決意するに至つた動機が、専ら人類の和協、世界平和の念願に出発する趣旨を明かにせんとしたのであります、第九条の規定する精神は、人類進歩の過程に於て明かに一新時期を画するものでありまして、我々が之を中外に宣言するに当り、日本国民が他の列強に先駆けて、正義と秩序を基調とする平和の世界を創造する熱意あることを的確に表明せんとする趣旨であります」[108]

この後、衆議院本会議において採決が行われ、賛成421票、反対8票という

圧倒的多数で可決された。「帝国憲法改正案」は同日貴族院に送られることとなった。

10　衆議院憲法改正案小委員會における戦争放棄に関する審議および第二十一回衆議院帝國憲法改正案委員會での、芦田委員長による小委員會の経過並に結果、すなわち共同修正案についての報告並に説明の分析

　まず、7月26日に開催された第二回衆議院憲法改正案小委員會において、林平馬により、戦争放棄規定を前文に含めることにしてはどうかという提案が示され、これをめぐる「非常に困難な理由」が芦田から説明されるのだが、この説明の間、芦田の指示により速記が止められ、速記開始の合図後、林が「成程それでは…」と引き下がる箇所に注目したい。

　速記の停止中に芦田により説明された内容は、おそらく、1946年2月22日に行われた松本烝治国務大臣とホイットニー民生局長との対談において、戦争放棄を前文に置きたいという松本の提案が拒絶された経緯であったものと推測される。ここで確認しておくべき点は、戦争放棄規定を前文に含めることにしたいという林の提案の理由が「重要だから」というものだったことである。

　さて、7月27日の第三回衆議院憲法改正案小委員會において、戦争放棄に関する議論が「是は私が出さうと思つて居る内に、自由党から出されてしまつたのですが」と始まっているが、速記録を遡って参照しても、この自由党による提案の記録を認めることができない。その理由は、7月25日に開催された第一回衆議院憲法改正案小委員會において、「議事の進行に付てでございますが、各党派前以て修正の説明をすると云ふことは非常に時間が長く掛ると思ひます、それで是は各党派で之に出して戴いたならば、私はそれを諄々説明せぬでも分ると思ひます、それで例へば社会党の方針のやうな特別のものだけ御説明戴いて、各党派やる必要はなからうと思ひます、其の前に各党派から斯う云ふ風に「プリント」して戴くことが必要ではないかと思ひます」という大島委員の案に従う形で、議事が進行されることになったことによるものであろう。

　それでは、第三回衆議院憲法改正案小委員會における戦争放棄に関する議論

から分析を始めよう。ここでまず議論されたのは、憲法9条の「戦争の抛棄」、そして憲法9条1項の「国権の発動たる戦争」という表現についてであった。ここではとくに、「戦争の抛棄」という表現が採択された理由について確認をしておきたい。

芦田は自由党の見解として、「戦争権なら「抛棄」で宜いけれども、戦争を「抛棄」すると云ふことは、「抛棄」と云ふ字と相容れない」ため「否認」という表現が望ましいと提案するが、原夫次郎は「「否認」と云ふと、頭の形式的な働きのやうにも思はれるし、「抛棄」と云ふのは、是よりかまだ強い実際的の意味を含んで居る」、「「抛棄」の「抛」を「否認」と云ふだけでは、制限的な意味から申しましても弱いと思ふのです、だから「抛棄」は、やはり是はもう戦争は捨ててしまふのだ、投げるのだと云ふ所に却て意味がある」、という理由から「抛棄」でよいのではないかと応答している。

大島による「「抛棄」と云ふと、戦争をやつて居る時とか、何か権利を捨てると云ふ時には宜いが、全然何もやつて居ない時に「抛棄」と云ふのはをかしい、持つて居るものを捨てるとか、又は実際従事して居ることを止めると云ふ時は、「抛棄」と云ふ言葉が適当でありませうが、実際やつて居ない戦争を「抛棄」すると云ふのは、文字の使ひ方がをかしいと思ふ」という質問に対し、原は、「それはさうではないのです、第二項で、戦争権と云ふものは国家にある」と応じる。そして、これに鈴木や大島が賛意を示し、林による「「否認」と云ふよりも、「抛棄」と云ふ方がぴつたりするやうに思ふ、戦争をすると云ふ、さう云ふ手段を執らない、永久に棄てるのだと云ふことであり、戦争権を我々は棄ててしまつたのだと云ふことだから、どうも「否認」と「抛棄」とは似て非なるものがある、距離があると思ふ…」と述べる発言を経て「戦争の放棄」が確立していく経緯からうかがえることは、GHQによる総司令部案の「国民の主権としての戦争は之を廃止す」という規定の規範力を、「制限的な意味」において弱めてしまうことのないように、という制憲者意思である。「抛棄」は「否認」よりも「強い実際的の意味」を帯びるものとして肯定的に位置づけられている。

さらに、原によるこのような提案に賛意を示した鈴木は、「唯戦争をしない、軍備を皆棄てると云ふことは一寸泣言のやうな消極的な印象を与へるから、先

づ平和を愛好するのだと云ふことを宣言して置いて、其の次に此の条文を入れようぢやないか」という趣旨の提案を示している。犬養も「何だか仕方がない、止めようかと云ふやうな所があります、何か積極的な摂理として、戦争はいかぬと云ふやうな字が入れば尚ほ宜いかと思ひます…」と応じ、芦田の「外務省から来た印刷物に、「国際信義を重んじて条約を守る」と云ふことが何処かにあつて欲しいと云ふやうな意見が出て居りましたがね」という方向づけを経て、7月29日に開催された第四回衆議院帝國憲法改正案小委員會で、芦田により、「「日本国民は正義と秩序とを基調とする国際平和を誠実に希求し」という、憲法9条1項冒頭の文言案が、制憲議会において初めて示されることになる。9条1項の冒頭に、「日本国民は正義と秩序とを基調とする国際平和を誠実に希求し」という文言が記されるに至った動機は、戦争放棄をめぐる、他律的ではなく自律的な日本の姿勢を明記したいという鈴木や犬養の案に端を発するものであったことを、ここに跡づけることができる。

芦田がこの会議で示した「一応の修正案」は、下記のようなものである。

日本国民は正義と秩序とを基調とする国際平和を誠実に希求し、陸海空軍その他の戦力は、これを保持せず、国の交戦権は、これを否認することを宣言する。

前掲の目的を達する為め、国権の発動たる戦争と、武力による威嚇又は武力の行使は、国際紛争を解決する手段としては、永久にこれを抛棄する。

7月29日の第四回小委員會では、2つの点が議論されている。一点は、修正9条案1項末尾の「宣言する」という文言について、そしてもう一点は、戦力不保持規定と交戦権否認規定を1項に移し、「前項の目的を達するため」に「国権の発動たる戦争と、武力による威嚇又は武力の行使は、国際紛争を解決する手段としては、永久にこれを抛棄する」という規定を2項に置くという形式についてである。

修正9条案1項末尾の「宣言する」については、とりわけ鈴木により「宣言とか声明とか云ふことは、法律の「テクニック」として前文にはありますが、条文の中にはないと思ふ」、「法律文としては一つの命令を表はすのです、此処

で抛棄するのは意思を表はして居るので、宣言すると云ふことはどうも法律技術的には拙いと思ふ」という形で批判が寄せられ、佐藤法制局次長からも、「国の交戦権は別として、陸海空軍其の他の戦力を仮に保持した場合に於ては憲法違反になることが明瞭」であった原案と比べて「禁止的の色彩が弱くなつて来る」、「禁止規定が宣言規定に代つたと云ふ感じ」という懸念が示されることになる。

　これに対して芦田は、「それ程重きを置いて居るんだと云ふ意思をはつきりする為」、「原案の「陸海空軍その他の戦力の保持は許されない」と云ふ書き方が、日本文としてはどうも面白くない、自分で自分に言つて居る言葉でせう、それに、保持してはならないと云ふことは、独り言を言つて居る訳なんで、さう云ふ形を貽すことはどうも面白くない、俺は嘘を言つてはならないと云ふよりは、俺は嘘を言はないのだと云ふ方が日本文としては自然です」と答弁するが、ここで確認しておかなければならない点は、7月29日の第四回小委員會で、佐藤法制局次長により、「宣言する」という文言が入ると禁止規定としての力が弱まるという指摘が示された後に、林があえて戦争放棄規定を前文に含めるべきだと主張していることである。

　林は、7月26日の第二回小委員會でも戦争放棄規定を前文に移すよう発言しており、芦田から「非常に困難な理由」の説明を受けて引き下がったのであるが、林の意図は、「戦争抛棄は実に大きな問題だから、条文に入れると云ふやうに小さく扱ふよりか大きく扱ふ意味で前文に十分に言ひ表はして、条文より削除したい、詰り謂はば是は大きな宣言的な性質のものである、斯う云つたやうな考へ」、「法律义としては或は御不満かも知れませぬけれども、例外の例外として私は宣言若しくは声明とすることにしたい」というものであった。

　佐藤の説明を経てなお「宣言する」にこだわった林、そしてこれに呼応した吉田や芦田の念頭に、「宣言する」という文言の挿入を通じて、戦争放棄を禁止規定ではなく宣言規定として位置づけたいという意図があったことは否定出来ない。ここでは佐藤の答弁を経ているということが決定的に重要である。しかし、佐藤答弁の後に示された林、吉田、芦田らによるそのような意図が、7月30日の第五回小委員會における、金森の「各個の条文の中に於きましては、一国の極く質実な、法として形をなし得る程度の言葉を使ふやうに始終気を付

けて参りました、そこで今御述べになりました此の修正の中に宣言を御入れになることの是非は、私固より此処で申上げる自由を持ちませぬけれども、今までの他の条文を整理しました方針から言へば、成べく国内法の形を採る方が調和的である」という答弁を決定的な契機として後退し、「宣言する」という文言が最終的に削除されるに至ったという経緯を、本書は決定的に重要なものとして位置づけたい。すなわち、小委員会という制憲議会における制憲者意思は、戦争放棄規定を宣言規定として位置づけるという機会をもちながら、あえて「宣言する」という文言を９条から削除し、禁止規定としての形式を維持するに至ったのである。

続いて、原案の１項と２項を入れ替えるという形式についてである。小委員会の議事録により、芦田がこの形式にきわめて強いこだわりを見せた経緯を跡づけることができる。芦田は、この入れ替えの意図について、「極く簡単な考へ方」であるとし、「交戦権を否認すると云ふことは、先づ戦争をやらないと云ふことの前提でせう、それだから初めの原文の書き方がをかしい、戦争はもうやりませぬと言つて置いて、一番最後に交戦権は行使しませぬと言つて居る、交戦権を棄てるから戦争をやらなくなる、それだから寧ろ交戦権を否認すると云ふことの方が先に行く、それから陸海空軍と云ふものがあるから戦争の手段になるのだが、だから軍備は持たない、交戦権は認めませぬと言つて、然る後にもう国際紛争の解決手段として戦争はしませぬ、斯う云ふことが思想的には順序だと思ふ」と説明している。

ここでまず何よりもまず確認すべき重要な点は、戦力不保持規定と交戦権否認規定を１項に移し、「前項の目的を達するため」に「国権の発動たる戦争と、武力による威嚇又は武力の行使は、国際紛争を解決する手段としては、永久にこれを抛棄する」という規定を２項に置くという形式に強くこだわった小委員会における芦田の姿勢は、所謂「芦田修正」による自衛戦力合憲論の解釈、すなわち、９条２項に追加された「前項の目的を達するため」という文言を、９条１項「国際紛争を解決する手段として」の戦争放棄にかからしめ、９条２項が保持を禁ずる「戦力」は侵略戦争を目的としたものとし、自衛を目的とした戦力は禁じられていないという解釈を可能にすることにあった、という解釈を成り立たせるようなものではなかったということである。このように指摘する

論考は、直江泰輝[110]や伊崎文彦[111]等、少なからず存在している。

　ここで、所謂「芦田修正」について触れておくこととしよう。これは、芦田が後に、憲法9条2項の冒頭に「前項の目的を達するため」という文言が追加された意図について、憲法9条1項で禁じられているのは侵略戦争であるから、憲法9条2項に「前項の目的を達するため」が追加されたことにより、憲法9条2項が保持を禁ずる「戦力」は侵略戦争を目的としたものとなり、自衛を目的とした戦力は禁じられていないという解釈を可能にすることにあったと述べ、小委員会の議事録に、かような趣旨が記録されているはずであるとしたものである。[112]

　この芦田修正が総司令部および極東委員会に伝えられた時点で、その了承と引換えに、憲法66条2項の「文民条項」の導入が提案されることとなったため、憲法9条について自衛目的の武力の保持を禁じていないとする限定放棄説は、GHQおよび極東委員会が、芦田修正により憲法9条下でも軍隊が創設される可能性を認識するに至ったからこそ、軍人の存在を前提とした「文民」条項がGHQにより強く要求され、文民統制の見地から追加されたという芦田修正を起点とする議論と結びつけて論じられることが可能である。そもそも軍を予定していないはずの日本国憲法において、文民条項は不要であるはずであるから、文民条項の存在により自衛戦争が合憲とされるという理屈である。[113]

　帝国憲法改正案委員小委員会の議事録は非公開とされ、1995年まで公開されなかったが、1995年に公開されたところ、芦田がそのような趣旨の発言をしていなかったこと、記録されていたのはむしろ正反対の主張であったことが明らかとなった。1946年8月1日に開催された帝國憲法改正案委員小委員會において、次のようなやりとりを認めることが出来る。

　　犬養健委員　委員長の仰しやつた前掲の目的を達する為めと云ふことを入れて、一項、二項の仕組みは其の侭にして、原委員の言はれたやうに冒頭に日本国民は正義云々と云ふ字を入れたらどうかとも思ふのですが、それで何か差障りが起こりますか。

　　芦田均委員長　前項のと云ふのは、実は双方共に国際平和と云ふことを念願して居るといふことを書きたいけれども、重複するやうな嫌ひがあるか

ら、前項の目的を達する為めと書いたので、詰り両方共に日本国民の平和的希求の念慮から出て居るのだ、斯う云ふ風に持つて行くに過ぎなかった。[114)]

さらに、1946年8月21日に開催された衆議院帝國憲法改正案委員會で、芦田は「小委員會の経過並に結果、即ち共同修正案に付て報告並に説明」を行い、そこでも芦田は、憲法9条2項に「「前項の目的を達するため、」なる文字を挿入したのは戦争抛棄、軍備撤退を決意するに至った動機が専ら人類の和協、世界平和の念願に出発する趣旨を明らかにせんとしたのであります」[115)]と述べている。

これを帝國議会が了承して原案が確定したことを前提とするならば、「憲法9条2項に「前項の目的を達するため」が追加された意図は、憲法9条2項が保持を禁ずる「戦力」について侵略戦争を目的としたものに限定し、自衛を目的とした戦力は禁じられていないという解釈が可能にすることにあった」という芦田修正論は、制憲者意思として顧慮されるべきものとはいえないことになる。

さて、議論を元に戻そう。芦田が強い拘りを見せた、原案の1項と2項を入れ替えるという形式を採る修正案は、結局小委員会では受け容れられないという結果に至る。7月30日の第五回小委員會では、鈴木による、「交戦権を先に持つて来て、戦争抛棄を後に持つて来ることは、立法技術的に如何ですか」という質問に対し、原案作成者である金森が、まず原案の9条1項について「永久にこれを抛棄する」という文言により「可なり強く出て居」ることを指摘する。「非常に永久性のはつきりして居る所を第一項に持つて行つた、斯う云ふ考へ方になつて居ります」、このような金森の答弁から、政府においては、原案の9条1項は将来における憲法改正によっても改正できないものとして位置づけられていたことがわかる。そして、対照的に原案の9条2項では永久という文言をあえて用いず、将来の国連加盟時に求められるであろう兵力提供義務の履行のため、憲法改正の可能性を残したという趣旨の答弁が示されている。

この金森答弁について、8月1日の第七回小委員會では芦田が「金森君と私の意見は、其の点に於て違ふ」という立場を示し、「憲法の書き方で決まるのではなくて、今後の日本の民主化の程度、国際情勢で決まるのだから、私は此

処に「永久」とあるから、何かあると云ふやうなことは、形の上の問題としては非常に重要だが、実際問題としてはさう大した変りはないと思ふ」と述べ、１項と２項を入れ替える形式へのこだわりを最後まで見せている。しかし、「順序はどうも原文の方が宜いやうな気がする」という江藤の発言や、「九条前文が、事態斯くの如くになつては万已むを得ないと云ふやうな、読んだ後味があるので、積極的に何か入れたい」という立場から、芦田による「日本国民は、正義と秩序を基調とする国際平和を誠実に希求し」という文言を１項に挿入し、順序は原文通りにしたらどうかという犬養および原の発言、そしてこれに賛意を示す鈴木の意見により、１項と２項を入れ替えるという芦田案は斥けられることになる。

　この経緯においては、上述の江藤、犬養、原、そして鈴木による発言の前に、「或る国際法学者も、交戦権を前に持つて来る方が、自衛権と云ふものを捨てないと云ふことになるので宜いのだと云ふことを説明して居りました、だから色々利害はあるのですけれども」という鈴木の発言があったことに注意を喚起しておきたい。９条２項の「前項の目的を達するため」という文言を９条１項の「国際紛争を解決する手段としては永久にこれを放棄する」のみにかからしめることにより、自衛権行使目的の戦力保持は合憲になるという、所謂芦田修正的な解釈が、芦田自身をはじめとして小委員会では一切とられていなかったことは先に指摘したが、このような解釈とは異なる形での自衛権留保を可能とする「或る国際法学者」の「交戦権を前に持つて来る方が、自衛権と云ふものを捨てないと云ふことになるので宜い」という説明が鈴木により紹介され、その上で、「交戦権を前に持って来る」という９条の形式が斥けられた経緯を、本書は議事録を通じて確認してきた。これにより、憲法学における制憲者意思をめぐる通説は「明らかな誤解」であり、「個別的自衛権の行使については、日本国憲法公布時においてすでに内閣法制局のメンバーは想定をしていた」という長谷部恭男の指摘は、少なくとも憲法改正草案枢密院審査委員會、『憲法改正草案に関する想定問答』、衆議院本會議、衆議院帝國憲法改正案委員會、そして衆議院帝國憲法改正案委員會小委員會という場に至っても、妥当ではないということになる。

　この結論は、1946年８月21日の第二十一囘衆議院帝國憲法改正案委員會で

の、芦田委員長による小委員會の経過並に結果、すなわち共同修正案についての報告並に説明、そして、1946年8月24日の第九十囘帝國議會衆議院本會議での芦田均帝國憲法改正案委員會委員長による憲法改正案委員會による議事経過並に結果報告を参照しても変わるものではない。

　「法第九条に於て第一項の冒頭に「日本国民は、正義と秩序を基調とする国際平和を誠実に希求し、」と附加し、其の第二項に「前項の目的を達するため、」なる文字を挿入したのは戦争放棄、軍備撤退を決意するに至つた動機が専ら人類の和協、世界平和の念願に出発する趣旨を明かにせんとした」ものであること、「第九条の規定に依り我が国は自衛権をも放棄する結果となるかどうか、自衛権は放棄しないとしても、軍備を持たない日本国は、何か国際的保障でも取付けなければ、自己防衛の方法を有しないではないかと云ふ問題」に対し、「政府の見解は、第九条の一項が自衛の為の戦争を否認するものではないけれども、第二項に依つて其の場合の交戦権も否定せられて居ると言ふ」ものであること、この政府見解に対し、一名の委員から寄せられた、「国際連合憲章第五十一条には、明かに自衛権を認めて居り、且つ日本が国際連合に加入する場合を想像するならば、国際連合憲章には、世界の平和を脅威する如き侵略の行はれる時には、安全保障理事会は其の兵力を以て被侵略国を防衛する義務を負ふのであるから、今後に於ける我が国の防衛は、国際連合に参加することに依つて全うせられるのではないか」との質問に対し、「政府は之に対して大体同見である旨の回答」を与えたことが示された。

　この「大体」という留保は、本書が第2章8節で明らかにしたように、①「憲法9条の改正」、②「国連憲章の改正あるいは解除」による「我国に対し例外的取扱をなし、兵力提供の義務を免ぜしめること」という2つの選択肢のいずれかを講じなければならない、という趣旨が上記の質問中において明確に示されていないことから付されたものであった。

　「第九条に依つて我が国が戦争の否認を宣言しても、他国が之に賛同しない限り、其の実効は保障されぬではないかとの質問」に対し、政府は「第九条の規定は我が国が好戦国であるとの世界の疑惑を除く消極的効果と、国際連合自身も理想として掲げて居る所の、戦争は国際平和団体に対する犯罪であるとの精神を、我が国が率先して実現すると云ふ積極的効果があり、現在の我が国は

未だ十分な発言権を持つて、此の後の理想を主張し得る段階には達して居ないけれども、必ずや何時の日にか世界の支持を受けるであらうと云ふ答弁」をもって答えたことも示された。この答弁における「国際平和団体」が現存する国際連合であることも、本書は第1章8で明らかにした。

それでは、次節において、貴族院における制憲者意思を参照することとしたい。

11　貴族院本會議および貴族院帝國憲法改正案特別委員會における戦争放棄に関する審議

本節では、貴族院本會議および貴族院帝國憲法改正案特別委員會における、戦争放棄に関する質疑を引用し、参照することとする。ただし、戦争放棄をめぐる憲法解釈に直接関わりを有するものに限るものとする。

1946年8月27日に開催された貴族院本會議における、戦争放棄に関する質疑は以下の通りである。

　　南原繁　…第二項目として、所謂戦争放棄の条章に関係してでございます、是は新に更生しました民主日本が、今次の不法なる戦争に対する贖罪としてでばかりでなく、進んで世界の恒久平和への日本民族の新な現想的努力を捧げる其の決意を表明するものとして、我々の賛同惜まざる点でございます、殊に此のことは、占来幾多の世界の哲学者乃至宗教家の夢想し、構想して参つた理想が、はしなくも我が国の憲法に於て是が実現されるものとして、世界人類史上に新な意義を持つものとして我々は之を重大に考へるのであります、それだけに問題があることを又私共は考へなければならぬのであります、理想は高ければ高いだけ、それだけに現実の状態を認識することが必要でございます、さうでなければ、それは単なる空想に終るでございませう、本案が発表されました当時に「アメリカ」の新聞の批評の中に、是は一個の「ユートピヤ」に過ぎないと云ふことがありましたことは、兎角我々の反省すべき点であると思ふのでございます、戦争あつてはならぬ、是は誠に

229

普遍的なる政治道徳の原理でありますけれども、遺憾ながら人類種族が絶えない限り戦争があると云ふのは歴史の現実であります、従って私共は此の歴史の現実を直視して、少くとも国家としての自衛権と、それに必要なる最小限度の兵備を考へると云ふことは、是は当然のことでございます、吉田総理大臣は衆議院に於ける御説明に於きまして、是迄自衛権と云ふ名の下に多くの侵略戦争が行はれて来た、故に之を一擲するに如かずと云ふ御説明であるやうでありますが、是は客観的に其の正当性が認められた場合でも、尚且斯かる国家の自衛権を放棄せむとせられる御意思であるのか、即ち国際連合に加入する場合を現在の草案は予想して居ることと考へますが、其の国際連合の憲章の中には、斯かる意味の国家の自衛権と云ふことは承認されて居ると存じます、尚又国際連合に於きまする兵力の組織は、特別の独立の組織があると云ふことでなしに、各加盟国がそれぞれ之を提供すると云ふ義務を帯びて居るのであります、茲に御尋ね致したいのは、将来日本が此の国際連合に加入を許される場合に、果して斯かる権利と義務をも放棄されると云ふ御意思であるのか、斯くの如く致しましては、日本は永久に唯他国の好意と信義に委ねて生き延びむとする所の東洋的な諦め、諦念主義に陥る危険はないのか、寧ろ進んで人類の自由と正義を擁護するが為に、互に血と汗の犠牲を払ふことに依って、相共に携へて世界恒久平和を確立すると云ふ積極的理想は却て其の意義を失はれるのではないかと云ふことを憂ふるのであります、それのみならず現在の国際政治秩序の下に於ては、「アメリカ」国の或評論家が批評致しましたやうに、苟くも国家たる以上は、自分の国民を防衛すると云ふのは、又其の為の設備を持つと云ふことは、是は普遍的な原理である、之を憲法に於て放棄して無抵抗主義を採用する何等の道徳的義務はないのであります、又何れの国家に於きましても、国内の秩序を維持するが為には、警察力だけでは不十分であります、本来兵力を維持する一つの目的は、斯かる国内の治安の維持と云ふことも考へられて居るのであります、殊に日本の場合には、将来を想像致しますと、国内に於きまする状勢の不安、其の状態は相当覚悟して居らなければならぬと思ふのであります、政府は近く来たらむとする講和会議に於て、是等内外よりの秩序の破壊に対する最小限度の防衛をも放棄されると云ふことを為さらうとするのであるか、此の点を御尋

ね申上げたいのであります、若しそれならば既に国家としての自由と独立を自ら放棄したものと選ぶ所はないのであります、国際連合は決して国家の斯かる自主独立性を否定して居りませぬ、寧ろそれを完全なものにする為に、互に連合して、世界に普遍的な政治秩序を作らうと云ふのが其の理想であります、尚且大事なことは、斯かる新しい国際運動は、結局に於て、世界は一つ、先程申した私の申上げまする各国の民族共同体を越えて、そこに世界人類共同体と云理想を目途として居るものと我々は解釈するのであります、然るに此の世界共同体の理想に於きましては、単に其處に與へられて居る平和を維持し、唯国際の安寧を維持すると云ふだけぢやなしに、人種、言語の区別を立ち越えて、世界に普遍的なる正義を実現すると云ふ為に各国間の協力が要請せられるのであります、其の為に功利主義的な、単に現状を維持すると云ふだけでなしに、政治経済上のより正しき秩序を建設する為に絶えず努力が各国民に依つて払はれなければならぬのであります、而もそれを武力に依らないで、飽く迄も人類の理性と良心に訴へ、平和的方法に依つて之を達成しようとする所の大なる理想があるのであります、日本が是迄の過誤を清算致しましたる以上は、将来世界に向つて単に戦争を放棄すると云ふことだけを宣言するだけでなしに、進んで世界共同体の間にありまして実現すべき斯かる理想目的を持つことが必要であります、それは現に近く来らむとする所の講和会議に対しても其の備があるべき筈だと私は思ふのであります、今回衆議院の修正に於きまして、「日本国民は、正義と秩序を基調とする国際平和を誠実に希求し」、と云ふ一句が当該条文に加へられたのであります、此のことは私の以上説明しましたやうな意味に於て、頗る重要な意味を持つて居ると私は思ふのであります、何故なれば、是は単に戦争を放棄すると云ふだけではなしに、進んで民族の平和の理想を謳つたものであります、それ以上に私の考へますことは、単なる平和の現状を維持すると云ふのぢやなしに、飽く迄も国際正義に基いた平和を理想とすると云ふ所に重要なる意義があると思ふのであります、今回の衆議院の憲法修正に対して、修正の中の最も重要な意義を持つて居るものは是であると私は叫ぶ者であります、政府は右修正案に対しまして、此の問題を如何やうに御考になつたか、又此の問題に対して如何なる御用意があるのかを吉田外務大臣に御尋ね致したいのであ

ります、又其の間の法理的な問題に付きましては、金森国務相に御尋ね致したいのであります。[116]…

幣原国務大臣 …又改正案の第九条には国際紛争解決の手段として、戦争に訴へることを否認する条項があります、「マッカーサー」元帥は本年四月五日対日理事会に於ける演説中、此の第九条の規定に言及致しまして、世間には戦争放棄の条項に往々皮肉の批評を加へて、日本は全く夢のやうな理想に子供らしい信頼を置いて居るなどと冷笑する者があります、今少しく思慮のある者は、近代科学の駸々たる進歩の勢に目を著けて、破壊的武器の発明、発見が、此の勢を以て進むならば、次回の世界戦争は一挙にして人類を木つ葉微塵に粉砕するに至ることを予想せざるを得ないであらう、之を予想しながら我々は尚躊躇逡巡致して居る、我が足下には千仞の谷底を見下しながら、尚既往の行懸りに囚れて、思切つた方向転換を決行することが出来ない、今後更に大戦争の勃発するやうなことがあつても過去と同様人類は生残ることが出来さうなものであると云ふが如き、虫の良いことを考へて居る、是こそ全く夢のやうな理想に子供らしい信頼を置くものでなくて何であらうか、凡そ文明の最大危機は、斯かる無責任な楽観から起るものであり、是が「マッカーサー」元帥が痛論した趣旨であります、実際此の改正案の第九条は戦争の放棄を宣言し、我が国が全世界中最も徹底的な平和運動の先頭に立つて指導的地位を占むることを示すものであります、今日の時勢に尚国際関係を律する一つの原則として、或範囲内の武力制裁を合理化合法化せむとするが如きは、過去に於ける幾多の失敗を繰返す所以でありまして、最早我が国の学ぶべきことではありませぬ、文明と戦争とは結局両立し得ないものであります、文明が速かに戦争を全滅しなければ、戦争が先づ文明を全滅することになるでありませう、私は斯様な信念を持つて此の憲法改正案の起草の議に與つたのであります。[117]…

吉田茂内閣総理大臣 …又戦争放棄に付て、将来国際連合に入る意思であるか、或は自主的、自衛的の戦争をも放棄したのであるかと云ふ御尋でありますが、今日は日本と致しましては、先づ第一に国権を回復し、独立を回復することが差迫つての問題であります、此の国権が回復せられ、さうして日

本が再建せられる此の目下の差迫つた問題を政府は極力考へて居るのでありまして、万事は講和条約或は国家の態勢が整ふと云ふことを、政府として極力其の方向に向つて努力して居る訳でありまして、それ以上のことは御答へ致すことは出来ないのであります[118]。

1946年8月29日に開催された貴族院本會議における、戦争放棄に関する質疑は以下の通りである。

　佐々木惣一　…戦争放棄に付きまして一つの私の愚見を申したいと思ふ、敢て不必要な謙遜の言葉ぢやない、本当に謙遜して居る者でありまするが、此の戦争の放棄と云ふことに付きましては、殆ど私共以外の者は皆、是は宜いことだ、正しいことだと云ふことに言はれて居るのでありまして、而して私は密かに之に付て疑を持つて居る者でありまするから、是はどうも自分の考が愚ぢやないかと実際思つて居るのです、そこで私の考へまするのに、世界は今申しましたやうに、平和的に正義を実現をするのであるが、併し此の平和的に正義を実現すると云ふことは日本だけのことぢやない、日本だけの責任ぢやないのだ、是は皆の国が相寄つて其のことに寄与すると云ふのでなくちやならぬ、それでありまするから、我々は如何に平和的に正義を実現すると申しましても、此の世界の現実と云ふものを見なければならぬ、此の世界の歴史的現実と云ふものを離れて観念的に問題を考へることは、此処に非常な危険があるのみならず、是は本当の意味に於ての即ち共生体の理論に適はないと私は思ふのであります、現実に於きましては、此の間申しました通りに、兎に角他の国家に於きまして其の戦争と云ふものを致さなければならぬ事実があると云ふことは現実に示されて居る、現実に戦争して居ると云ふことを言ふのぢやありませぬよ、歴史的経験から見ますると、さう云ふことをせなければならぬ必要があるのだと云ふことが考へられる、然らば我が国に於きましても、我が国の国家と云ふものの性格自体から見ますると云ふと、自分からさう云ふ力を国内的に棄ててしまふと云ふことはどう云ふ訳か、是は但し外国との関係に於て、或は他の国家と条約に入る、或は連盟に入つて、さうして自分は戦争をせないと云ふ国際的義務に入ることはそれは宜しい、私は今後それは大いに希望するのです、今後国際連合に入るとか、

其の他の時にあたりまして、嘗ての不戦条約と同じやうに戦争はやらないと云ふことを皆で決めると云ふ関係に入ると云ふことは宜いが、自分の国が自分の力で以てそれを棄ててしまふと云ふことを何故宣言する必要があるか、宣言せないと云ふことは戦争をすると云ふことぢやありませぬよ、宣言しなくても戦争をすることが悪ければしなければ宜い、何故に之を国法的に宣言すると云ふ必要があるかと云ふことに付きまして非常な疑問を持つて居るのであります、固より他の国との国際関係に於て戦争せぬと云ふ国際的義務を負ふことはそれは宜しい、併しながら国家法に於て何故に他の国に於て類例を見ない所の斯う云ふ規定を設ける必要があるかと云ふことに付て非常に疑問を持つのです、誤解されてはいけませぬです、戦争其のものを私が賛成して居ると云ふのでもなんでもない、それは戦争せぬと云ふことは国際的義務としては負うて然るべきである、それは他国も、共同に世界平和を実現する責任を持つて居る者皆が戦争せぬと云ふ責任を相互に負ふことは、それは非常に宜いことである、唯日本だけがさう云ふことを国法的に宣言すると云ふ、さう云ふことは言はぬでも宜いと思ふ。…[119)]

金森国務大臣 …次に国際活動と云ふ点に付きまして、詰り憲法第二章の平和的宣言と云ふことに付ての御疑点を御示しになりました、要は原案第九条の戦ひを行はざる宣言、軍備を持たざるの宣言と云ふものは、是は国際的なる約束としてやれば意義があるけれども、一国だけで、国内法的に主張したつて弊害あるのみであつて、実益はないのぢやないか、日本だけでものを言つても役に立たぬのぢやないか、斯う云ふ風の趣旨を以て御質疑になつたと思ふのであります、其の考へ方は確かに理由があると思ひます、人が寄つてたかつて初めて立派な事が行はれるのであります、自分一人ぢや出来ないのだ、だからやらずに置かう、或は言はずに置かう、此の考へ方が世界の秩序をして今日迄十分なる発達を為さしめずして、平和に対する望みを遠ざからしめて居るのではなからうか、有らゆる角度から本当に物を考へて、此の時日本が起つて、平和に対するはつきりした覚悟を示すと云ふことは、それこそ勇気を要することでありまするけれども、其の勇気を要することを断行したのでありまして、人がやる迄は、やらないとか、人の振りを見てのみ我

が振りを決めて行くと云ふ考へ方は、斯の如き根本の問題に付ては我々は執りたくない、斯う考へて居る次第であります。…[120]

1946年8月30日に開催された貴族院本會議において、参照すべき戦争放棄に関する質疑は以下の通りである。

　山田三良　…去る六月二十二日に憲法改正案草案の修正に関する質問を致したのでありまするが、…私が前回の質問の際に、草案の規定は是非修正を加へることが必要であると云ふ例証と致しまして更に五つの点を挙げたのでありまして、…第三には、第九条第二項を削除しまして、自衛権の行使を留保するの必要がある、此の三点は原案に付て特に修正を要する著しき点であるとしたのであります。…又第九条に付きまして、即ち戦争の放棄に付きましても重要なる修正を加へまして、第二項の規定を自主的に改めましたことは、誠に適切なる修正であると言はねばならないのであります、私は先に第九条の第二項を削除せねばならないと申しましたのは、国家の自衛権を尊重すると云ふ必要からだけではなく、第九条第二項の規定の形が甚だ相応しくないのでありまして、即ち陸海軍の戦力を保持することは許されないとか、国家の交戦権は認められないとか、恰も何か外から制限せられ、壓迫せられたるが如き規定でありましたから、さう云ふ軍備の制限と云ふことは一国の憲法に於て規定すべきことではないのでありますから、是は是非改められなくてはならない、さう云ふ規定は、平和条約等に於きまして国家が軍備を制限せられると云ふやうな時には已むを得ない規定でありますけれども、我が憲法の規定として斯かる言葉で之を規定することは甚だ不穏当であるから、是は是非改正せられなくてはならないと云ふことを主張したのでありまして、然るに今度衆議院に於て修正せられました所に依りますと云ふと、大いに宜くなつて来たのでありまして、御承知のやうに「日本国民は、正義と秩序を基調とする国際平和を誠実に希求し、国権の発動たる戦争と、武力による威嚇又は武力の行使は、国際紛争を解決する手段としては、永久にこれを放棄する。」、斯くの如くにして徹底的の平和主義を世界万国に対して堂々と宣言したるものでありまして、此の意味に於て、此の精神に於て第九条第一項は誠に立派なる、国際的にも大いに認めらるべき堂々たる宣言となつたの

であります、而して第二項に於きまして、「前項の目的を達するため、陸海空軍その他の戦力は、これを保持しない。」、此の前項の目的を達する以上は徹底的に武備は要しない、斯う云ふ考で第二項を改めて規定してあります、是ならば私は此の形に於きまして之を是非削除せねばならないと云ふ必要を感じないのであります、或は国家自衛権の為には、斯う云ふ規定を置けば自衛権迄も放棄すると云ふことになりまして、甚だ不都合であると云ふ議論もありますけれども、我が国の現状に顧みまして将来を慮ります時には、自衛権の行使の為に、或程度の武力を備へなくてはならないと主張する根拠は甚だ薄弱であると言はねばならないことになります、のみならず斯う云ふ規定を置くか置かないかが、まだ未定の問題であるならば宜しいんでありますけれども、既に一旦斯くの如き規定を置いて、武力は持たない、交戦権は行はないと、斯う言ひました後で、是は困るから、自衛権の為に此の規定を削除、或は改正しなくてはならぬ、斯う云ふことになりますと云ふと、現在の国際情勢に於きまして我が国は、我が国民は外国から甚だ謂はれなき誤解を招くと云ふことになりますから、一旦斯う云ふ規定を置きながら、新たに之を削除すると云ふことは、容易ならぬ理由がなくては出来ないことでありますから、私は前に主張しました第二項削除説を放棄致しまして、衆議院の此の改正に満腔の賛同を表する者であります。…[121]

1946年9月5日に開催された貴族院帝國憲法改正案特別委員會における、戦争放棄に関して参照すべき質疑は以下の通りである。

南原委員 …戦争放棄に関連致しまして、御尋ね申上げたいと存じます、一つは我が国が将来国際連合加入の場合に、今回成立すべき新憲法の更に改正を予想するものでありますかどうかと云ふことを吉田外務大臣に御尋ね申上げたいのが第一点でございます、其の点は本会議に於ても私が申上げましたやうに、国際連合の憲章に依りますと、其の加入国家の自衛権が一面に於て認められて居ります、其の外に重要なことは、兵力を提供する義務が課せられて居りますことは御存じの通りであります、然るに今回の我が憲法の改正草案に於きましては、自衛権の放棄は勿論のことでありますけれども、一切の兵力を持ちませぬが為に、国際連合へ加入の場合の国家としての義務と

云ふものを、そこで実行することが出来ないと云ふ状態となつて居るのではないかと云ふ問題があるのではないかと存じます、ところで一昨日でございましたか、本委員会に於きまして、吉田首相の御説明の中に此の憲法草案は国際連合の場合を必ずしも直接に考へて起草して居ないと云ふやうな意味の御答弁があつたやうに私ちよつと承つたのでございます、それと併せて考へまする時に於て、将来いよいよ現実的に国際連合に加入すると云ふ場合が起つて来た場合に、さう云つた点に付て憲法の更に改正、詰り第九条をめぐりまして、更に改正を予想せらるるやうな意味でありますかどうかと云ふことを先づ吉田外務大臣に御尋ね申上げたいのであります。

吉田内閣総理大臣 御答へ致します、国際連合に加入するかどうか、是は私の意味合は成るべく早く国際団体に復帰することは日本の利益であり、又日本国としても希望する所であり、又経済的利害の上から申しましても、政治的の関係から申しましても、国際団体に早く復帰すると云ふことが政府と致しましても、努力もし、又希望も致して居る所であります、さて、然らば国際連合に加入するかどうか、是は加入することは無論の希望せざる所ではありませぬが、併しながら加入には御話の通り色々な条件がありまして、其の条件を満たし得ると言ひますか、満たすだけの資格が満たし得ない場合には或は加入を許さないと云ふこともありませうが、然らば如何なる条件で、如何なる事態に於て加入するかと云ふことは、今日の場合に予想出来ない所でありまして、今日我々の考へて居ります所は、国際団体に復帰する、其の前に講和会議と言ひますか、講和条約を結ぶ、此の時期を成るべく早めると云ふことに専心努力して居るのでありまして、さうして講和条約の出来た、講和条約の締結前後の国際情勢、或は日本内部の情勢等を考へて、さうして国際連合に入ることが善いか悪いかと云ふことも考へなければならぬ、現に又加入して居らない国もございますことは御承知の通りでございます、講和条約締結後のことを今日に於て直ちに斯う云ふ条件であるとか、或は憲法を改正することを予想するかと云ふことに付ては御答へしにくいのであります、其の時の講和条約締結後の国際情勢、国内情勢に依つて判断すべきもの、斯う私は考へます。[122]

南原委員 …第三点に伺ひたいのは、今回の改正案に依りまして、第九条に於て戦争放棄を宣言致しましたが、過日衆議院に於きまして、それに修正を加へまして、其の冒頭に一句が加つて居るのであります、即ち「日本国民は、正義と秩序を基調とする国際平和を誠実に希求し」と云ふ一句が加つたのであります、之に付きましては、先般金森国務相から簡単な御説明が一応ありましたけれども、どう云ふ見地から政府は此の修正案に御同意になつたかと云ふことを金森国務相に御伺ひ致したいのであります、私の考に依りますと、衆議院が其のことを意図したかどうかと云ふことは、是は別問題と致しましても、先程第二点に於て私が申上げましたやうな意味に於て、即ち正義に基いた平和確立、単なる現状維持の平和でなしに、正義に基礎を置いた新たな平和と云ふ意味に解してこそ、又さう云ふことを意図してこそ是は重要なる意義を持つものと思ふのであります、今回の衆議院に於ける幾多の点に於ての政府原案に対する改正の中で最も是は重要なる意義を持つて居るものと私は考へて居るのでございます、是は政府はどう云ふ風に此のことを御解釈の上御同意になつたかと云ふことを、先づ金森国務大臣に伺ひたいのであります。

　金森国務大臣 第九条に於て衆議院で此の字句を直されました趣旨は、私は南原君の御言葉の中に現れましたやうに、正義と秩序を基調とする国際平和を希求すると云ふ点に力点を置いて直されたものと考へて居ります。

　南原委員 誠に其のことが自覚され、又意図されて、衆議院が之を修正し、政府が同意したと云ふなれば、是は此の憲法に於て戦争放棄と相俟つて、或はそれ以上に世界的に実は重大なる一つの宣言であります、又帝国の理想を示したものとして、深く之を評価したいのであります、何故ならば、御承知の通りに現在の国際連合の憲章に於きましても、其の点に付てはまだ問題であるのであります、そこ迄踏込んで居ないと私は解釈して居るのであります、けれども民族協同体、一国ノ国民協同体を超えて、其の根柢に世界の協同体と云ふことを理想として考へまする以上、斯う云つた世界連合の目的、計画と云ふものは当然そこ迄行かなければならぬと私は考へるのであります、さう云ふ意味に於きまして、是は実は画期的な日本の大きな理想の宣言であると私は思ふのであります、どうか政府に於かれましては、さう云ふ

遠大なる計画の下に将来の計画を樹てられて、更にそれを間近かにある講和会議に於て、先づ其の一面を吐露されるやうに、今から政府の十分なる御努力を御願ひ申上げて置きたいのであります。…[123)]

1946年9月6日に開催された貴族院帝國憲法改正案特別委員會における、戦争放棄に関して参照すべき質疑は以下の通りである。

　　澤田牛麿委員　私は此の第二章に付て総理大臣兼外務大臣の御意見を伺ひたいと思ひます、初め九条を見ますと、是はどうも日本で言ふことぢやない、他人が言ふことだと思つた、「これを保持してはならない。」何が講和条件で押付けられた文句ならば是は正当であるけれども、此の憲法の文句ぢやをかしいと云ふ感じがするのであります、其の後衆議院に於て修正せられたやうでありますが、是は何ですか、第二項は、平和条件の中に相手方が加へないやうに、先走つて其の手を封ずる為に、日本の憲法で軍備は持たないと云ふことを言ふ、さうすれば相手方が一切軍備を持つてはならぬと云ふ「タームズ・オブ・ヒーズ」の中に入れないで済むと云ふ御考でもありませうか、此の二項に付ては、ちよつとどうも私共の想像の出来ないことで、自分が憲法で決めるならば、陸海軍は所持せずと言へば宜い、「保持してはならない」「認めない」とか云ふことは、どうも相手方が言ふ言葉のやうに思ふ、唯言葉の問題でなしに、さう云ふ考が腹の底にあるから言葉に出て来るのぢやないかと思ひますが、此の点は如何でございませうか、それからもう一つ、是は非常な想像で、そんなことはとても答へられないと言はれればそれ迄だが、併し第一次世界大戦の終りに、第二次世界大戦は絶対にないと云ふことを有識者は言つて居つたのが、二十年か三十年で第二次世界大戦が起つた、それで此の人類のことはさう断言は出来ないものと思ひますが、将来若し、是は稀有の場合でありますが、そんな場合には答へられないと云へばそれ迄ですが、若しに大国がどつかと戦争することがあつて、日本がどつちかに附かなければならぬ破目になつた時に、好んで何するのぢやありませぬが、附かなければならぬ破目になつた時に、此の二章の規定はどう云ふ効力を生ずるのであらうか、其の点がちよつと伺つて置きたいのであります、それから其の次には、此の頃の「パリー」会議の様子を、私は向ふのことは少

しも知りませぬから、全く文盲でありますけれども、新聞で見ますと、「ナチ」の「サテライツ」の諸国に皆軍備を許して居る、是は極めて少量ではありますが、陸軍若しくは海軍迄許して居る状況もあります、さうすると世界が日本だけを「ディスアーム」すると云ふことはちよつと想像し難いのですが、つれ程酷に連合国が日本に当るであらうかどうか是も想像し難い所でありまして、日本にも「ヨーロッパ」の五つの国と同じやうに、極く少数の軍備を許されるかも知れぬ、是は全く想像ですが、そんな想像も出来ないことはないであります、さう云ふ時に、憲法で禁止して居れば、折角相手国が許しても持てないと云ふことになる、それ迄にする必要はないのではないか、それから又、軍備と云ふことに付ては、成る程是は悪用することは甚だ怪しからぬことであるが、警察力の何と云ふか、後楯として或程度の軍備を置いて置かなければ、国内の秩序の完全なる維持と云ふことは頗る困難なる場合も出来やしないかと思ふ、それは現に、今度の改正案ではどうか知りませぬが、地方長官の官制に、地方長官に出兵を要求する権利を与へて居ることは、何も地方長官が外国をどうするとか、斯うするとか云ふことでないので、内地の治安を保つ場合に、警察力ではなかなか行かない場合には、地方長官が出兵を要求する権利、単に嘆願するのぢやない、要求する権利を認めて居る、是は即ち或種の兵備が国内治安維持に必要であると云ふ一つの証拠にはなりはしないか、是が絶対のものぢやないが、一つの証拠になりはしないかと思ふ、さう云ふ点に於て、総理大臣兼外務大臣はどう云ふ御考を持つて居られませうか、一応御教へを受けたいと思ひます。

　吉田内閣総理大臣　御答へ致します、八条、九条の規定はしばしば本会議に於て御説明申上げましたが、日本に対する戦争直後以来、日本に対する再軍備であるとか、平和を愛好せざる国であるとか色色の疑問があり、此の疑問、疑惑は日本人の立場として甚だ不利である、其の不利を除く為に、又日本が真に平和愛好国家として、世界に先立つて戦争を放棄することに依つて、日本の国民の意の在る所を徹底せしむる、所謂何と申しますか、国外の情勢に対する判断の上から言つて見ても、斯くの如き規定を、他の憲法に類を見ざる規定を置くことが宜しいと考へて政府は此の規定を憲法に挿入したのであります、又将来の問題、所謂御話のやうな戦争が再び起つた場合に、

日本が其の圧力を受けた場合と言ひますか、戦争の危険があつた場合はどうするか、是は所謂仮定の場合を私が外務大臣として今日此処で其の場合を想像して彼此申述べると云ふことは言明を避けたいと思ひます、それから治安維持の上から云つても必要ではないかと色々な御話もありましたが、是も仮定の問題であつて、私は万事は此の間此処で申上げましたが、講和条約が出来て後の状態に依つて判断すべきものであつて、今日治安の乱れた場合、或は戦争の危険が再び生じた場合にどうするかと云ふ仮定の場合に付ては甚だ御答へし難いのであります。

澤田委員 只今の御答で大体分りましたが、仮定でない場合のものと私は思ひます、即ち内地の治安の問題は警察に関する問題で、仮定の問題ではないのであります、無論現在事実起つて居ないから仮定と云ふ字をそこ迄持つて行けば仮定でありますけれども、是はあり得ることでありますから仮定と云ふ意味は私は承服し兼ねる、内地の警察力の強化の為と言ひますか、後ろ楯と言ひますか、少しばかりの軍備は置いて置く方が宜いのではないか、是は勿論相手国から軍備を禁止すると云ふなら、負けたものですから已むを得ませぬけれども、相手国が軍備を禁止すると云ふことを講和条約に入れるかどうか是も仮定でありませうけれども、さう云ふ点はむつかしい問題でありませうが、若し相手国が多少の軍備でも許す、一万でも、二万でも内地の治安の為に軍備を許すと云ふやうな意向があつた場合に憲法で先に軍備をしないと云ふことを言つてしまつたら、折角の相手国の寛大さも無効になる、斯う云ふ点を私は少し惧れると云ふか、残念に思ふと云ふか、それ迄急いで此の憲法に規定しないでも宜いのではないか、戦争をやめると云ふことは結構な話で賛成でありますけれども、一切の軍備を持たないと云ふことを憲法に急いで規定する必要はないぢやないか、斯うも思はれるのです。

吉田内閣総理大臣 治安の維持に付ては日本政府と致しましては警察力の増強なり、其の他に付て有らゆる手段で以て治安の維持を図り得るのではないか、軍隊によらざれば治安の維持が出来ないとも考へられないと思ひます、又憲法に挿入致します理由は、先程申上げた通りであります。[124]

1946年9月13日に開催された貴族院帝國憲法改正案特別委員會における、戦

争放棄に関して参照すべき質疑は以下の通りである。

　佐々木惣一委員　…それから戦争のことに関する第四と致しまして、此の規定は国家の独立性を喪ふと云ふやうな考を与へられはしないか、但し独立と云ふのは国際法上の学問上の意味に於て言ふのではありませぬ、世俗通常、是は独立して居るとか、居ないとかと云ふ意味に於ての独立でありますが、さう云ふ意味に於て、国家の独立性を喪つて居ると云ふやうに思はせる危険があると思つて御尋ねするのであります、国際法学者の説明に依りますれば、一体国家に独立の権と云ふやうなものがあるかどうか、日本の学説ではさう云ふものはないと仰しやつて居る方もあるが、それにしても、それは法的意味の権はないのであつて、併しながら事実上の問題として、宣戦を為すとか、其の他適当と認める所に依つて外交官が処理すると云ふことは、是は別に法的権利として認められなくても、当然と云ふやうなことを言つて居られますが、さう云ふことは別として、さう云ふ意味に於て独立と云ふ立場から見て、此の戦争を絶対にしないと云ふことと、何か抵触するやうなことがありはしないか、無論私共は思想的には戦争に反対である、併し今日の国際生活を為して居る以上は、時には戦争に訴へると云ふやうなことがあることは皆予想して居る、例へば、所謂不戦条約に於てもはつきりと、それを説明する学者は、不戦条約は戦争其のものを否定して居るのではない、不戦条約を締結する国の間には、戦争其のものを否定して居るのではないと云ふやうなことを書いて居られます、それは後の不戦条約の条項其のものにもありますが、それに基いて説明して居る所の、外国の国際法学者にもありますから、さう致しますと、詰り国際生活、世界生活を国が為す時には、場合に依つては戦争があると云ふ事実は、是はどうも已むを得ぬと認めて居るのではないかと思ふのでありますが、さう云ふ考へ方は誤りだと、斯う云ふ風に考へて宜しうございますか。

　金森国務大臣　第九条の規定は、前に申しましたやうに本当に人類の目覚めの道を日本が第一歩を踏んで、模範を垂れる積りで進んで行かう、斯う云ふ勇断を伴つた規定である訳であります、それに付きましても、先程御質疑の中にありましたやうに、此の第一項に該当しまする部分、詰り不戦条約を

明かにする、不戦条約の趣旨を明かにするやうな規定は、世界の諸国の憲法中類例を若干見得るものであります、日本ばかりが先駆けて居ることではございませぬ、が併し其の第一項の規定、詰り或種の戦争はやらないと云ふことをはつきり明言するだけではどうも十分なる目的は達し得ないのでありまして、諸国の憲法も之に類する定めは甚だ不十分であります、さうなりますと更に大飛躍を考へて、第二項の如き戦争に必要なる一切の手段及び戦争から生ずる交戦者の権利をもなくすると云ふ所に迄進んで、以て、此の画期的な道義を愛する思想を規定することが適当なこととなつたと思ふのであります、其の結果と致しまして、国が現実に世俗的に申しまする独立性を確保致しまする上に於きましては、相当苦心を要することは、是は自然の結果であらうと思ひますけれども、それをやらない限りは世界は救はれない、斯う云ふ考でありまして、此の規定は示されたるが如く、確実に、適正に日本が守つて行くことに依つて、大きな世界の波瀾を、良き意味に於ける波瀾を起し得るであらうと云ふことを前途に置きつゝ起案せられたものであるのであります。[125)]

　牧野英一委員　…第五と致しまして第二項でございますが、「戦力は、これを保持しない。国の交戦権は、これを認めない。」特に交戦権に付て断りがしてあると云ふのは、戦力を保持しない以上に、何か特別の意味があるのでございませうか、其の点に付て御説明を伺ひたい。

　金森国務大臣　…次の第二項に於きまして、戦力は保持しない、交戦権は之を認めないと云ふ此の二段備へになりましたのは、午前中にも申しましたやうに、此の条文の第一項に当るべきものは、既に或諸外国ノ条約、憲法に此の趣旨が現れて居ります、併しそれだけでは唯一つの極り文句のやうであつて、実際的な此の平和の実現の手段を伴つて居ないのであります、そこで此の第二項と云ふものが新しき主題を含みまして、独り原則を認めるばかりではないが、原則を実現する手続上の手段、或は利用法となるべきものは之を廃棄して、そこで武力は持たないと云ふことと、交戦権と云ふのは、私は此の語を詳しく知りませぬが、聴いて居ります所では、戦争を行ふと云ふことに基いて生ずる種々なる権利であると存ずるのでありまするが、斯様な規定を置くことに依りまして平和の現出が余程確保せらるゝのではないか、若

し此の交戦権に関する規定がないと、相当程度迄事実上戦争状態を現出せしむる、是がなければなかなかさうは行かない、戦争中に外国の船舶を拿捕することも出来ないし、戦争と云ふのは事実上の戦争の如きものを始めましても、外国の船を拿捕すると云ふことも出来ないし、或は又其の占領地と云ふものも、国際公法に認める保護を受けないし、俘虜などと云ふことも起つて来ないと云ふことに依りまして、大分平和の実現に近い条件になるものと考へて居ります。

牧野委員 今の御説明に依ると云ふと、私誤解をしたのかも知れませぬが、説明の前半分では戦力を保持しないと云ふ原則の適用を示すが為に、国の交戦権は之を認めないのである、斯う云ふ風に御説明になつたかのやうに伺ひました、要するに同じ事柄を裏と表とから書いた規定で、結局重複こそして居れ、此の国の交戦権と云ふことに特別な意味がないのかと云ふ風に伺ひましたが、後の半分ではさうではないので、拿捕と云ふやうな例を御持ちになつて、矢張り之に特別の規定があるやうに御説明になりましか、既に戦争と云ふものを放棄致しますれば、もうそれでさう云ふ拿捕と云ふやうなことは出来ない筈でありまするので、矢張り結局之には特別の意味がないことになりはしますまいか、私としては只今の御説明の中で、矢張り戦争の放棄の外に、武力に依る威嚇又は武力の行使と云ふことがあつて、更に周到に規定が設けられるのであると云ふ御説明に対しては、既に戦争が放棄され、ば戦争を以て人を脅かし、又武力の行使と云ふことが戦争に至らないでも、結局更に一歩を進めれば戦争になるべきもの、まあ我我のやつて居る日常の法律で申しますれば、執行の時の仮処分とか、仮差押のやうなものになるのであらうと思ひますので、矢張り訴訟を放棄すると言へば、さう云ふものは出来ない訳なんであります、戦争を放棄すると言へば、戦争の放棄と云ふ原則の下に当然武力に依る威嚇、武力の行使と云ふ戦争前の行為も許されないことになるので、是は無用の言葉を重ねたものと考へるのでありまするが、それと同じやうに国の交戦権と云ふことも無用の言葉を重ねたことのやうにも私は理解するのでございますけれども、どうも何か之には意味がありさうに思はれてなりませぬので、御伺ひを致した訳でございますが、尚私も此の言葉に付ては研究致します、どうも今の御答の程度では、それでさう心得て果

して宜いものかと云ふことに付て誠に懸念がありまするので、之を是れ以上論ずることも如何かと存じまするが、どう云ふものでございませうか。

金森国務大臣 私の申上げ方がはつきりして居なかつたことはないと思ひまするけれども、或ははつきりして居なかつたかも知れませぬ、第一項に於きまして戦争と、威嚇と、行使と、此の三つを挙げましたのは、矢張り此の三つの段階を抑へて置くことの方が、能く場合を尽し得るのである、戦争迄至らない段階に於て、武力の行使を不法にやつても、それはいけないことでありまするが故に、矢張り不法なることを、詰り悪いことを防止すると云ふ時には、色々悪い段階を抑へて置く方が、趣旨として徹底するものではなからうかと思つて居る訳であります、第二項の所は重複すると云ふ風に御取になりましたが、さう云ふ風に申上げたのではなくつて、前後は事実力を持ち得ざらしむるのであります、武力と云ふのは事実の変化を起し得る物的なものと、物的とは限りませぬが、或は人的も含みますが、兎に角何か働きをする、有形的なものを考へて居ります、後段の方は法律上の保護を現して居ります、それで決して此の二つのものは内容的に重複する可能性のあるものではございませぬ、是は規定致します時に、物的の面だけで戦争の防止をするやうに考へる、又併せて法律的な方面のもの、手段迄も封鎖して、戦争の起らないやうにすると云ふこと、が問題になるのでありまして、原案者は矢張り物的と法律的との両方面から、戦争の起らないやうにすることが、適当であらうとしたのだと思ふのであります、尚何か深い意味があるかと云ふことを仰せになりましたが、特別に深い意味はないと考へて居ります、唯強ひて申しますれば、第一項は「他国との間の紛争の解決の手段として」と云ふ条件が附いて居ります、従つて防御的戦争と云ふものが、此の中に入つて居るか、入つて居らぬかと云ふ疑が起る訳であります、言葉としては入つて居ないと云ふ風に解釈出来るだらうと思ひます、處が第二項の場合に於きましては、一切の場合に於ける手段を封鎖して居ります、物的に武力を持つてはならぬ、並に人的に武力を持つてはならぬと云ふことと、法律上交戦権を認めないと云ふ、二段のものがありまして、是は戦争類似行動が如何なる種類のものであるとを問はず、働いて来るのでありまするが故に、相当の影響がありまして、第一項よりも第二項の関係する所が、幅が広いと云ふことには

なると思つて居ります。

　牧野委員　少ししつこいことを御尋ねするやうなことになるかも知れませぬけれども、尚心得の為にもう一度御釈明を願ひたい、第二項は重複関係ではない、一つは戦力の実体を規定し、一つは法律上の関係を規定したのであると、斯う云ふ風に御話を伺つたやうに心得まするが、それはどうも矢張り一つは現実の力の方面から、一つは現実の力を法律に依つて行使する適用の方面から、矢張り楯を両面から御説明になつたのであらうと考へるのであります、若し是が重複関係がないと致しますと、戦力がなくても交戦を行ふ場合が想像し得られるので、さう云ふ場合には戦力を用ひない交戦権と云ふものがある、それをも封じて居る、斯う云ふ意味にならねば論理を全うし得ないやうに思ひまするが、さう云ふ特別な場合があると云ふ風に心得て宜いものでございませうか。

　金森国務大臣　戦力のない戦争を予想することは甚だ困難であります、併し法は飽く迄法でありまして、其の違反のある場合も法の上では予見しなければなりませぬ、まあさう云ふ考も起つて来ると思ふのであります、だから二段備へで防衛すると云ふことは理由があるのである、平素から武力を保存してはならぬ、是は明瞭なことであります、併し極く切羽詰つた場合に、此の規定の精神を破つて、急に間に合せの武力を何等かの方法で手に入れて、事を始めると云ふことがあるとは申しませぬけれども、懸念をすれば有り得るのであります、其の時にさうすれば国際法上の交戦権を得つつ、戦さが出来るとするのが宜いのか、さう云ふ場合にそんなことをやつて見たつて、国際法上の利益を持ち得ない、国内的秩序の建前から言へば、持ち得ないとする方が宜いかと云ふ、斯う云ふ問題でありまして、此の双方面よりして規律することが宜くはなからうかと思つて居ります。

　牧野委員　只今の御説明で大分理解することが出来ました、結局竹槍を以て交戦権を行使すると云ふ場合も、想像出来る訳になりますが、其の場合に於ても其の交戦権は許さない、斯う云ふ意味になり得るものかと心得ました、即ち此処で文字の議論を致しましたのは、事柄の実体に非常に大きな影響がありますので、言葉は余り露骨に用ひますることは、注意を要する事柄で、午前に於ても金森国務相から此の点に付ては御注意がございましたが、

そこに私も重きを置いて、寧ろ交戦権と云ふ文字は取去つて欲しいと迄思ふ、交戦権を退けて此の規定を説明することに依つて、矢張りそこに重大なる国民思想の確立と云ふものを考へることが出来ると思ふのであります、前の方の第一項に付ても、私は矢張り用意周到に、戦争威嚇、行使とせられないで、もう「ケロッグ」条約を承けて、戦争はやめる、断念する、否定すると簡単に書き、従つて戦力は之を保持しないと、簡単明瞭に大筋だけを言ひ放つて置いて、さうして後は余裕を残すと云ふ所に、私は望ましいものがあると云ふことを考へるのであります、決して卑劣な考をそこに貯へようと云ふ積はございませぬけれども、矢張りそこに或るものを予想することが出来ると思ひまするので、規定の形式は簡単にして明瞭なることを、此の場合に尊しとするのではないかと思ひまするが、斯うなりますると見解の相違と云ふことになりませう、私の質問は是で打切ります¹²⁶⁾。

　高柳賢三委員　九条の一項、二項に付きまして、第一項の字句を読みまして所謂「ケロッグ・ブリアン」条約を思ひ出すのであります、尤も其所では国策の手段としてと云ふ文字が使つてあるのに対して、此処では国際紛争を解決する手段と云ふ風に変つて居ります、又不戦条約では戦争のみが放棄されることになつて居りますが、此所では不戦条約の解釈に付て学者の間に非常な争ひがあつた、武力に依る威嚇、武力の行使、是が所謂平和的手段、「パシィフィック・メヂャー」と云ふことが言へるかどうかと云ふことは国際法学者の間に非常に議論が分れて居つたのが、此処では其の一派の意見に従つて、それが廃棄の対象として此所に入つて居る、さう云ふことか之を読んで感ずるのであります、此の不戦条約の後に出来ました千九百三十一年の「スペイン」の憲法には矢張り戦争の廃棄が謳つてあり、更に「ラテン・アメリカ」の祖国の憲法の中にも同様な規定があり、更にずつと古く遡つて言へば「フランス」革命後の千七百九十一年の憲法の中にも、戦争を廃棄すると云ふ条項が見出だされる、それ等の意味で必ずしも戦争を廃棄すると云ふ憲法の条項は珍らしいものではないと思ふのでありますが、併しそれ等の総ての過去に於ける憲法の戦争放棄に関する条項と云ふものは自衛権と云ふものが留保され、不戦条約に於ても自衛権と云ふものが留保され、而も其の自

衛権と云ふものは国内法に於ける正当防衛権と違ふのでありまして、国内法に於きましては、正当なりや否やお決定すべき第三者たる裁判所と云ふものが最高の決定権を持つて居る、然るに国際社会に於てはさう云ふ第三者に自衛権の行使の判定と云ふものを委せることを、従来いずれの国といえども承諾しなかつた、従つて不戦条約に於て戦争は棄てられましたけれども、自衛戦争と云ふものは棄てられない、而も自衛なりや否やは、各国の自衛権を行使する国の判断と云ふものが最終的なものである、是は国際法の一般的に了解された国際法規でありますから、不戦条約と云ふものは大した意味はないのだと云ふのが当時の国際法学者の通説であつたのであります、唯昔は正当な戦争と正しからざる、戦争との区別であつたのが、侵略戦争と防衛戦争との区別に言葉が変つただけだ、斯う云ふことが言はれたのであります、のみならず戦争は廃棄しましたけれども、戦力を廃棄すると云ふことは何処の国でもやらない、斯う云ふ訳でどうも不戦条約と云ふやうな条約が出来て之を基礎にした憲法が出来ても大した実際上の意味と云ふものが出て来ないと云ふことが国際関係と云ふものを研究して居る人達の十分に熟知、認識して居つた所であると考へます、然るに私共第二項を読みますと、従来のそれ等の戦争放棄とは非常に違ふので、第一は戦力を放棄する、是は何処の国でもやらなかつたことである、第二は国の交戦権を抛棄する、是で恐らくは自衛権も放棄する、斯う云ふ意味合が出て来るのであります、さう云ふやうな意味で此の九条の第一項と第二項と云ふものを併せて読みますと、従来の条約或は憲法の条項に於て見出される戦争放棄とは本質的に違つた条項であると云ふことを感ずるのでございます、さう云ふやうな意味で私は此の条項は非常に画期的なものである、併しながら現代に於ては戦争の分野に於て陸軍や海軍、従来のやうな意味の陸軍や海軍が何処迄役に立つかと云ふことが段段怪しくなつて来た「アトミック・ボーム」原子爆弾と云ふものの発見以来、武力の問題に付ても従来の考へ方と云ふものに革命が起つて来て居る、之に依つて従来武装された主権国家と云ふものが殆ど「ナンセンス」になつて来たのではないか、寧ろ世界と云ふものが連邦となつて、そこに警察力と云ふものが、何処の国にも属しない警察力と云ふものが世界の平和を確保する、さう云ふ時代に向ふべきものではないか、さう云ふやうな意味と照合致

しまして初めて此の条項と云ふものが活きて来るのである、さう云ふ世界と云ふものが来れば是はいずれの国家も此の条文のやうな条項を採用しなければならない、丁度「アメリカ」の各州と云ふものが武力を持たないと同じやうに、各国と云ふものは武力を持たないと云ふことが原則になると云ふことが世界平和確保に対して必要なことであると云ふ風になる、さう云ふ一つの将来の世界と云ふものに照して此の条項の意味があるのだらうと云ふことを総会で簡単に申上げました、さうでありますので此の規定は非常に重大だと思はれますが、併し一般の国民は此の条項の意味と云ふものを十分に恐らくは理解しないのではないか、少くも法律家でも是はどう云ふ意味合があるのであるかと云ふことを十分に理解すると云ふことはなかなか困難だと思ひます、併しそれはどう云ふ事態が来るのかと云ふことをはつきり我々の意識に上ぼせて置くと云ふことが必要なことではないかと思ふのであります、そこで数箇の点に付きまして、政府の見解を御尋ねしたいと思ふのであります、極めて具体的な点から申上げます、日本が或国から侵略を受けた場合でも、改正案を原則と云ふものは之に対して武力抗争をしないと云ふこと、即ち少くも一時は侵略に委せると云ふことになると思ふが、其の点はどうですか。

金森国務大臣　ちよつと聴き落しましたが、多分戦争を仕掛けられた時に、こちらに防衛力はないのであるからして、一時其の戦争の禍を我が国が受けると云ふことになるのではないかと云ふこと、それは場合に依りましてさう云ふことになることは避け得られぬと云ふことに考へて居ります、武力なくして防衛することは自ら限定されて居りますからして、自然さうなります。

高柳委員　即ち謂はば「ガンヂー」の無抵抗主義に依つて、侵略に委せる、併し後は世界の正義公平と云ふものに信頼してさう云ふことが是正されて行く、斯う云ふことを信じて、一時は武力に対して武を以て抗争すると云ふことはしない、斯う云ふことが即ち此の第九条の精神であると云ふ風に理解して宜しうございますか。

金森国務大臣　実際の場合の想定がないと云ふと、之に対してはつきり御答は出来ないのでありますが、第二項は、武力は持つことを禁止して居りますけれども、武力以外の方法に依つて或程度防衛して損害の限度を少くす

ると云ふ余地は残つて居ると思ひます、でありますから、今御尋になりました所は事の情勢に依つて考へなければならぬのでありまして、どうせ戦争は是は出来ませぬ、第一項に於きましては自衛戦争を必ずしも禁止して居りませぬ、が今御示になりましたやうに第二項になつて自衛戦争を行ふべき力を全然奪はれて居りますからして、其の形は出来ませぬ、併し各人が自己を保全すると云ふことは固より可能なことと思ひますから、戦争以外の方法でのみ防衛する、其の他は御説の通りです。

　高柳委員　此の憲法に依りまして自衛戦争と云ふものを放棄致しましても、それだけでは右の場合に日本は国際法上の自衛権を喪失せざるものと思ひますが、此の点はどうでありますか、即ち侵略者に対して武力抗争をすればそれは憲法違反にはなるけれども、国際法違反にはならないものと解釈致しますが、此の点はどうですか。

　金森国務大臣　法律学的に申しますれば御説の通りと考へて居ります、元来さう云ふ徹底したる自衛権放棄の方が正当なことかとも思ひますけれども、是は憲法でありまするが故に、其の能ふ限りに於てのみ効果を持つことになるのであります。

　高柳委員　交戦国の権利義務に関する色々な条約、それから俘虜の待遇に関する日本の国際法上の権利義務、それ等は此の憲法の規定に拘らず、其のまま日本に存続するものと云ふ風に私は理解しまするけれども此の点は如何ですか。

　金森国務大臣　国際法的には存続するものと考へて居ります。

　高柳委員　外国の軍隊に依つて侵略を受けた場合に、所謂国際法で知られて居る群民蜂起と申しますか、「ルヴェー・アン・マス」正式に国際法の要件を備へた群民蜂起の場合には防衛の為に群民蜂起が起る、さう云ふやうな場合に、其の国際法上及び国内法上の地位はどうか、私は国際法的には是は適法であつて、交戦者は戦闘員として矢張り取扱はれ、又俘虜になれば俘虜たる待遇を受けると云ふことになると思ひますが、国内法では国の交戦権を否認した憲法上の規定に反することになると云ふことになると思ひますが、其の点はどうでありますか。

　金森国務大臣　左様の場合はどう云ふことになりますか、新らしき事態に

伴ふ種々なる法律上の研究を要すると思ひますが、緊急必要な正当防衛の原理が当嵌つて、解釈の根拠となるものかと考へて居ります。

高柳委員　今の御答は国際法的に……

金森国務大臣　国内法的に……

高柳委員　此の憲法の条項に依つて所謂攻守同盟条約、又所謂侵略国に対する共同制裁を目的とする国際的な取決め、国際条約と云ふものを締結することは、憲法違反になると思ひますが、其の点はどうですか。

金森国務大臣　当然に第九条第一項第二項に違反するやうな形に於ける趣旨の条約でありますれば、固より憲法違反になると存じます、併し場合に依りましては、或は第一条第二項のやうなことをしなくても済むやうな条約が結べるとすれば、其の場合には又別に考へなければならぬと思ひます。

高柳委員　自衛権を放棄したと云ふ言葉は、是は自衛の名の下に所謂国策の手段としての戦争が行はれる国際間の通弊に照して為されたものと云ふ御説明がありましたが、其の通りでございませうか。

金森国務大臣　全く其の通りでありまして、従つて第一項で正式に自衛権に依る戦争は放棄して居りませぬ、併し第二項に依つて実質上放棄して居る、斯う云ふ形になります。

高柳委員　共同制裁を目的とした戦争への加入と云ふものを封じて居ると云ふことは、共同制裁と云ふものを目的とする、戦争も矢張り国策の手段として行はれると云ふ弊害に照してなされたものと見て宜いか、即ち自衛権或は共同制裁と云ふやうな名目の下に戦争が行はれるのであるけれども、それは名目であつて戦争其のものがいけないのである、戦争其のものが人類の福祉に反すると云ふ根本思想に此の規定は基くのではないか、其の点を御説明願ひたい。

金森国務大臣　是も実際の具体的な形を想定しないと正確には御答へ申し兼ねるのでありますけれども、普通の形を予想しますれば御説の通りと考へます。

高柳委員　国際連合の憲章と云ふものは、是は自衛戦争、それから共同制裁としての戦争と云ふものを認めて居るのでありますが、此の改正案は其のいずれを断固排撃せむとするのである、従つて国際連合憲章の世界平和思想

と、改正案の世界平和思想とは、根本的に其の哲学を異にするものであると云ふ風に思ひますが、其の点はどうでありませうか。

金森国務大臣 国際連合の趣旨と此の条とが如何なる点に於て違つて居るか、同じであるかと云ふことに付きましては、必ずしも一括して之を解決することは出来ないと思つて居ります、此の案は国際連合の規定して居ります個々の趣旨を必ずしも批判することなくして、日本自身が適当と認むる所に於て限界を定めて規定をした訳であります、衆議院に於きましても、其の関係に於きまして御質疑があつて、国際連合に入る場合に於て、何処かに破綻を生ずるのではないかと云ふやうな御尋がありました、政府の只今の考へ方は、自分達の見て正しいと思ふ所に規定を置きましたから、それより起る国際連合との関係は別途将来の問題として必要があれば研究すべき余地があると思ひます。

高柳委員 「スイス」は永世中立国たる地位に鑑みて、国際連合に加入しないことに決したと云ふ風に伝へられて居ります、日本は新憲法の独自の世界平和政策と云ふものに鑑みて、国際連合とは全然哲学を異にする、国際連合には寧ろ加入せざる方が憲法を認めて居る我が国策に忠なる所以ではないか、或は又もう少し妥協的に此の中に入り込んで行つて、此の憲法の趣旨を全世界に伝播しようと、斯う云ふ御考へでありませうか、其の点に付て政府の御考を承りたい。

金森国務大臣 此の憲法の趣旨が国際連合の趣旨と違ふ所のあることは、今仰せになりました如くであります、従つて今後日本が国際連合との関係に於て、如何なる態度を執るかと云ふことは、広い視野からして多角形に考ふべき余地を残して居ると存じますが、現実の問題として今日考ふるのは未だ其の時ではないのでありますが、若し必要が起れば此の二つのものの間に、適当なる調節を図り得る途も色々あると云ふ風に考へて、研究と云ふ迄の段階にはなつて居りませぬけれども、心の中にはそれを描いて居ります。

高柳委員 次に第三国の間に戦争が勃発した場合に、日本の中立の問題が起りますが、中立国と云ふものは中立国としての義務がある、例へば一方の交戦国の飛行場を日本に作らせると云ふやうなことをしてはいかぬ、或は海軍根拠地を提供してはいかぬと云ふやうな義務を中立国として当然負ふこと

になると思ひますが、日本は武力を全然放棄した場合に於きましては、此の中立国の義務は、実質上に於て履行すると云ふことは出来なくなり、従つて他の交戦国は一方の交戦国に対してさう云ふことを許したと云ふので、同様なる行為を報復的にやると云ふやうな状態になつて、其処で日本が戦場化すると云ふやうな危険が相当濃厚ではないか、其ノ点を一応御説明を御願ひ致します。

幣原国務大臣 一言私の意見だけを申上げます、是から世界の将来を考へて見ますると、どうしても世界の輿論と云ふものを、日本に有利な方に導入するより外仕方がない、是が即ち日本の安全を守る唯一の良い方法であらうと思ひます、日本が袋叩きになつて、世界の輿論が侵略国である、悪い国であると云ふやうな感じを持つて居ります以上は、日本が如何に武力を持つて居つたつて、実は役に立たないと思ひます、我等の進んで行く途が正しければ「徳孤ならず必ず隣りあり」で、日本の進んで行く途は必ずそれから拓けて行くものだと私は考へて居るのであります、只今の御質問の点も私は同様に考へて居るのであります、日本は如何にも武力は持つて居りませぬ、それ故に若し現実の問題として、日本が国際連合に加入すると云ふ問題が起つて参りました時は、我々はどうしても憲法と云ふものの適用、第九条の適用と云ふことを申して、之を留保しなければならぬと思ひます、是でも宜しいかと云ふことでありますれば、国際連合の趣旨目的と云ふものは実は我々の共鳴する所が少くないのである、大体の目的はそれで宜しいのでありますから、我々は協力するけれども、併し我々の憲法の第九条がある以上は、此の適用に付ては我々は留保しなければならない、即ち我々の中立を破つて、さうして何処かの国に制裁を加へると云ふのに、協力をしなければならぬと云ふやうな命令と云ふか、さう云ふ註文を日本にして来る場合がありますれば、それは到底出来ぬ、留保に依つてそれは出来ないと云ふやうな方針を執つて行くのが一番宜からう、我々は其の方針を以て進んで行きますならば、世界の輿論は翕然として日本に集つて来るだらうと思ひます、兵隊のない、武力のない、交戦権のないと云ふことは、別に意とするに足りない、それが一番日本の権利、自由を守るのに良い方法である、私等はさう云ふ信念から出発致して居るのでございますから、ちよつと一言附加へて置きます。

高柳委員　能く分りました、最後に此の条項は国に関する規定でありますが、国民に付ても此の同じ精神で、例へば他国間に戦争がある場合に於て其の一方の国の軍隊と云ふものに入つて戦争をやると云ふやうなことは之を禁止する、丁度「イギリス」の「フォーレン・エンリストメント・アクト」と云ふのが千八百七十年でしたかの法律でありますが、それと同種類のやうな法律と云ふものを拵へて、日本人が外国の軍隊に入つて外国の武器を使つて戦争をすると云ふやうなことをもしないやうにすること迄国内法的に徹底させると云ふことが此の憲法の精神の上から必要であると思ふのが、其の点に付てどうでせうか。

　金森国務大臣　今御示のありました處は全く同感でありまして、必要に應じて機宜の措置を法律的に設けることは心掛けて居る處でございます。

　高柳委員　是で私の質問を終ります。

　佐々木委員　…それよりも一つもう一点御尋ね致したいのは、詰り外国から不当に戦争でも日本に挑んで来ました時に、それでも今の不戦条約に依ると云ふと、さう云ふ即ち「セルフ・デフェンス」の手段としての戦争放棄は是は決して許されぬのではない、牢固として残つて居るんだと云ふ意味であるやうであります、さう云ふ許された客観的に誰が見ても許されるやうな「セルフ・デフェンス」と考へられるやうな時でも、日本は国内的にはどうも今の憲法の規定があつて戦争することが出来ないと云ふ状態に今置かれて居る、私は其の時に、今度国際関係でなしに国内の国民がさう云ふ場合にどう云ふ感じを持つであらうかと云ふやうなことも懸念をして昼前御尋ねしたのでありますが、其処迄言ふ時間がなかつた、そこで誰が見ても客観的に日本が攻められることが不当である、日本を攻めることが不都合だ、許されることではない、従つて日本から言へば「パーミシブル」に許された「セルフ・デフェンス」と云ふ時でも、尚憲法の規定に依つてじつとして居らなければならぬと云ふ、さう云ふ場合が出て来ると云ふことは考へられるのですが、国民はどう云ふ感じを持つだらう、斯う云ふことをちよつと御尋ね致したいのであります、昼迄の問題に関係するから金森国務大臣に……さう云ふ時に果して国民はそれで納得するだらうかと云ふやうなことですが。

　金森国務大臣　此の第二章の規定は実は大乗的にと云ふことを繰返して言

ひましたし、本当に捨身になつて国際平和の為に貢献すると云ふことでありますから、それより起る普通の眼で見た若干の故障は予め覚悟の前と云ふ形になつて居る訳であります、従つて今御示になりましたやうな場合に於て自衛権は法律上は国内法的に行使して、自衛戦争は其の場合に行ふことは国内法的に禁止されて居りませぬけれども、武力も何にもない訳でありますから、事実防衛は出来ない、国民が相当の変つた状況に置かれるやうになると云ふことは、是は已むを得ぬと思ふ訳であります、併し其時に国民が何とか考へるであらうと云ふことは、今から架空に予想することは困難でありますが、国民亦斯くの如き大きな世界平和に進む其の道程に於て若干の不愉快なことが起つて来ることは覚悟して、之を何等か適切な方法で通り抜けようとする努力をするものと考へて居ります。[127]

　澤田委員　…「パリー」会議の進行の模様を見ますと、元枢軸側の国に各々陸軍海軍、「イタリー」には海軍を許すやうであります、まだはつきり分つて居りませぬが、私外交のことは知りませぬが、新聞の見る所では矢張り枢軸側にも多少の軍備を認める様子でありますから、世界で日本だけ一つ軍備を連合国側から禁ずると云ふことはどうもちよつと想像しにくいのであります、若し国内の警察の裏付として一万なり二万なりの兵でも置いて構はないと云ふやうに講和条約でなつた時に、憲法に先決つて居ると云ふと一万も五千も置けないと云ふことになる、それ迄に遠慮する必要はないぢやないかと云ふ考を私持つて居るのであります、若し御差支がなければ幣原国務相から其の点に付て御意見を願へれば結構だと思ひます。

　幣原国務大臣　…衆議院の方で修正を致しました之を御覧下されば能く分ります、即ち「日本国民は、正義と秩序を基調とする国際平和を誠実に希求し」と其の目的が書いてあり、日本の国内の秩序を保つと云ふことは是には関係無いことであります、又第二項には「前項の目的を達するため」「戦力は、これを保持しない」と斯う書いてあります、警察力を充実することは差支ないと思ひます、併し外国と戦争することが出来るやうな兵力を持つと云ふことは出来ない、此のことは明瞭であると思ひます、其の点だけちよつと附加へて置きます。

澤田委員　さうすると、第九条は日本の軍備を全部持たないと云ふ意味ではないのでありますな、条約で許されゝば幾らか軍備を持つと云ふ意味でありますか、ちよつと私にはつきり聴取れなかつたのであります、無論外国と戦争する為の軍備はいけないけれども、さうでない場合に、若し平和条約に於て幾分の軍備を許される場合には、其の軍備は保持して差支ないと云ふ趣旨でありますか、ちよつともう一度伺ひたい。

　幣原国務大臣　其の問題は結局、兵備はどう云ふものであるか、軍力はどう云ふものであるかと云ふ問題が掛つて来はせぬかと思ひます、是は戦力であると云ふことになりますと之を保持しないと云ふことになつて居ります、詰り国際平和を希求する目的を達する為に戦力は持たない、斯う云ふことになつて居ります、だから外国との戦争に関係のあるやうな戦力は是は持てないと云ふことは明瞭であります、併し国内の警察力の充実と云ふことは是は戦力と認めるかどうか、戦力と云ふ言葉を例へば機関銃一つ持つて居ることも戦力と云ふことであるならば、是は警察力を持てないと云ふことになるかも知れませぬが、此の趣旨はさう云ふことは禁止してあるのぢやないと思ひます、日本に兵力を許すと云ふことになりましても、僅か一個師団二個師団と云ふやうなものを許して呉れると云ふならば、それは何も有難いことはない、私はそんなことは恩恵と考へて居りませぬ、却て非常に累をなす所以と私は確信して、平和を希求する其の精神から発達して居るのだから、僅かの兵力を特つことを許して呉れても私はさう云ふものを何も利用する必要はないと思ひます、併し国内の秩序を保つ為の力、是は謂はゞ警察力と名を附けて宜いものであります、是は持つことは当然であらうと私はさう云ふ風に考へて居ります。

　澤田委員　警察力と云ふ意味での軍備、それはあつても宜いと云ふことになるのでありますか、はつきり御伺ひして置きたいと思ひます、何か此の九条を読むと、陸海空軍と云ふものだから総て軍備と云ふものは絶対にいけないやうにちよつと読まれるのですが、さう云ふ意味でなく、外国と戦争する為の軍備はいけないけれども、さうでない兵力、一個師団にしても二個師団にしてもそれは置いても宜いと云ふ意味でありませうか、ちよつと少し疑を持つのであります。

幣原国務大臣 国内で国民同士互に戦争する為の武力とか軍備と云ふものはあるべきものでないと思ひます、是は警察力で沢山なものである、私はさう思つて居る、軍備は固よりいけませぬ、軍備と云ふものは詰り外国と戦争する為の戦備である、日本の国内で戦争する、戦闘する、さう云ふものを考へる必要はないと思ひます。

澤田委員 私はさうは考へませぬ、現に先程申上げたやうな例があつて、騒擾の際に於ては、警察力が足りない場合は軍隊が治安の維持に、警察に尽力する為に出動する、国内で戦争すると云ふ意味でなく、治安維持、警備等の為に今迄は軍隊が実際出動して居る場合がある、理想としてはどうか知りませぬけれども、現にさう云ふ場合は時にあるのですから、さう云ふことの為に若し多少の軍備が許されるならばそれは置いて置く方が宜いと私共は思ひます、そこは意見の相違になりますけれども、国内で戦争すると云ふやうなことは私共も考へて居りませぬ、戦争ではないので、治安の維持でありまず、其の意味で御聴きしたのであります。

幣原国務大臣 同じことでありますが、度々申しますが、要するに治安の維持の為の力は何も軍備と云ふ名前を附ける必要はないと思ひます、私はさう云ふものは警備と言へないものだと思ひます、唯警察力と云ふ名前を附けて置けばそれで宜いぢやないか、私はさう云ふ考で居ります。[128]

大河内輝耕委員 …自衛の戦争は国際法上でも自由であると斯う云ふやうな風に私は伺つて居りますが、さう私は簡単に片附けるべきものでないと思ふ、「ポツダム」宣言を受諾した前後の経緯から、如何に自衛のものだつて日本としてはそれは禁止せられて居ると思ふのが当然のことぢやないかと思ふ、斯う云ふ規定あれば勿論、此の規定の意義を又ほじくることは止しますが、自衛と雖も戦争は出来ないと云ふ風なことでずつと来て居るものだと云ふ風に私は解されるやうに思ひますが、如何なものでせう。

金森国務大臣 仰せになりました所は、大体のと言ひますか、事柄としては其の通りであります、唯私の方の説明が第一項では自衛戦争は出来ることになつて居ります、第二項では出来なくなる、斯う云ふ風に申しました、第九条の第一項では自衛戦争が出来ないと云ふ規定を含んで居りませぬ、處が

第二項へ行きまして自衛戦争たると何たるとを問はず、戦力は之を持つていけない、又何か事を仕出かしても交戦権は之を認めない、さうすると自衛の目的を以て始めましても交戦権は認められないのですから、本当の戦争にはなりませぬ、だから結果から言ふと、今一項には入らないが、二項の結果として自衛戦争はやれないと云ふことになります。

　大河内委員　能く意味は分りましたが、私の伺ふ所は国際的に考へても日本は自衛戦争はやれない、戦争は一切やるべきものでないと云ふやうな風に国際の形勢の動き方からさう云ふ風に見るのが穏当ぢやないかと斯う云ふ意味なんです。

　金森国務大臣　其の点は今ちよつと私から右と申しても左と申しても結果が恐しいものですから御答へ出来ませぬ、常識として此の憲法が認めるやうな趣旨だらうと思つて居ります[129]。

貴族院帝国憲法改正案特別委員小委員会における、文民条項をめぐる質疑については、本書1章5節において全て引用・参照し、分析を行っているので、ここでは割愛する。ただし、9月28日に開催された小委員会における下記の答弁については、戦争放棄に関連するものとして、ここで引用・参照しておく。

　9月28日開催の第九十回帝國議會貴族院帝國憲法改正案特別委員小委員會筆記要旨

　下條康麿委員　衆議院の修正中GHQの要求に依るものと自発的修正とを指示せられたい。

　金森国務大臣　…九条　自発的。第Ⅱ項の「前項の目的」とは第Ⅰ項の「……誠実に希求し」を受けるか、又は「永久にこれを放棄する」を受けるかに付疑惑があるが、私は最初から前者と考へた[130]。

この金森発言に対し、一切の異議は提出されていない。

1946年10月5日に開催された貴族院本會議では、安倍能成憲法改正特別委員會委員長により、質疑応答の概要および修正案文についての説明が行われた。このうち、戦争放棄に関するものは下記の通りである。

第二章でありますが、第二章は、此の改正憲法にのみあつて、外国の憲法にない規定であります、学者の説に依りますと、第一項の戦争放棄は外にも稀なる例があるさうでありますが、戦力並に交戦権否認と云ふことは、未だ曾て何処の国の憲法にも見ざる所だと言はれて居ります、之に対する政府の所論を御紹介致しますと、先づ世界恒久平和は全人類に与へられた宿題であるが、我が国の現状は積極的に其の達成に付て国際的努力を払ふと云ふ、さう云ふ所迄は許されて居らない、そこで差当り可能なることは、此の憲法改正に当つて、我が国の徹底的なる平和主義の態度を内外に闡明して、之を世界に先んじて為さむとするものである、此の点我が国に対する連合国の疑惑の払拭と云ふことは、是は結果であつて必ずしも目的ではない、又逆に斯様な規定を憲法に掲げることに依つて世界を瞞著するものだと云ふさう云ふ非議に対しては、今後に於ける我が国の態度が終始最も明確に之を反駁することにならうと云ふことでありました、併し本条は固より国内法であつて、国際的には政治的な意味を持つに過ぎないのであつて、法律的なる意義を持つことは出来ない、尚所謂自衛権の問題が大分問題になりましたが、此の自衛権は戦力撤廃、交戦権否認の結果として自ら発動が困難になるのでありまして、外国と攻守同盟条約を締結することも結局不可能となり、国際連合憲章の規定する自衛戦争、共同防衛戦争等との関係は、将来国際連合に加入することとなつた場合に別個に考へるべきではあるが、寧ろ其の際は我が国としては、兵力の提供義務を留保すると云ふことを考へることになるであらう、要するに此の戦争の放棄、戦力の撤廃、交戦権の否認と云ふことを此の憲法の中に入れたと云ふことは、是は全く捨身の態度であつて、身を捨ててこそ浮ぶ瀬もあれと云ふ、さう云ふ風な異常な決心に基くと云ふ政府の開陳でありました。…[131]

12　貴族院本會議および貴族院帝國憲法改正案特別委員會における戦争放棄に関する審議の分析

まず8月27日の南原による、国連憲章上加盟国の固有の権利として位置づけられている自衛権を放棄するものであるのか、そして将来国連加盟を果たす際

においても自衛権放棄という立場は変わるものではないのかという質問に注目したい。この問いに対し、幣原は回答を避けており、吉田もまた、「今日は日本と致しましては、先づ第一に国権を回復し、独立を回復することが差迫つての問題であります、此の国権が回復せられ、さうして日本が再建せられる此の目下の差迫つた問題を政府は極力考へて居るのでありまして、万事は講和条約或は国家の態勢が整ふと云ふことを、政府として極力其の方向に向つて努力して居る訳でありまして、それ以上のことは御答へ致すことは出来ない」として正面からの回答を避けている。

　8月29日は、佐々木により、戦争放棄の宣言、軍備不保持の宣言を国際的な条約に基づき国際社会が一斉に行うのではなく、一国だけで国内法的に主張したところで実益はないのではないか、という質問が行われた。これに対する金森の、「自分一人ぢや出来ないのだ、だからやらずに置かう、或は言はずに置かう、此の考へ方が世界の秩序をして今日迄十分なる発達を為さしめずして、平和に対する望みを遠ざからしめて居るのではなからうか、有らゆる角度から本当に物を考へて、此の時日本が起つて、平和に対するはつきりした覚悟を示すと云ふことは、それこそ勇気を要することでありまするけれども、其の勇気を要することを断行したのでありまして、人がやる迄は、やらないとか、人の振りを見てのみ我が振りを決めて行くと云ふ考へ方は、斯の如き根本の問題に付ては我々は執りたくない」という反論は、平山朝治による、「あくまで国際平和団体樹立が自衛のための交戦権を不要とするための前提であること」を強調する吉田（政府）と、マッカーサー3原則のIIが、「普遍的な戦争放棄を前提に日本が自衛の手段としての戦争までも放棄し、戦力を保持しないとしているのと同趣旨である」[132)]という主張を覆すものとして位置づけられよう。

　8月30日では、自衛権の行使を留保すべきであり、また原案9条2項の文言が一国家としての矜恃を伴わないものであるという立場から9条2項を削除すべきことを主張していた山田が、「或は国家自衛権の為には、斯う云ふ規定を置けば自衛権迄も放棄すると云ふことになりまして、甚だ不都合であると云ふ議論もありますけれども、我が国の現状に顧みまして将来を慮ります時には、自衛権の行使の為に、或程度の武力を備へなくてはならないと主張する根拠は甚だ薄弱であると言はねばならない」とし、「現在の国際情勢」を考慮して、

修正案への「満腔の賛同」を示したことが注目される。

　９月５日に開催された貴族院帝國憲法改正案特別委員會では、南原により、「我が国が将来国際連合加入の場合に、今回成立すべき新憲法の更に改正を予想するものでありますかどうかと云ふこと」が問われている。これは、上述のように、南原が８月27日の貴族院本會議で行った質問に対し、政府側が正面からの回答を避けたことによるものと考えられる。８月27日は自衛権を中心に質問が構成されていたが、今回の質問は自衛権ではなく、国連加盟国に課される兵力提供義務を中心とするものである。しかし、この質問に対しても、吉田は正面からの回答を避けている。

　９月６日の貴族院帝國憲法改正案特別委員會では、澤田により、「警察力の後ろ盾としての一定の軍備」の必要性が説かれ、「一切の軍備を持たないと云ふことを憲法に急いで規定する必要はないぢやないか、斯うも思はれる」という質問が行われた。澤田は後日、９月13日の貴族院帝國憲法改正案特別委員會においても、同様の質問を繰り返すのであるが、政府側の答弁は「軍隊によらざれば治安の維持が出来ないとも考へられない」という前提に立脚し、「国内で国民同士互に戦争する為の武力とか軍備と云ふものはあるべきものでないと思ひます、是は警察力で沢山なものである」というものであった点に注意を喚起しておきたい。

　続いて、９月13日は極めて重要な質疑が複数行われている。まず、牧野により、９条２項をめぐって、「特に交戦権に付て断りがしてあると云ふのは、戦力を保持しない以上に、何か特別の意味があるのでございませうか」が問われた場面について注目してみよう。金森の答弁は、９条１項の内容が不戦条約に見られるような「唯一つの極り文句」にすぎず、「実際的な此の平和の実現の手段を伴つて居ない」ため、「新しき主題」として、戦力不保持と、「戦争を行ふと云ふことに基いて生ずる種々なる権利」としての交戦権の否認が規定されるに至ったという経緯を説明するものである。「斯様な規定を置くことに依りまして平和の現出が余程確保せらるゝのではないか、若し此の交戦権に関する規定がないと、相当程度迄事実上戦争状態を現出せしむる、是がなければなかなかさうは行かない、戦争中に外国の船舶を拿捕することも出来ないし、戦争と云ふのは事実上の戦争の如きものを始めましても、外国の船を拿捕すると云

ふことも出来ないし、或は又其の占領地と云ふものも、国際公法に認める保護を受けないし、俘虜などと云ふことも起つて来ないと云ふことに依りまして、大分平和の実現に近い条件になる」という見解も重要である。

　牧野は、「戦争を放棄すると言へば、戦争の放棄と云ふ原則の下に当然武力に依る威嚇、武力の行使と云ふ戦争前の行為も許されないことになるので、是は無用の言葉を重ねたものと考へるのでありますが、それと同じやうに国の交戦権と云ふことも無用の言葉を重ねたことのやうにも私は理解する」と述べ、「既に戦争と云ふものを放棄致しますれば、もうそれでさう云ふ拿捕と云ふやうなことは出来ない筈でありまするので、矢張り結局之には特別の意味がないことになりはしますまいか」と再度質問を行った。これに対し金森は、9条1項では「他国との間の紛争の解決の手段として」という条件の存在ゆえに、「防御的戦争」が放棄対象に「入つて居ないと云ふ風に解釈出来る」という前提を踏まえた上で、9条2項の「物的に武力を持つてはならぬ、並に人的に武力を持つてはならぬと云ふことと、法律上交戦権を認めないと云ふ、二段のもの」を、「戦争類似行動が如何なる種類のものであるとを問はず、働いて来る」ものとして位置づけ、「原案者は矢張り物的と法律的との両方面から、戦争の起らないやうにすることが、適当であらうとした」とし、重複関係はないと答えるのである。

　牧野の質問は続き、「若し是が重複関係がないと致しますと、戦力がなくても交戦を行ふ場合が想像し得られるので、さう云ふ場合には戦力を用ひない交戦権と云ふものがある、それをも封じて居る、斯う云ふ意味にならねば論理を全うし得ないやうに思ひまするが、さう云ふ特別な場合があると云ふ風に心得て宜いものでございませうか」と問うのだが、これに対する金森の答弁は決定的に重要である。

　「戦力のない戦争を予想することは甚だ困難であります、併し法は飽く迄法でありまして、其の違反のある場合も法の上では予見しなければなりませぬ、まあさう云ふ考も起つて来ると思ふのであります、だから二段備へで防衛すると云ふことは理由があるのである、平素から武力を保存してはならぬ、是は明瞭なことであります、併し極く切羽詰つた場合に、此の規定の精

神を破つて、急に間に合せの武力を何等かの方法で手に入れて、事を始めると云ふことがあるとは申しませぬけれども、懸念をすれば有り得るのであります、其の時にさうすれば国際法上の交戦権を得つつ、戦さが出来るとするのが宜いのか、さう云ふ場合にそんなことをやつて見たつて、国際法上の利益を持ち得ない、国内的秩序の建前から言へば、持ち得ないとする方が宜いかと云ふ、斯う云ふ問題でありまして、此の双方面よりして規律することが宜くはなからうかと思つて居ります」

「戦力のない戦争」は予想しがたいが、「其の違反のある場合も法の上では予見しなければな」らないということは、9条2項の交戦権否認規定が「戦力のない戦争」をも封ずる機能を果たすものとして位置づけられていることを示している。そのようなものも「懸念をすれば有り得る」と金森は述べる。このようなものにすら「国際法上の交戦権」を付与しないと、金森は明言しているのである。これは、戦力と自衛力を区別して、自衛力の行使は憲法9条に反しないとする現在の政府による解釈と、明らかに矛盾するものといえよう。そうであればこそ、「結局竹槍を以て交戦権を行使すると云ふ場合も、想像出来る訳になりますが、其の場合に於ても其の交戦権は許さない、斯う云ふ意味になり得るものかと心得ました」という牧野の発言が続くことになるのである。

このような金森答弁は、本書第1章4で参照した『憲法改正草案に関する想定問答』と、どのような関係にあるだろうか。『憲法改正草案に関する想定問答・増補第一輯』では、「本条第一項は、…国の自衛権そのものには触れて居りませんが、本条第二項によつて一切の軍備を持ち得ず、又交戦権も認められて居ないのでありますから、自衛権の発動としても本格的な戦争は行ひ得ぬこととなり」、「又何等らかの形において自衛戦争的な反抗を行つてもそれは交戦権を伴ひ得ぬのである」。従つて第二項により自衛戦争も実際上行ひ得ぬと云ふ結果となると存じます。(本条第一項に、已むを得ず受動的に行ふ自衛戦争は除外すると云ふ様な趣旨を例外的に規定することは、自衛権の美名に隠れて侵略戦争を起こす余地を残す虞があると考へ、徹底せる平和主義の立場からこれを採らなかつたのであります。)以上のことは、しかし乍ら、外国の侵略に対して常に拱手してこれを甘受しなければならぬと云ふことを意味するものではありません。その様な場

合にその地の住民が蹶起しこれに抵抗することは固より本条の禁止する所ではありません。ただこれは国軍による国の交戦ではなく、従つてこの場合の侵略軍に対する殺傷行為は、交戦権の効果として適法となるのではなく、緊急避難乃至正当防衛の法規によつて説明すべきものであります。又実際上よりこれを見ますると、充分な戦力なき以上この種の抵抗も実行し得ないと言ふべきでありまして、寧ろ後に述べる様に我国としては世界各国の公正と信義とに信頼し、かかる場合の発生の如きは予想し得られないとする立場に立つことが寧ろ本条の趣旨であると云ふべきであります」と書かれていた。

　これを整理すれば、「竹槍を用いた市民のゲリラ的抵抗」は憲法9条下で合法的なものとして行われうるものではないが、「緊急避難ないし正当防衛の法理により説明」されることになる、しかし、「実際上よりこれを見ますると、充分な戦力なき以上この種の抵抗も実行し得ない」、ということになろう。そして、『憲法改正草案に関する逐条説明・第一輯の二』においては、「次に第二項後段は、法律上戦争を不能ならしめると云ふ面から第一項の実行を保障したのでありまして、国の交戦権はこれを認めないと云ふことを定めたものであります。即ちこれにより我国が仮に事実上他国との間の交戦状態に入つたとしても、国際法上に於ける交戦者たるの地位を憲法上認められないこととなるのであります」と書かれているのである。このような『憲法改正草案に関する想定問答』と貴族院における当該金森答弁は矛盾していないということが出来よう。

　次に、この金森答弁は、本書第1章2で参照した、第四回憲法改正草案枢密院審査委員會（1946年5月6日）における、入江法制局長官による答弁と、どのような関係にあるだろうか。入江は、「第一項と第二項は別の規定である。第一項に於ては自衛権は観念的に否定してゐない。但し、戦争による自衛権の行使は第二項で否定される。戦争によらざる自衛権の行使なら出来る。唯武力を有たぬ以上実際には問題にならぬかもしれぬ」とし、林顧問官による「さうすると第一項と第二項とは独立のものである様だが、第一項では観念的には自衛権を認める。しかし第二項でそれが実際上出来ぬと云ふことか」という問いに対し、「第二項の方は自衛権とは関係なく交戦権を認めぬとしてゐるので、観念的には第一項によつて自衛権を認めても、実際的には出来なくなる。例へ

ば竹槍等で邀撃することは出来る」と答えている。

　ここでの「戦争によらざる自衛権の行使なら出来る。唯武力を有たぬ以上実際には問題にならぬかもしれぬ」という入江の答弁は、『憲法改正草案に関する想定問答』における、「竹槍を用いた市民のゲリラ的抵抗」は憲法9条下で合法的なものとして行われうるものではないが、「緊急避難ないし正当防衛の法理により説明」されることになる、しかし、「実際上よりこれを見ますると、充分な戦力なき以上この種の抵抗も実行し得ない」という見解と整合的な関係にある。

　以上のような整理を踏まえると、貴族院帝國憲法改正案特別委員會（9月13日）の金森答弁は、制憲議会当初より一貫して維持されてきた政府による制憲者意思であるということが出来よう。

　憲法9条2項の「国の交戦権は、これを認めない」という規定、すなわち交戦権否認規定をめぐる学説について、ここで整理してみよう。9条が否認する交戦権の内容について、憲法学においては、①、「文字どおり、戦いをする権利」と解する説と、②、「交戦状態に入った場合に交戦国に国際法上認められる権利（例えば、敵国の兵力・軍事施設を殺傷・破壊したり、相手国の領土を占領したり、中立国の船舶を臨検し敵性船舶を拿捕する権利）」と解する説、③両者を含むという説がある。芦部信喜は、「国際法上の用法に従い」、②が妥当であると述べている[133]。

　芦部が指摘するように、憲法学説においては②説が通説であり続けてきたが、国際法研究者の宮崎繁樹は、①説が妥当であると指摘する。宮崎によれば、①と②は次元を異にするものとして位置づけられており、①は「国家の戦争開始権限を持つ者（通常は元首）が、戦争を開始し、遂行出来るか、否か」という次元の問題、②は、戦争や国家による武力行使が開始された後、「国家により交戦する資格・権限を与えられているもの（通常は軍隊）が交戦行動を行うことが出来るか、否か」の次元の問題であるとされる。宮崎は、前者の「交戦権」を行使するのは元首・政府構成員であり、後者の「交戦者権」を行使するのは軍隊構成員であることを前提とし、共に国家機関の行為であるから、その結果は国家に帰属することを踏まえながらも、両者の性格が相違することに注意を喚起するのである[134]。①は "jus ad bellum" の意味における「国家

が戦争をなしうる権利」であり、②は"jus in bello"の意味における、「戦争中に国家機関が戦闘行為をなしうる権利」、すなわち「交戦者権」として位置づけられている。[135]

　jus ad bellum の主要な国際法上の根拠は、国際連合憲章の武力行使禁止規定である。国連憲章2条4項は、「すべての加盟国は、その国際関係において、武力による威嚇又は武力の行使を、いかなる国の領土保全又は政治的独立に対するものも、また、国際連合の目的と両立しない他のいかなる方法によるものも慎まなければならない」と規定し、加盟国の武力による威嚇又は武力の行使を禁止する。jus in bello は国際人道法と呼ばれ、ハーグ陸戦条約、ジュネーブ諸条約第1追加議定書等の様々な条約がある。[136] 国連加盟国には戦争を行う自由はなく、国際的な武力紛争は、国連憲章2条4項の例外とされるところの、自衛権行使、国連憲章第7章に基づく措置、違法な武力行使のいずれかに分類されることになる。[137]

　このような前提を確認した上で、交戦権規定が日本国憲法に導入された経緯について確認してみよう。

　戦争放棄規定の起点となったマッカーサー3原則のⅡにおいては、"No Japanese Army, Navy or Air Force will ever be authorized and no rights of belligerency will ever be conferred upon any Japanese force." と書かれていた。"rights of belligerency" が "Japanese force" に与えられることがないという文脈や、「諸権利」"rights" と複数形で表記されていたことを根拠として、そもそもマッカーサーにおいては、「戦時国際法上軍隊ないしその構成員（交戦者 belligerent）が各種の害敵手段を行使できる権利、すなわち、「交戦状態に入った場合に交戦国に国際法上認められる権利」（交戦者権）として構想されていたと宮崎は指摘する。[138]

　しかし、これを踏まえて GHQ 民生局により作成され、2月13日に日本に示された総司令部案の8条2項において、"No army, navy, air force, or other war potential will ever be authorized and no rights of belligerency will ever be conferred upon the State."、「交戦状態ノ権利ハ決シテ国家ニ授与セラルルコト無カルヘシ」という形式に変わった背景には、将来にわたって戦力不保持を規定する日本の軍に交戦権を否認するというのは矛盾であるとする GHQ 民

生局の考慮が看取されることになる。この総司令部案を踏まえて日本政府により起草され、3月6日に公表された「憲法改正草案要綱」、そして、6月20日に第九十囘帝國議會に提出された大日本帝國憲法改正案においても、「国の交戦権」を否認するという表現が維持されることとなった。

以上のような経緯を踏まえ、宮崎は、次のように述べる。

「憲法第9条の「交戦権」の語が、その作成の経緯からすれば、最初のマッカーサー・メモにおいては後者の「交戦者権」の意味で用いられていたことは明白であるが、日本政府側で『3月2日案』を作成した段階から、その「交戦権」の語は、"jus ad bellum"（最近では jus contra bellum とも呼ばれる）の意味における、「国家が戦争をなしうる権利」とされた。日本国憲法第9条2項2文の文言中の「交戦権」も同旨であると理解される。

その理由は、マッカーサー・メモにおいては、その「交戦権」否認の対象が「日本軍」であり、しかもその権利はrightsと複数で記載され、「交戦者権」の意味で用いられていたことは明白であった。それに対して、日本政府側で作成した『3月2日案』においては、その「交戦権」否認の対象が「国家」であり、その権利は単数とされ、佐藤達夫氏も後に述べているように、起案者であった松本国務相も『戦争する権利』の意味で用いたと思われること、である。また、そのように理解すると、第9条1項で戦争を放棄しながら、第2項2文で「戦争する権利」を否認するのは重複ではないか、という批判についての回答は、横田喜三郎教授の説明が最も当を得ていると思われる」

横田の説明とは、交戦権の意味として「国家として戦争を行う権利」という意味と「国家が交戦者として有する（国際法上の）権利」という意味の2つがあることを前提として、前者の意味と解するのが正当であるとし、9条が否認する交戦権が後者であるとすると、「国家が交戦者として有する権利」を認めないだけで「国家が戦争を行う権利」を認めることになり、これは矛盾であるとするものである。9条1項では「国際紛争を解決する手段として」に限る形で「戦争の放棄と武力による威嚇又は武力の行使」を放棄するにとどまるが、2項の交戦権否認規定により、戦争が全面的に禁止されることになるというの

267

である。9条2項1文には「前項の目的を達するため」という制限があるが、2項2文はこれと切離されており、いかなる留保も例外もない形で単純に交戦権が否認されている。したがって、この交戦権否認規定により、日本は一切の戦争を行うことが出来なくなると横田は説く。宮崎は、横田によるこの見解に全面的に依拠する形で、9条2項の交戦権の意味を、「国家が戦争をなしうる権利」であるとする。

この見解の背後には、交戦権と交戦者権の関係をめぐる宮崎による位置づけがある。宮崎によれば、前者は「国家の戦争開始権限を持つ者（通常は元首）が、戦争を開始し遂行出来るか否か」という次元の問題であり、後者は、戦争や国家による武力行使が開始された後、「国家により交戦する資格・権限を与えられている者（通常は軍隊）が交戦行動を行うことが出来るか、否か」の次元の問題である。

第二次世界大戦終期に日本の政府がポツダム宣言を受諾して降伏した時点で、日本政府は前者の交戦権を失ったが、北千島その他前線で従来の敵国から現実に攻撃を受けていた現地部隊は、積極的に武力攻撃は出来ないが、防御的な交戦行動は出来、交戦者権は依然保持していたため、その交戦行動につき「通常の戦争犯罪」の責任を負うことがなかった。宮崎によれば、前者が存在しないのに戦争を始めれば「平和に対する罪」の問題が生じ、後者が存在しないのに交戦行動をすれば「通常の戦争犯罪」の問題が生じるとされる。ある国の元首・政府が侵略戦争を開始し、其の国の軍隊が政府命令により交戦行動を行った場合、攻撃国には前者の交戦権がなく、開戦決定者は「平和に対する罪」を犯したものとして戦争責任を追求される可能性があるが、攻撃国の軍隊構成員は、政府命令に基づき戦時国際法の規定に違反しない形で交戦行動をしていた限り、「通常の戦争犯罪」の問題は生じない。前者の交戦権を行使するのは元首・政府構成員であり、後者の交戦者権を行使するのは軍隊構成員である。共に国家機関の行為であるから、その結果は国家に帰属するが、その性格は次元を異にすることに宮崎は注意を喚起している[142]。

しかし、交戦権に関する政府の「原初的解釈」[143]として位置づけられるところの、貴族院帝國憲法改正特別委員會での9月13日金森答弁は、「第二項の如き戦争に必要なる一切の手段及び戦争から生ずる交戦者の権利をもなくするとい

う所まで進んで、以てこの画期的な道義を愛する思想を規定することが適当なこととなつたと思ふのであります」、「交戦権と云ふのは、…戦争を行ふと云ふことに基いて生ずる種々なる権利」と答えている。この説明によれば、交戦権は明らかに「戦時において交戦者として国家がもつ権利」を指している[144]。

「戦争中に外国の船舶を拿捕することも出来ないし、戦争と云ふのは事実上の戦争の如きものを始めましても、外国の船を拿捕すると云ふことも出来ないし、或は又其の占領地と云ふものも、国際公法に認める保護を受けないし、俘虜などと云ふことも起つて来ないと云ふことに依りまして、大分平和の実現に近い条件になる」という答弁から、交戦権に関する政府の「原初的解釈」、制憲者意思は、"jus ad bellum" の意味における、「国家が戦争をなしうる権利」としてではなく、「国家が交戦者として有する（国際法上の）権利」（jus in bello）であったことを跡づけることが出来る。

さらに、「物的の面だけで戦争の防止をするやうに考へる、又併せて法律的な方面のもの、手段迄も封鎖して、戦争の起らないやうにすると云ふこと、が問題になるのでありまして、原案者は矢張り物的と法律的との両方面から、戦争の起らないやうにすることが、適当であらうとしたのだと思ふのであります、尚何か深い意味があるかと云ふことを仰せになりましたが、特別に深い意味はないと考へて居ります、唯強ひて申しますれば、第一項は「他国との間の紛争の解決の手段として」と云ふ条件が附いて居ります、従つて防御的戦争と云ふものが、此の中に入つて居るか、入つて居らぬかと云ふ疑問が起る訳であります、言葉としては入つて居ないと云ふ風に解釈出来るだらうと思ひます、處が第二項の場合に於きましては、一切の場合に於ける手段を封鎖して居ります、物的に武力を持つてはならぬ、並に人的に武力を持つてはならぬと云ふことと、法律上交戦権を認めないと云ふ、二段のものがありまして、是は戦争類似行動が如何なる種類のものであるとを問はず、働いて来るのでありまするが故に、相当の影響がありまして、第一項よりも第二項の関係する所が、幅が広いと云ふことにはなると思つて居ります」という答弁から明らかとなるのは、「戦争目的とまったくかかわりない絶対的な「交戦国の種々の権利」として把握されている」[145]こと、「侵略戦争においてはもちろん、自衛戦争においても交戦権を否認している」[146]ことである。

9月13日においては、この後、高柳賢三による質問が行われている。高柳は、「第二項を読みますと、従来のそれ等の戦争放棄とは非常に違ふので、第一は戦力を放棄する、是は何処の国でもやらなかつたことである、第二は国の交戦権を抛棄する、是で恐らくは自衛権も放棄する、斯う云ふ意味合が出て来る」、「従来の条約或は憲法の条項に於て見出される戦争放棄とは本質的に違つた条項であると云ふことを感ずる」とし、「日本が或国から侵略を受けた場合でも、改正案を原則と云ふものは之に対して武力抗争をしないと云ふこと、即ち少くも一時は侵略に委せると云ふことになると思ふが、其の点はどうですか」と尋ねるのであるが、「多分戦争を仕掛けられた時に、こちらに防衛力はないのであるからして、一時其の戦争の禍を我が国が受けると云ふことになるのではないかと云ふこと、それは場合に依りましてさう云ふことになることは避け得られぬ」、「武力なくして防衛することは自ら限定されて居りますからして、自然さうなります」という金森の答弁をうけて、「謂はば「ガンヂー」の無抵抗主義に依つて、侵略に委せる、併し後は世界の正義公平と云ふものに信頼してさう云ふことが是正されて行く、斯う云ふことを信じて、一時は武力に対して武を以て抗争すると云ふことはしない、斯う云ふことが即ち此の第九条の精神であると云ふ風に理解して宜しうございますか」と問う高柳に対し、「武力以外の方法に依つて或程度防衛して損害の限度を少くすると云ふ余地は残つて居ると思ひます」、「各人が自己を保全すると云ふことは固より可能なことと思ひますから、戦争以外の方法でのみ防衛する」という答弁が示されている。さらに、「交戦国の権利義務に関する色々な条約、それから俘虜の待遇に関する日本の国際法上の権利義務、それ等は此の憲法の規定に拘らず、其のまま日本に存続する」ということも確認されている。

　また、「結局竹槍を以て交戦権を行使すると云ふ場合も、想像出来る訳になりますが、其の場合に於ても其の交戦権は許さない、斯う云ふ意味になり得るものかと心得ました」という牧野の発言で終了した、先の牧野と金森の間で行われた質疑に関連して、「外国の軍隊に依つて侵略を受けた場合に、所謂国際法で知られて居る群民蜂起と申しますか、「ルヴェー・アン・マス」正式に国際法の要件を備へた群民蜂起の場合には防衛の為に群民蜂起が起る、さう云ふやうな場合に、其の国際法上及国内法上の地位はどうか、私は国際法的には

是は適法であつて、交戦者は戦闘員として矢張り取扱はれ、又俘虜になれば俘虜たる待遇を受けると云ふことになると思ひますが、国内法では国の交戦権を否認した憲法上の規定に反することになると云ふことになると思ひますが、其の点はどうでありますか」という質問が高柳から行われている。これに対しても、金森は、「新らしき事態に伴ふ種々なる法律上の研究を要すると思ひますが、緊急必要な正当防衛の原理が当嵌つて、解釈の根拠となるものかと考へて居ります」と答えている。この正当防衛の原理をめぐる答弁について、高柳が「今の御答は国際法的に」と尋ね、金森が「国内法的に」と答えている。

　ガンジー的な無抵抗主義をとるのではなく、「武力以外の方法である程度防衛」、「戦争以外の方法で各自が自己保全」という方向性が示されたことをおそらくうけてであろう、高柳が群民蜂起をめぐる国際法上の交戦者権の適用の可否について尋ねると、「国内法的に正当防衛の原理が当て嵌まる」という答弁のみが示され、国際法的な交戦者権の適用については言及されていない。この質疑応答からも、9条2項により、「国家が交戦者として有する（国際法上の）権利」（jus in bello）としての交戦者権が放棄されているとする政府の見解を跡づけることが出来る。「第二項の場合に於きましては、一切の場合に於ける手段を封鎖して居ります、物的に武力を持つてはならぬ、並に人的に武力を持つてはならぬと云ふことと、法律上交戦権を認めないと云ふ、二段のものがありまして、是は戦争類似行動が如何なる種類のものであるとを問はず、働いて来るのでありますが故に、相当の影響がありまして、第一項よりも第二項の関係する所が、幅が広いと云ふことにはなる」という金森答弁からの必然的帰結ということが出来よう。

　このように考えると、高柳による「交戦国の権利義務に関する色々な条約、それから俘虜の待遇に関する日本の国際法上の権利義務、それ等は此の憲法の規定に拘らず、其のまま日本に存続するものと云ふ風に私は理解しますけれども此の点は如何ですか」という問いに対する、金森の「国際法的には存続するものと考へて居ります」という答弁がどのように位置づけられるべきかという問題が生じるが、「国際法的には」という留保があることから、問題はないということになるであろう。

　最後に確認しておきたいのは、佐々木惣一による「…日本から言へば「パー

ミシブル」に許された「セルフ・デフェンス」と云ふ時でも、尚憲法の規定に依つてじつとして居らなければならぬと云ふ、さう云ふ場合が出て来ると云ふことは考へられるのですが、国民はどう云ふ感じを持つだらう、斯う云ふことをちよつと御尋ね致したいのであります…」という質問に対し、金森が、「此の第二章の規定は実は大乗的にと云ふことを繰返して言ひましたし、本当に捨身になつて国際平和の為に貢献すると云ふことでありますから、それより起る普通の眼で見た若干の故障は予め覚悟の前と云ふ形になつて居る訳であります、従つて今御示になりましたやうな場合に於て自衛権は法律上は国内法的に行使して、自衛戦争は其の場合に行ふことは国内法的に禁止されて居りませぬけれども、武力も何にもない訳でありますから、事実防衛は出来ない、国民が相当の変つた状況に置かれるやうになると云ふことは、是は已むを得ぬと思ふ訳であります…」と答弁している点である。

　以上の分析を経て、本書は次のような結論に到達することとなる。第1に、制憲者により憲法9条に込められた戦争放棄規定の「原理」の核心は、「戦争によらざる自衛権という憲法制定者の意図」として特定されるべきことである。そして第2に、憲法学における制憲者意思をめぐる通説は「明らかな誤解」であり、自衛隊と結びつくような「個別的自衛権の行使については、日本国憲法公布時においてすでに内閣法制局のメンバーは想定をしていた」という長谷部恭男の指摘は、貴族院を含めた制憲過程の全ての参照を通じて、妥当ではないということである。佐々木弘通が述べるように、そして、従来の憲法学の通説が述べてきたように、「憲法第9条の制憲者意思は、1項で侵略戦争放棄説を採り、2項前段で、警察力を超える実力説的に理解された「戦力」の、全面的不保持説を採るものだった[147]」のである。

13　文民条項をめぐる制憲者意思——貴族院帝國憲法改正案特別委員會および貴族院帝國憲法改正案特別委員小委員會における審議

　文民条項を除き、日本国憲法には戦争を想定した規定が一切存在しない。文民条項は制憲過程においてどのように論議され、最終的にどのような制憲者意思が導かれたのであろうか。本節においては、あらためて憲法66条2項の文民

条項をめぐる制憲者意思について確認することとしたい。

そもそも、1946年7月2日に極東委員会により採択された「日本の新憲法についての基本原則」は、国務大臣は civilian、すなわち非軍人でなければならないとする原則（文民条項）を含むものであった。これに基づき、8月19日にGHQ も文民条項を置くよう吉田首相に申し入れたが、日本側は、憲法9条2項が軍隊保持を禁じている以上、軍人の存在を前提とした規定を置くことに意味はないとし、文民条項は置かないという方向性について GHQ 側の了解を得たという経緯がある。

しかし、芦田修正により、憲法9条2項に「前項の目的を達するため」という語句が加えられたことに注目した極東委員会では、「前項の目的」以外の目的のために日本が実質的に再軍備に至る可能性が指摘されるに至った。極東委員会が文民条項規定を再度要求したという経緯は、このような文脈におけるものであった。文民条項の規定をめぐる委員会の意思は、1946年9月24日に、マッカーサーにより派遣されたホイットニー民政局長とケーディス大佐から吉田首相に伝えられ、貴族院における修正を通じて、憲法66条2項「内閣総理大臣その他の国務大臣は、文民でなければならない」として結実するに至った。

ここでまず確認しなければならない点は、GHQ や極東委員会の関係者の意向は、立法者意思そのものではなく、制憲者意思を左右する意味をもつものではないということである。極東委員会が文民条項について、憲法9条をめぐる芦田修正と密接に関わるものと考えていたこと、GHQ や極東委員会の一部が、芦田修正により将来憲法9条の下でも日本が軍隊をもつことになるかもしれないということを想定したという事情は否定出来ない。

しかし、山内敏弘が指摘するように、そのことにより、GHQ の要求をいれて文民条項の導入を決定した日本政府、制憲議会もまた文民条項の導入により、憲法9条の下で軍隊の保有が可能になったと解釈するに至ったということを意味するわけではない[148]。法制局の佐藤達夫は「妙なことを言う」と GHQ による要求を受けとめており[149]、一切の戦力不保持を規定する9条により、全ての国民が civilian となる戦後日本の憲法において、文民条項が設置されることは、日本側にとっては「冗談」以外の何ものでもなかった[150]。

「日本国憲法は国民主権を建前とするので、「制憲者意思」の把握に当たって

は、制憲過程の全てを視野に入れつつも、最終的に制憲過程において国民にいちばん近い機関だった帝国議会衆議院の意思を決め手にすべきである」。このような視座から、文民条項をめぐる日本側の制憲者意思を跡づけるため、貴族院帝國憲法改正案特別委員會の審議を参照することとしたい。

吉田首相に申し入れのあった９月24日から２日後の９月26日、貴族院帝國憲法改正案特別委員會で、次のような審議が行われた。GHQからの要求であることを公に出来ないという事情の下、修正に備えた伏線を審議に残そうとする意図を、この審議から看取することが出来る。

　織田信恒委員　…総理大臣とか国務大臣、政治の最高級に立って政治をする人が、平和と相反するような人が立つならば、是は国民として許されないでせうし、国際的にも許されないことだと思ひます。それで是は少し取越し苦労になるかも知れぬけれども、国際的には日本が又元のやうな形になりはせぬかという心配、疑念は誰しも持つだらうと思ひます。無論今度は日本は武装を解除しておりますから、総てはシヴィルでありますけれども、将来矢張り総理大臣とか国務大臣と云ふものは昔みたいに軍人がなると云ふことを避けて、シヴィリアンに依つて其の地位が占められて行くと云ふことが、矢張り第二章を中心として考へても将来確保したい一つの行き方だらうと思ひます。此の点一つ御意見を伺ひたいと思ひます。

　金森徳次郎国務大臣　…次に国務大臣、総理大臣が軍人がなると云ふことはどうか、斯う云ふ御質疑であつたのであります。御説の通り此の憲法は、第二章に於きまして戦争の放棄という規定を設けまして、将来日本は国際関係に於きまして最も平和的な態度を執ると云ふことを闡明して居ります。又統帥に関する規定とか、其の外之に関連する一切の規定を省きまして、国内の必要を満たして居ることは勿論、国際関係に於ける疑惑を解くことに十分努め、其の趣旨は前文にも明かにして居る次第であります。そこで今迄過去に於きまして職業的なと申しますか、本来それを望んで軍人となつて、軍人として大いに世の中に努力せられたと云ふことは、其の当時々々の立場としては極めて正当であつた場合が多からうと存じまするけれども、此の憲法の建前を執りまする限り、左様な職業軍人の方々が若干の世の疑惑の空気を持

つて居らるる。単り日本人が疑惑の空氣を持つと云ふ譯ではなく、何となく世間の目で疑惑の目を持つて居らるると云ふことはないであらうかと云ふ懸念が起つて來る譯であります。戰を好む立場であるか、平和的であるかと云ふことは、其の人其の人の個性に依つて決るのでありまして、過去に於て軍人であったからどうと云ふことは、純粹なる理論と致しましては筋違ひのものと思はれますけれども、事自身が非常に重大なることであり、何としても矢張り過去の經歷が其の人の精神に對して影響を持ち得る可能性は多いのでありますが、其の點に付て若干に考慮を用ふべき餘地があり得ると考へて居るのであります。が、其の中で最も神經質に考へられますのは、行政權を主管致しまする内閣の構成に……むづかしく申しましたけれども、結局内閣總理大臣と其の他の國務大臣と云ふものは非常に限られた人でありまして、其の人達が或一つの特殊なる考を持ちますると、自然國政全般の行き道に大きな影響を持ちまするので、過去の閲歷に依つてさう云ふ職分にならるることの途を閉すと云ふことは、一面に於て非常に無理な點があるかも知れぬとは思ひまするけれども、併し他の面から申しますと、世の疑惑を解いて、又國家を極度に安定に導いて行く、兎に角社會的に見て略々許され得る範圍の判斷を以て考へて行きますると、相成るべくはさう云ふ人達が總理大臣及國務大臣になられないやうにする方が宜いのではないかと考へて居るのであります。併し此の憲法はそれに付きまして特別なる規定は設けて居りませぬ。是は御承知の通りであります。唯第三章の規定を噛合せて實際の場合に恐らく然るべき妥當な途が講ぜられて行くのではなかろうか、斯う云ふ風に考へて別段の規定を設けて居りませぬ。精神におきましては大いに考ふべき問題があると斯う考へて居ります。[152)]

この9月26日をもって貴族院帝國憲法改正案特別委員會は審議を打ち切り、貴族院帝國憲法改正案特別委員小委員會が立ち上げられ、修正案の審議が行われることとなった。9月28日から10月2日まで計4回開催されたこの小委員會は、秘密懇談形式で進められ、小委員會案を決定した審議の最終段階を除き、速記に付すことなく行われたため、審議録が残されていない。これには、先述のように、GHQからの要求であることを公に出来ないという事情が影響して

いる。しかし、貴族院事務局により作成された「小委員會筆記要旨」が存在し、これが1996年に公開されるに至った。この「小委員會筆記要旨」に基づき、まずは貴族院帝國憲法改正案特別委員小委員會（1946年9月28日）における審議から、文民条項に関するものを参照してみたい。

　織田能恒委員　GHQ より政府を通じて…六十六条中に総理及其の他の国務大臣は civilian でなければならぬとの条項を追加することを申入れて来た。本院で修正した方が穏当であらうから…、六十六条第一項の続きに「それら大臣には武官を本來の職歴とした者はなれない」を加へては如何。

　金森徳次郎国務大臣　二十四日、GHQ の「ホイットニー」と「ケーディス」が首相を訪ねて修正を要求「実質的なものではないから受入れて呉れ、此のことは新聞にも書くな、内容に付ても余り云ふな、どうしても云はねばならぬときは GHQ の希望によるものだと云つて欲しい。本当は GHQ 以外の所から来たものである」と云つて英訳の…六十六条Ⅰ項の次に「Prime Minister and all Ministers of the State shall be civilians」を加へた英文を手交した。衆議院の小委員会で修正を研究中に GHQ からちびりちびり修正を申入れて居り、…最後に近づいた頃総理及国務大臣の資格が余りにルーズだから六十七条及六十八条に civilian たるべきこと及国会議員たるべきことを追加せよと要求して来たが、既に軍人は居なかつたのだから、non-civilian なるものはないし、又日本語には適訳がないから困ると云ふ当方の説明で GHQ も納得した。今回更に之を蒸返して来たのは、「マ」元帥に対する本国よりの干渉が激しくなりかけて居るのではないか。昨日打合せの結果…、六十六条Ⅱ項として「内閣総理大臣その他の国務大臣は武官の職歴を有しない者でなければならない」を入れることに略ゞ話がついた。義務履行としてでなく、志願に基き本職として陸海軍武官（将校、下士官の両者を含む）たりし者の意味である。

　松本學委員　civilian と云ふ含蓄ある言葉を窮屈に「武官の職歴」と訳すよりも、もつと裕のある訳を考へるべきである。

　高柳委員　non-civilian とは軍人の現職に在る者と云ふことではないか。

　金森国務大臣　先方は軍籍のあつた者、軍人の匂ひのある者を除きたい考

へのやうである。融通の利くやうな文字が欲しい。先方は進駐軍引揚後の諸制度が元のやうになることのないやうに憲法に出来るだけ多くの楔を打込んで置かうとして居る。…

　金森国務大臣　六十六条Ⅱ項は Prime Minister and all Ministers of the State shall be persons without carriers as military or naval officials. とすることになった。
　松本委員　civilian とは文化人の意味ではないか。
　高柳委員　英国の海軍大臣は civilian でなければならないことになっている。現在軍人でない者は総て civilian ではないか。
　宮澤俊義委員　non-civilian を其の侭軍人と訳したら死文となって宜くはないか。
　金森国務大臣　先方はさう云ふ軽いものを云つて居るのではないやうである。
　松本委員　金森国務相の御考へのやうなものだと影響が大きい。高柳君の考へを前提として何とか適当な文字を作って先方に之が non-civilian だと説明することとしては如何。
　金森国務大臣　適当な文字が見つからない。よい文字を考へて呉れれば、喜んでこれを以て GHQ と交渉したい。
　橋本實斐委員長　civilian を如何に訳すべきやを高柳、高木両君に一任しては如何。
（異議なし）
　松本委員　貴族院が修正せる場合に於ける衆議院との関係如何。
　金森国務大臣　三十日午前十時より衆議院は各派交渉会を開き、政府から貴族院に善処方を依頼せることを報告して諒解を求める積り。
　松本委員　貴族院の立場としては斯様な修正は引受けたくない。
　霜山精一委員　貴族院の立場としては斯様な修正は引受けたくない。
　高木八尺委員　貴族院が政府の諒解の下に GHQ と話合をして誤解のないやうにしては如何。
　高柳委員　新しい日本語を作って、之が西洋に云ふ civilian の意味だと説

明する外あるまい。[153)]

　貴族院帝國憲法改正案特別委員小委員會（1946年9月30日）における審議中、文民条項に関するものは次の通りである。

　牧野英一委員　civilian を「平人」としては如何。「凡人」としても略ゞ同意義である。

　織田委員　言苑には「文臣」の言葉がある。文官と云ふことで武官に対する言葉である。即ち「文臣とは武臣と對照し武事に携はらざる國に仕へる人を云ふ」とあり。「文臣」が適当ではないか。而して文臣なりや否やは総理に付ては国会が認定し其の他の国務大臣に付ては総理が認定することとなる。尤も之で行くと、将来 UNO に加入せる場合に国際連合軍に加はって武官となり又は外国の軍隊に加はる者は或は之にひっかかるかも知れない。

　田所美治委員　「文人」としては如何。

　川村竹治委員　臣と云ふと君主の臣と云ふ觀念が残っていけないから「文民」としては如何。

　織田委員　「文化人」と云ふことも考へて見た。

　松本委員　「内閣總理大臣その他の国務大臣は、文臣でなければならぬ。」とすると総理及国務大臣は文臣であると云ふ定義のやうになって了ふ。先方は軍国主義的でない人を要求して居ると考へられるから、文治主義の人と云ふ意味を表はす宜い言葉はないか。

　下條康麿委員　「文臣」と云ふと嘗ての軍部大臣文官制の場合の文官の意味にもとれる。之では civilian に該当しないではないか。

　織田委員　文臣は文官よりも広義である。

　山田三良委員　現在では「文臣」に賛成。

　川村委員　文臣と云ふと現在官吏をしている者に限られるやうに考へられることはないか。

　淺野長武委員　「民人」では如何。市河三喜等の大英和辞典に依れば、民人とは軍人と僧侶とを除いたものを云ふ。

　淺井清委員　内閣法で之を書くことを約束して憲法には入れないことにしては先方も承知しないか。

牧野委員　高柳君の意見に依れば non-civilian とは軍人のことではない。先方の要求は将来軍隊を置いた場合でも大臣は文官を充てるのだと云ふだけの意味ではないかと云ふことだった。

宮澤委員　それであるとすれば、「軍人は大臣になれない」とするだけで宜いが、果して之で宜いかを確める必要があらう。

飯田精太郎委員　そこまで行けばあっさり「文官」とすれば宜い。

織田委員　civilian に付、三土君は「文治人」では如何とのことであった。言苑に依れば「文治とは武断に對應する語にして教化又は法令を以て世を治めることを云ふ。」

田所委員　賛成。

高柳委員　治の字が少しどうかと思ふ。平和的な人、戦争を事とする人に非ざる人の意味でなければならぬ。軍国主義に対する文治主義の意であらう。

淺野委員　「民人」では如何。

（金森国務大臣出席）

金森国務大臣　今朝より衆議院各派交渉会を開き政府から経過を報告した。GHQ よりの要求のに点に付ては報告した範囲に於ては別に意見もないやうである。修正の結果を呑み込んでくれるものと見て宜い。此の二点以外の修正に付ては別に発言はなかった。[154)]

貴族院帝國憲法改正案特別委員小委員會（1946年10月１日）における審議中、文民条項に関するものは次の通りである。

織田委員　…六十六条に付て civilian を武断的の人に対照して文治を理想とする人を云ふと定義して、此の定義からかかっては如何。

高柳委員　それは向ふの意味するものではない。

牧野委員　定義に拘泥しないで「文民」としては如何。

（大体賛成者多数）

織田委員　すると六十六条二項として「内閣総理大臣その他の国務大臣は文民でなければならない。」を追加することとなる。

下條委員　衆議院としても GHQ から申入れがあり乍ら、之を断った位だから私は斯る修正をする必要はないと思ふ。

　織田委員　金森案の如く武官の職歴を有する者がなれないとすると若い少中尉級まで縛られては困るから、賛成出来ないが、「文民」とすれば斯る者は含まれないこととなるべく、又「文民」なりや否やは総理の場合は国会が認定し国務大臣の場合は総理が認定することとならうから支障はないのではないか。

　下條委員　将来の国民を大いに束縛するやうな修正に対しては賛成を留保したい。

　織田委員　そこで「文民とは文化又は法律を以て治める者を云ふ」と定義すれば宜い。

　山田委員　憲法に入れずに内閣法に譲ることは出来ないものか。

　高木委員　此の問題を扱ふに付ては、最後の段階に至って突如として斯る修正が憲法に何故入ったかは、一般の公然の秘密として問題にならなければならないものと思ふ。すると貴族院が外部の要求に依って修正したことになると、之が自由に審議された憲法であると云ふ事実を傷つけることになる。そこで斯る不必要な規定挿入の要求を貴族院としては拒んで宜いではないか。

　織田委員　之を拒むことに依って国家が大きな損害を来すよりも、此処で之を呑んだ方が宜くはないか。

　田所委員　吾々の本意は此の憲法を初めから全部お断りしたい所であるが、それはとても出来ることではない。

　高木委員　之が国際的にさう大きな問題となる筈はない。又之を拒むことに依ってさう国家に対して大きな損害を来すことはないと思ふ。

　織田委員　するともう一度政府を通じて貴族院には異論があるから要求を撤回する訳には行かぬかと云ふことを折衝すべきである。

　田所委員　さうすると会期延長となり法案成立を遷延せしめる責任を負はなければならないから、不本意乍ら呑んで成立させては如何。

　宮澤委員　高木君の意見は一応御尤だが、憲法全体が自発的に出来て居るものでない、指令されて居る事実はやがて一般に知れることと思ふ。重大な

ことを失った後で此処で頑張った所でさう得る所はなく、多少とも自主性を以てやったと云ふ自己欺瞞にすぎないから織田子爵に大体賛成。

　高木委員　それならば議会で審議せぬ方が寧ろ宣かった。審議をする以上は自由な立場に於て審議する建前をとりたい。

　川村委員　本憲法を成立させる心持で出来るだけ努力をして見る外はないと思ふ。

　飯田精太郎委員　之より更に重大な欠陥があるのを残して、之だけ修正することは貴族院としては面白くない。他の修正すべき所があるのに、修正を遠慮して居るのはどうか。

　橋本委員長　実のあるやうなものが容れられないからこそ斯る修正を押付けられるのであるから、御異存のあることは当然である。満場一致で之を通すことは不可能であらう。

　松本委員　我々は何れも満足していないが、占領下に於て押付けられたものだから不満足だが高木君のやうに根本的にぶつかっては馬を壁に乗り上げてしまふ。gesture として貴族院の立場として直ぐに修正要求を引受ないで大いに政府を鞭撻することとしては如何。

　下條委員　衆議院の場合にも初め政府は一、二点しか修正出来ないと云ふことだったがやって見ると案外修正出来た。此方もやるだけやって見るべきである。

　松本委員　之程重大なことを「ホイットニー」と「ケーディス」が理由も云はずに吉田総理に申し出る筈はない。又理由も聴かないで之を受ける筈はないから総理に出席を求めて説明を聴きたい。

　橋本委員長　総理の出席を求めることにする。[155]

（吉田内閣総理大臣出席）

　織田委員　六十六条に付ての註文は木に竹を接いだやうなものである。之を返上出来るものならば返上したい。GHQ から要求して来た事情を承りたい。

　吉田茂内閣総理大臣　此の前の原文にあったものを一度撤回さした。九月二十四日「ホイットニー」と「ケーディス」が来て云ひにくさうにして「憲

法審議が最後の段階に入ってから云ふのは御迷惑だらうが、九条の修正との関係から、普選のことと civilian の字を入れて欲しい。之は GHQ として必しも賛成でないが、英「ソ」が FEC に提案し、そこから来たものだから、「マ」元帥としては御気の毒だが呑んでくれないかと云ふことである。故意に civilian を避ける意図ありとして「ソ」、英から誤解されることがあっても面白くないから、受容れてくれないか。」と云ふことだったのでそれでは一応考へて見ようと返答した。

　下條委員　進駐軍が引揚げたら日本の制度が元に戻っては困るから、と云ふ下心に出たものではないか。

　吉田内閣総理大臣　疑って見ればさう云ふことであらう。

　織田委員　最高指揮官数名と云ふ程度ならば問題はないが、伍長等をも含む広範な規定を設けて、嘗ての職業軍人だった者が全然なれないとすることは国内の政治問題を生ずることはないのか。

　吉田内閣総理大臣　先方は九条の修正の関係から提起したから、civilian は思想で追及するものでなく、軍籍を持った者を意味するものである。九条と如何なる関係ありやと質問したが答弁出来なかった。

　金森国務大臣　武官の職歴を有しない者とし、之は兵役義務の履行としてでなくして、陸軍の将校又は下士官たることのなかった者を意味すると説明したら、先方は諒解した。下士官をも含むので purge の場合よりも範囲が広い。

　織田委員　之を講和条約に譲ることは出来ないか。

　吉田内閣総理大臣　譲りたいものはまだ沢山ある。

　織田委員　招来 UNO に加入し国際連合軍の為に人を貸した場合に non-civilian と云ひ得るや。

　吉田内閣総理大臣　戦争は放棄したから人を貸せない。

　金森国務大臣　先方は過去の職歴に於て武官となったことのある者の意味であり、之を軍人とすると、兵隊に行った者が全部含まれる惧れがある。之を武官の職歴を有する者として特攻隊中まだ任官していない者が含まれぬやうに出来る。之で稀な例外を除けば無難に行く。先方は日本人を全部疑って居るので、一応「文民」を持って行って交渉する外はない。

松本委員　それでははっきりしすぎて困る。先方は超国家主義者、軍国主義者はいけないと云ふ意味ではないか。「ホイットニー」、「ケーディス」が来たときにそんな説明はなかったか。

　吉田内閣総理大臣　そこ迄の話はないが、従来の行きがかりから見て思想問題を云って居るのではない。戦は放棄をした、衆議院は此の条項を修正した。其の趣旨は軍国主義者との疑惑を持たれることのないやうにする為に修正した。此の修正に関連しての要求だから、口には云はなかったが戦争に関係した軍人の意にして、国家主義者、軍国主義者を意味するものでないことは其の後の案文の接衝に於て persons without professions as military or naval officials とすることで納得したことに鑑みても明らかであらう。

　宮澤委員　今日の日本人は全部 civilian である。

　織田委員　少中尉の若い将校だった者が何時迄もひっかかるのでは大変である。

　金森国務大臣　先方は、過去に於ても civilian であったし、又現在も civilian でなければならぬとの意味である。

　松本委員　それが困るのである。

　高柳委員　civilian に相当する言葉を作って、之が civilian だと説明するのでは納得せぬか。

　吉田内閣総理大臣　civilian を日本語で巧く云ひ表はせるなら宜いかもしれない。

　高木委員　先方の意向は将来軍隊が出来ても軍部大臣は文官制にするのだと云ふ意味ではないか。

　織田委員　貴族院の意向は険悪だと云ふことを伝へて撤回して貰ふ訳には行かぬか。又「民人」ではいかぬかを折衝して戴きたい。

　下條委員　貴族院の意向は険悪だと云ふことを伝へて撤回して貰ふ訳には行かぬか。又「民人」ではいかぬかを折衝して戴きたい。

　松本委員　貴族院の意向は険悪だと云ふことを伝へて撤回して貰ふ訳には行かぬか。又「民人」ではいかぬかを折衝して戴きたい。

　金森国務大臣　大いに努力して見よう。「文民」となし civil people だと説明して見よう。[156]

貴族院帝國憲法改正案特別委員小委員會（1946年10月2日）における審議中、文民条項に関するものは次の通りである。

橋本委員長 昨夜議長がGHQの憲法係の「ケーディス」氏外五名を招き当方より正副委員長、高柳、高木君等出席して懇談した。其の詳細に付高柳君から報告せられたい。

高柳委員 金森国務相より「文民の件に付、予以てGHQに説明しておいた方が宜い」と云ふ話があったので、私から「ケーディス」に「日本には武官に対して文官と云ふ定語があるが、英語のcivilianに当る語はない。そこで貴族院では文官のanalogyたる文民の語を用ひて是が略ゞcivilianの意味だとするのが適当だと云ふ意見があった。FECにcivilianの件を提議したのは英国代表と推察する。」と云ったら「ケーディス」は「米国政府もGHQも希望するものではないが、大局から見て之を受容れる方が宜からう。英国提案だから英国の如く内容をはっきりさせないでcivilianの意味の出る程度に止めた方が宜からう」と云ひ、大体諒解を得ることが出来た。又「「マ」元帥の立場を宜く諒解してもらひたい。第一に「マ」元帥は日本統治に付、責任を有すること、第二に或程度迄はinternational statesmanとしてはどこまでも将来の日本の立場を擁護する立場に在ること、第三に、憲法審議に付ても合理的なものである限りどんどん修正して宜い。修正が合理的なものである限り「マ」元帥は他の国に対して之を擁護すること」云々と云って居た。私から「原案は動かすべからざるものであると云ふ印象が衆議院以来の審議に影響して居た。又時間的要素が利用される傾向が見られ、質疑には十分な時間が費されるが、討論、修正は余り為されて居ない」等を話したら「ハリス」氏は「従来日本の政府は自己の立場を余りにdefendする傾向があり、是が原案は動かすべからざるものであるとの示唆を与えたのではないか」と云って居た。

宮澤委員 出来ることならcivilianの件を撤回してもらひたいという当小委員会の意見に付て話はなかったか。

高柳委員 international statesmanとしては「マ」元帥は日本をdefendせねばならぬから、本件は之を呑んだ方が宜からうと云ふことだった。

第２章　戦争放棄規定の原意と歴史

　　宮澤委員　　自由に審議せよと云ふことと種々要求して來ることとは矛盾する。civilian の件を引込めると云ふ当方の考へは reasonable なものである。
　　山田委員　　「吾々は英文を原文として出来るだけ是に忠実ならんと努めて居るが、英文が或程度動かせるものなら都合が宜いが」と話したら、「それは場所によりけりである。衆議院が英文に拘泥しすぎたのならば、貴族院に於て合理的と思ふものならば、どんどん修正して宜い」と云ふことであった。
　　橋本委員長　　civilian の裏の意味に付て話はなかったか。
　　高木委員　　「civilian は種々の意味に用ひられるが、英国人の civilian の程度に用ひれば宜い。現役軍人はもう居ないから、武官と云ふのでは足らないが、職業的軍人でなければ宜いだらう。」と云ふことであった。「自由討議せよと云ひながら色々と注文をつけることは矛盾ではないか」と詰寄って見た所、先方は「理屈としては飽迄事実を述べて参考に供する程度であって、是が如何なる程度迄影響するかは自分達は棚の上に上げて居る。日本側でいけないとするならば、取上げなければ宜い。」と云ふことであった。
（金森国務大臣出席）
　　金森国務大臣　　貴族院が「文民」と修正すれば之に同意するやうな内部の固めを為しつつある程度であつて、GHQ と交渉まで出来ていない。[157]

10月２日に開催された小委員會の審議については、小委員會案を決定した審議の最終段階についてのみ速記録に収録されている。その部分は下記の通りである。

　　織田委員　　第六十六条、是も一つ修正案として一項目を挿入したいのでありますが、是は第二項に「内閣総理大臣その他の国務大臣は文民でなければならない」以上であります。此の「文民」とは文の民と書きます。文民とは、武臣に対照しまして、英語で申しますならば、シビリアンと云ふ言葉に当て嵌まると思ひます。以上を修正案として提出致します。
［「異議なし」「賛成」と呼ぶ者あり］
　　橋本委員長　　只今の織田委員の御意見に対しまして、御異議ございませぬか。

[「異議なし」と呼ぶ者あり]
　橋本委員長　御異議がないやうでありますから……
　高木委員　意見は重ねて申出を致しませぬ。
　橋本委員長　御意見は重ねて御申出がない……
　霜山委員　今の修正案は、第六十六条の一項の後段に続けて書くのではなかつたでせうか。第二項に挿入すると云ふことでせうか。
　橋本委員長　霜山委員に御答へ致しますが、第二項に挿入することに決つたやうであります。
　霜山委員　分かりました。
　橋本委員長　それでは、只今の六十六条も、別に御異議がなければ、左様に決定すべきものと致しまして、委員会に報告致します。
　高木委員　決を御採りになります時には、私は不賛成と云ふ考を持つて居ります。
　宮澤委員　異議なしで御決めになるのですから、満場一致と仰しやらなくても宜しいのではないかと思ひます。多数で決るならば……
　橋本委員長　承知致しました。多数に依つて是が決つたことを宣告致します。[158)]

貴族院帝國憲法改正案特別委員會（1946年10月3日）では、次のような審議が行われた。

　橋本委員　小委員會の委員長報告を申上げます。…次に第六十六条でありますが、先刻も申し上げましたるが如く、其の第二項に「内閣総理大臣その他の国務大臣は文民でなければならない」と云ふことに修正意見が纏まりましたが、是は第二章第九条の戦争放棄の規定と相照応致しまして、世界平和を末永く続かせて行く為の考慮から出たものと思ひます。茲に「文民」と申しますることは、武臣に相対する言葉で、之を英語で言へばシビリアンズとでも云ふ積りの文字であります。聊か慣れない感なきにしもあらずでございまするが、慣熟して参りますれば、段々シビリアンズの気持が滲み出て来ることと考へる次第であります。委員會に於きましては、初めは「文人」であるとか、「文治人」であるとか、「文臣」であるとか、「平人」であるとか、

第2章　戦争放棄規定の原意と歴史

「民人」であるとか、色々の案が出たのでございまするが、結局「文民」に落ち着いた次第でございます…[159]

　安倍能成委員長　…それから次に、「第六十六条第二項として、左の如く加ふ、「内閣総理大臣その他の国務大臣は文民でなければならない。」ご意見がなければ…

　松村眞一郎委員　私は反対でございます。元来既に第二章に於て戦争を放棄し、戦力を保持していないとなつて居る以上は、日本の国民は総て文民であります。若し第六十六条第二項の修正案の如くするならば、日本国民の中には文民に非ざる者と云ふ者があると云ふことを想はせる規定になると思ひます。若し文民なりや否やと云ふことが問題になつた場合には、国務大臣が任命されたことが無効であるかどうかと云ふ問題も私は茲に起ると思ひます。さうして、其の国務大臣が為した行為それ自身が無効であると云ふやうな問題を起し、延いて裁判所の問題になると云ふことになると思ひますが故に、此の規定は存置することを不適当なりと考へます。国民中に、所謂文民と云ふのはどう云ふ意味か存じませぬけれども、此の趣旨に適さない者があつたなれば、それは任命されないでありませう。さう云ふこと迄細かいことを私は書く必要はなひと思ひます。今日公職に適せざる者として、公職から所謂追放と云ふものの境遇に置かれて居られる方があります。斯う云ふ方は、只今直ぐに国務大臣に任ぜられると云ふやうなことは、是はないことは当然であると存じます。併し元来、所謂公職の追放と云ふ地位に居られる方は、身分をどう云ふ法律関係に置かれて居るのであるかと云ふことを、私は法律で規定される必要があると思ひます。是は一種の公権剥奪であると考へます。それでありますから、如何なる場合に、其の公権は復権せらるるものであるかと云ふやうなことも、私は想像することは必要であると思ひますから、さう云ふやうな規定が出来たならば、さう云ふ公権剥奪者は、自然国務大臣にもなれないと云ふやうなことになるのでありますから、斯くの如き規定を置くと云ふことは、私は宜くないと考へます。殊に甞て所謂職業軍人であつた人は、是はどう云ふことに解釈するのであるか、非常に是は曖昧なことになりますから、何としましても、斯くの如き規定の存することは当を得

ないものでありますから、私は反対致します。

　山田三良委員　私は此の案を審議する際に気が附かなかつたのでありますが、斯う云ふ風に国務大臣が文民でなければならないと云ふことにしますと、此の憲法第十四条に「すべて国民は、法の下に平等であつて、人種、信条、性別、社会的身分又は門地により、政治的、経済的又は社会的関係において、差別されない。」此の政治的関係に於て差別されないと云ふ条項に、是は矛盾するやうに思ひますが、この点を御説明を願ひます。

　金森国務大臣　第六十六条に「文民」と云ふ条件が入りますと、今仰せになりましたやうに、一般の資格に、斯様な区別があると云ふやうな結果になるのであります。而して左様な結果をはつきり憲法の上に明かに致しまして、此の場合に於ては、左様な点に於て区別されても致し方がない。それこそ、憲法の眼目として居る所である。斯う云ふことの意味が出て来るのでありまして、若しも此の六十六条の今回御改正の案に上つて居りますやうな規定がありませぬと、場合に依りまして、過去に於て職業軍人であつた人を排除致しまする場合に、憲法上の論議の余地が発生する虞ありと考へて居ります。

　山田委員　今ので分かりました。私は国務大臣の説明を求めたのではないのでありまして、此の提案者の説明を求めたのであります。

　織田信恒委員　此の「文民」の言葉に付きましては、申上げる迄もなく、山田委員も同じ小委員で一緒に我々と御研究になつた訳でありますが、先程松村委員からも仰しやつたやうに、論理上甚だ面白くない点も起るかと思ふのであります。併し之に付ては、色々此の憲法の戦争放棄の条章に関連して、斯う行ふやうな規定を入れた方が将来日本の国家のために有利ではあるまいかと云つたやうな観点から、小委員会に於ても態々総理大臣の御出席を求めて、各委員から熱心に此の問題に付て御討議があつた結果、此処に収つた、斯う云ふことを私、御報告申します。[160]

　以上の審議の後、採決が行われ、賛成多数により修正案が可決されるに至った。

14　貴族院帝國憲法改正案特別委員小委員會および貴族院帝國憲法改正案特別委員會における文民條項に関する審議の分析

　それでは、以上の審議を整理・分析することとしたい。まず、9月28日の第一回小委員會での審議では、「既に軍人は居なかつたのだから、non-civilian なるものはないし、又日本語には適訳がないから困る」という1946年8月時点における日本政府の当初の姿勢に基づき、「武官の職歴を有しない者」、「義務履行としてでなく、志願に基き本職として陸海軍武官（将校、下士官の両者を含む）たりし者」という政府案で「話がついた」とする、冒頭の金森の発言が注目されるべきである（以下においては、当初 GHQ の面前で civilian を「武官の職歴を有しない者」と解釈してみせた日本政府の案を「金森案」と表記することとする。その理由は、10月1日の第三回小委員會で、織田が、「金森案の如く武官の職歴を有する者がなれないとすると若い少中尉級まで縛られては困るから、賛成出来ないが…」と述べたことによる）。

　ここで、金森の「先方は軍籍のあった者、軍人の匂ひのある者を除きたい考へのやうである。融通の利くやうな文字が欲しい」という発言について検討してみよう。

　「軍人の匂ひのある者を除きたい」という表現を「軍籍のあった者」に続けた意図は、「武官の職歴を有しない者」を言い換えることにあったものと考えられる。「武官の職歴を有しない者」に限らないという意図があったのであれば、「軍人ではない者」という形を用いれば済むことである。したがって、小委員会で確認された GHQ 側の civilian の意図は、「武官の職歴を有しない者」であり、金森がこの出発点を9月28日の時点で重ねて確認しているということがわかる。

　しかし、これに続く「融通の利くやうな文字が欲しい」という金森の発言は、この前の「civilian と云ふ含蓄ある言葉を窮屈に「武官の職歴」と訳すよりも、もっと裕のある訳を考へるべき」とする松本の意見と親和性をもつものであろう。9月28日は結局、「金森国務相の御考へのやうなものだと影響が大きい」（松本）ことから、「現在軍人でない者は総て civilian」という高柳の意

見を前提として、「何とか適当な文字を作って先方に之が non-civilian だと説明する」という方向性が固まることになる。

9月30日の第二回小委員會においては、「武官に対する言葉」としての「文臣」案を織田が提出し、「君主の臣と云ふ觀念が残っていけない」ということから、川村による「文民」案が小委員會で初めて登場している。9月28日と同様、高柳による「現在軍人でない者は総て civilian」という指摘に小委員會はこだわっており、牧野は、「高柳君の意見に依れば non-civilian とは軍人のことではない。先方の要求は将来軍隊を置いた場合でも大臣は文官を充てるのだと云ふだけの意味ではないかと云ふことだった」とし、金森により重ねて確認されたはずの、「武官の職歴を有しない者」とする GHQ 側の civilian の意図の相対化を図ろうとしている。

9月30日の小委員會では、このように、金森案から距離をとろうとする方向性が目立つ。「六十六条に付一つの考へ方は「軍人でないことを必要とする」と云ふ書き表はし方であり、他の一つは peaceful pursuit に從事する人と云ふ面を出して「平和業務者」なる語を作り之が civilian だと決めることである」という高柳の発言も、同様の文脈に位置づけられるものであろう。

しかし、9月30日の小委員會において、「高柳君の意見に依れば non-civilian とは軍人のことではない。先方の要求は将来軍隊を置いた場合でも大臣は文官を充てるのだと云ふだけの意味ではないかと云ふことだった」という牧野の発言に対し、宮澤が、「それであるとすれば、「軍人は大臣になれない」とするだけで宜いが、果して之で宜いかを確める必要があらう」と諫める姿勢を示した点が重要であるように思われる。小委員會全体が、金森により重ねて確認されたはずの GHQ による civilian の意図を無視することが許されると考えていた訳ではない。

10月1日の第三回小委員會においては、冒頭で牧野により示された「定義に拘泥しないで「文民」」とするという方向性に賛意が多数寄せられ、「文民」案が確定するに至っている。ここでも「定義に拘泥しないで」という牧野の発言により、小委員會の方向性が前日までの流れ、すなわち、金森案から距離をとろうとする流れの中にあることがわかる。しかし、このような流れの中で、文民の意味について、「若い少中尉級まで縛られては困る」、「最高指揮官数名と

云ふ程度ならば問題はないが、伍長等をも含む広範な規定を設けて、嘗ての職業軍人だった者が全然なれないとすることは国内の政治問題を生ずる」として金森案を批判した織田に対し、金森が示した答弁の内容が重要である。

「武官の職歴を有しない者とし、之は兵役義務の履行としてでなくして、陸軍の将校又は下士官たることのなかった者を意味すると説明したら、先方は諒解した。下士官をも含むので purge の場合よりも範囲が広い」

「先方は過去の職歴に於て武官となったことのある者の意味であり、之を軍人とすると、兵隊に行った者が全部含まれる惧がある。之を武官の職歴を有する者として特攻隊中まだ任官していない者が含まれぬやうに出来る。之で稀な例外を除けば無難に行く。先方は日本人を全部疑って居るので、一応「文民」を持って行って交渉する外はない」

この金森の答弁中に登場する「GHQ の諒解」とは、文民の意味を金森案として、すなわち「武官の職歴を有しない者」、「陸軍の将校又は下士官たることのなかった者」とする当初の日本政府の解釈に対して「諒解」するものなのである。

そもそも極東委員会では、芦田修正の結果として憲法9条下でも、自衛目的の再軍備が可能となったことが認識されていた。しかし、日本側だけがその認識に至っていなかった。あるいは、その認識に至ったことを一切明らかにしていなかった。そうであればこそ、法制局次長の佐藤達夫は「妙なことを言う」「冗談だろう」と受け止め[161]、「先方の意図は当時強力に実施されていた公職追放の考え方の一種の延長であろうと推測」し[162]、「武官の経歴を有しない者でなければならない」という案が準備されたのであった。

9月27日に、そのような案文 "The Prime Minister and other Ministers of State shall be persons without professional military or naval antecedents." を携えて佐藤がケーディスと面会した際、「本来この修正申し入れは、第9条の趣旨からいってはなはだおかしい」ものであることを佐藤が述べたところ、ケーディスが、「衆議院による第9条の修正によって、第2項に「前項の目的を達するため」（For the above purpose）の語が加わったために、日本はそれ以

外の目的でならば再軍備をすることができるという誤解が連合国の間に起こったのではないかと推測される。あるいはまた、将来日本が国際連合に加入し、国際警察軍に参加の義務を負うような場合を予想してのことかも知れない」と述べたことが、佐藤によって証言されている。[163]

その上で、修正案について「日本文の方はそのままでいいが、英訳をどうするかについて問題が残り、そのあげくこちらから、civilian の意味が日本文の示すとおりであるということならば、英文は civilian のままにしておいたらどうかと提案したところ、先方はそれを危険であるといってこれをとらず、結局、前出の persons 以下を persons without professional careers as military or naval officers とすることとなった（われわれの案にあった antecedents の語は先祖の意味に誤解されやすいということであった）。なお、先方は第９条第２項について、For the above purpose の語は、前出のような誤解を生ずるから In order to accomplish the aim of the preceding paragraph と改めた方がいいと思うといったので、そのように改めることとした」[164]のであった。「小委員會筆記要旨」に記録されている GHQ による「諒解」の意味は、このような文脈において把握されなければならない。

続いて10月２日の第四回小委員會であるが、冒頭で前夜（10月１日）にケーディスと高柳、高木、山田等の学者議員と懇談が行われたことが、高柳により報告されている。高柳による「金森国務相より「文民の件に付、前以て GHQ に説明しておいた方が宜い」と云ふ話があったので」という発言からうかがえるのは、９月30日の第二回小委員會で、牧野による「高柳君の意見に依れば non-civilian とは軍人のことではない。先方の要求は将来軍隊を置いた場合でも大臣は文官を充てるのだと云ふだけの意味ではないかと云ふことだった」という発言に対し、宮澤が、「それであるとすれば、「軍人は大臣になれない」とするだけで宜いが、果して之で宜いかを確める必要があらう」と答えたやりとりの内容について、10月１日夜のケーディスらとの懇談が、実際に「確める」機会となったであろうということである。

ケーディスらとの懇談について、「出来ることなら civilian の件を撤回してもらひたいという当小委員會の意見に付て話はなかったか」という宮澤の問いに対し、高柳は「international statesman としては「マ」元帥は日本を

defend せねばならぬから、本件は之を呑んだ方が宜からうと云ふことだった」と述べており、GHQ の対応は「国際情勢上納得してもらいたいの一点ばり」[165]であった。第二回小委員會での、宮澤による「それであるとすれば、「軍人は大臣になれない」とするだけで宜いが、果して之で宜いかを確める必要があらう」という問題についての確認の結果が、ケーディスらとの懇談を終えた直後の第四回小委員會議事錄において、具体的に示されていない。しかし、議論の経緯を踏まえると、金森案から距離をとろうとした小委員會の立場で宜いという GHQ の回答があったのであれば、前夜の懇談に出席した高木による、「「civilian は種々の意味に用ひられるが、英国人の civilian の程度に用ひれば宜い。現役軍人はもう居ないから、武官と云ふのでは足らないが、職業的軍人でなければ宜いだらう。」と云ふことであった。「自由討議せよと云ひながら色々と注文をつけることは矛盾ではないか」と詰寄って見た所、先方は「理屈としては飽迄事実を述べて参考に供する程度であって、是が如何なる程度迄影響するかは自分達は棚の上に上げて居る。日本側でいけないとするならば、取上げなければ宜い。」と云ふことであった」という発言が、第四回小委員會で示されることはなかったはずである。

　結局のところ、第三回小委員會で強く反対していた高木も一切反対意見を述べていないことから、前夜の懇談を通じてケーディスにより受け入れの説得、環境整備が行われたことがうかがえる。[166]金森の、「貴族院が「文民」と修正すれば之に同意するやうな内部の固めを為しつつある程度であって、GHQ と交渉とまで出来て居ない」という発言は、9月27日の金森案に基づく GHQ の「諒解」を踏まえて、「現在軍人でない者は總て civilian」という高柳の意見を前提として、「何とか適當な文字を作って先方に之が non-civilian だと説明する」という方向での「交渉」が、結局10月2日の時点で「出来て居ない」ことを表すものであろう。そのような交渉が GHQ と出来ないまま、小委員會はその活動を終了することとなったのである。

　その上で、翌日の貴族院帝國憲法改正案特別委員會（1946年10月3日）における、金森による「若しも此の六十六条の今回御改正の案に上つて居りまするやうな規定がありませぬと、場合に依りまして、過去に於て職業軍人であつた人を排除致しまする場合に、憲法上の論議の余地が発生する虞ありと考へて居り

ます」という答弁が示された経緯を踏まえると、66条2項の文民をめぐる制憲者意思は、結局のところ当初の金森案の形で落ち着いたものと考えられる。したがって、文民条項を経過規定として捉え、「これまで職業軍人であったことがない者」と解釈することにより、軍隊の保持を禁ずる憲法9条の趣旨と矛盾することはなくなると述べた芦部信喜の立場は、制憲者意思と矛盾しない。また、文民条項の存在は憲法9条の非武装平和主義としての解釈において、インテグリティを毀損するものでもない。

15 小　括

　以上の考察を踏まえ、次のように整理することが出来る。長谷部による、憲法9条をめぐる制憲者意思の歴史的事実認識上の困難の指摘については、野坂泰司が述べるように、制憲過程において、憲法案の起草者ではなく、最終的に憲法を制定せしめた批准者の見解を重視し、これを参照すべきとする主張が有力であることを踏まえ、批准者一団の人々の「意思」が完全に一致しているという保証はなく、むしろ微妙にくい違っていることが通例であることを踏まえながらも、制憲者が特定の文言によって表現された特定の憲法条項の採択に賛成した以上、当該条項をめぐる彼らの理解が全く相反しているとは考え難いこと、当該条項の「中核的意味」に関しては共通理解が存すると見るのが自然であるという見地から、多様で詳細な質疑応答を通じて明らかとなり、具体化された戦争放棄規定の規範内容を前提として最終的な採決が行われ、その結果、衆議院、貴族院で圧倒的多数の賛成により可決されるに至った経緯を詳細に跡づけることを通じて、戦争放棄規定をめぐる制憲議会の「意思」を確認することが出来ると考えるべきである。

　その上で、本章における考察を通じて、憲法学における制憲者意思をめぐる通説は「明らかな誤解」であり、「個別的自衛権の行使については、日本国憲法公布時においてすでに内閣法制局のメンバーは想定をしていた」という長谷部の指摘は妥当ではないことが明らかとなったように思われる。佐々木弘通が述べるように、「憲法第9条の制憲者意思は、1項で侵略戦争放棄説を採り、2項前段で、警察力を超える実力説的に理解された「戦力」の、全面的不保持

説を採るものだった[168]」のであり、憲法学における制憲者意思をめぐる通説は「明らかな誤解」ではなかったことが跡づけられた。

ドゥオーキンの道徳的読解では、２つの規律が必要とされる。第１に、憲法解釈は制憲者が述べたことを出発点として開始されなければならず、そして、我々の友人や見知らぬ人の発言をめぐる我々の判断が、彼らについての具体的な情報や彼らが発言した文脈に依拠するものであるように、制憲者が述べたことを理解するためには、制憲者についての具体的な情報や、制憲者の発言の文脈に依拠することになること。そして第２に、道徳的読解における憲法解釈は、憲法上の「インテグリティ」要請により規律されなければならない[169]。

本章での検討を通じて、憲法９条戦争放棄規定をめぐる制憲者意思は、「「軍」の存在から正当性を剥奪し、立憲主義が確立を目指す公共空間が、「軍」によって脅かされないようにするという憲法制定者の意図[170]」にとどまるものではなく、１項で侵略戦争放棄説を採り、２項前段で、警察力を超える実力説的に理解された「戦力」の、全面的不保持説を採る、戦争によらざる自衛権論であったことが跡づけられた。

本書第１章において検討したように、長谷部の「穏和な平和主義」論は、憲法上の「インテグリティ」による要請によって規律されるべきことを説く、ドゥオーキンの道徳的読解の第２の規律を満たすことが出来ない。そして、本章において検討したように、憲法解釈は制憲者が述べたことを出発点として開始されるべきことを説くドゥオーキンの道徳的読解の第１の規律を満たすことも出来ていない。

1) Ronald Dworkin, *Freedom's Law : The Moral Reading of the American Constitution*, Oxford University Press, 1996, at 10.
2) 樋口陽一『現代法律学全集２・憲法Ⅰ』（青林書院、1998年）431頁。
3) 愛敬浩二は「９条に関する政府見解が、「絶対平和主義的解釈」から始まったことの意味は決して小さくない。政府見解がこの地点から始まったからこそ、戦後政治において９条は、政府が軍事的選択をする際の抑止力として機能したのである」と述べる。愛敬浩二『改憲問題』（筑摩書房、2006年）60-61頁。また、山内敏弘は、「一切の戦争を放棄し、また一切の戦力を保持しないという非武装平和主義」という内容を日本国憲法の平和主義がもつものであることが、「日本国憲法の制定者によっても十分に認識されていたこと」は、制憲議会などにおける質疑応答などから明らかであると述べる。山内

敏弘『平和憲法の理論』（日本評論社、1992年）53頁。
4) 長谷部恭男編『安保法制から考える憲法と立憲主義・民主主義』（有斐閣、2016年）54頁。
5) 同上54頁。
6) 同上54-55頁。下線は麻生。長谷部恭男『憲法の良識―「国のかたち」を壊さない仕組み』（朝日新聞出版、2018年）29-30頁にも同趣旨の指摘がある。
7) 長谷部編、前掲註4、56-57頁。下線は麻生。
8) 佐々木弘通「非武装平和主義と近代立憲主義と愛国心」憲法問題19号（2008年）90頁。
9) 野坂泰司「憲法解釈における原意主義（上）」ジュリスト926号（1989年）、同「憲法解釈における原意主義（下）」ジュリスト927号（1989年）。
10) 野坂泰司「憲法解釈における原意主義（上）」ジュリスト926号（1989年）63頁。
11) 同上63頁。
12) 同上63頁。
13) 野坂泰司「憲法解釈における原意主義（下）」ジュリスト927号（1989年）83頁。下線は麻生。
14) 野坂、前掲註10、64頁。
15) 野坂、前掲註10、64頁。
16) 野坂、前掲註13、82頁。
17) 野坂、前掲註13、82-83頁。
18) 野坂、前掲註13、82頁。
19) 佐々木、前掲註8、90-91頁。
20) 長谷部恭男「平和主義と立憲主義」ジュリスト1260号（2004年）58頁。
21) 長谷部編、前掲註4、54-55頁。
22) 長谷部恭男『憲法とは何か』（岩波書店、2006年）142頁。下線は麻生。
23) 巻美矢紀「憲法の動態と静態（1）―R・ドゥオーキン法理論の「連続戦略」を手がかりとして」國家學會雑誌117巻1号（2004年）79頁。
24) Dworkin, *supra* note 1, at 11.
25) Dworkin, *supra* note 1, at 10.
26) 浦田一郎『政府の憲法9条解釈―内閣法制局資料と解説・第2版』（信山社、2017年）、同『自衛力論の論理と歴史―憲法解釈と憲法改正のあいだ』（日本評論社、2012年）、同「近代戦争遂行能力論の終焉（1954年3〜12月）」浦田一郎・加藤一彦・阪口正二郎・只野雅人・松田浩編『立憲平和主義と憲法理論―山内敏弘先生古稀記念論文集』（法律文化社、2010年）、同「MSA論議前の「対内的実力に関する近代戦争遂行能力論」―自衛力論前史」戒能通厚・原田純孝・広瀬清吾編『日本社会と法律学―歴史、現状、展望』（日本評論社、2009年）、同「近代戦争遂行能力論の意味転換―自衛力論前史」浦田一郎・清水雅彦・三輪隆編『平和と憲法の現在―軍事によらない平和の探究』（西田書店、2009年）、同「対内的実力に関する近代戦争遂行能力論―自衛力論前史1」法律論叢79巻4・5合併号（2007年）、同「自衛力論をめぐる憲法解釈と憲法改正」法

27) 芦部信喜（高橋和之補訂）『憲法・第6版』（岩波書店、2015年）24頁。
28) 同上24-25頁。
29) 長谷部編、前掲註4、56-57頁。
30) 『憲法改正草案枢密院審査委員會審査記録』（1946年）
31) 長谷部編、前掲註4、56-57頁。
32) 前掲註30。
33) 法制局閲「新憲法の解説」高見勝利編『あたらしい憲法のはなし他二篇』（岩波書店、2013年）101-103頁。
34) 高見勝利「解説」高見勝利編『あたらしい憲法のはなし他二篇』（岩波書店、2013年）157-158頁。
35) 前掲註30。
36) 『憲法改正草案に関する想定問答・第三輯』（法制局、1946年）。
37) 『憲法改正草案に関する想定問答・増補第一輯』（法制局、1946年）。
38) 『憲法改正草案に関する想定問答・増補第一輯』（法制局、1946年）。
39) 『憲法改正草案に関する逐条説明・第一輯の二』（法制局、1946年）。
40) 平山朝治「日本国憲法の平和主義と、安全保障戦略」国際日本研究7号（2015年）10頁。
41) 『官報號外第九十回帝國議會衆議院議事速記録第五號』（1946年6月26日付）68頁。
42) 同上71-72頁。
43) 同上75頁。
44) 『官報號外第九十回帝國議會衆議院議事速記録第六號』（1946年6月27日付）79-80頁。
45) 同上81-82頁。
46) 同上91頁。
47) 同上94頁。
48) 『官報號外第九十回帝國議會衆議院議事速記録第七號』（1946年6月28日付）96-97頁。
49) 同上98頁。
50) 『官報號外第九十回帝國議會衆議院議事速記録第八號』（1946年6月29日付）123-124頁。
51) 同上124-125頁。
52) 平山、前掲註40、7頁。
53) 平山、前掲註40、5‐6頁。
54) 三輪隆「マッカーサー・ノート第2項の背景」法の科学48号（2017年）143頁。
55) 平山、前掲註40、2‐3頁。
56) 平山、前掲註40、3頁。
57) 平山、前掲註40、3頁。
58) 平山、前掲註40、7頁。
59) 平山、前掲註40、5頁。
60) 古関彰一『9条と安全保障―「平和と安全」の再検討』（小学館、2000年）53-56頁。

61) 第156回国会・参議院第 6 回憲法調査会（2003年 5 月 7 日）http://kokkai.ndl.go.jp/SENTAKU/sangiin/156/0051/15605070051006c.html
62) 毎日新聞1992年 8 月11日付。
63) 同上。
64) *Verbatim minutes of the first meeting allied council for Japan*, (1946) at 9.
65) 平山、前掲註40、5‐6頁。
66) *Supra* note 64, at 8-11.
67) 関口智子「冠詞の総称用法再考：英語とフランス語の用法から」地域政策研究19巻 4 号（2017年）233頁。
68) 同上232頁。
69) 平山、前掲註40、3頁
70) 平山、前掲註40、5頁。
71) 會津明郎「「芦田修正」と「文民条項」と憲法 9 条の解釈について―第 9 条と平和主義を考える」青森法政論叢 3 号（2002年）85頁。
72) 平山、前掲註40、7頁。
73) 本節におけるこれまでの考察は、吉田の見解がマッカーサーの立法者意思と同趣旨であったとする平山の前提から距離をとり、吉田自身の見解に焦点を当てるための予備的考察として位置づけられる。
74) 平山、前掲註40、7頁。
75) 平山、前掲註40、7頁。
76) 平山、前掲註40、7頁。
77) 平山、前掲註40、7頁。
78) 平山、前掲註40、7頁。
79) 『第九十回帝國議會衆議院帝國憲法改正案委員會議録（速記）第三囘』（衆議院事務局、1946年）24頁。
80) 『第九十回帝國議會衆議院帝國憲法改正案委員會議録（速記）第四囘』（衆議院事務局、1946年）50-51頁。
81) 『第九十回帝國議會衆議院帝國憲法改正案委員會議録（速記）第五囘』（衆議院事務局、1946年）59-60頁。
82) 『第九十回帝國議會衆議院帝國憲法改正案委員會議録（速記）第六囘』（衆議院事務局、1946年）68-69頁。
83) 同上77頁。
84) 『第九十回帝國議會衆議院帝國憲法改正案委員會議録（速記）第八囘』（衆議院事務局、1946年）121-122頁。
85) 『第九十回帝國議會衆議院帝國憲法改正案委員會議録（速記）第九囘』（衆議院事務局、1946年）149-150頁。
86) 同上154-155頁。
87) 同上156-157頁。
88) 『第九十回帝國議會衆議院帝國憲法改正案委員會議録（速記）第十囘』（衆議院事務

局、1946年）159-160頁。
89) 同上171頁。
90) 同上172頁。
91) 『第九十回帝國議會衆議院帝國憲法改正案委員會議錄（速記）第十二回』（衆議院事務局、1946年）220-221頁。
92) 『第九十回帝國議會衆議院帝國憲法改正案委員會議錄（速記）第十三回』（衆議院事務局、1946年）223-224頁。
93) 同上231-232頁。
94) 同上232-233頁。
95) 同上233-234頁。
96) 同上236-238頁。
97) 平山、前掲註40、7頁。
98) 前掲註61。
99) 渡辺治『日本国憲法「改正」史』（日本評論社、1987年）89頁。
100) 5月29日（第9回）の憲法改正草案枢密院審査委員会審議において、吉田は、「戦争の場合についても…軍備をもたざる以上、例へばソ連に対しては、英米の力を借りるより他ないと思ふ」と述べている。本書103頁参照。
101) 『第九十回帝國議會衆議院帝國憲法改正案委員小委員會速記録・第二回』（衆議院事務局、1946年）26頁。
102) 『第九十回帝國議會衆議院帝國憲法改正案委員小委員會速記録・第三回』（衆議院事務局、1946年）78-82頁。
103) 『第九十回帝國議會衆議院帝國憲法改正案委員小委員會速記録・第四回』（衆議院事務局、1946年）85-91頁。
104) 『第九十回帝國議會衆議院帝國憲法改正案委員小委員會速記録・第五回』（衆議院事務局、1946年）141-142頁。
105) 『第九十回帝國議會衆議院帝國憲法改正案委員小委員會速記録・第七回』（衆議院事務局、1946年）189-195頁。
106) 『第九十回帝國議會衆議院帝國憲法改正案委員會議錄（速記）』（衆議院事務局、1946年）392頁。
107) 『官報號外第九十回帝國議會衆議院議事速記録第三十五號』（1946年8月25日付）501-502頁。
108) 同上503-504頁。
109) 『第九十回帝國議会衆議院帝國憲法改正案委員小委員會速記録・第一回』（衆議院事務局、1946年）10頁。
110) 直江泰輝「第90回帝国議会における憲法審議過程と「芦田修正」」二十世紀研究6号（2005年）140-141、146頁。
111) 伊崎文彦「戦後における佐々木惣一の平和論―「自衛戦争・自衛戦力合憲」論者の平和主義」市大日本史9号（2006年）122頁。
112) 芦田均「平和のための自衛・憲法は否定せず」毎日新聞1951年1月14日付。

113) 高柳賢三・大友一郎・田中英夫編『日本国憲法制定の過程Ⅱ』（有斐閣、1972年）140頁、215頁。
114) 『第九十回帝國議會衆議院帝國憲法改正案委員小委員會速記録第七囘』（衆議院事務局、1995年）194頁。
115) 『第九十回帝國議會衆議院帝國憲法改正案委員會議録（速記）第二十一囘』（衆議院事務局、1946年）392頁。
116) 『官報號外第九十回帝國議會貴族院議事速記録第二十四號』（1946年8月28日付）249-250頁。
117) 同上253頁。
118) 同上254頁。
119) 『官報號外第九十回帝國議會貴族院議事速記録第二十六號』（1946年8月30日付）310頁。
120) 同上320頁。
121) 『官報號外第九十回帝國議會貴族院議事速記録第二十七號』（1946年8月31日付）340-341頁。
122) 『第九十回帝國議會貴族院帝國憲法改正案特別委員會議事速記録第五號』（貴族院事務局、1946年）1頁。
123) 同上2頁。
124) 『第九十回帝國議會貴族院帝國憲法改正案特別委員會議事速記録第六號』（貴族院事務局、1946年）25-26頁。
125) 『第九十回帝國議會貴族院帝國憲法改正案特別委員會議事速記録第十二號』（貴族院事務局、1946年）12頁。
126) 同上18-19頁。
127) 同上23-27頁。
128) 同上27-28頁。
129) 同上29頁。
130) 『第一回帝國憲法改正案特別委員小委員會筆記要旨』（1946年）2頁。
131) 『官報號外第九十回帝國議會貴族院議事速記録第三十九號』（1946年10月6日付）498頁。
132) 平山、前掲註40、7頁。
133) 芦部、前掲註27、67頁。
134) 宮崎繁樹「交戦権について」法律論叢61巻4・5号（1989年）51-52頁。したがって、宮崎によれば、9条2項の交戦権の意味として①と②の両方が含まれるとする③説は、両者の本質をよく理解していないものとして、厳しく糾弾されることになる。
135) 同上64頁。
136) 松山健二「憲法第9条の交戦権否認規定と国際法上の交戦権」レファレンス62巻11号（2012年）34頁。
137) 同上36頁。
138) 宮崎、前掲註134、43頁。

第2章　戦争放棄規定の原意と歴史

139)　宮崎、前掲註134、43-44頁。
140)　宮崎、前掲註134、65頁。
141)　横田喜三郎『戦争の放棄』（國立書院、1947年）60-65頁。
142)　同上、51-52頁。
143)　石本泰雄「交戦権と戦時国際法―政府答弁の検討」上智法學論集29巻2・3号（1986年）44頁。
144)　前原光雄「交戦権の放棄」國際法外交雑誌51巻2号（1952年）120頁。
145)　石本、前掲註143、44頁。
146)　石本、前掲註143、44頁。
147)　佐々木、前掲註8、90-91頁。
148)　山内敏弘「戦争放棄・平和的生存権［その2］」法学セミナー26巻12号（1982年）75頁。
149)　佐藤達夫『日本国憲法誕生記』（法令普及会、1957年）139頁。
150)　同上139頁。
151)　佐々木、前掲註8、90頁。
152)　『第九十回帝國議會貴族院帝國憲法改正案特別委員會議事速記録第二十二號』（貴族院事務局、1946年）34-35頁。
153)　前掲註130、1－4頁。
154)　『第二回帝國憲法改正案特別委員小委員會筆記要旨』（1946年）6－9頁。
155)　『第三回帝國憲法改正案特別委員小委員會筆記要旨』（1946年）15-17頁。
156)　同上22-23頁。
157)　『第四回帝國憲法改正案特別委員小委員會筆記要旨』（1946年）25-26頁。
158)　『第九十回帝國議會貴族院帝國憲法改正案特別委員小委員會議事速記録第一號』（貴族院事務局、1946年）2頁。
159)　『第九十回帝國議會貴族院帝國憲法改正案特別委員會議事速記録第二十四號』（貴族院事務局、1946年）1頁。
160)　同上21-22頁。
161)　佐藤、前掲註149、139頁。
162)　佐藤達夫（佐藤功補訂）『日本国憲法成立史・第4巻』（有斐閣、1994年）921頁。
163)　同上925頁。
164)　同上925頁。
165)　同上939頁。
166)　関野康治「文民条項の成立と第9条の修正」新島学園短期大学紀要25号（2005年）69頁。
167)　芦部信喜は、「文民」の意味については、①現在職業軍人でない者、②これまで職業軍人であったことがない者、③現在職業軍人でない者と、これまで職業軍人であったことがない者、という3つの説があるとし、②説が多数説となった旨指摘している。芦部、前掲註27、325-326頁。
168)　佐々木、前掲註8、90-91頁。

169) Dworkin, *supra* note 1, at 10.
170) 長谷部、前掲註22、142頁。

第3章

「絶対平和主義」とは異なる「非武装平和主義」の可能性

1 テクストとしての憲法と実践としての憲法
―― アッカーマンによる「二元論」の脱構築

　第1章および第2章の検討を経て、日本国憲法9条戦争放棄規定の解釈をめぐり、限定放棄説は妥当ではないこと、佐々木弘通が指摘するように、制憲者意思は、9条1項で侵略戦争放棄説、2項で全面的な戦力不保持説を採る内容であり、後者を根拠にして日本は今後戦争を行えないと説くものであったことを確認した。

　また、「原理」と「準則」の区分論を提唱したロナルド・ドゥオーキンによる道徳的読解という憲法解釈方法論の視座からみれば、長谷部恭男による「穏和な平和主義」論は、抽象的な道徳的言語を含む条項は、その文言が最も自然に示すところに従って理解されなければならないこと、その上で、我々は、我々にとって明確であると考えられる言葉で、制憲者がその言葉に言わそうと意図したことの内容を、最もよく捉えることが出来るような、我々自身の言葉が見出されなければならず、そのためには、歴史が決定的な根拠となること、さらに、インテグリティによっても制約されるという、憲法解釈に対する3つの制約要因の見地から問題があることを指摘し、憲法9条の解釈としては、憲法学界における従来の通説通りに憲法9条2項全面放棄説という結論へと至らざるを得ないことを指摘した。

　そこで、次の段階として、憲法9条の解釈として憲法9条2項全面放棄説の立場に立つことが憲法理論的に妥当であるとしても、憲法による統治機構規定力（＝立憲主義の制度的規定力）は決定的なものではなく、制度のあり方は多元

的社会において規定的影響力を有するアクター間の相互関係により決定される、というロバート・ダールの視座に注目して考察することとしたい。

このようなダールの立場は、そもそも「憲法とは何か」をめぐる捉え方に関わるものである。「コンスティテューション＝憲法典」という考え方から距離をとり、記述されたテクストとしての憲法典に過度に特化して考えるのではなく、市民による「日々の憲法実践」により形成されるものとしての「憲法政治」という視座の重要性を示す杉田敦の指摘も、同じような文脈の中に位置づけることが出来るように思われる。以下において、杉田による指摘を参照してみよう。

杉田は、立憲主義をめぐる「個人と国家というものを対立的にとらえる思想」としての通説的な見解（自由主義と密接な関係に立つもの）の重要性を踏まえた上で、このような憲法の位置づけのみでは不十分であると主張する。「政治社会を構成するすべての人々が、その社会全体にかかわる政治的決定に何らかの形で参加する」というデモクラシーにおいては、権力の主体として国民が位置づけられなければならない。しかし、自由主義の観点からみると、国民は権力の主体ではなく権力を及ぼされる側に位置づけられることになる。

「自由主義者からすれば、戦争は権力者が勝手に始めるものであって、国民はそれに巻き込まれる被害者だ、という構図」に杉田は言及する。このような「戦前の総括の仕方」について、杉田は、天皇主権制や特別高等警察等の国家機関による迫害等を前提として、そのような側面があることを認めた上で、「しかし、それでもなお、議会が存在し、普通選挙が実現していた以上、日本が無謀な戦争を開始し、アジアをはじめとする多くの諸国に迷惑をかけたことについては、一般の国民にも一定の責任がある」こと、「それどころか、政府の「弱腰」を叩いたり、反戦的な言論への弾圧に十分に反対しなかったりという形で、国民全体が積極的に戦争の機運をつくり出した面さえある」ことを指摘する。このような側面を指摘したものとして、篠原一による次のような叙述を挙げることが出来る。

「歴史の動きは、一握りの政治家の恣意的決定によって起こるものでもなければ、下部構造の単なる反映でもない。社会の深みから政治社会の頂点に

第3章 「絶対平和主義」とは異なる「非武装平和主義」の可能性

向かって働きかける諸勢力の葛藤の結果として、ある一定の「政策決定」が行われ、この政策はまた社会の深みにまで浸透し、その反応として新たな「政策決定」への動きが起こるという、立体的な螺旋的な循環の過程として現実の政治および歴史は描かれる」[9]

カール・ヤスパースは、ドイツの戦争責任について、集団的な連帯責任としてではなく、個人が各自の責任について主体的に捉えるべきことを説いた。[10]ヤスパースは、罪の具体的内容の曖昧化を回避すべく、「刑法上の罪」(法を犯したことにより裁判所によって裁かれるもの)、「政治上の罪」(所属する共同体が犯した罪を直接的または間接的に支持したことにより戦勝国から問われるもの)、「道徳上の罪」(個人として内面的に良心の呵責を覚えるというもの)、「形而上の罪」(人間相互にあるべき「連帯性」が損なわれている場合、それを個人レベルでは左右出来ないことが明らかであったにもかかわらず、悔恨の情を覚えるというもの)という4つのカテゴリーにより個人の戦争責任に向き合うべきとする「責罪論」を説き、客観的な手続により裁かれ得る罪とそうでないものを区別することによって、罪に対する各自の関与に応じた具体的反省へのプロセスを示した。

1972年の日中国交正常化に際し、周恩来は「日本国政府と中華人民共和国政府の共同声明」において、日中戦争の戦争責任が一部の軍国主義的国家指導者に認められるとしながら、日本の一般市民についてはかような責任を負うものではないとし、むしろ戦争の被害者として位置づけるという姿勢を示した。日中の国家間関係と人民間関係を峻別するこのような立場は、1960年安保闘争によりアメリカの帝国主義を批判した日本市民に対する好意的姿勢等を考慮したものとされ、1972年の賠償請求権放棄および日中国交正常化というカードを周恩来に切らせることとなったのは周知の通りである。

そもそも、戦後日本で流布した「一億総懺悔」論における、大日本帝国臣民という抽象的集団に所属していたという理由のみを根拠として、すべての構成員に対する「総懺悔」が自動的に生起するという思想は、個別具体的な個人の責任を稀薄化するという効果を伴うものであった。また、純戦後世代の日本人が戦前・戦中の同胞の子孫として生まれ、戦前世代により形成された社会の物質的・精神的条件を相続することから、戦後世代の日本人の戦争責任を認める

べきとする立場[11]についても、「責任」が認められるべき行為の個別具体的な実質を抽象化し、不可視化してしまうという問題点が認められる。そして、このような意味における戦争責任から己を解放してきた多くの日本国民は、現在、政府による憲法9条の解釈改憲を極限の程度に至るまで許容し続けている。

かような文脈においては、1930年代における政党政治と、近衛新体制によるファシズム政治の間に介在する1年数か月という期間をめぐって、1936年2月20日総選挙から1937年7月7日総選挙までの期間を「昭和史の決定的瞬間」として位置づける坂野潤治の議論[12]が示唆に富む。

坂野は、1936年総選挙において議席を5から22議席へと飛躍的に拡大し、1937年総選挙では36議席へと到達した社会大衆党に注目する。この2つの総選挙の間に、社会大衆党は、1936年においては陸軍の軍拡を支持しながら、1937年においては軍拡に消極的姿勢を示すという形で、政策を大きく転換している。それにもかかわらず、2つの総選挙で一貫して議席拡大を遂げた理由として、坂野は、「社会大衆党の改革的・革新的な方向性」に向けられた国民による支持を挙げる。1936年総選挙前には3議席しかもたなかった社会大衆党が、36議席という「憲政上の一勢力」へと発展した背景に、「社会・経済的弱者救済と軍拡を結合」させて捉えるという「広義防衛論」へのコミットがあったことを、坂野は内務省警保局による分析等を根拠としつつ指摘する[13]。この後、社会大衆党は、宇垣一茂の組閣を阻んだ陸軍に協調する姿勢を表明し、「反ファッショ協力内閣」論に対し正面から反対表明に及ぶことになる[14]。

軍による「広義防衛論」を支持した社会大衆党は、戦争を推進した「国家社会主義」政党として位置づけられるが、実際には「社会民主主義」政党として、独占資本擁護型・資本主義代弁的な既成政党としての政友会、民政党を牽制し、陸軍省の「広義防衛論」における「社会・経済的弱者の救済を軍拡と結合するという方向性」に共鳴するものであった。

世界恐慌以来の社会システム不調を前提として、改革の推進と不可分に結合した形で政党政治により日中戦争が支持されていたという坂野による指摘は、「15年戦争へと向かう昭和期日本では、デモクラシーが死滅状態にあったからこそ、反ファッショ・非戦を志向し軍拡に対抗しようとした「非戦と資本主義」を掲げる人民戦線派は当局の弾圧により縮小した」という通俗的なイメー

第3章 「絶対平和主義」とは異なる「非武装平和主義」の可能性

ジの虚構性を明らかにするものである。

　「戦争とファシズム」対「平和と民主主義」という単純な図式は「昭和史の決定的瞬間」においては存在しなかったこと、前者が後者を一方的に追い詰めて戦争に突入していったという図式も存在しなかったという前提に立脚し、資本主義にこだわり社会民主主義的政策を顧慮しなかった当時の日本における既成政党の自由主義が、社会民主主義と中国戦線における軍拡の結合（＝「広義防衛論」）による左右双方からの挟撃により民主主義を封じ込めていったという視座は、1936年総選挙と1937年総選挙により示された民意を重視し、満州事変以降の日本を「暗黒政治」としてのみ把握する視座を批判した井上寿一等の論考においても認めることが出来る。[15]

　この背景には、国債により景気回復を図るという積極財政の頓挫があった。「支那事変」を、帝国主義的な戦争とは異質な民族発展のための戦争として、資本主義改革を要求するところの国内改革のための戦争として把握していた社会大衆党は、「帝国主義戦争の拒絶」と「戦争の支持」の両立が可能と考えており、広田内閣が1936年第69回帝国議会において復活させた軍部大臣現役武官制の下、宇垣内閣に陸相を出すことを拒んだ陸軍を社会大衆党が支持したのは、解散・総選挙による議席増を図るという党利的動機によるものであった。「広義防衛論」における「平和より国民生活改善につながる社会改革を」という「民意」が、戦前最後の正常な総選挙を通じて示され、これが政治の場面において機能していたという坂野の指摘は、きわめて重要なものと考える。[16]

　資本主義批判を手控えてでも、既成政党の自由主義勢力と協働して「非戦」志向の連立政権実現に向かうべきだったにもかかわらず、党利的観点からその機会を放棄した社会大衆党の姿勢が、小選挙区制導入を支持し自衛隊の容認に及んで首相を輩出した20世紀末における社会党と重なって見えるのは、筆者だけではないはずである。

　政党が教化運動を自発的に取り込んだという経緯も重視されなければならない。そもそも作戦資材整備会議が設置された1920年の時点において、軍は既に総動員体制確立を志向する方針を定めていた。[17] 作戦資材整備会議が1926年に陸軍省整備局へと組織改編されると、これは戦争遂行資材の調達にとどまらず、民衆動員のための政策審議も担当するに至る。

中国との協調外交政策の模索やロンドン海軍軍縮条約の批准等、軍縮志向を打ち出していた民政党浜口内閣は、経済回復を目指す緊縮財政への動揺を解消し、国民統合を図るべく、国民精神作興の教化運動を「利用」した。浜口内閣においては、総動員体制自体を政治目標として積極的に志向したがゆえに教化運動を採用したわけではなかったが、政党政治により国家総動員政策が促進されたという側面を否定することは出来ない。政党政治における政権交代により経済政策は常に動揺し、民衆において強まっていた政党政治に対する不信と相俟って、教化運動に内在していた反政党政治的性質は、やがて近衛新体制確立をもって完全に顕在化を遂げ、政党政治を葬り去るに至るのであった[18]。

　樋口陽一も、「天皇主権の戦前といえども衆議院の選挙が日本の対外戦争政策に非常に大きな影響を与えていたということ」を踏まえ、「大陸における戦争状況の進展に興奮した選挙民たちが、戦争の方に投票行動のスイッチを回してしまった[19]」ことから、民主主義という文脈における国民の戦争責任が指摘されるべきことを説いている。

　しかし、国民が負うべき戦争責任は、民主主義的文脈にとどまるものではない。南京攻略戦で生じた「百人斬り競争」という事実は存在しないとしてメディアを名誉棄損により訴えた損害賠償請求訴訟が、2006年の最高裁判決により原告の敗訴という形で終結したが、無抵抗の中国民衆を惨殺するという行為が、将兵の家族を含む地域社会により称賛され、郷土の英雄扱いされたという事実、新聞メディアが国民精神総動員運動を支え、地方新聞が各県において全国紙に対抗する形で中国における戦場と郷土・家族を結びつけ、多数の中国人を惨殺した行為が軍国美談として称えられたという事実、1937年12月13日南京陥落が全国津々浦々にわたる提灯行列により祝賀されたという事実等、ヤスパースのいう「道徳上の罪」を裏書きする根拠も数多く指摘されている[20]。

　1937年における日中戦争勃発後、市民の間に「外に帝国主義」を求める声が高まったことを踏まえ、吉見義明はそこに「草の根帝国主義」を看取し[21]、「デモクラシーからファシズムへ」という流れを跡づけた。多様な市民の声の中には、1936年の齋藤隆夫による「粛軍演説」への共感という形で軍部を非難するものも勿論存在していたが、そのような声を軍部ファシズムに反対する方向に結集し、組織していく政治勢力が存在しなかったことをめぐる吉見の指摘は[22]、

本章の問題意識との関わりにおいてきわめて重要なものである。

「政府の行為によって再び戦争の惨禍が生じないやうにすることを決意し、ここに主権が国民に存することを確認する」という憲法前文のテクストは、国民の側にも戦争責任の主体性が認められるべきという視座を稀薄化する機能を果たしてきた。しかし、憲法9条により放棄されることとなった戦争とは、いかなる主体により起動された権力現象であったのか。「戦争の主体性」が国民にとっては無縁のものとして把握され、垂直的な国家権力との関係において国民がもっぱら受動的被害者として位置づけられる視座の問題性が認識されなければならない。

さて、ここで杉田敦の指摘に立ち戻ることとしたい。杉田は、「リベラル・デモクラシー」においては、国民は、二重の意味、すなわち、「従属的であり、権力を及ぼされる客体」としての立場と、「権力を揮う主体」としての立場の双方を備えた両義的な存在となる他ないとし、通説的な立憲主義が前提とする憲法観が、「従属的であり、権力を及ぼされる客体」としての立場という国民観に基づく一面的なものであるという問題提起を行っている[23]。

それでは、国民の「権力を揮う主体」としての立場を強化するために、いかなる策があり得るのか。この問いに対し、杉田が用意する答えは、「書かれたテキストとしての憲法典に関心を集中するのでなく、むしろ実践としての憲法に着目することこそが、主人公としての国民の能動的な地位との関係で憲法をとらえることにつながる[24]」というものである。杉田は、大日本帝国憲法下でさえ、社会運動や労働運動に関わった人々の努力等により、権利が一定程度現実のものとなったという経緯に触れる。

そして杉田は、「ノーマル・ポリティクス」（普通の政治の局面）と「コンスティテューショナル・ポリティクス」（憲法改正が政治課題になる局面）を区別するブルース・アッカーマンによる「二元論[25]」を参照した上で、日常と例外状態を区分しない方向で憲法政治（コンスティテューショナル・ポリティクス）という概念が脱構築されるべきことを提唱する。杉田によれば、憲法政治とは、憲法改正のような例外的な瞬間にのみ出現するという理解を可能な限り稀薄化し、むしろ日常の政治において日々行われるものと考える立場とされる[26]。

杉田によるこの指摘は、憲法による統治機構規定力（＝立憲主義の制度的規定

力)は決定的なものではなく、制度のあり方は多元的社会において規定的影響力を有するアクター間の相互関係により決定されるというダールの立場と、親和的な関係にあるものとして位置づけることが出来るだろう。

以上のような見地を前提とすれば、憲法9条戦争放棄規定を実現するためには、本書のこれまでの考察では不十分である。すなわち、憲法9条戦争放棄規定のいかなる解釈が憲法理論的に妥当か、という、本書第1章、第2章を貫徹してきた視座ではなく、憲法理論的に妥当とされる憲法9条2項全面放棄説としての憲法解釈が広く国民に受容され、これが国政へと接続されるためには、どのような前提が求められるかという観点からの考察が求められることになる。

2　「断絶の戦略」における連続性

本書第1章において確認したように、ドゥオーキンは、政治と道徳を断絶の関係に置くのではなく、この両者を連続的なものとして位置づける「連続の戦略[27]」を採用するものであった。しかし、「穏和な平和主義」を提唱する長谷部恭男は、価値の多元性・比較不能性という前提に立脚し、「ロールズの政治的リベラリズム、すなわち断絶戦略に依拠する[28]」ものとして位置づけられている。価値観の異なる者同士は棲み分けた方が共存出来るとする暫定協定型リベラリズムは、「公論の決定過程」における政治的見解が、道徳をめぐる個人的見解との間において断絶の関係に置かれるべきことを説く「断絶の戦略[29]」を採用するジョン・ロールズの「政治的リベラリズム」と親和的な関係に立つものとされる。

長谷部による「穏和な平和主義論」は、自衛目的の実力組織保持を合憲とする「穏和な平和主義」こそが、「善き生とは何かに関する対立を私的領域に封じ込めることで、公共のことがらに関する理性的な解決と比較不能で多様な価値観の共存とを両立させようとするプロジェクトとしての立憲主義」に適合するというものであった。

本節においては、非武装平和主義としての憲法9条解釈が、「善き生き方としての絶対平和主義[30]」として位置づけられ、「相手が攻撃をやめるか否かにか

かわらず、そうすることが正しい人の道だからという理由」が、個人レベルの倫理として語られるのではなく、国の政策として執行されることは立憲主義に適合し得ないという長谷部の指摘について、ロールズの「政治的リベラリズム」の見地から、あらためて検討してみたい。

　憲法理論的に憲法9条2項全面放棄説が妥当とされるとしても、そのような解釈が、特定の集団や組織内部のみにおいてしか通用しない包括的教説に基づく非公共的なリーズニングに依拠するものであるとすれば、「憲法による統治機構規定力（＝立憲主義の制度的規定力）は決定的なものではなく、制度のあり方は多元的社会において規定的影響力を有するアクター間の相互関係により決定される[31]」というダールの枠組において、結局のところ憲法9条戦争放棄規定は、国民の支持を受けることのないまま、その規範力を喪失し続けることになるであろう。

　憲法条文の規範力は、常に十全な形で発揮されるものではない。性差別の禁止を規定する憲法14条、健康で文化的な最低限度の生活を送る権利を保障する憲法25条等、憲法条文の規範力がより発揮されるべき余地が認められる例は少なくない。しかし、憲法条文の規範力は、多元的社会において規定的影響力を有するアクター間の相互関係により、強まりも弱まりもするのであるから、憲法9条の規範力がかつてない程度にまで稀薄化するに至っているとしても、憲法改正に至るまでは、憲法9条戦争放棄規定の規範力は残されていると考えるべきであり、立憲主義の見地においてはその規範力を強化していくことが求められるはずである。

　しかし、そのためには、樋口陽一が指摘した「相対的な論拠づけ」が必要となる。ロールズが『政治的リベラリズム』で指摘したように立憲体制の成立根拠たる重合的合意としての政治的構想に訴求する形で、多様な価値観をもつ道理的かつ合理的市民が説得されるようなリーズニングに依拠する形で、国の政策として執行されるというプロセスを辿ることが不可欠の前提となる[32]。

　それでは、非武装平和主義としての憲法9条解釈が、特定の集団や組織内部のみでしか通用しない包括的教説に基づく非公共的なリーズニングに依拠しない形で、公共的に正当化される可能性はあるだろうか。換言するならば、立憲体制の成立根拠たる重合的合意としての政治的構想に訴求する形で、多様な価

値観を持つ道理的かつ合理的市民が説得されるようなリーズニングに依拠する形で、国の政策として執行される可能性はあるのだろうか。

　そもそも『政治的リベラリズム』は、リベラリズムの自己限定という出自を持つものであり、ロールズは、『正義論』における自らの考察において、正義をめぐる包括的な道徳的教説と政治的構想の区別が不十分であったとし、『政治的リベラリズム』では、政治的構想の議論に集中することを宣言した。多元的な諸教説の間の関係を、政治的に調整する役割に徹するものとしての「政治的リベラリズム」構想の構築こそが、『政治的リベラリズム』の課題として位置づけられていた。

　『正義論』におけるロールズは、原初状態という仮説的思考実験の場と、原初状態においてではなく現実の価値多元社会に身を置く個人の判断を結びつけるものとして、「反照的均衡」という概念を用いた。これは、原初状態における正義原理の合理的演繹と、原初状態に存在せず現実の価値多元社会に生きる個人の日常を接続しようとする試みであり、「価値多元社会における共通価値の再興」という課題に対して、誰もが日常的な規範をめぐる営みからプロセスに参加できるという方法論を通じて応えようとするものである。

　この「反照的均衡」をめぐり、異なる個人間で収斂するための具体的基準に欠けるものではないのか、特定の正義原理を正当化するためにはきわめて脆弱なものではないのか、という疑問に応答するためにロールズが『政治的リベラリズム』において唱えたものが「重合的合意」論であった。

　『政治的リベラリズム』では、全市民により受容される単一の包括的教説は存在し得ないとされる。しかし、政治的領域における価値の共有は可能であり、異なる価値観をもつ集団間での「重合的合意」により、諸市民協働のための正義原理構築が可能になるとロールズは考えた。

　これに対して、ユルゲン・ハーバーマスは、「正義の政治的構想は、諸市民がコミットする諸教義の重合により正当化されるが、その合意は、公共的自律を通じた諸市民により共同で検討されることを通じて間主観的に共有される公共的観点が獲得され、非党派的な公共的討議の結果としてもたらされるものではなく、諸市民がコミットする多様な非公共的価値が偶然一つに収斂するという幸運の賜物として公共的妥当性を帯びるに過ぎないものではないのか」とい

う疑問を提示した。重合的合意は自然に生じるものではなく、結果的に正義の政治的構想は限定的なものとなり、政治哲学の終焉がもたらされるのではないか、というのである。

この文脈においては、諸教義の幸運にも共通のモデュールの存在により規定される重合的合意に基づく正義の政治的構想は、諸包括的教説と対等な関係を構築し得るものではなく、諸教義は正義の政治的構想に優越し、当該構想を創出する役割を負うものとして位置づけられることになるのではないか、という疑問が生じることになる。

「叡智界に生きる理性的存在者のみを前提とした人格構想」というカント的な規範理論は、ロールズが目指した「政治的」構想の範疇外に位置づけられるものである。『政治的リベラリズム』では、正義の政治的構想は、いかなる哲学的・道徳的教義からも超越したものとして捉えられるためである。カント的な包括的教説に依拠していたとされる『正義論』における人格構想は、『政治的リベラリズム』においては「人格の政治的構想」として再定式化されるに至った。これは、ハーバーマスが指摘するように「政治哲学の終焉」なのか。反照的均衡から重合的合意へのシフトは、ロールズにおけるカントの放逐なのであろうか。

しかし、後期ロールズにおいて、なお反照的均衡という方法論の、依然として変わらぬ重要性を指摘する論考は少なくない。その例として、板橋亮平を挙げることが出来る[38]。渡辺幹雄は、『政治的リベラリズム』においてカント的色彩が強められていると述べており[39]、川本隆史は、ハーバーマスが、ロールズにおける反照的均衡をめぐる決定的な眼目を看過していると指摘する[40]。そして、神原和宏も、ハーバーマスのように反照的均衡理論を市民の学習プロセスとして捉える視座とロールズの整合性を指摘している[41]。

彼らの議論に共通するのは、『政治的リベラリズム』における反照的均衡の過程の位置づけを、単純に「孤独な思考プロセス」[42]として、モノローグ的なものとして理解することの不適切性である。公共的理性構想におけるダイアローグ的契機の重要性は看過されるべきではなく、むしろ再帰的ダイアローグの可能性を胚胎したものとしての政治的リベラリズムこそが、現代の多元主義社会に即した規範理論の姿であると考えられる。

「暫定協定型リベラリズム」とは異なり、世界観や価値観を異にする他者を、交渉不可能な相手として、あるいは交渉の不要な相手として排除するのではなく、絶えざる交渉の相手として位置づけるリベラリズムのあり方については、ロールズによる『政治的リベラリズム』との接合可能性が認識されるべきである。ハーバーマスが依拠するコミュニケーション的理性と、ロールズが依拠する公共的理性は、多様な包括的教説が併存する社会における民主的討議と合意の可能性を理論的に探究するという方向性において、基本的に一致していると考えることが出来るのではないだろうか。
　そこでは、政治の領域（重合）を創出し、暫定協定ならぬ合意を確保する基礎としてカント的な理性性が位置づけられ、カント的道徳が政治的なるものの底流においてその存在を主張する。ただし、超越的理念としての理性性のみが想定されるカントとは異なり、『政治的リベラリズム』においては、理性性（上位道徳）と社会的協働（政治的経験的事実）とのセットによる正義の政治的構想がイメージされている。ロールズはカントを捨てたのではなく、むしろカント的道徳（理性性）を政治的に活かすために、政治的経験事実としての「社会的協働」を取り込んだこと、「理性性」（カント）が合理性（教義・善）に対して優位に立ち、後者を前者が牽引するものであるがゆえに、諸教義（善）の重合が可能になるという指摘[43]は、きわめて重要なものと考える。
　このような視座によれば、ロールズにおける重合的合意の成立過程は、「正義の政治的構想が教義に対して独立的でありかつ優位な立場にあり、確立された政治的構想が教義に受容を迫り、場合によっては教義の論理の変更を迫るという意味で教義を超えている[44]」ものとして位置づけられ、このようなプロセスによる重合的合意が想定されている可能性が浮上することになる。
　正義の政治的構想があくまで優位にあり、これが包括的教説を牽引して道理的な重合的合意を生み出すという方法論は、単なる包括的リベラリズムというあり方を回避するものである。勿論、どの領域が包括的で、どの領域が道理的かを峻別するための明確な基準は存在しないが、そうであればこそ、討議を通じて個別の理性を収集し、公共的理性を発揮し、正義の政治的構想を形成する必要がある。公共的理性を基準とすることにより、包括性と道理性の間の線引きが多少曖昧ではあっても可能になる。[45]

第33章 「絶対平和主義」とは異なる「非武装平和主義」の可能性

「超越的な正義の政治的構想」が諸教義に受容や変容を迫り、正義の政治的構想と、日常的に熟慮された判断との往還（反照的均衡）により、諸教義間の分断が「政治的」領域へと牽引されて重合が生じる。諸市民の熟慮がカント的な道徳的原理と照合されることにより構想は発見されるものであり、当該照合においては公的理性が用いられる。あくまで諸教義に対し優位なカント的道徳原理の働きにより創出されるものとしての政治的構想は、諸教義の内在的働きにより構想されるものではない。ロールズの真の意図は、カント的道徳に裏づけられた政治的構想の創出にこそあり、偶発的な一致や、諸利益の偶然の一致としての「暫定協定」とは異なる「重合的合意」が意図されている。

「合意の対象たる正義の政治的構想自体が、まず道徳的構想である。そして、これは道徳的根拠により支持される。すなわちこの構想は正義の原理同様、社会の構想や人格としての市民の構想を含むものであり、そしてこれらの原理が人間性に具体化され公共生活で表されるような政治的な徳をめぐる説明を含む」

重合的合意が超越的な道徳的根拠により基礎づけられているということの意味は、正義の政治的構想が先験的かつ必然的に確立定位されるということではなく、普遍的なカント的道徳原理への志向性をもつ配慮された判断ないし確信に基礎づけられたコミュニケーションにより、結果として政治的構想が創出され、重合的合意のもつ道徳的超越性の存在が確信されることと同義である。諸教義の重合は、重合の外にある不一致な諸教義の多元性をも保持するものであり、ロールズにおける上位概念としての「道徳」は一元的で独善的なものではない。一定範囲における諸教義の重合と、教義の重合外部分の多元主義を「事実」として受け止めようとするものである。

齋藤純一は、ハーバーマスによるカントの「理性の公共的使用をめぐる自由」という理念の再生という意図の下で、この概念が合意形成へと強く方向づけられたために、この自由が本来含む批判的ポテンシャルを殺いでしまったことを指摘する。ハーバーマスのコミュニケーション理論には、差異化を抑圧するものとして機能してしまうという側面があること、合意形成の裏面、すなわち「既存の「合意」の批判的解体という側面」にも目を向けることが必要であ

ること、そして、「自ら自身に対する批判的距離の獲得は、モノローグのうちで、独力でなされるのではなく、他者との現実のダイアローグを必要とする。カントが掲げた啓蒙＝公共性のプロジェクトは、このように継承される[51]」という齋藤による指摘の重要性を、ここであらためて確認しておきたい。このような見地に立つことにより、憲法9条における戦争放棄規定を非武装平和主義として解釈し、そのような規範として国家権力を枠づけようとする試みは、断絶戦略に立つはずのロールズを通じたカントによっても可能となるのではないだろうか。否、むしろ、樋口陽一が求めた「相対的な論拠づけ」という見地から見れば、「ハーバーマスを通じたカント」よりも、「ロールズを通じたカント」にこそ依拠すべきではないだろうか。

『政治的リベラリズム』を著した後のロールズは、「共通善や連帯に関するカソリックの見解」なるものでさえ、それが「政治的価値の言葉で表現されていれば」、かような善が私的領域にとどまるべき包括的教説としてではなく、正義の政治的構想として公的に受容されるべきことを述べている[52]。憲法学界における平和主義論が従来の通説として堅持してきた非武装平和主義としての憲法9条解釈論が今後息を吹き返すためには、戦争体験稀薄化の現在において、それが政治的価値を帯びるという観点からあらためて表現される必要がある。

歴史的要因によって一定の原理が暫定協定として承認され、政治的制度に具現化されていき、立憲的合意へと発展していく。このような文脈において、次節においては、ピーター・カッツェンシュタインによる日本安全保障政策の歴史的分析を参照することとしたい。

3 ピーター・カッツェンスタインによる日本安全保障政策の歴史的分析

本節では、戦後日本政治における憲法9条解釈のあり様が、「絶対平和主義としての非武装平和主義」ではなかったということを跡づけるために、ピーター・カッツェンスタインの論考を参照する。

カッツェンスタインは、安全保障政策の決定主体としての国家は、一つに単純化され得るものではなく、抑制要因として機能する政治・社会・文化的相互[53]

第3章 「絶対平和主義」とは異なる「非武装平和主義」の可能性

作用を通じて制度化された規範に基づき、日本の暴力抑制的な安全保障政策が形成されてきたと考える。

この制度化された規範には、①日本の国内的制度（防衛政策をめぐり、経済政策を最優先する観点から強い影響力を及ぼしてきた通商産業省、大蔵省等と防衛庁の関係、自衛隊のシビリアン・コントロール、市民社会から隔絶された小規模な防衛庁のあり様等の国家機構、国家と社会の関係、外国との関係という3つの次元により構成される）と、②規範的文脈（社会規範と法的規範の相互作用により形成されるもの）という2つの要素がある[54]。

この規範的文脈においては、市民の意見に敏感な公権力のあり様が重要な要素として位置づけられており、カッツェンスタインによれば、強固に確立された平和主義という日本の政治的文化を決定づけたのは、憲法9条による非武装平和主義規定そのものではなく、世論であった[55]。世論こそが、安全保障政策の方向性を実質的に左右するものであった[56]。ここでカッツェンスタインが重視するのは、「第二次世界大戦により引き起こされた惨禍により導き出された教訓から得られた市民社会の学びの深さ[57]」であって、憲法9条という条文自体ではない。規範的文脈のうち、まずは社会規範についてカッツェンスタインによる分析を参照してみよう。

1950年代と1960年代においては、日本の軍国主義という過去に対して頑固に反対する国会での諸政党により結集された勢力は、幅広い民衆の支持を享受するような影響力を行使することが可能であった。マスメディアの大半も、軍事化に対して激しい批判を向ける用意を整えていた[58]。

1970年代と1980年代の世論においては、自衛隊の存在と適度な国防の必要性が民衆によって次第に受け入れられつつあり、政府はこのような世論が国防政策に対してさらに寛容になるよう、漸進的に働きかけていた。かような政府の動きに対する対抗の努力を止めることのなかった反対派は、安全保障政策をめぐる規範が政府による動きとは整合しないことを争うため、訴訟戦術を展開することとなる。このような戦術によって政府の軍事化政策が撤回される可能性が見られない場合であっても、反対派が訴訟戦術を続けた背景には、訴訟の提起により民衆に対して政府の軍事化政策の不当性を強力にアピールできるという計算があったとされる[59]。

1980年代末期における民衆は、強い経済力、平和外交、抑制的な合意形成アプローチを好み、ソ連への深刻な脅威も感じておらず、自衛隊についても深い思索をめぐらせることなく、憲法9条を支持してきたものとされる。民衆は軍隊を周辺的なものとして位置づけ、武力による防衛に依拠しようとする意思を著しく欠くものであり、権力を軍隊に移そうとするあらゆる試みに反対したこと、冷戦の終焉によっても、かような世論の方向性は揺るぎなかったことが指摘される。このような意味において、カッツェンスタインは、反軍国主義という日本の社会規範がきわめて安定していたと指摘する。[60]

　1982年の教科書論争、厳格な政教分離原則に違反した首相による1985年の靖国神社公式参拝、日本の韓国併合をめぐる意見を述べた藤尾正行文部大臣の1986年の解任、南京虐殺を捏造とした永野茂門法務大臣の1994年の辞任等、日本の軍国主義的な行為に対するアジア諸国による強い批判も、カッツェンスタインによれば、日本の社会規範に関連するものとして位置づけられている。[61]

　安全保障の規範的文脈において、世論が決定的に重要なものとして把握されるものであるがゆえに、政府も自衛隊も世論に的を絞ることになる。首相や防衛庁長官は、軍国主義の復活を目指すという形ではなく、国内における合意を調達するために慎重な試みを行った。民衆が抱く規範的概念に影響を及ぼすために、中曽根康弘首相は従属的国家としての日本の役割を、アメリカと対等な立場で行動する役割へと転換しようとする姿勢を示し、憲法9条が規定する軍事的タブーの打破を企図した人物として把握されている。[62]

　しかし、そのような政治的大胆さにもかかわらず、中曽根は厳しい制約に直面することになる。所信表明においては、他国にいかなる脅威ももたらすことのない平和憲法、非核三原則、専守防衛、過度な軍事力の不保持等、穏当な形で確立された政治的言説を述べざるを得なかった。「公式の発言においては、軍拡に積極的な首相として内外で知られた中曽根ですら、平和憲法の枠内でそうするほかなかった[63]」のであった。

　中曽根率いる自民党が、1983年12月の総選挙で1955年以来最大の挫折を経験したことについて、カッツェンスタインは、このように憲法9条に配慮したレトリックを用いたものであったにもかかわらず、安全保障をめぐり中曽根が発揮した政治的指導力ゆえに、有権者によって罰されたものとして捉えている。

第 3 章　「絶対平和主義」とは異なる「非武装平和主義」の可能性

タカ派としての中曽根の性格ゆえの敗北であり、中曽根が1986年7月の選挙で勝利するために、タカ派としての姿勢を変えなければならなかったとカッツェンスタインは見ている[64]。

続いて、日本の安全保障をめぐる規範的文脈における第2の要素、法的規範について、カッツェンスタインによる分析を参照することとしたい。カッツェンスタインによれば、日本の裁判所は、政府による防衛政策を間接的に支持する姿勢を示してきたものとされる[65]。しかし、カッツェンスタインは、政治的な意味においては、訴訟の結果自体が重要なのではなく、法的論争が未解決のまま残されてきたという事実によって、安全保障政策をめぐる規範的基礎がいまだ争われていること、法的に決着がついていないことが示されていることに注目している。法的規範と社会規範について、カッツェンスタインは、相互作用の形で影響を与えつつ、日本の安全保障政策の方向性を左右するものとして位置づけた上で、ジョン・ヘイリーによる次の言説を引用し、自衛隊違憲訴訟を提起するという戦術の正当性を指摘している[66]。

「問題が、人口に膾炙された事件において争われ続けているかぎり、自衛隊に反対する政治的合意が形成される可能性があるのであり、少なくとも自衛隊の正統性を支持する合意に違憲の疑いを付与し続けることが出来る[67]」

カッツェンスタインによれば、法的規範と社会規範の相互作用を通じて、憲法9条の規範力は、次のような事例をもたらしてきた。憲法改正の試みが繰り返し失敗してきたこと、1957年に岸首相により設置された憲法調査会が、1967年の最終答申で憲法改正という論争的な課題の解決に至ることが出来なかったこと、完全な再軍備を合法化するために必要な憲法改正への支持が1980年代後半までに次第に減少してきたこと、1960年代前半から1980年代後半まで、殆どの世論調査において憲法改正に反対する割合は圧倒的であったこと[68]。

続いてカッツェンスタインは、日本における軍隊の成長を抑止してきた、長期にわたる一定の政策を、法の結果ではなく、「準憲法的な」政治的理解の結果として位置づける。自衛隊に課された法的制約のいくつかに準憲法的地位を付与するような特殊な慣例が発展してきている[69]。これはすなわち、政府が野党によって装備や活動が憲法に違反するものではないことを説明することを強い

319

られ、このような論争を通じて反復されてきた議論が、時の経過に伴って高度な政治的規準へと至るという過程が見られるということである[70]。

その上で、カッツェンスタインは、重要なのは憲法自体ではなく、憲法の再解釈を通じて安全保障政策を形成する規範を変更する漸進的な過程こそが重要であることを指摘する[71]。当初日本は戦力の保持を禁じられたが、時の経過に伴いこの解釈が変化した。政府は、警察予備隊を戦力ではないという理由で正当化し、憲法9条2項冒頭の文言を用いることにより、自衛隊を憲法9条により禁じられた戦力に該当しないとした。1950年代、1960年代に見られた深く根を下ろした平和主義が、1970年代、1980年代に至ると実質的に弱まり、憲法は国民的合意の拡大と歩調を合わせる形で再解釈されることになる。以降40年間において、日本における圧倒的多数の民衆は、自衛隊を受容しつつ憲法9条改正を拒んできたことが跡づけられている[72]。

以上のような憲法の再解釈は、2つの要素、すなわち、変化する政治状況とかつて日本を破滅に導いた軍事的経験の間にある緊張関係に立脚するものであることが指摘されている。1945年以前の政治状況や政治手法への回帰に対する恐れが規範的制約と結びつき、憲法9条の改正を不可能なものとしてきた[73]。安全保障をめぐる社会規範と法的規範の間に見られる複雑な相互作用は、カッツェンスタインによれば現在においても継続中である。

そもそも「平和国家」という日本の集団的アイデンティティについては、日本が敗戦を迎えた1945年以降、完全な姿でただちに確立されたわけではない。暴力抑制的国家としてのそれが確立するに至るまでには、1950年代の激しい政治的紛争を経なければならなかった。しかし、1950年代の後半において、保守的な政治の復活に対する反対論が多数の民衆の支持を得ることとなる[74]。

1960年代初頭に至り、経済成長を通じて社会の安定性が追求され、その文脈において社会的・経済的・政治的な諸相を反映する形で、安全保障をめぐる集団的アイデンティティの規範意識が暴力抑制的な形で形成されると、それがその後きわめて強固に数十年間にわたって日本の安全保障政策を規定するに至ったこと、そしてこの規範的文脈が、左派野党勢力、市民運動、軍拡を批判するメディアによる結合の結果であることが指摘されている[75]。

もちろん、このような意味における規範的文脈は、一方で歴史的教訓と強固

第3章 「絶対平和主義」とは異なる「非武装平和主義」の可能性

に結びつきながら、他方では1960年の安保闘争以降、憲法9条下での一定程度の軍拡を許容しながらも、1990年代に勃興した国際貢献論に際して、軍拡に対して懸念を示す形で民意がその存在感を示したりと、多面的様相を帯びるものであったことが指摘されている。そして、安全保障政策の動向は、冷戦後における国際関係から導かれる「新たな規範」(アメリカとの十全なる相互関係、市場開放、経済大国としての責任論等)によっても左右されることが指摘されている。[76]

しかし、本書の考察課題との関わりにおいて重要な点は、暴力抑止に抑制的な日本の安全保障政策の基盤として位置づけられた、世論における憲法9条への支持が、「相手が攻撃をやめるか否かにかかわらず、そうすることが正しい人の道だからという理由」に立脚する「善き生き方[77]」としてのものだったわけではなく、相互作用関係にある制度、規範、利益によって形成され、持続的に為政者を拘束してきた集団的アイデンティティ、そして制度化された規範だったということである。

カッツェンスタインが指摘するように、その過程においては重合的合意をもたらすために必要な政治的・社会的・心理学的な諸力が働く。とりわけ、安全保障政策をめぐる規範的文脈における社会規範は、世論によって決定的に方向づけられるものであった。重合的合意は、共有化された公共的な構想や政治的構想の社会と人格ある概念により根拠づけられることにより安定化し、政治的正義のリベラルな原理を満たす立憲的合意へと昇華する可能性がある。

「第二次世界大戦の惨禍による教訓から得られた市民社会の学びの深さ」という規範的文脈における要素が、暴力抑制的な安全保障政策の重要な駆動要因となったことを踏まえると、このような要素をいかに市民社会に提示することが出来るかが憲法学説に問われているように思われる。

4 日本の安全保障をめぐる提言──「戦争によらざる自衛権」と市民的防衛

それでは、警察力を超える戦力の保持を禁ずる戦争放棄規定としての憲法9条下において、日本の安全保障はどのような形をとるべきなのであろうか。ここで、佐々木弘通による、武装国家と非武装国家の両者をプロパティ(生命・財産・自由)の保全という視座から比較する議論を参照してみたい。[78]

佐々木はまず、「近代立憲主義を弁証する論理として一般に依拠される社会契約論」により設立される国家は、国家構成員間におけるプロパティ保護という規範の遵守を普遍的に義務づけられることを確認する。その上で、プロパティの侵害主体が個人・集団である場合には「警察力」という実力により対処可能であるが、当該国家とは別の国家がプロパティ侵害主体である場合にのみ、警察力を超える実力としての「戦力」保持が要請されることを確認する。
「戦力」を保持する武装国家が必ず国家構成員のプロパティを保護出来るかといえば、そうではなく、①どの程度の実力を備えれば抑止力たる「戦力」を保持したことになるかが常に不明確である点、②いざというときに現実に行使されない実力は抑止力たりえないため、「戦力」は必ず行使され得るという点、を前提として、相互に抑止力が働く状況が崩れた場合、武装国家間においては原則として現実に自衛戦争が遂行され、その戦争の過程で兵士や民間人に犠牲が出れば、その限りで国家構成員間のプロパティ保護に失敗することになる。さらに、戦争の結果が敗戦となる可能性もあるため、国家構成員間のプロパティ保護という規範実現のためには、戦争に至らないよう自国の主権を維持することが求められることになる[79]。
　他方、「戦力」を保持しない非武装国家は、戦力不保持という規範の拘束を受け、平時の外交努力を通じて戦争回避を図りながら、プロパティ保護という規範の課題に向き合うが、それでも他国による侵攻が生じた場合、相手国の占領下に入ることとなる。非武装国家は自国の主権を喪失するが、戦争遂行に伴う兵士や民間人の犠牲者を出すことがなく、プロパティ保護という規範の実現に手厚くなるとされる[80]。
　ここで佐々木は、①敵国家と戦争を行う前、②敵国家との戦争時、③敵国家と戦争を行った後の3段階に分けて、武装国家と非武装国家を比較する。武装国家と非武装国家の双方にとって、①の局面に止まり②の局面に入らないことが最大の目標となり、武装国家は抑止力論により、そして非武装国家は侵略意図の不在アピールにより、①に止まるという目的達成に対する適合性がそれぞれ主張されることになる。佐々木はここで、非武装国家に対しては必ず侵略を行うほど、現実の国際社会が規範なき社会なのかという問題提起も行っている[81]。

第3章 「絶対平和主義」とは異なる「非武装平和主義」の可能性

　敵国家の侵略により②の局面に至り、原則として武装国家間では戦争が開始されると、その過程で不可避的に国家構成員間のプロパティ保護という規範に反することとなり、戦争の結果③の局面で自衛戦争に勝利して主権を維持出来る場合もあるが、敗北して敵国家の占領下に入る場合もある。これに対し、非武装国家は②の局面に入ると戦争を行わず、すぐに③の局面に移行して敵国家の占領下に入ることになる。被占領国に課されていた国家構成員間のプロパティ保護という規範は、各個人へと、彼らが元来保持していたプロパティ保全の自然権という形で差し戻されることになり、占領国の統治にどう対処するかは各人次第（逃亡、服従、非暴力不服従、暴力的抵抗）とされる。③の局面では、非武装で占領下に入った場合と武装国家が敗北した場合の違いは大きくないこと、占領国の統治と、国際社会がもつ規範性の程度次第によって、占領状態における被占領国の構成員の処遇が決まるということになる。

　個人のプロパティ保全を第一目的として考えれば、非武装国家は②の局面だけを見れば武装国家より優れており、①の局面に止まり②の局面に入らないという最大目標達成のために「戦力」不保持がどう作用するか、③の局面で占領下に入った後、旧・非武装国家の構成員がどれほど悲惨な処遇を受けるか、この３点の総合判断によって、武装国家との比較優位性の結論が下されることになる[82]。その上で、戦前日本の経験について、佐々木は次のように総括している。

　　「戦前日本の経験は、「戦力」を保持したが①の局面に止まりえず②の局面に入り戦争遂行をし、将来的に③の局面で「鬼畜米英」に悲惨な扱いを受ける恐れゆえに②の局面に長々と止まり悲惨な目に合い、現実に③の局面に入ると戦前日本よりもはるかにすぐれた戦後日本が新生した、というものだった[83]」

　「戦力」が敵国から守るものは主権であり、個人のプロパティではないという佐々木による指摘[84]は、憲法９条戦争放棄規定をめぐる戦後憲法学の通説を新たな角度から再確認するものであり、武装国家たることが必ずしも個人のプロパティ保護にとって有利であるとは限らないという可能性が理論的に示されたことの意義は、決して小さなものではない。

323

「他国の裏切りには自分も裏切りで応ずることで長期的な平和を確保」するという Gauthier の「囚人のジレンマ」に依拠する「穏和な平和主義」に対して、本書第1章ではロバート・コヘインによる国際レジーム論を参照すべきことを指摘した。コヘインは、裏切りを支配戦略として位置づけるリアリズムが「1回限りの囚人のジレンマ」に依拠する点において問題が認められること、国際社会においては「繰り返し囚人のジレンマ」が適切なモデルとされるべきであり、あくまで純粋に合理的で利己主義的な主体によっても協調が追求される可能性が国際レジーム論により示されることを指摘している。

　佐々木の議論は、国際レジーム論によっても協調という選択肢が選ばれず、侵略の事態が生じてしまった段階において、武装国家たることが必ずしも個人のプロパティ保護にとって有利であるとは限らず、武装国家たることにより、かえって個人のプロパティ侵害につながることもあり得ることを理論的に示すものであり、国際レジーム論に続いて「穏和な平和主義」の前提をさらに掘り崩すものとして位置づけられる。

　しかし、この佐々木の議論については、②の段階での犠牲は基本的に生じないとする立論から、無抵抗を旨とする「白旗論」と理解（誤解）される危険性が河上暁弘により指摘されている。[85]「白旗論」として理解されてしまえば、佐々木による提案が、立憲体制の成立根拠たる重合的合意としての政治的構想に訴求する形で、多様な価値観をもつ道理的かつ合理的市民が説得されるようなリーズニングに依拠する形で、国の政策として執行される可能性は乏しくなるであろう。

　佐々木は「占領国の統治にどう対処するかは各人次第（逃亡、服従、非暴力不服従、暴力的抵抗）」としており、これは「白旗論」ではない。河上もこの点を踏まえた上で、しかし、そうであるとしても、「国民が逃亡、服従、占領国への積極的支援をした場合と国民が非暴力抵抗を行う場合の相違をさらに検討する必要」があること、「国民の非暴力抵抗を国家（政府諸機構）が後押しし、協力したりする場合に敵国によって警察等を含む政府職員が攻撃を受けたりする場合は②の局面であろうか、③の局面であろうか、この点はやや不明確かもしれない」と指摘する。[86]非暴力的な抵抗の具体的な方法論をめぐる展望が、佐々木の議論に接続されるべきであるように思われる。

第 3 章 「絶対平和主義」とは異なる「非武装平和主義」の可能性

　それでは、佐々木のこの議論の先に、どのような非武装による抵抗の方法論を接続することが出来るのであろうか。ここでは、その一例として、ジーン・シャープによる、軍隊ではなく一般市民を防衛の主体とし、非暴力手段により市民生活を防衛するという「市民的防衛論（Civilian-Based Defense）[87]」を、詳細に参照することにしたい。シャープは次のように述べる。

　シャープによれば、市民的防衛とは、軍事兵器を用いずに社会自体の力を用いて、国内での権力簒奪や外国による侵略を防止し防御するものである。そこで武器として用いられるのは、心理的・社会的・経済的・政治的なものであり、このような武器の使い手は一般市民と社会における多様な組織である[88]。

　シャープは、正戦論にも非武装平和主義にも与しない。この 2 つをシャープは極論として位置づけ、それぞれが政治的にも倫理的にも不適切で不完全であるとして切り捨てる。つまり、軍事的な敗北が常に起こり得るという点において正戦論を批判し、侵略に対して無抵抗の白旗論も採り得ないという立場を示すのである[89]。シャープによれば、市民的防衛は軍事力を用いないが「非武装」ではない。これは、「心理的・社会的・経済的・政治的な武器」を駆使して不正な侵略・占領に対し抵抗するための方法論である。

　武装による専守防衛論（"defensive defense" measures）における問題点として、シャープは第 1 に、戦争が段階的に拡大する可能性を指摘する。すなわち、防衛側にとって、自分たちの軍事的防衛手段に限界があり防衛に不適切であると考えられることにより、さらに破壊力のある兵器を用いたいという圧力に晒される可能性である。そして第 2 に、専守防衛論により、一般市民の間に膨大な死傷者がほぼ確実に生み出されるであろうことが指摘される。専守防衛的な政策が一度実行されれば、ユーゴスラヴィア、ソ連における被占領地域やアルジェリア、ベトナムにおけるゲリラ戦とほぼ同じ経験を強いられることになるという。死傷者数は桁外れに多くなり、全人口の 1 割以上を数えることもある。物理的・社会的な破壊についても同様である。最終的に勝利したとしても、長期的な社会的・経済的・政治的・心理的な影響が残ることになるという[90]。

　シャープによれば、武装による専守防衛論は、抑止・防衛の必要性と大量破壊という 2 つのジレンマを解決することが出来ない。それゆえに、非軍事的な

325

代替手段はあり得ないのかという問題設定が必然とされ、現代における戦争の様々な危険を回避し、抑止と防衛を可能とする、軍事力に依拠しない有効な防衛政策として、市民的防衛（civilian-based defense）が提唱されるのである。これは、軍事的手段とは異なる市民的な闘争手段、例えばデモやスト等を用いるもので、軍人ではなく一般市民による防衛であり、外国による侵略・占領・国内における簒奪を抑止し打破することを目的とする政策である。

　市民的防衛は、国防という課題に対し、精緻で改良された形をとる、多様な非暴力行動あるいは非暴力闘争の技法を駆使するものである。この技法は、一般市民や、社会における様々な集団、組織により用いられるものであり、事前の準備・計画・訓練が必要とされる。非暴力抵抗の基礎的研究、攻撃者の政治組織の詳細な分析、厳しい抑圧に直面した場合にいかにして市民の抵抗力を持続的に強化出来るのか、攻撃を受けた場合に最も有効な情報交信網を維持することが出来るか等をめぐる研究に基づき、非暴力の闘争形態を可能な限り有効にするためには何が必要かを理解し、攻撃者の弱点を適確に衝く方法を考察することが、市民的防衛が成功する条件とされる。

　市民的防衛は、政治権力というものが社会における源泉（sources within each society）に由来するものだという理論に依拠している。この権力の源泉を拒否し分断することを通じて、大衆による支配者の抑制と侵攻者の打破が可能になるとシャープは主張する。

　侵略に対する非暴力抵抗の事例として、シャープは、フランス・ベルギーによる侵略・占領からルール地方の防衛を図った1923年のドイツの事例を挙げる。この闘争は、外国による侵略に対し、政府の正式な政策による初の非暴力抵抗として位置づけられるものとされる。フランス・ベルギーによる侵略は、第一次世界大戦の結果により定められた1320億マルクの賠償金を回収し、ラインラントのドイツからの分離という政治目標を達成するために行われた。占領はドイツ人による非協力政策に直面することとなったが、この政策による抵抗運動はドイツ政府による資金援助に基づくものであった。この政策を強硬に主張していたのは労働組合であり、「侵攻者が登場するたびに、公務員と労働者がその仕事から手を引けば、雇用者がフランス・ベルギーの委員会による要求を拒否すれば、委員会と軍隊は任務を遂行出来なくなるだろう」という前提に

立脚するものであった。[94]

侵攻者に対する実際の非協力は次第に拡大し、公然とした非暴力の拒否行動、鉱山所有者による侵攻者に対する奉仕の拒否、抵抗者に対する裁判が行われている裁判所に向けての大規模なデモ行進、ドイツ人警察官による外国人指導者への敬礼拒否、ドイツ人によるフランスに向けた石炭等の輸送のための鉄道の運転拒否、鉄道施設の解体、小売店経営者による外国人兵士への販売拒否、飢餓に瀕してさえ行われた市民による占領軍の食事配布所の利用拒否、多様な禁止令を公然と無視した新聞の刊行、抵抗宣言とポスター掲示、採炭の拒否等が、非暴力抵抗の具体的な内容であった。[95]

これに対する弾圧は厳しいものであった。抵抗者はドイツにおける非占領地区に追放され、軍法会議にかけられ、暴漢や窃盗等の違法行為が黙認され、訴訟を経ることなく投獄され、あるいは長期にわたる投獄を命ずる判決が下され、鞭打ち、射殺、財産剥奪、報道規制、住居や学校の強制的な供出、身分証明書の発行妨害、その他様々な抑圧的規制が制定された。抵抗に対する弾圧は食糧不足を招来する結果となり、厳しい飢餓が生じた。[96]

抵抗活動はやがて統一性を失い、占領者を殺害する爆破工作がドイツ人の一部の勢力により強行されてしまうことで、激怒した占領軍兵士による厳しい報復とドイツ人への国際的な同情の喪失という事態が生じることとなった。従来の統一された抵抗運動が台無しにされてしまったことは、シャープによれば反省材料として認識されるべきものであり、1923年9月26日にはドイツ政府は非協力運動を中止するに至るのであるが、ベルギーとフランスの国内で両政府への抗議も高まり、最終的に侵略者は撤退、ラインラントも割譲されないという結果に終わることになる。[97]

もう一点、シャープが侵略・占領に対する非暴力抵抗の事例として挙げるのが、チェコスロヴァキアによるソ連・ワルシャワ条約機構による侵略・占領に対する1968～69年に行われた国防闘争である。そもそもソ連はチェコスロヴァキアによる軍事的抵抗を想定しており、この抵抗を粉砕して傀儡政権を立ち上げ、撤退に至るまで数日で済むという計算をしていた。しかし、チェコスロヴァキア政府は軍を兵舎にとどめ、全く異質の非暴力抵抗により8か月間にわたる成果が挙げられることになる。侵略軍は兵站・士気の面で深刻な問題を抱

えることになり、当初投入された部隊の多くが短期間における交代を余儀なくされたことが指摘されている[98]。

　複数の政治的戦略拠点において抵抗運動が組織され、チェコスロヴァキアにおける敵性協力者による政府の立ち上げにソ連は失敗した。政府報道局は、チェコスロヴァキアの内部分裂を図るためのソ連による公式声明発表命令を拒否し、スヴォボダ大統領も要求された文書への署名を拒否した。地下秘密放送網が平和的抵抗を呼びかけ、抵抗活動を報告し、侵略に抵抗する複数の公的な団体を招集した。政府首脳部、党指導部らは侵略を非難し、国民会議は逮捕された指導者の釈放と軍の即時撤退を求めた。防衛ラジオ網は第14回臨時共産党大会を招集し、ゼネラルストライキを呼びかけ、鉄道従業者にロシア人の輸送遅延を要請し、敵性協力を阻止した。ラジオ放送は暴力的抵抗という軽率な行動を戒め、非暴力闘争の賢明さを説いた[99]。

　ソ連は軍事的に成功を収めながら、チェコスロヴァキアという国を統御出来ないという事態に陥ったことを自覚することになる。統一的な市民的抵抗、そして侵略軍における士気喪失に直面したソ連首脳部は、交渉のためにスヴォボダ大統領をモスクワに呼び、戦略的な妥協の下、8月26日モスクワ議定書が調印されてソ連軍の駐留が容認されたが、市民はこの妥協を敗北として位置づけ、1週間これを受け入れようとしなかった。結果的に、ドプチェク共産党第一書記により率いられたチェコスロヴァキアの改革体制は1969年4月まで維持されることとなる。最終的には、チェコスロヴァキア人の親ソ派による挑発行為が契機となり、ソ連が一挙に強硬路線に転ずる口実を得ることとなり、ドプチェクら改革派体制は降伏して指導部の立場から追放されるのであるが、非軍事的抵抗によりソ連の完全な支配を8か月間も遅延させたことは、シャープによれば、軍事的手段では到底不可能なものとして位置づけられている[100]。

　以上の2件は、事前の準備も、事前の訓練もなく行われたものであったため、シャープは、洗練され、十分な準備と訓練を伴った、実際の「防衛」を担う非暴力闘争であれば、軍事的手段による防衛と比べて遙かに大きな潜在的な力を持つと主張する[101]。軍事行動がきわめて長い歴史をもつのに対し、非暴力の市民的防衛という方法論は、まだ未熟なものであり、十分に洗練されるに至っていない。事前の組織化、準備、改良された抵抗手段や戦略的原理に関する深

第3章　「絶対平和主義」とは異なる「非武装平和主義」の可能性

い知識が必要であるが、そのような前提を欠くものであったにもかかわらず、非暴力闘争による国防の実践例が大きな成果を挙げてきたことが強調される[102]。軍事的防衛という選択肢は、プロパティ、社会体制を守ろうとする人々に、依然として重大な限界と損害を与え続けるものとして批判されるのである[103]。

　非暴力行動という全く異質な方法を、一層洗練された手段へと統合するためには、どうすればよいのか。事前の準備を欠きながら、最も強力な成果を挙げた過去の非暴力闘争の事例と比較して、政策研究、戦略分析、緊急事態対策、訓練を踏まえた市民的防衛の洗練された方法論に基づく非暴力闘争は、控えめに見積もっても、少なくとも10倍の実効的な力を発揮することになるとシャープは述べる[104]。

　外国による侵略、占領は、殆どの場合において、傀儡政権あるいは従属的政府の樹立、住民を含めた完全な領土併合、経済的搾取、一定の種類の資源の獲得、新しい住民に対するイデオロギーあるいは宗教へのコミットメントの拡大、予想される軍事的脅威の除去、第三国攻撃のための装備・軍隊の輸送、という目的の下に行われる。フランス・ベルギーによるルール地方侵略は、規定に従った賠償金支払の確保と、ラインラントのドイツからの分離が目的であった。1968年ソ連には、チェコスロヴァキアで厳格な共産主義体制を復活させようとする目的があり、このような目標を達成するために、攻撃者は占領した国家を統治する必要があった。この統治は最優先の目標ではないが、他の目的を達するために必要なものである。経済的搾取、物資輸送、イデオロギーの教化、住民の立ち退きといった目的は、占領された国家の人および組織による多大な協力・支援がなければ達成出来ない。ただ国土を支配するだけでは不十分であり、攻撃者はその住民と組織も支配する必要がある。抵抗する人々を取り締まるためのコストは、攻撃を仕掛けようとする潜在的攻撃者に大きく影響する。潜在的攻撃者はコストとベネフィットの計算を行い、成功する機会が小さくコストが高くつくのであれば、潜在的攻撃者が攻撃に及ぶことはなくなる。このような形で抑止力が機能するという展望をシャープは提示している[105]。

　市民的防衛による抑止力を十分なものとするために、①「住民・組織による準備と訓練」、②「市民的防衛による動員可能で強力な防衛能力があることを、あらゆる潜在的攻撃者に対し正確に認識させる情報伝達プログラム」がそれぞ

れ必要とされる。事前の準備を欠いた非暴力防衛闘争は、シャープによれば市民的防衛ではない。計画と事前の準備は、軍事活動でもそうであるように、非暴力防衛闘争をより実効的なものにする。事前の準備に含まれるものは、抑止効果と諫止効果の強化、戦略的な評価および計画、心構えの用意（混乱、恐怖、不安感の解消）、社会の組織・公務員・警察・留守部隊・政府機関による攻撃に備えた非協力と公然たる拒否を行うための訓練、緊急事態対処の確立、備品・食糧・飲料水・エネルギー源・交信・その他の資源の備蓄、市民的防衛戦略の専門家組織の確立等である。

　防衛戦略は、攻撃者による目的に応じて異なるものとなる。攻撃者の目的が経済的搾取であれば、防衛に最適な戦略・手段は経済的なものとなるであろうし、攻撃者の目的が政治的・イデオロギー的・領土的・集団殺害等であるならば、最適な防衛戦略も異なることになる。例えば、フランス・ベルギーの目的はルールの備蓄石炭の押収であったため、ドイツ側の防衛努力の重要な部分は、占領者を石炭貯蔵にアクセスさせないことに絞られ、炭鉱労働者によるストライキ、鉱山の占拠、輸送労働者によるボイコット等が多用されたのであった。チェコスロヴァキアにおけるソ連の侵略においては、共産党とドプチェク首脳部を、現状に不満をもつスターリン主義者へと交代させるという政治的で大規模な目的が存在しており、抵抗運動は非常に強力な心理的・社会的・政治的圧力をかけてスターリン主義者による協力政府の樹立を妨げることに範囲を絞ったのであった。

　非暴力的抵抗の成功は、抑圧に屈することなく粘り強く非暴力的方法を継続すること、挑発に直面しても断固として非暴力的方法を維持することによって大きく左右される。例えば、1923年ルール闘争の経験が示すように、爆破や破壊といった工作活動は相当数の死傷者をもたらす行動であるのみならず、厳しい弾圧の口実となり、抵抗者に対する同情や支援を減退させてしまう可能性もあることが指摘されている。

　非暴力の市民的防衛が非現実的であるという立場から、そもそもこれが成功するためには「人間の本性」をめぐる根本的な変革が必要なのではないか、という問いに対し、シャープは、非暴力闘争の事例が人類史を通してきわめて広範に至る場所で生じており、それも、根本的に変革された高次の本性をもつ人

第3章 「絶対平和主義」とは異なる「非武装平和主義」の可能性

間によってではなく、今日を生きる我々と同様に不完全な人々によって行われるものであることを指摘する。シャープによれば、非暴力抵抗に及ぶことが出来る力というものは、必ずしも、利他主義、寛容性、愛の信条、もう片方の頬を向けること（マタイ 5-39）、「自己犠牲」により悪を除去したいという願望、これらのいずれに基づく必要もないものである[111]。

また、市民的防衛政策は、超党派的な見地から提示され、評価される必要がある。いかなる特定の政治的・イデオロギー的集団、あるいはその思考とも結合されてはならない。保守主義者や現存する防衛機構の高官等を排除するような形で提示されるべきものでもない。社会のすべての部門が市民的防衛の研究、政策の準備・実行において重要な役割を果たすべきであり、社会における多くの部門が政策の採択に参加することが不可欠であるとされる。市民的防衛は、広範な国民的合意に基づくものでなければならないのである[112]。

シャープは、過去の歴史的経験から非暴力抵抗の事例として成果を挙げたものを198にわたって抽出し（198 Method of Nonviolent Conflict）、これを54の「非暴力的抗議」（非暴力的非協力・非暴力的介入には至らないものであり、デモ行進、署名活動、ピケ、ポスター掲示、公的集会等）、103の「非暴力的非協力」（経済的な非協力としての不買、ストライキ、税金支払い拒否、政治的な非協力としてのボイコット等）、41の「非暴力的介入」（断食、座り込み、第二政府の樹立等）に区別した。それでは、下記において、シャープによる198の非暴力抵抗の方法を参照してみよう。

Formal Statements 公式声明
 1．Public Speeches パブリック・スピーチ
 2．Letters of opposition or support 反対または支持の手紙
 3．Declarations by organizations and institutions 組織や機関による宣言
 4．Signed public statements 署名のあるパブリックな声明
 5．Declarations of indictment and intention 告発と意図の宣言
 6．Group or mass petitions グループまたは多数による請願

Communications with a Wider Audience より広範な聴衆とのコミュニケーション

7．Slogans, caricatures, and symbols スローガン、風刺画、シンボル
8．Banners, posters, and displayed communications バナー、ポスター、プラカードディスプレイ
9．Leaflets, pamphlets, and books リーフレット、パンフレット、本
10．Newspapers and journals 新聞、雑誌
11．Records, radio, and television CD、ラジオ、テレビ
12．Skywriting and earthwriting 空中文字、地上文字

Group Representations グループによる表現

13．Deputations 代表団の設置
14．Mock awards 模擬的な賞の授与
15．Group lobbying グループでのロビー活動
16．Picketing ピケを張る
17．Mock elections 模擬選挙

Symbolic Public Acts 象徴的なパブリック行動

18．Displays of flags and symbolic colors 旗や象徴的な色のディスプレイ
19．Wearing of symbols 象徴を身に纏う
20．Prayer and worship 祈りと礼拝
21．Delivering symbolic objects 象徴的な品の配布
22．Protest disrobings 脱衣による抗議
23．Destruction of own property 自分の所有物の破壊
24．Symbolic lights 象徴的な照明
25．Displays of portraits 肖像のディスプレイ
26．Paint as protest 抗議としての落書き
27．New signs and names 新しい標識や名前の掲示
28．Symbolic sounds 象徴的な音を鳴らす
29．Symbolic reclamations 象徴的な返還要求行動

30. Rude gestures 粗野な身振り

Pressures on Individuals 個人に対する圧力
31. "Haunting" officials 当局担当者への"付きまとい"
32. Taunting officials 当局担当者をなじる
33. Fraternization 抗議対象者と親交を深めて当方の影響を及ぼすこと
34. Vigils 終夜監視

Drama and Music 演劇、音楽
35. Humorous skits and pranks ユーモラスな寸劇やいたずら
36. Performances of plays and music 演劇や音楽会の上演
37. Singing 歌を歌う

Processions 行進
38. Marches マーチ
39. Parades パレード
40. Religious processions 宗教的な行進
41. Pilgrimages 巡礼
42. Motorcades 車列行進

Honoring the Dead 死者に対する栄誉
43. Political mourning 政治的な葬送
44. Mock funerals 模擬的な葬儀
45. Demonstrative funerals 示威的な葬儀
46. Homage at burial places 埋葬地の参拝

Public Assemblies パブリックな集会
47. Assemblies of protest or support 抗議あるいは支持の集会
48. Protest meetings 抗議の会合
49. Camouflaged meetings of protest 偽装した抗議の会合

50. Teach-ins 討論会の実施

Withdrawal and Renunciation 撤退と放棄
51. Walk-outs 立ち去る
52. Silence 沈黙
53. Renouncing honors 勲章の放棄
54. Turning one's back 背を向ける

THE METHODS OF SOCIAL NONCOOPERATION 社会的非協力の方法
Ostracism of Persons 人物の排斥
55. Social boycott 社会的なボイコット
56. Selective social boycott 選択的で社会的なボイコット
57. Lysistratic nonaction リシストラータ（女の平和）的ボイコット
58. Excommunication 破門
59. Interdict 聖務禁止令

Noncooperation with Social Events, Customs, and Institutions 社会行事、習慣、機関に対する非協力
60. Suspension of social and sports activities 社会的ないしはスポーツ活動の一時停止
61. Boycott of social affairs 社会的行事のボイコット
62. Student strike 学生ストライキ
63. Social disobedience 社会的不服従
64. Withdrawal from social institutions 社会的機関からの脱退

Withdrawal from the Social System 社会制度からの撤退
65. Stay-at-home 家に閉じこもる
66. Total personal noncooperation 完全に個人的な非協力
67. "Flight" of workers 労働闘争
68. Sanctuary 避難所の設置

69. Collective disappearance 集団失踪
70. Protest emigration 抗議の移民（ヒジュラ）

THE METHODS OF ECONOMIC NONCOOPERATION：(1) ECONOMIC BOYCOTTS 経済的な非協力の方法（1）経済的なボイコット

Actions by Consumers 消費者による行動
71. Consumers' boycott 消費者ボイコット
72. Nonconsumption of boycotted goods ボイコット商品の非消費
73. Policy of austerity 緊縮家計作戦
74. Rent withholding 家賃の不払い
75. Refusal to rent 賃貸借の拒絶
76. National consumers' boycott 全国消費者ボイコット
77. International consumers' boycott 海外消費者ボイコット

Action by Workers and Producers 労働者・生産者による行動
78. Workmen's boycott 労働者ボイコット
79. Producers' boycott 生産者ボイコット

Action by Middlemen 仲介業者による行動
80. Suppliers' and handlers' boycott 卸・小売業者ボイコット

Action by Owners and Management 所有者と経営者による行動
81. Traders' boycott 小売業者ボイコット
82. Refusal to let or sell property 土地賃貸・売却の拒絶
83. Lockout ロックアウト
84. Refusal of industrial assistance 産業支援の拒否
85. Merchants' "general strike" 商人「ゼネスト」

Action by Holders of Financial Resources 有産者による行動
86. Withdrawal of bank deposits 銀行預金の解約

87. Refusal to pay fees, dues, and assessments 料金、会費や税金の支払拒否
88. Refusal to pay debts or interest 負債、利息支払の拒否
89. Severance of funds and credit 資金、信託の解除
90. Revenue refusal 政府に対する支払の拒否
91. Refusal of a government's money 政府発効通貨の拒絶

Action by Governments 政府による行動
92. Domestic embargo 国内経済封鎖
93. Blacklisting of traders 小売業者のブラックリストへの記載
94. International sellers' embargo 輸出業者に対する経済封鎖
95. International buyers' embargo 輸入業者に対する経済封鎖
96. International trade embargo 国際貿易の経済封鎖

THE METHODS OF ECONOMIC NONCOOPERATION: (2) THE STRIKE
経済的非協力の方法 (2) ストライキ
Symbolic Strikes 象徴的ストライキ
97. Protest strike 抗議ストライキ
98. Quickie walkout (lightning strike) 急の立ち去り (稲妻スト)

Agricultural Strikes 農業ストライキ
99. Peasant strike 農民ストライキ
100. Farm Workers' strike 農場労働者ストライキ

Strikes by Special Groups 特定のグループによるストライキ
101. Refusal of impressed labor 賦役の拒否
102. Prisoners' strike 受刑者ストライキ
103. Craft strike 職人ストライキ
104. Professional strike 専門職ストライキ

Ordinary Industrial Strikes 通常の産業ストライキ
105. Establishment strike 会社ストライキ
106. Industry strike 産業ストライキ
107. Sympathetic strike 同情ストライキ

Restricted Strikes 部分的なストライキ
108. Detailed strike 一部スト
109. Bumper strike バンパーストライキ
110. Slowdown strike 減産ストライキ
111. Working-to-rule strike 順法ストライキ
112. Reporting "sick"（sick-in）仮病
113. Strike by resignation 辞職によるストライキ
114. Limited strike 限定ストライキ
115. Selective strike 選択的ストライキ

Multi-Industry Strikes 複合的産業ストライキ
116. Generalized strike 一般的ストライキ
117. General strike ゼネラルストライキ

Combination of Strikes and Economic Closures ストライキと経済閉鎖の組み合わせ
118. Hartal 同盟休業
119. Economic shutdown 経済停止

THE METHODS OF POLITICAL NONCOOPERATION 政治的非協力の方法
Rejection of Authority 権力の拒絶
120. Withholding or withdrawal of allegiance 権力への忠誠の保留・撤回
121. Refusal of public support 公的サービス拒否
122. Literature and speeches advocating resistance 文章やスピーチによる

抗議の提唱

Citizens' Noncooperation with Government 政府に対する市民的非協力
123. Boycott of legislative bodies 立法府のボイコット
124. Boycott of elections 選挙のボイコット
125. Boycott of government employment and positions 政府の雇用や就職のボイコット

Citizens' alternatives to obedience 市民による服従に替わるもの
126. Boycott of government depts., agencies, and other bodies 政府省庁、諸機関のボイコット
127. Withdrawal from government educational institutions 政府による教育機関からの退学
128. Boycott of government-supported organizations 政府が支援する機構のボイコット
129. Refusal of assistance to enforcement agents 警察等への協力の拒否
130. Removal of own signs and placemarks 標識・表札の取り外し
131. Refusal to accept appointed officials 公務員への指名の受託拒否
132. Refusal to dissolve existing institutions 既存機関の解散の拒否

Citizens' Alternatives to Obedience 従順な市民に替わるもの
133. Reluctant and slow compliance 消極的で緩慢と従う
134. Nonobedience in absence of direct supervision 直接の監督が不在である限りにおいての不服従
135. Popular nonobedience 庶民的不服従
136. Disguised disobedience フェイント不服従
137. Refusal of an assemblage or meeting to disperse 集会または会合の解散の拒否
138. Sitdown 座り込み
139. Noncooperation with conscription and deportation 徴兵、国外追放に

対する非協力
140. Hiding, escape, and false identities 潜伏、逃亡、偽名の使用
141. Civil disobedience of "illegitimate" laws 「正統性に欠ける」法律に対する市民的不服従

Action by Government Personnel 政府職員による行動
142. Selective refusal of assistance by government aides 政府による支援に対する選択的な拒否
143. Blocking of lines of command and information 命令や情報系統の遮断
144. Stalling and obstruction 遅滞、妨害を起こす
145. General administrative noncooperation 一般事務従事者による非協力
146. Judicial noncooperation 司法関係者による非協力
147. Deliberate inefficiency and selective noncooperation by enforcement agents 警察関係者による意図的な非効率化および選択的非協力
148. Mutiny 任務遂行拒否

Domestic Governmental Action 政府による国内的行動
149. Quasi-legal evasions and delays 準法的な回避、遅延
150. Noncooperation by constituent governmental units 地方政府による非協力

International Governmental Action 他国政府による行動
151. Changes in diplomatic and other representations 外交等の代表の変更
152. Delay and cancellation of diplomatic events 外交行事の遅延やキャンセル
153. Withholding of diplomatic recognition 外交的な承認の保留
154. Severance of diplomatic relations 外交関係の断絶
155. Withdrawal from international organizations 国際機構からの脱退
156. Refusal of membership in international bodies 国際機関に対する参加の拒否

157. Expulsion from international organizations 国際機関からの除名

THE METHODS OF NONVIOLENT INTERVENTION 非暴力介入の方法
Psychological Intervention 心理的介入
158. Self-exposure to the elements 自己犠牲
159. The fast 断食
a) Fast of moral pressure 倫理的圧力を加えるための断食
b) Hunger strike ハンガー・ストライキ
c) Satyagrahic fast サティヤーグラハ（非暴力不服従）的断食
160. Reverse trial 逆提訴
161. Nonviolent harassment 非暴力的なハラスメント

Physical Intervention 物理的介入
162. Sit-in 座り込み
163. Stand-in 立ち尽くし
164. Ride-in 無許可乗車
165. Wade-in 入場禁止の海や池への無許可の侵入
166. Mill-in 歩き回り
167. Pray-in 無許可で祈祷
168. Nonviolent raids 非暴力的な襲撃
169. Nonviolent air raids 非暴力的な空襲
170. Nonviolent invasion 非暴力的な侵入
171. Nonviolent interjection 非暴力的な介入
172. Nonviolent obstruction 非暴力的な妨害
173. Nonviolent occupation 非暴力的な占拠

Social Intervention 社会的介入
174. Establishing new social patterns 新たな社会的行動パターンの確立
175. Overloading of facilities 統治機関への過大な仕事の要求
176. Stall-in 業務停滞

177. Speak-in 集会での介入演説
178. Guerrilla theater ゲリラ演劇上演
179. Alternative social institutions 代替的な社会機関を立ち上げること
180. Alternative communication system 代替的な通信システムを立ち上げること

Economic Intervention 経済的介入

181. Reverse strike 逆ストライキ
182. Stay-in strike 居座りストライキ
183. Nonviolent land seizure 非暴力的な土地占拠
184. Defiance of blockades 封鎖を無視すること
185. Politically motivated counterfeiting 政治的動機による偽造
186. Preclusive purchasing 妨害的な買占め
187. Seizure of assets 資産の差し押さえ
188. Dumping 投げ売り
189. Selective patronage 選択的な支援
190. Alternative markets 別の市場を立ち上げること
191. Alternative transportation systems 代替的な輸送システムの立ち上げ
192. Alternative economic institutions 代替的な経済機関の立ち上げ

Political Intervention 政治的介入

193. Overloading of administrative systems 行政システムを仕事で過負荷に追い込む
194. Disclosing identities of secret agents 秘密警察の身分の暴露
195. Seeking imprisonment 投獄を自ら希望する
196. Civil disobedience of "neutral" laws 「中立的な」法律に対する市民的不服従
197. Work-on without collaboration 非協力的な形での労働従事
198. Dual sovereignty and parallel government 二重統治と並行政府 [113]

長谷部恭男は、外国軍隊の侵攻に対して、組織的な非暴力不服従運動で対抗すべきとする立場を批判し、「相手側が拷問や強制収用等のテロ行為によって組織の壊滅をはかることはないであろうこと、つまり相手方が占領活動に関わる戦争法規を遵守するであろうことが前提となる」こと、「かりに運動に参加する市民に犠牲者が出た場合には、それに良心の呵責をおぼえ、士気を阻喪するであろうほど、相手側の兵士が一般に civilised であるという前提を置いていることが問題となる」ことを指摘する。これは、相手方の兵士が civilised でなければ、運動の主体に被害が生ずる可能性があるが、そのような覚悟はあるのかという問いかけである。

　勿論、先述のように、市民的防衛者に対する抑圧は厳しいものとなることが予測され、逮捕や拷問、殺害、ライフラインの切断、強制収容所への送致、虐殺が行われるかもしれない。市民的防衛における人的犠牲が過小評価されるべきではないことを、シャープは強調している。浦田一郎が指摘するように、「非武装平和主義は、「一国平和主義」と揶揄されるような気楽なもの」ではない。しかしそれでも、通常戦闘、ゲリラ戦における犠牲との比較という観点が必要であることをシャープは強調し、軍事的紛争と比較すれば、市民的防衛には、死傷者、破壊の双方において遙かに少ない程度で済む傾向があることが指摘されるのである。

　また、市民的防衛は２つの柱から構成されるものであり、それは、第１に、侵攻者への服従や協力を拒むことにより実現されるものとしての、侵攻者の力の源泉を切断する方法、第２に、侵攻者による残虐な行為が逆効果を招来し、侵攻者の力を結果的に脆弱化させてしまうというプロセスを踏まえた「政治的柔術」の方法から成る。たしかに、この第２の柱としての「政治的柔術」は、長谷部が指摘するように、侵攻者の civilization に依拠するものでもあるが、市民的抵抗論において、この「政治的柔術」が常に有効なものとして位置づけられているわけではない。したがって、市民的抵抗論は侵攻者の civilization のみに依拠するものではない。

　侵攻者の civilization に基づく非暴力抵抗の成功という事例は稀にのみ生じるものとされており、むしろ、国際社会の第三者に対する体面が損なわれると判断される場合、武力侵攻の継続におけるコストが過剰と判断される場合、現

第3章 「絶対平和主義」とは異なる「非武装平和主義」の可能性

状を踏まえて侵攻者内における意見が分裂し、非暴力抵抗主体側の要求に応じる方が得策と判断される場合、非暴力抵抗主体側の意向を拒絶することから生じる経済的損失を最小限に抑えたいと判断される場合等、リアリズム的な見地からの帰結を要因としたケースが最も発生する可能性が高いと考えられていることを確認しておきたい。また、一般化は出来ないまでも、歴史上、侵攻者側の civilization が機能した事例を、きわめて多様な形で指摘することが可能であることも看過されてはならない。

　第1章、第2章で考察したように、憲法9条戦争放棄規定の原理が導こうとしている「特定の方向」とは、「戦争によらざる自衛権という憲法制定者の意図」であるというのが本書の立場である。「戦争によらざる自衛権」による安全保障を図るための方法について、原理たる憲法9条は一義的な答えを示すものではないが、市民的防衛は、憲法9条が規定する武力不行使規定、戦力不保持規定、交戦権否認規定に適合する、一つの抵抗の方法論である。市民的防衛に基づく安全保障政策を採るべきことを主張する論者として、寺島俊穂や大澤真幸等を挙げることが出来る。市民的防衛は、1946年5月6日に開催された、第四回憲法改正草案枢密院審査委員會における、「戦争による自衛権の行使は第二項で否定される。戦争によらざる自衛権の行使なら出来る」、「国家として最小限の自衛権を認めることは当然であるが、それは戦争、武力による解決を今後絶対にやらぬと云ふ捨身の態度をとると云ふことが一つの態度であると思ふ。平和を念願する国際社会に挙げて委ねると云ふ態度をとつたのである。根本観念として国家の自衛権を認めることは御説の通りであるが、この規定の主旨はここにあると思はれ度い」という入江俊郎法制局長官による答弁における、「戦争によらざる自衛権」という概念と適合する。また、1946年5月6日に入江により示されたこのような政府の制憲意思における姿勢が、9月13日の貴族院帝國憲法改正案特別委員會での金森答弁でも堅持されており、市民的防衛は「第二項は、武力は持つことを禁止して居りますけれども、武力以外の方法に依つて或程度防衛して損害の限度を少くすると云ふ余地は残つて居ると思ひます」という答弁とも適合する。

　また、1946年に作成された、法制局による『憲法改正草案に関する想定問答・第三輯』における「自衛戦争までできなくなるといふ結果を来す。しか

343

し、これはやむを得ない。蓋し（一）自衛戦争ができる余地をのこさんとすれば、右の事実上及び法律上の保障を撤回ないし縮少する必要を生じ、結局保障が骨抜となり、西班牙憲法等の類と同じ水準にまで落ちることとなる。（二）自衛権の名に隠れて、侵略戦争が行はれ易く、しかも日本国は、その前科があつて、その危険なしといへない。（三）国際連合が成立しその武装兵力が強大となれば、自衛戦争の実行は、これに依頼することができる…しかし、しからば外国の侵略に対し、常に拱手して、これを甘受しなければならないかといへば、さうではない。その地の国民が、有り合はせの武器を採って蹶起し、抵抗することは、もとより差支へなし、又かかるゲリラ戦は相当に有効である。しかし、これは国軍による、国の交戦ではない。したがって、国の戦力はなくともできるし、国の交戦権は、必要としない。この場合の侵略軍に対する殺傷行為は、交戦権の効果として適法となるのではなく、緊急避難ないし正当防衛の法理により説明すべきものである」[125]という法制局の立場とも適合的な関係にある。ここで法制局により示された、「侵略軍に対する国民による武器を用いた殺傷行為」という方法論を踏まえて、例えば芦部信喜は、自衛権が①外交交渉による侵害の未然回避、②警察による侵害排除、③民衆が武器をもって対抗する群民蜂起などによって行使されるということになる[126]、という議論を構成したものと考えられる。しかし、法制局による「侵略軍に対する国民による武器を用いた殺傷行為」はあくまで一つの例示であり、シャープが指摘するように、ゲリラ戦よりも非暴力抵抗としての市民的防衛の方が、遥かに被害が少なくて済むのであれば、市民的防衛を採用することをめぐって憲法適合性の問題は生じないはずである。

　日本国憲法9条の下で、このような市民的防衛が実行されるべき領域は、国家による侵略の事態に限られる。プロパティ侵害主体が国家ではなく、個人・集団である場合には、警察力により対応すべきことになる。水島朝穂が指摘するように、日本で当面想定し得る事態としては、難民の大量漂着、テロ組織の活動、島嶼における国境紛争等が挙げられるが、こうした事態に対しては、警察や海上保安庁の各種機能の強化により対処すべきこととなる[127]。そして、当然の前提として、他国との交戦状態に陥らないよう、最大限の外交努力を行うことが、為政者に求められることになる。

第3章 「絶対平和主義」とは異なる「非武装平和主義」の可能性

　戦後日本の安全が、自衛隊、日米安保体制により維持されたものだったのか、という問いに対しては、渡辺治による指摘が示唆に富む。渡辺は、戦後日本の繁栄、平和の維持の要因として、「憲法とそれを擁護する国民の声、運動の力で安保条約がアメリカの求めたような十全の軍事同盟条約＝攻守同盟条約になれなかったこと[128]」を挙げる。渡辺によれば、米ソが冷戦期に繰り返した戦争は、「米ソ両国が各々自由陣営、「社会主義」陣営の維持・拡大をめざし、主として自己の勢力圏下にある従属国に対して侵攻するもの」であり、「アメリカは、自陣営内の「自由な」市場が、革命や民族独立運動によって覆される危険が生じた場合に、容赦なく介入した」こと、朝鮮への介入、ベトナム侵攻も、いずれもそのような戦争であった[129]。

　渡辺は、ソ連についても、「東ヨーロッパを中心とする自己の地理的勢力圏が侵される危険がある、あるいは逆に拡大できると判断したときには、国際的非難などものともせずに介入した」こと、「朝鮮戦争での北朝鮮への加担、ハンガリー事件での軍事介入、1969年のチェコ侵攻など」もその例であり、「79年のソ連のアフガニスタン侵攻も、78年の革命を機に新たに自国の勢力圏に組み込むことをもくろんでいたアフガニスタンがその勢力圏から離反するのを「防止」するための軍事介入であった」こと、「注目すべきは、アメリカ、ソ連による戦争や軍事介入の多くが、軍事同盟条約を口実に行われていること」を指摘する[130]。

　「冷戦期に日本が戦争に巻き込まれるとすれば、それは、一つはアメリカの戦争に加担して侵攻先の軍やそれを支援しているソ連等との戦闘に巻き込まれる場合か——韓国、台湾などがアメリカのベトナム侵略戦争に集団的自衛権で加担したのはその事例である——、アメリカが起こした戦争の基地となることで報復により日本の米軍基地が攻撃される場合であった。いずれも、安保条約により生ずる戦争の危険性であり、日本がそうした戦争に巻き込まれなかったのは、他国の類似の条約と異なり、日米安保条約が憲法のおかげで「片務的」でありアメリカの戦争への条約上の加担義務がなかったからであり、また憲法を擁護する国民の声を受けて時の政府がアメリカの要請を断ったからだ。安保条約があるから平和が守られたのではなく、安保条約が十全

345

の発動ができなかったから平和が守られたのである」[131]

　冷戦後については、軍拡の正当化事由として「中国の脅威」が挙げられるが、中国の覇権主義には、自由市場世界とグローバル経済秩序の拡大に乗る形で中国の経済発展が行われているため、アメリカとともに自由市場秩序の維持と安定を死活的利益としているという第1の側面と、共産党の大国主義戦略に基づく、すぐれて政治優位の覇権主義（多国籍企業の利害実現を目指す現代帝国主義とは異なる）という第2の側面がある。このような中国とアメリカを盟主とする帝国主義勢力の関係については、両国ともに拡大した自由市場の維持・陶冶・安定や、それを脅かす「テロ勢力」鎮圧について共通の利益を持ち、共同行動も不可欠とされることから、米中の正面からの軍事的衝突の可能性も低く、中国による日本への攻撃や、米中戦争に日本が巻き込まれるという可能性も少ないことが指摘されている。[132]中国の覇権主義大国化は明らかであるとしても、「中国脅威」論のように中国のやみくもな侵略や、米中戦争の危機を生み出すものではないこと、中国の覇権主義的行動の規制については、アメリカや安倍政権による軍事的対峙により解決出来るものではなく、多国間での紛争解決における軍事行動禁止と紛争解決機構のルール化を通じて、覇権主義、帝国主義を促進させるグローバル資本活動の国際的規制が望ましいことが強調されるのである。[133]このような文脈において、シャープによる市民的防衛が適合的であることについては論を俟たない。もっとも、シャープは、このような市民的防衛の方法が直ちに全世界で採用されるべきことを説くものではない。

　　「軍事的防衛から市民的防衛への転換―脱武装の過程―が実現するまでに、長期間における相当程度の研究・調査・分析の蓄積が必要であるように思われる。市民的防衛の本質、実行可能性、メリットとデメリット、およびそれをめぐる諸問題、さらには市民的防衛の実施において採用されるであろうあらゆる形態をめぐり、公的な研究、考察、討議が広く行われることもきわめて重要なことであろう」[134]

　本書も、直ちに自衛隊の「解編」[135]、そして市民的防衛への一本化が行われるべきことを主張するものではない。また、シャープの市民的防衛のみが唯一有

効な安全保障の方法論であることを主張するものでもない。これはあくまで、日本国憲法9条戦争法規規定の下において合憲であり得る一つの選択肢にすぎず、国民の主体的な発案によって他の方法が選択されることもあり得るというのが筆者の立場である。

　本章1節において、「コンスティテューション＝憲法典」という考え方から距離をとり、記述されたテクストとしての憲法典に過度に特化して考えるのではなく、市民による「日々の憲法実践」により形成されるものとしての「憲法政治」という視座の重要性を示す杉田敦の指摘を参照した[136]。憲法9条をめぐる文脈において、このような視座に言及する論考が存在感を増しつつある。齋藤純一も、「憲法と政治の関係について少し言いますと、憲法原理の解釈は、実際に日々の政治過程で行われているということにもっと目を向けるべきではないでしょうか。改憲というと、アッカーマンのいう「憲法政治」にような、「ハレ」の日のハイ・ポリティクスをイメージしがちですが、普通の「ケ」の日においても、憲法原理の解釈・再解釈は行われている」とし、「そういう「ケ」の日の憲法解釈、たえずズレをはらんだ再解釈の動態的なプロセス」に注目すべきことを主張している[137]。

　「日々の憲法解釈の実践」の重要性を踏まえ、立憲政治を日常化するという方向性において、憲法政治とは議会や違憲訴訟等のフォーマルな公共圏だけではなく、インフォーマルな公共圏においても行われるものであることを齋藤は指摘する。インフォーマルな公共圏における議論や意思形成は、司法過程のみならず立法過程にも接続する可能性がある。そういう政治的な公共性のレベルで時間をかけて規範的な判断の再形成が行われ、ドゥオーキンの言葉を使えば「原理」が広い法コミュニティの中で修正されていくというプロセスの重要性に言及する齋藤の指摘は重要なものと考える[138]。

　本書の第1章、第2章において考察したように、憲法理論的に見れば、限定放棄説は立憲主義の見地から採用し得るものではない。しかし、憲法9条戦争放棄規定の解釈として、憲法9条2項全面放棄説の立場に立つことが憲法理論的に正統であり正当であるとしても、憲法9条の戦争放棄の原理が、憲法13条の国家によるプロパティ保護をめぐる原理と衝突し、前者が後者に譲る形で、限定放棄説が存続しているという現状がある。憲法による統治機構規定力（＝

立憲主義の制度的規定力)は決定的なものではなく、制度のあり方は多元的社会において規定的影響力を有するアクター間の相互関係により決定されるという前提を踏まえ、為政者を憲法9条戦争放棄規定に適合的な安全保障政策へと向かわせるために必要な、多数派勢力の形成に向けたダイナミクスが求められている。

　市民的防衛論には、非現実的な構想という批判が向けられるかもしれないが、このような議論には少なくとも、立憲主義という文脈における正統性が備わることを看過すべきではない。本書第1章、第2章における検討を通じて、限定放棄説には正統性が認められないことが明らかとされた。第1章においても引用したように、石川健治は、憲法の統治機構論の重層性において、「法的な権限があるか」という第1層、「その権限を行使する正統性がそこにあるか」という第2層、「権限を裏付ける財政上の根拠はあるか」という第3層による3層構造により権力が統制されるというモデルの重要性を指摘している。国会が自衛隊法を制定し、内閣法制局が憲法9条2項の例外領域を正統化する「自衛力」論をもち込んだことにより、第1層レベルでは憲法9条2項が事実上突破されているという現実があるとしても、第2、第3層が健在であることの意味を看過すべきではないという石川による指摘は、きわめて重要なものと考える。憲法9条2項と、正統性論としての平和主義論を根拠とした自衛隊違憲論の存在により、自衛隊の組織としての存立が不断に問い直され、それによる自衛隊の権限行使に対する統御が機能してきたという側面の意義は、決して軽視されるべきものではない。このような意味において、憲法9条2項全面放棄説の立場を選び続けてきた憲法学の通説は、擁護されるべきものと考える。

5　多数派構築に向けた対抗的公共圏の形成

　前節で述べたような安全保障のあり方は、憲法9条戦争放棄規定に適合したモデルであるということが出来る。しかし、憲法の制定により、憲法規範が確固・不動の意味をもって恒久的に維持されるわけではないという前提に立脚し、憲法制定後においても各規範が不断に形成・維持される必要があるという視座に立ち戻るとき、憲法適合的な安全保障のあり方を実現し、憲法の規範力

第3章 「絶対平和主義」とは異なる「非武装平和主義」の可能性

を十分に発揮させるためには、立憲主義に適合した憲法解釈の方法論をめぐる考察のみでは不十分であることがわかる。

「書かれたテキストとしての憲法典に関心を集中するのでなく、むしろ実践としての憲法に着目することこそが、主人公としての国民の能動的な地位との関係で憲法をとらえることにつながる」とし、日常と例外状態を区分しない方向で憲法政治(コンスティテューショナル・ポリティクス)という概念が脱構築されるべきことを説く杉田敦の指摘を踏まえ、そのための方法論が検討される必要がある。

1937年における日中戦争勃発後の市民の間「草の根帝国主義」を看取し、「デモクラシーからファシズムへ」という流れを跡づけた吉見義明による、「反軍的な声を軍部ファシズムに反対する方向に結集し、組織していく政治勢力が存在しなかったこと」をめぐる指摘の重要性を認識した上で、このような意味での反戦・平和運動の具体的な方法論はいかにあるべきかをめぐる考察に進むこととしたい。インフォーマルな領域で完結するものとしてではなく、公的な権力への媒介をするルートを具備するものとしての反戦・平和運動という方向性が必要である。本節においては、多数派構築に向けた対抗的公共圏の形成という見地から、日本における反戦・平和運動の課題について検討する。

日本における平和運動については、1960年安保闘争に至るまでの段階においては、全国民的統一行動が可能であったものの、その後に見られた労働組合分裂、原水爆禁止運動の分裂等により、全国民的統一行動の困難化という事態が常態化してきたという経緯を、まずは指摘することが出来る。

ここで、自衛隊イラク派兵違憲訴訟をきっかけに関心を集めた、平和的生存権に依拠して憲法訴訟を提起することにより、憲法9条戦争放棄規定の規範力を回復しようという運動に注目してみよう。

2003年3月20日に、アメリカ・ブッシュ政権がイラクに対する攻撃を始め、「イラク戦争」が開始された。日本政府は、イラク戦争を支持する姿勢をいち早く表明し、イラクにおける人道復興支援活動及び安全確保支援活動の実施に関する特別措置法を7月に成立させ、陸上自衛隊と航空自衛隊をイラクに派兵した。

これに対し、元郵政大臣の箕輪登氏が、自衛隊のイラク派兵を憲法9条違反

であるとして違憲訴訟を提起し、これに続く形で全都道府県の市民が原告となり、名古屋地裁に提訴した。名古屋では第1次から第7次訴訟まで、原告の数は合3200名を数えた。[144] 名古屋第7次訴訟1審名古屋地裁判決は、平和的生存権の具体的権利性を認め、名古屋高裁判決においては、武装したアメリカ兵をクウェートからバグダッドに空輸する航空自衛隊の活動についても、多国籍軍による武力行使と一体化するものとして、憲法9条に違反するという判断が示された。しかし、名古屋高裁判決の直後に、政府は判決による政治に対する影響を否定し、それを裏づけるように、7月14日にはイラクに向けた新たな部隊100名が「粛々と」派遣された。「違憲でも現実は変わらないまま」[145] という事態を踏まえ、訴訟を提起した原告の間では「判決が世論に広まっていない」という焦燥感が見られることが報道された。

「9条の会」呼びかけ人を務めていた奥平康弘は、イラク自衛隊派遣を争う平和的生存権に依拠した違憲訴訟に対し、「相当に懐疑的」[146] な姿勢を示した。奥平は、非武装平和主義を定める憲法9条に反する形でイラクに自衛隊が派遣された事実から、個別具体的な利益の侵害を認めることの困難性を、長沼ナイキ基地訴訟との対比を通じて指摘する。例えば、憲法20条の政教分離規定は、一般的には国家を名宛人とした客観法的禁止規範として把握されており、この規定によって生じるはずの個人の何らかの利益は「反射的利益」にすぎないという考え方が学説においては支配的であることをうけて、奥平は、アリ・アルサレム空港からバグダッド空港への自衛隊による空輸活動について、平和的生存権の侵害を認めなかった名古屋高裁の判断を支持し、具体的権利性の論証不十分性を指摘したのであった。[147]

安全保障という高度に政治的な政策をめぐっては、立法、行政の立場から乖離した原理を司法部が単独で維持することは困難だという見方がある。憲法上の統治構造を前提として立憲主義を実現するためには、司法部に事後的矯正を求めて寄りかかるのでも、為政者における「善意と良識」を受動的に期待するのでもなく、市民の能動的な政治的主体性が求められるという見解もある。[148]

憲法の制定により、憲法規範が確固・不動の意味をもって恒久的に維持されるわけではないという前提に立脚するならば、憲法制定後においても各規範は不断に形成・維持される必要がある。このような観点を重視するものとして

第33章 「絶対平和主義」とは異なる「非武装平和主義」の可能性

は、ドイツの憲法愛国主義を想起することが出来るが、その背景には、憲法が不断のコンセンサスによって支えられるべきという見地が存在している。

　自衛隊イラク派兵差止第7次訴訟1審判決は、「間接民主政の機能障害」を憲法訴訟による違憲判断の解除要件として示しながら、裁判所は違憲判断に踏み込むことを回避した。この判決から、「間接民主政の統治システムにおいて、市民による政治的活動が尽くされていない」、「まだ司法部が違憲判断に乗り出す前提が整っていない」というメッセージを看取することが出来る。

　「国民の不断の努力」がまだ尽くされていないという観点から、まだ違憲判断に及ぶ時期ではないというボールを、名古屋地裁が原告に投げてきたとすると、私たちはこれに対してどのようなボールを投げ返すべきなのであろうか。本節においては、このような問題意識に基づく形で考察を試みたい。

　間接民主政の機能不全が指摘されて久しいが、その原因として、政治的言説空間における個人に向けられた「資本主義に固有の経済的利害による規定」[149]が重視されるべきと考える。権力に対する対抗的公共圏のために機能すべきメディアも、資本に取り込まれて批判的機能を喪失し、刹那的な情報により埋め尽くされた操作的公共圏に堕している。[150]「資本主義の強制力」により、市場に有利な形で社会が再編される一方、水平的な結合関係を欠いた個人が孤立化を深めるにつれて、他者に対する想像力が鈍磨し、公共的なるものが後退を強いられるという政治的虚無状態が現出している。

　このような前提を踏まえた上で、市民社会の主要な利益表出方式として、「選挙における投票」に加えて「政治に直接的に影響を及ぼし、設定された目的の実現を図る政治団体としての利益団体を通じた政治活動」[152]を重視する立場がある。[151]

　そもそも間接民主政においては、市民の利益を集約し、これを表出する機能は政党により担われるが、政党政治の機能不全状態を踏まえ、政党にかわる機関として利益団体が位置づけられてきた。間接民主制を補完するものとして利益団体を把握し、これを民主主義の過程に位置づける視座[153]は、選挙を通じてもたらされる議席分布から抽出される民主的正統性が相対的なものにすぎないという現状認識に基づくものである。[154]

　日本においては、利益団体の政治過程への参加は「私益」の集積と調整の過

351

程にすぎないという認識に基づき、利益団体を利己的で狭隘なものとして捉える傾向が強い。[155] 多元主義における選好集積モデルにおいては、各自の経済的立場からの私益に基づき所与のものとされる「選好」は不変のものとされ、不透明な政策形成過程における利益団体の政治活動は、民主制の歪みをもたらす「資本主義の強制力」の一翼を担う動因として捉えられがちである。このような観点から、熟議民主政は多元主義的選好集積モデルに対するアンチテーゼとしての出自をもつ。

しかし、アメリカの利益団体には、所与の私益を追求する利益団体にとどまらず、構成員にのみ独占的に帰属しない普遍的な価値の実現を、公共的観点から目指す公共利益団体（公益団体）も含まれている。アメリカのNPOのうち、内国歳入法501条c項3号により「公共利益団体」として認定され、税制優遇を受ける501c3団体は7割を超える。501c3団体は直接選挙活動を行うことは出来ないが、下部組織として設立出来る501c4団体を通じて、選挙活動を行うことが可能である。

政治的影響力の行使を目的とする市民運動がとり得る方法論としては、インサイド戦術（政治体内のアクターに直接働きかけるもの）と、アウトサイド戦術（政治体外のアクターに働きかけるもの。集会、デモ、マスメディアを通じたアピール等）という2つの柱がある。

個人が政治的主体性を担うための効果的手段として位置づけられる公共利益団体は、多元的文脈における有力な対抗勢力醸成の場であり、[156] 環境保全のために活動するシエラ・クラブや、パブリック・シティズン、コモンコーズ等が有力に存在するアメリカにおいて、利益団体によるロビーイングは、ロースクールや政治学の科目として学ばれている。利益団体による政治活動は、「通常のデモクラシー回路」の範疇に包摂されるものであり、公共利益団体はアドボカシーによる啓蒙を図り、組織の政治資源を効果的に用いながら、自らの価値観を政策決定に反映させるべく、政治資源の構築、組織的な政策形成、内部での啓蒙活動、研究とモニタリングを経て、政治的影響力の直接的な行使に及ぶのである。[157]

利益団体には、草の根による政治力、物理的な貢献力（政策課題のアドボケート技術やリソース、社会が注目するほどの広範な仲間や連合体を形成する技術、政策決

第3章 「絶対平和主義」とは異なる「非武装平和主義」の可能性

定者・世論に選択・決定を促す説得力のある情報の提供)、団体が追求する価値の重要性という3つの政治資源が認められ[158]、政策決定者にとって看過出来ないほどに広範な層の利益を集約しつつ、強力な連合体へと至ることが目指される。この過程においては、政治的な「選好」は可変的であると考えられるため、「選好」の不変性という前提に基づく多元主義的民主政へのアンチテーゼとしての出自をもつ熟議民主政が、公共利益団体によるアソシエーション論と共存することは可能であるように思われる。

　20世紀の民主主義における公共圏の主体は、「政府」と「企業」により構成される「2セクターモデル」[159]により主に把握されてきた。政治資源を豊富にもつ経済界は、個別的政策の議案作成から可決に至るまでの過程において随時影響力を行使することが可能であるのに対して、市民による政府への委託は、数年に一度の選挙を通じて、政党により用意された所与の政策案に対する包括的委託という形をとらざるを得ない。企業セクターと政府セクターの癒着により生じた「民主主義の赤字を黒字に転換する」[160]ために、「市民社会」という第3のセクターをも公共圏の主体とする「3セクターモデル」によれば、経済界は企業セクターを代表するアクターということになる。

　本節においては、憲法9条の保障という文脈に限定して、第3のセクターとして公共利益団体を位置づけ、公的な権力への媒介をするルートを具備するものとしての反戦・平和運動という方向性について考察することとしたい。グローバル化により「原子化」されたアトム的な個人が、民主主義において政治を左右するためには、民主主義的連帯の構想が求められるという点において、民主主義とはそもそも集団主義的な側面をもつはずである。

　国家と社会の関係は、そもそも状況依存的なものであり、国家概念は独立変数として所与のものではない[161]。アルフレッド・ステパンは、国家と社会の境界線は固定的で所与のものではないという見地から、市民社会、政治社会、国家という3つのアリーナから成る3段階図式のあり様が認識されるべきことを指摘している[162]。ここでいう市民社会とは、多様な利益団体が利益表出のための社会運動を通じて自身の組織化を図るアリーナを意味するものである。そして、政治社会とは、このようなアクターにより公権力の統制を目指して行われる政治的異議申立を実効的なものとするために、利益団体の再編が図られるアリー

ナを意味する。

　しかし、小選挙区制という構造的に歪んだ選挙制度を通じて、経済的利害に縛られ階層化した個人が連帯に至ることが、きわめて困難化している。そのような現状から、どのようにして公共的な視座をもつ連帯を第3のセクターとして生み出せばよいのかが問われている。市民による平和運動は従来存在しているが、憲法9条の空洞化がかつてない程度で進行してしまった現状を踏まえると、他のセクターと現実的に均衡し得る力をもつ第3セクターの確立が急務であるように思われる。市民が個に解体された状態で為政者に向き合うのではなく、特定の政治的価値を共有するアソシエーションを形成し、政治資源の結集・共有を通じて為政者に向き合うことにより、為政者の政策決定と自らの意思を結びつけることが容易になるのではないだろうか。

　1990年代以降の日本においては、潤沢な政治資源を背景として、経済界の利益を集約し表出する形で、新自由主義的政策が展開されてきた。[163] 経済界は、政治の外部における利益団体という形式にとどまるのではなく、内閣内部に設置された経済財政諮問会議のメンバーという形でも政策形成に対する影響力を高めた。[164] さらに政官財が協力して、日米の安全保障政策を討議する日米安全保障戦略会議には、日本側のスタッフとして、国防族により構成される安全保障議員協議会、主要軍需企業、アメリカ側のスタッフとして、アメリカ政府高官、[165] 主要軍需企業が参加するという枠組が整えられるに至り、安全保障政策の方向性が決定づけられてきたのである。[166]

　公共利益団体は、アメリカの多元主義的デモクラシーにおいて、豊富なメンバーシップによる集票力という政治資源を有する重要なアクターとして把握されている。例えば、電気通信法の政策決定過程において、公共利益団体の連合により、強固に組織化された巨大な経済ロビーに勝る形で決定的な影響力を及ぼすことに成功した事例や、デタント時代の初期に、軍備管理協会、国防情報センター、生存可能な世界のための協議会、正気の核政策のための委員会等、リベラルな公共利益団体による運動が安全保障分野における米ソの緊張緩和政策を促進した事例、カーター政権時代に、コモンコーズ、憂慮する聖職者・平信徒連合、全米納税者連合、アメリカ科学者連合、女性平和自由国際連盟等による活動が、国防産業利益団体のロビー活動に打ち勝ち、B1戦略爆撃機の配

第3章 「絶対平和主義」とは異なる「非武装平和主義」の可能性

備中止という結果がもたらされた事例等[167]を挙げることが出来る。

　アメリカにおいては、多数の反戦・平和団体を傘下におさめる全国的連合体が２つ存在する。UFPJ (United for Peace and Justice) と ANSWER (Act Now to Stop War and End Racism) である[168]。この両者は概ね協働歩調を維持しており、反戦・平和団体の多くがこの両者に名を連ねている。双方傘下の諸団体が集会に参加し、大同団結的ムードが醸成される中、AFL-CIO 参加の諸労働組合やムスリム系諸団体が大動員をかけるという形により、アメリカにおける反戦デモが大規模で実現することになる[169]。

　2002年10月25日に設立された UFPJ は、全米1400の団体による連合体である。徹底的な討議に基づき組織体制の編成や統一声明の採択が決定され、大統領選挙に向けた活動やイラクにおける占領監視等、連合を形成する各団体による行動提案書が分科会で審議され、最終的には全体討議会で決定される。

　UFPJ の全国運営委員会は、約50名のメンバーにより担われており、メンバー構成は固定制ではなく入れ替え制である。Historians Against War、Global Exchange、Peace Action、Veterans for Peace、9.11th Families for Peaceful Tommorows、Code Pink、Not in Our Name、The American Friends Service Committee、The U.S. Campaign to End the Israeli Occupation の代表等により構成されてきた。2003年７月に設立されたイラク占領国際監視センターは UFPJ による行動の成果として位置づけられるものであり、企業メディアが報道しない事実を世界的に発信する。

　UFPJ 設立以前の反戦・平和運動に対しては、ラディカルな要素の寄せ集めというネガティブな評価が向けられることが少なくなかった。当時の反戦・平和運動は、マルクス・レーニン主義者の団結組織である International Answer や、キューバでのコミュニスト活動経歴をもつ主導者による Global Exchange、アメリカ共産党の指導者により組織された Not in Our Name 等の助力を得て開催されるものが多かったためである。UFPJ は、このような反戦・平和運動に穏和な外観を付与することとなった。そのアジェンダは反戦・平和にとどまるものではなく、アメリカの外交・内政のあらゆる領域に及ぶものであり、新自由主義的政策による社会の歪みに対しても異議申立活動が継続されてきた。UFPJ に対する財政的支援は、社会の公正と正義実現運動を支援

するフィランソロピー活動を行う財団・Proteus Fund[170]における一つのプログラムであるところの Colombe Foundation をはじめとして、The Samuel Rubin Foundation、The Shefa Fund、The Tides Foundation、The Town Creek Foundation 等によって行われている。

　UFPJ が日本最大の反戦・平和団体「9条の会」と異なるのは、議会への影響力行使を主眼とする点である。政策形成過程を精査し、連邦議会に圧力を加えることを加盟団体に要請する UFPJ の方針は、「戦争資金を管理する主体は議会」という前提を踏まえたもので、法案通過日程をチェックしつつ議会のスケジュールを把握し、休会期には議員地元事務所に対する働きかけを促すとともに、各メンバーによる取組みを UFPJ カレンダーに投稿するよう要請する。

　イラク占領および戦争追加費用として930億ドルの追加予算を要請したブッシュに対抗するために、2007年1月29日、1000名の市民が400を超える議員事務所においてロビー活動を実施したが、これは予算追加に対する反対票を拒む議員に対し UFPJ が行ったロビー活動奨励に基づくものであった。このような奨励に際して、地域選挙区における議員の所在が不明という申立に対し、UFPJ のサイトを通じて情報を提供するという念の入れようであった。

　連邦議会がイラク問題でブッシュと対決し、上下両院においてアメリカ軍撤退期日を設定した追加予算法案を通過させたことを、UFPJ は市民による反戦・平和運動の成果として位置づけている。戦争追加予算法案通過後、連邦議会が国防本予算の権限付与および歳出承認の一部として、対イラク戦争予算増額について議論するであろうことを踏まえた上で、そのための議会審議が戦争終結のための重大なチャンスであると考えた UFPJ は、2009年、バーバラ・リー連邦議会下院議員による第3699号下院法案への署名[171]、マクガバン連邦議会下院議員による第2404号下院法案[172]を下院議員に要請し、共同提案者リストもメンバーに提供している。

　地域レベルでの取組みも、勿論行われている。例えば、タウンミーティングへの働きかけにおいて3つの事項、すなわち、第1に、イラクに州兵を派遣することによる影響を調査する機関を州が設置するよう求める州法を求めること、第2に、元来は州政府の管理下にあるはずの州兵が、戦争派遣時には連邦政府の指揮下に置かれることを踏まえ、州から連邦議会に代表として送られて

第3章 「絶対平和主義」とは異なる「非武装平和主義」の可能性

いる議員に対し、これを元に戻す、あるいは対等にするよう求める決議、第3に、州兵帰還要求を決議に盛り込むこと、これらを審議事項として盛り込ませて、決議採択を要請するというものがあった。これについては、50を超える町での決議採択に成功するという成果を認めることが出来る。

企業に対する抗議活動も展開されている。戦争関連企業は戦争終結後に復興関連事業契約を受注することが少なくないが、例えばベクテルやハリバートンが戦争を通じて利益を得ていることは明白であるとして、UFPJ は 2 つの NGO とともに、ベクテルが海外においていかに害を与え、労働者を酷使し、公共施設民営化により利益を得ているかをめぐる情報を暴露し、ベクテル本社に対する抗議活動に際してこれを提示するという運動等も行われている。

UFPJ は、地域レベルでの取組みと全国的活動が並行して展開されるように意図しているが、とくに地域レベルでの運動を重視するものであり、「地域行動週間」の設定により各種取組みを支援し、それらを UFPJ ウェブサイトに掲載して広報周知するとともに、資金や資料の提供にも応じている。地域で実施可能な運動としては、「地域が負担している戦争のコストを明らかにする活動」、「議員に対するロビー活動」、「市民的自由の侵害にスポットを当てる催し」、「企業の社会的な説明責任を取り上げる企画」、「アメリカ兵即時帰国を求める抗議活動」等をリストアップして、全国各地における草の根レベルの運動を支援している。

国際的な取組みも重要視されている。先述したように、2003年7月にバグダッドに設立されたイラク占領国際監視センターは、UFPJ 主導によるものであるが、企業メディアが報道しないイラク占領実態をめぐる情報発信を担う同センターは、イラクに世界各地の人々を招いて現状視察を依頼したり、イラク国内における独立系メディアや労働組合の支援も行っている。

ロビーイングのみならず、ストリートでの反戦・平和運動の展開も重要である。イラク戦争3周年に際しては、全米各地において様々な抗議活動が UFPJ により組織され、それは全米50州、600か所に及ぶものであった。ロビー活動にとどまることなく、街頭行動も継続されなければ世間における問題意識が失われてしまうという認識に基づき、ストリートでの運動がメディアを通じて報道されることを通じて、市民に対する問題の周知という課題も重視されている

357

ことがわかる。[173]

　対照的に、日本においては、経済界が政治過程に対する多大な影響力をもつ一方で、公共利益団体による政治的影響力はきわめて乏しい。日本の平和運動については、実効的な、すなわち全国統一的な連帯を通じたインサイド戦術の採用・展開を実現するという課題が指摘されなければならない。かつて久野収が、「決め手は地域における市民の向背にかかっている。政権が居直りを続けられなくなるのは、代議士たちが次の選挙で国会から消え去る危険を身にしみて感じるときだ」、「政権与党代議士は、毎晩各所に小集会をもって、潜航的に地盤固めに懸命な努力を傾けている。そのエネルギー、熱意、実におそるべきものだ。…反対派はほとんど何のみるべき活動もしていない。これでは問題にならないという感じがする」[174]と指摘した如くである。

　市民が公共的な見地から為政者に対して実効的に影響を及ぼすためには、アウトサイド戦術の反復にとどまるのではなく、有効なインサイド戦術も取り入れた立体的な運動が図られるべきである。公共政策の決定過程をモニターし、決定権限の所在を明確にした上で、アドボケート、ロビーイングに及ぶという手続が重要である。

　民主主義における利益表出機能は、選挙に尽きるものではない。治者・被治者間における不断の情報の流れと、それにより治者が被治者の同意・協力を追求するという形こそが民主主義の本質であるとするならば、選挙を通じて反映されがたい政策的要求をめぐる利益表出のためのチャンネルが確保されるべきこととなる。

　しかし、日本では公共利益団体の主体となるべきNPOに対する投資、税優遇が乏しく、十分な活動を展開するためのリソースを確保することが困難という事情があり、またNPOをめぐる文化もアメリカとは大きく異なる。市民による平和運動においては、選挙への関与に消極的な姿勢が従来見られた。例えばPKO協力法反対運動において見られたように、市民による平和運動は衆議院議員面会場等で議員に対しロビー活動を行う議面行動を試みることもあるが、政治資源に乏しい小規模団体を主体とする議面行動では、為政者による安全保障政策の方向性を左右するほどのインパクトをもつことは困難である。[175]

　日本最大の反戦・平和団体である「9条の会」は、全国レベルで統一的かつ

第33章 「絶対平和主義」とは異なる「非武装平和主義」の可能性

組織的に議面行動を行うことはなく、自発的な賛同組織としての「9条の会」地方支部が議面行動の主体の地位を占めてきた。「9条の会」は、全国各地様々な文脈において組織されている。ピラミッド型の組織論によるものではなく、「同円多心」的なネットワークとして存在しており、重層的ネットワークの結び目の一つとしての機能を果たすものである。「9条の会」は、あくまで呼びかけ人がアピールを発表し、それに賛同する市民が自主的に運動を展開するという「今までになかった市民運動のあり方」[176]を提起するものとして位置づけられている。「9条の会」は、反戦・平和運動の統合を意図するものではなく、まして「中央」的な位置に立とうとするものでもない。UFPJがアメリカにおける反戦・平和運動の「中央」的位置に存在することを自認するものであり、インサイド・アウトサイド戦術の双方がいかに立体的に駆使されるべきかをめぐって方向づけを行っていることと比較すると、日米の反戦・平和運動には大きな対照性が認められることになる。

　日本における市民平和運動では、運動を超党派的に行うために、政党や選挙に直結する政治運動から距離をとることが望ましいと考えられてきた。かつて超党派的な国民運動であった原水爆禁止運動が、共産党派と旧社会党派に分裂したように、数少ない議席をもつ護憲政党が協働に対し消極的という事情がある。しかし、市民運動の担い手としての勤労階層の中堅部門は、「企業という閉鎖的な社会の集合体」[177]たる企業社会に取り込まれており、市民運動の主体たり得る条件を欠くものであるがゆえに、政党系列の専従職員をもつ運動組織に依拠せざるを得ないという実態もある。市民的公共圏における公論形成過程は資本主義の構造的不平等によって規定されている。[178]

　「支持政党にかかわらず、憲法9条を支持する」という形で展開されてきた市民運動の活動の中心に、新旧のいわゆるニュー・レフトの経歴をもつ者が多く、その多くが日本共産党や社会民主党等と反目関係にあることから、市民運動が超党派的に選挙に関わるというタブーの克服は困難なものと考えられてきた。特定利益の突出を抑制しつつ、公共の利益を実現するためには、拮抗的な力をもつ団体相互間の多元主義的均衡が必要とされるが、日本においては一元的な企業社会による少数者支配が恒常化しており、これを凌駕する政治資源に裏打ちされた対抗勢力が存在しない。このような前提を踏まえ、「「9条の会」

は世論を広める組織であって運動体ではない」、「「9条の会」の拡大は重要だが、同時に民主勢力を結集してたたかう組織をつくらなければならない」[179]という吉田博徳による指摘には説得力がある。

インサイド戦術・アウトサイド戦術の双方が必要だという認識は、日本の反戦・平和運動のアクターの中にも認めることが出来る。例えば、労働組合や各県平和運動センター等からなる「フォーラム平和・人権・環境」が、2010年4月に開催された第12回総会において、「従来の抵抗・対決型から政策実現型への転換」を打ち出し、政権において政策を共有できるリベラル勢力との連携により中長期的な勢力拡大を図るという方向性を確認したことを取り上げてみよう。ここで示された「抵抗・対決型」から「国会を頂点とした各級議会での働きかけの強化を重視する政策実現型」への転換という方向性について、「大衆行動の抑制につながるのではないか」という不安・戸惑いの声が活動家から寄せられたことに対して、2010年1月30日東京での普天間基地返還・辺野古基地建設反対全国集会の成功等を踏まえ、大衆行動を抑制すべきという姿勢がとられるべきではないこと、「大衆運動とともに」、「国会を頂点とした各級議会での働きかけを強化」するという形で、インサイド戦術とアウトサイド戦術の双方の有用性が確認されたことが注目される。[180]

しかしながら、このような方向性の重要性が、地域における反戦・平和運動の一つのアクターにより認識されることがあるとしても、政治的多数派形成を実現するための反戦・平和運動という課題を踏まえるならば、やはりアメリカのように全国レベルでの組織的調整機能を果たす機関が必要であるように思われる。黒人棄民政策、教育・福祉予算削減、雇用切り捨て、治安強化、排外主義の強化、深刻な財政赤字等を戦争長期化による負の効果として捉え、これに対する注意を喚起する UFPJ は、ロビーイング一つを見ても、実効的な展望を常に見据えるものである。ロビーイングのトレーニングがあり、ロビーイング終了後に本部事務局に報告書提出が求められ、そこには「次に、いつ、誰と、今回の交渉のフォローアップを行うか」という欄が存在する。[181]

アメリカにおいては、政党による規律や党議拘束が弱く、所属政党よりも自分の選出母体の利益を優先する傾向が強いという点については、勿論留意されなければならない。国民生活全般にわたる個別的な争点について、ロビーイン

第 3 章 「絶対平和主義」とは異なる「非武装平和主義」の可能性

グを受けた議員が便宜を図るシングル・イッシュー・ポリティクスは、とりわけ内政面において顕著である。しかし、外交・安全保障面では行政による主導が目立ち、重要法案の約8割は、形式的には議員立法の表層をまとってはいるが、実質においては、法案の内容は政府によって決定されているものが少なくない。

安全保障政策は、数多の国際地政学上の要因や国内の政治的要因が絡み合って形成されるが、執行府の長たる大統領は法案提出権をもたないため、議員に法案の提出を依頼しなければならない。原水禁運動の構造的内部分裂をはじめとする日本の反戦・平和運動の構造的分裂状態が、憲法9条の保障という課題にとって憂慮すべきものであり、national な範囲での連帯や統一を重視しつつこれを越境的な運動へと昇華させることが求められている現在、政策形成過程を精査し、政治資源を結集して実効的に政治的影響力を及ぼそうとする UFPJ の方法論から、日本の反戦・平和運動が学ぶべき点は少なくないように思われる。

1) 佐々木弘通「非武装平和主義と近代立憲主義と愛国心」憲法問題19号（2008年）98頁。
2) Ronald Dworkin, *Freedom's Law : The Moral Reading of the American Constitution*, Oxford University Press, 1996, at 7-12.
3) ロバート・ダールは、このような視座を、立憲主義による制度的規定力を重視するマディソニアン・デモクラシーに対する批判という文脈において示している。アメリカ建国の父・マディソンは、専制防止という目的を果たすものとして、憲法上の統治規定（とりわけ権力分立規定）を位置づけたが、ダールによれば、憲法による規定力は決定的なものではなく、立憲的規定を受けた制度は、社会におけるアクター間の関係による所産として具現化するものとされる。Robert A. Dahl, *A Preface to Democratic Theory*, University of Chicago Press, 1956, at 20-22.
4) 杉田敦「テキスト／実践としてのコンスティテューション」千葉眞・小林正弥編『平和憲法と公共哲学』（晃洋書房、2007年）114-129頁。
5) 同上115頁。
6) 同上115-116頁。
7) 同上116-117頁。
8) 同上117頁。
9) 篠原一「現代史の深さと重さ——欧州現代史研究者の立場から」大門正克編『昭和史論争を問う—歴史を叙述することの可能性』（日本経済評論社、2006年）246頁。

10) Karl Jaspers, *Die Schuldfrage*, Lambert Schneider, 1946, S. 11f.
11) 家永三郎『戦争責任』（岩波書店、2002年）339頁。
12) 坂野潤治『昭和史の決定的瞬間』（筑摩書房、2004年）。
13) 坂野潤治『日本憲政史』（東京大学出版会、2008年）186-201頁。総議席466に対する36議席の意味について、坂野は、政治においては絶対数のみならず勢いも相当に重要であり、「有権者間で支持を増しつつあった社会大衆党が軍拡路線を支持するのか、反軍拡姿勢を強めていた民政党・政友会に接近するのかは小さな問題ではなかった」と指摘する。同188頁。なお、このような坂野による分析に対する好意的評価を示すものとして、吉見義明「民衆の戦争体験と戦後―与えられた民主主義と平和か、自前の民主主義と平和か」歴史科学193号（2008年）2‐3頁。
14) 坂野、前掲註13、195頁。
15) 井上寿一『昭和史の逆説』（新潮社、2008年）、同『日中戦争下の日本』（講談社、2007年）等。
16) 1937年に社会大衆党が軍拡不支持に回った背景には、軍拡から社会改革という要素を除去した「狭義防衛」へと政策が転換され、陸軍が「戦争と資本主義志向型」へと転向したという事情を看取することが出来る。
17) 第一次世界大戦開戦後、陸軍は戦争形態の変化に対応するために、開戦1年後の1915年9月には臨時軍事調査委員会を組織し、交戦諸国の国家総動員をめぐる実態調査に着手している。ヨーロッパ戦線における総力戦の実態を踏まえ、陸軍内局では総力戦計画が相次いで立案されており、その内容は、資源確保のための自給自足圏確立、戦時産業動員、労働力確保、運輸・通信統制に加えて、国民の精神的団結を強調するというものであった。由井正臣『軍部と民衆結合―日清戦争から満州事変期まで』（岩波書店、2009年）135-136頁。
18) 下中弥三郎『翼賛国民運動史』（翼賛国民運動史刊行会、1954年）85頁。
19) 樋口陽一『個人と国家―今なぜ立憲主義か』（集英社、2000年）164-166頁。
20) 笠原十九司『「百人斬り競争」と南京事件―史実の解明から歴史対話へ』（大月書店、2008年）269-274頁。
21) 吉見義明『草の根のファシズム』（東京大学出版会、1987年）1‐69頁。
22) 同上4‐5頁。
23) 杉田、前掲註4、117-118頁。
24) 杉田、前掲註4、118頁。
25) Bruce A. Ackerman, *We The People, Volume 1 : Foundations*, Belknap Press, 1991, at 6-7.
26) 杉田、前掲註4、123-125頁。
27) Ronald Dworkin, "Foundations of Liberal Equality", Ronald Dworkin, Toni Morrison, Fei Xiaotong, Albert Hourani, J.G.A. Pocock, Judith Schklar, S.N. Eisenstadt, Michael Walzer, Grethe B. Peterson, *The Tanner Lectures on Human Values XI*, University of Utah Press, 1990, at 16-22.
28) 巻美矢紀「憲法の動態と静態（5）―R・ドゥオーキン法理論の「連続戦略」をてがかりとして」國家學會雑誌118巻7号（2005年）700-701頁。

29) Dworkin, *supra* note 27, at 12-13.
30) 長谷部恭男「平和主義と立憲主義」ジュリスト1260号（2004年）61頁。
31) Dahl, *supra* note 3, at 20-22.
32) John Rawls, *Political Liberalism*, Columbia University Press, 1993, at 164-168.
33) John Rawls, *A Theory of Justice*, Harvard University Press, 1971.
34) Rawls, *supra* note 32, at 3-46.
35) Rawls, *supra* note 33, at 20-21, 48-50.
36) Rawls, *supra* note 32, at 134-172.
37) Jürgen, Habarmas, *Die Einbeziehung des Anderen : Studien zur Politishen Theorie*, Suhrkamp, 1999, S. 101-104.
38) 板橋亮平『ジョン・ロールズと現代社会―規範的構想の秩序化と理念』（志學社、2013年）150-153頁。
39) 渡辺幹雄『ロールズ正義論の行方―その全体系の批判的考察（増補版）』（春秋社、2012年）171頁。
40) 川本隆史『ロールズ―正義の原理』（講談社、2005年）237-238頁。
41) 神原和宏「政治的リベラリズムとカント的共和主義の対話」社会と倫理19号（2006年）39頁。
42) Michael Saward, "Rawls and Deliberative Democracy", Maurizio Passerin d'Entreves (ed.), *Democracy as Public Deliberation*, Manchester University Press, 2002, at 117.
43) 板橋、前掲註38、151頁。
44) 板橋、前掲註38、145頁。
45) 板橋亮平『ジョン・ロールズと Political Liberalism』（パレード、2015年）102頁。
46) 板橋、前掲註38、146頁。
47) 板橋亮平「ジョン・ロールズにおける「重合的合意」概念の検討―政治におけるカント的道徳の存在」年報筑波社会学16号（2004年）93頁。
48) 同上95頁。
49) Rawls, *supra* note 32, at 147.
50) 齋藤純一『公共性』（岩波書店、2000年）27頁。
51) 同上34頁。
52) John Rawls, *The Law of Peoples : with "The Idea of Public Reason Revisited"*, Harvard University Press, 1999, at 142.
53) Peter J. Kaztenstein, *Cultural Norms & National Security : Police and Military in Postwar Japan*, Cornell University Press, 1996, at 4.
54) Peter J. Kaztenstein, *Rethinking Japanese Security : International and External Dimensions*, Routledge, 2008, at 59.
55) *Ibid.*, at 71.
56) Katzenstein, *supra* note 53, at 115.
57) Katzenstein, *supra* note 54, at 67.

58) Katzenstein, *supra* note 53, at 115.
59) Katzenstein, *supra* note 53, at 115.
60) Katzenstein, *supra* note 53, at 116.
61) Katzenstein, *supra* note 53, at 116-117.
62) Katzenstein, *supra* note 53, at 117.
63) Atsushi Odawara, "No Tampering with the Brakes on Military Expansion", *Japan Quarterly* vol. 32-3, 1985, at 249.
64) Katzenstein, *supra* note 53, at 117-118.
65) 違憲確認を求める原告に対し、裁判所が統治行為論等を駆使して司法判断を回避するという形で訴訟を終結させてきたことを示すものと思われる。
66) Katzenstein, *supra* note 53, at 118.
67) John O. Haley, "Introduction: Legal vs. Social Controls", John O. Haley (ed.), *Law and Society in Contemporary Japan*, Kendall Hunt Pub Co., 1988 at 5.
68) Katzenstein, *supra* note 53, at 118.
69) この「準憲法的な」政治的理解の例として、水島朝穂は「専守防衛」政策や非核三原則を挙げ、これらを「日本国憲法の徹底した平和主義、とりわけ9条2項の存在に規定されたもの」として位置づける。水島朝穂「安全保障の立憲的ダイナミズム」水島朝穂編『シリーズ日本の安全保障3・立憲的ダイナミズム』(岩波書店、2014年) 7－8頁。
70) Katzenstein, *supra* note 53, at 119-120.
71) Katzenstein, *supra* note 53, at 120.
72) Katzenstein, *supra* note 53, at 120.
73) Katzenstein, *supra* note 53, at 120.
74) Katzenstein, *supra* note 53, at 200. なお、カッツェンスタインによる指摘ではないが、憲法9条改正をめぐる世論調査においても、「改正反対」が「改正賛成」を大幅に上回るに至ったのは1960年代以降のことであり、主権回復後、1950年代においては、「改正反対」と「改正賛成」の差は僅差であった。
75) Katzenstein, *supra* note 54, at 67.
76) Katzenstein, *supra* note 54, at 68-69.
77) 長谷部恭男『憲法と平和を問いなおす』(筑摩書房、2004年) 166-167頁。
78) 佐々木、前掲註1、93-97頁。
79) 佐々木、前掲註1、93-94頁。
80) 佐々木、前掲註1、95頁。
81) 佐々木、前掲註1、95頁。
82) 佐々木、前掲註1、96頁。
83) 佐々木、前掲註1、97-98頁。
84) 「秋季研究総会シンポジウムのまとめ」憲法問題19号 (2008年) 107頁。
85) 河上暁弘『平和と市民自治の憲法理論』(敬文堂、2012年) 154頁。
86) 同上154頁。
87) シャープは、その学説が高く評価されて、2009年度、2011年度にノーベル平和賞候補

に挙げられた。シャープの「市民的防衛論」をめぐる論考には次のようなものがある。谷口真紀「ジーン・シャープの非暴力行動論」人間文化―滋賀県立大学人間文化学部研究報告41号（2016年）、三石善吉「武器なき国防は不可能だろうか―ジーン・シャープの非暴力行動論をてがかりに」福音と世界71巻8号（2016年）、三石善吉「チュニジア革命と非暴力行動論」筑波学院大学紀要7号（2012年）、中見真理「ジーン・シャープの戦略的非暴力論」清泉女子大学紀要57号（2009年）、寺島俊穂「市民的防衛の論理」大阪府立大学紀要（人文・社会科学）39号（1991年）。

88) Gene Sharp, *Civilian-Based Defense : A Post-Military Weapons System*, Princeton University Press, 1990, at vii.
89) *Ibid.*, at 4.
90) *Ibid.*, at 5.
91) *Ibid.*, at 5-6.
92) *Ibid.*, at 7.
93) *Ibid.*, at 7.
94) *Ibid.*, at 14-15.
95) *Ibid.*, at 15.
96) *Ibid.*, at 15.
97) *Ibid.*, at 15-16.
98) *Ibid.*, at 16-17.
99) *Ibid.*, at 17.
100) *Ibid.*, at 17-18.
101) *Ibid.*, at 18.
102) *Ibid.*, at 18-19.
103) *Ibid.*, at 83.
104) *Ibid.*, at 83.
105) *Ibid.*, at 85-86.
106) *Ibid.*, at 87.
107) *Ibid.*, at 117
108) *Ibid.*, at 92-93.
109) *Ibid.*, at 95.
110) *Ibid.*, at 94.
111) *Ibid.*, at 120.
112) *Ibid.*, at 124.
113) Gene Sharp, *From Dictatorship to Democracy - A Conceptual Framework for Liberatio*n, Serpent's Tail, 2012, at 124-135.
114) 長谷部、前掲註30、60頁。
115) Sharp, *supra* note 88, at 95-96.
116) 浦田一郎『現代の平和主義と立憲主義』（日本評論社、1995年）79頁。
117) Sharp, *supra* note 88, at 96.

118) Sharp, *supra* note 88, at 146.
119) Sharp, *supra* note 88, at 58-60.
120) Sharp, *supra* note 88, at 59-60.
121) 寺島俊穗「憲法第9条と戦争廃絶への道」千葉眞・小林正弥編『平和憲法と公共哲学』（晃洋書房、2007年）46-54頁。
122) 大澤真幸・井上達夫・加藤典洋・中島岳志『憲法9条とわれらが日本―未来世代へ手渡す』（筑摩書房、2016年）200-203頁。
123) 『憲法改正草案枢密院審査委員會審査記録』（1946年）
124) 『第九十回帝國議會貴族院帝國憲法改正案特別委員會議事速記録第十二號』（貴族院事務局、1946年）24頁。
125) 『憲法改正草案に関する想定問答・第三輯』（法制局、1946年）
126) 芦部信喜『憲法学Ⅰ―憲法総論』（有斐閣、1992年）266頁。
127) 水島朝穂『平和の憲法政策論』（日本評論社、2017年）39頁。
128) 渡辺治「安保と戦争法に代わる日本の選択肢―安保条約、自衛隊、憲法の今後をめぐる対話」渡辺治・福祉国家構想研究会編『日米安保と戦争法に代わる選択肢・憲法を実現する平和の後送』（大月書店、2016年）342頁。
129) 同上342頁。
130) 同上342-343頁。
131) 同上343頁。
132) 同上19-21頁。
133) 同上22頁。
134) Gene Sharp, *Exploring Nonviolent Alternatives*, Polter Sargent, 1970, at 57.
135) 水島、前掲註127、17-73頁。
136) 杉田、前掲註4、123-125頁。
137) 井上達夫・齋藤純一「自由と福祉」愛敬浩二・樋口陽一・杉田敦・西原博史・北田暁大・井上達夫・齋藤純一『対論・憲法を／憲法からラディカルに考える』（法律文化社、2008年）263-264頁。
138) 同上264-266頁。
139) 石川健治「「真ノ立憲」と「名義ノ立憲」」木村草太・青井未帆・柳沢協二・中野晃一・西谷修・山口二郎・杉田敦・石川健治『「改憲」の論点』（集英社、2018年）252-253頁。
140) 同上254-255頁。
141) 同上257頁。
142) 杉田、前掲註4、118頁。
143) 吉見、前掲註21、4-5頁。
144) 植松健一・川口創・麻生多聞「名古屋地裁判決（田近判決）の検討と平和的生存権論の再構築」法学セミナー638号（2008年）48頁。
145) 朝日新聞2008年8月16日付。
146) 奥平康弘「「平和的生存権」をめぐって―名古屋高裁の「自衛隊イラク派兵差止控訴

第 **3** 章 「絶対平和主義」とは異なる「非武装平和主義」の可能性

　　　　事件」判決について（下）」世界781号（2008年）105頁。
147) 　同上103-105頁。
148) 　蟻川恒正『憲法的思惟-アメリカ憲法における「自然」と「知識」』（創文社、1994年）271頁。
149) 　本秀紀「現代民主政と多層的「公共圏」」名古屋大学法政論集213号（2006年）191頁。
150) 　イラクに派遣された自衛隊は、「人道復興支援活動」、「安全確保支援活動」という任務を遂行してきたが、防衛庁との間で締結されたイラク自衛隊活動取材規定により、日本新聞協会および民間放送連盟は、「安全確保支援活動」を報道対象外とした。近年世論において高まる自衛隊に対する支持は、このような報道による配慮も寄与するところであるように思われる。自衛隊派遣の憲法適合性を論ずるために不可欠な情報さえ、メディアにより提供されないという実態がある。
151) 　辻中豊「利益団体とは何か（1）」選挙52巻1号（1999年）16頁。
152) 　本、前掲註149、192-193頁。
153) 　Hubert Heinelt, "Achieving Sustainable and Innovative Policies through Participatory Governance in a Multi-level Context: Theoretical Issues.", Hubert Heinelt, Panagiotis Getimis, Grigoris Kafkalas, Randall Smith, Erik Swyngedouw (eds.), *Participatory Governance in Multi-Level Context: Concepts and Experience*, Springer Science & Business Media, 2002, at 25-26.
154) 　本、前掲註149、193頁。
155) 　辻村みよ子・棟居快行「主権論の現代的展開」浦部法穂・棟居快行・市川正人編『いま、憲法学を問う』（日本評論社、2001年）68頁。
156) 　501c4団体は、下部組織として527団体（内国歳入法527条に適合し、選挙活動に従事する）を設立可能であり、527団体によるイッシュー・キャンペーンは、政策決定過程に大きな影響力を及ぼし得るものである。
157) 　エリザベス・J・レイド「NPO・アドボカシーと政治参加」E.T. ボリス、C.E. スターリ編（上野真城子・山内直人・訳）『NPOと政府』（ミネルヴァ書房、2007年）270-273頁。
158) 　バリー・R・ルービン（鈴木崇弘監訳）『市民が政治を動かす方法』（日本評論社、2002年）32-33頁。
159) 　長坂寿久「公共哲学と日本の市民社会セクター——「公・公共・私」三元論と3セクターモデルについて」国際貿易と投資68号（2007年）118頁。
160) 　同上119頁。
161) 　Timothy Mitchell, "The Limits of the State: Beyond Statist Approaches and Their Critics.", *American Political Science Review*, vol. 85-1, 1991, at 90.
162) 　Alfred Stepan, *Arguing Comparative Politics*, Oxford University Press, 2001, at 100-107.
163) 　小沢隆一「財界団体の改憲構想——日本経団連報告を中心に」法律時報増刊『憲法改正問題』（2005年）参照。
164) 　自民党はかつて、農協、医師会、個別業界団体といった幅の広い利益団体に支持基盤

を求めてきたが、経済のグローバル化が本格化した1990年代後半以降、経済界の頂上レベルの団体による影響力が強められる一方で、既存の組織は政治的影響力を喪失しつつある。山口二郎『ポスト戦後政治への対抗軸』(岩波書店、2007年) 4‐7頁。

165) 三菱重工、川崎重工、三菱電機、日本電気、石川島播磨重工業等。
166) ロッキード・マーティン、ボーイング、レイセオン、ノースロップ・グラマン等。
167) 浅川公紀「米外交政策形成過程と利益団体」海外事情49号 (2001年) 76頁。
168) Michael T. Heany, Fabio Rojas, "Coalition Dissolution, Mobilization, and Network Dynamics in the U.S. Antiwar Movement", Patric G. Coy (ed.), *Research in Social Movements, Conflicts and Change vol. 28*, Emerald, 2008, at 40.
169) 越山行蔵「岐路に立つアメリカの反戦運動」新世紀205号 (2003年) 61-62頁。
170) Proteusu Fund は、1994年以来、社会運動団体に対する多額の支援実績をもっている。
171) これはアフガニスタン派兵予算を拒む内容を含むものであった。
172) これはアフガニスタン軍事占領からの出口戦略を求めるものであった。
173) このような UFPJ とは対照的に、路上活動は一切行わず、議会に対する直接行動に特化した反戦・平和運動組織体も存在する。その一つが、Win Without War である。
174) 久野収「市民主義の確立——一つの対話」思想の科学19号 (1960年) 14-15頁。
175) 田中伸尚『憲法9条の戦後史』(岩波書店、2005年) 227頁。
176) 小森陽一「憲法「9条の会」アピールを支持する医師・医学者の会が結成される」社会保障398号 (2005年) 35頁。
177) 渡辺治『企業支配と国家』(青木書店、1991年) 63頁。
178) 本、前掲註149、195頁。
179) 吉田博徳『平和運動発展のために‐多数派構築をめざして』(学習の友社、2009年) 64頁。
180) 中島修「連立政権と平和運動」社会主義575号 (2010年) 90-91頁。
181) 木村修「攻勢強めるアメリカの反戦活動—1・27ワシントン大集会を取材して」軍縮問題資料318号 (2007年) 36-40頁。
182) 中島誠『立法学—序論・立法過程論』(法律文化社、2004年) 242頁。

第4章

前期中等教育課程社会科公民的分野における平和教育実践の展開と課題

1 緒　論

　本書第1章、第2章において確認したように、憲法理論上あるべき憲法解釈は、自衛目的の武力保持をも禁ずる非武装平和主義として憲法9条を解釈する憲法9条2項全面放棄説であると考えられる。しかし、憲法による統治機構規定力（＝立憲主義の制度的規定力）は決定的なものではなく、制度のあり方は多元的社会において規定的影響力を有するアクター間の相互関係により決定されるという視座を踏まえて、本書第3章においては、多数派構築に向けた対抗的公共圏の形成という課題に向き合うための方法論の検討が行われた。

　このような文脈において、学校教育において行われる平和教育が果たす役割は決して小さなものではない。「現代社会における多様な課題を自分自身の課題として受け止め、主体的に考察することができる力」、すなわち「公民的資質」（citizenship）の涵養を課題とする公民科教育における平和教育は、憲法9条の規範力の維持・実現にとって、きわめて重要な意義をもつものと考えられる。

　本章では、前期中等教育課程（中学校）において平和教育実践が遂げてきた展開の軌跡を跡づけ、とりわけ前期中等教育課程社会科公民的分野における平和教育実践の展望と課題について考察することを課題とする。

　前期中等教育課程における社会科公民的分野が本章の考察対象として選択される理由は、後期中等教育課程（高等学校）において、日本史、世界史、地理、倫理、現代社会、政治/経済の6科目から最大2科目を選択することとなっているものの、公民系科目を選択しない生徒が少なくないという実態、そして、[1]

すべての生徒が均一に履修する前期中等教育課程社会科公民的分野の重要性、この2点に求められる。

　社会科公民的分野の教育は、日本や世界の諸事象に関心をもって多面的・多角的に考察し、民主的、平和的な国家・社会における主体的な意思決定者としての、公民的資質を育成することを目標としている。前期中等教育課程の学習指導要領は、ほぼ10年おきに改訂されており、最近の学習指導要領は2008年に公示されて2012年に全面実施となった。2016年12月21日に中央教育審議会によって示された「幼稚園、小学校、中学校、高等学校及び特別支援学校の学習指導要領等の改善及び必要な方策等について（答申）」は、2008年改訂の学習指導要領における小・中・高等学校を通した社会科、地理歴史科、公民科の成果と課題について次のように述べている。

　「社会的事象に関心を持って多面的・多角的に考察し、公正に判断する能力と態度を養い、社会的な見方や考え方を成長させること等に重点を置いて、改善が目指されてきた。一方で、主体的に社会の形成に参画しようとする態度や、資料から読み取った情報を基にして社会的事象の特色や意味などについて比較したり関連付けたり多面的・多角的に考察したりして表現する力の育成が不十分であることが指摘されている。また、社会的な見方や考え方については、その全体像が不明確であり、それを養うための具体策が定着するには至っていないことや、近現代に関する学習の定着状況が低い傾向にあること、課題を追究したり解決したりする活動を取り入れた授業が十分に行われていないこと等も指摘されている。これらの課題を踏まえるとともに、これからの時代に求められる資質・能力を視野に入れれば、社会科、地理歴史科、公民科では、社会との関わりを意識して課題を追究したり解決したりする活動を充実し、知識や思考力等を基盤として社会の在り方や人間としての生き方について選択・判断する力、自国の動向とグローバルな動向を横断的・相互的に捉えて現代的な諸課題を歴史的に考察する力、持続可能な社会づくりの観点から地球規模の諸課題や地域課題を解決しようとする態度など、国家及び社会の形成者として必要な資質・能力を育んでいくことが求められる」

その全体像が不明確とされた「社会的な見方・考え方」について、答申は、「課題を追究したり解決したりする活動において、社会的事象等の意味や意義、特色や相互の関連を考察したり、社会に見られる課題を把握して、その解決に向けて構想したりする際の視点や方法」とし、公民的分野では「現代社会の見方・考え方」として、「社会的事象を政治、法、経済などに関わる多様な視点（概念や理論など）に着目して捉え、よりよい社会の構築に向けて、課題解決のための選択・判断に資する概念や理論などと関連付けて」働かせるものとして位置づけている。

新学習指導要領（次期学習指導要領）解説により示された公民的分野における改訂の要点のうち、憲法学習・平和教育をテーマとする本章の考察との関わりが認められるものとして、「社会に見られる課題を把握したり、その解決に向けて考察、構想したりする学習の重視」という枠組における、「人間の尊重と日本国憲法の基本的原則」で「我が国の政治が日本国憲法に基づいて行われていることの意義について多面的・多角的に考察し、表現できる」ようにすることや、「民主政治と政治参加」で「民主政治の推進と、公正な世論の形成や選挙など国民の政治参加との関連について多面的・多角的に考察、構想し、表現できる」ようにすること、「国家間の相互の主権の尊重と協力、国家主権、国連における持続可能な開発のための取組に関する学習の重視」という枠組における、「世界平和と人類の福祉の増大」で「国際協調の観点から、国家間相互の主権の尊重と協力、各国民の相互理解と協力及び国際連合をはじめとする国際機構などの役割が大切であることを理解できる」ようにすること、「その際、領土（領海、領空を含む）と国家主権を関連させて取り扱ったり、国際連合における持続可能な開発のための取組についても触れたりして、基本的な事項を理解できる」ようにすること等を挙げることが出来る。

さらに、「分野全体を通して、課題の解決に向けて習得した知識を活用して、事実を基に多面的・多角的に考察、構想したことを説明したり、論拠を基に自分の意見を説明、論述したりすることにより、「思考力、判断力、表現力等」を養う」という方向性が示されている点についても、とくに確認しておきたい。

学習指導要領における「多面的・多角的な考察」という目標にもかかわら

ず、前期中等教育課程社会科教科書の内容については、2008年改訂の学習指導要領により「領土教育」が強調され、政府の見解や資料を「充実」させて記述する教科書が増えることとなった。通常、教科書検定基準は学習指導要領の改訂にあわせて見直されてきたが、文部科学省が異例の見直しを行い、2016年度から使用される中学校教科書については、2014年に公示された検定基準が初めて適用された。また、教科書作成の指針となる学習指導要領解説書の改訂も、2016年度より使用される教科書検定に反映されている。このような前提を踏まえて、次節以降においては、新たな教科書検定基準の適用を受けた2016年度前期中等教育課程社会科教科書のすべてを対象とし、憲法9条学習の内容の構成を確認しつつ、これを整理・分析することとしたい。

2　2016年度前期中等教育課程社会科教科書における憲法9条学習の内容

　本節において分析対象とする前期中等教育課程社会科教科書は、次の7社のものである。東京書籍『新編・新しい社会・公民』、教育出版『中学社会・公民・ともに生きる』、清水書院『中学公民・日本の社会と世界』、日本文教出版『中学社会・公民的分野』、帝国書院『社会科・中学生の公民・より良い社会をめざして』、育鵬社『新編・新しいみんなの公民』、自由社『中学社会・新しい公民教科書』である。2015年の検定で合格したのは、この7社の教科書であった。

　憲法により規定される「平和主義」について、各社教科書ではどのような記述が見られるだろうか。まずは、憲法9条の制定要因について見てみよう。日本の侵略戦争によりアジア太平洋地域に重大な損害が与えられ、さらに自国民に対しても権利・自由の抑圧があったことへの反省という見地から、そもそも日本国憲法9条の非武装平和主義は位置づけられなければならない。

　そのような見地からの記述としては、東京書籍『新編・新しい社会・公民』における「日本は、第二次世界大戦で他の国々に重大な損害を与え、自らも大きな被害を受けました。そこで、日本国憲法は、戦争を放棄して世界の恒久平和のために努力するという平和主義をかかげました」という記述、教育出版

第4章　前期中等教育課程社会科公民的分野における平和教育実践の展開と課題

『中学社会・公民・ともに生きる』における「第9条では、戦争の永久放棄、戦力の不保持と国の交戦権の否認を定めています。なぜ、このような内容が憲法に示されているのでしょうか。それは、日本がかつて戦争によって、他国の人の生命や人権を奪い、また日本国民自身も、同様に大きな被害を受けたことで、その悲惨さを痛感し、深く厳しい反省をしたからです」[4]という記述、清水書院『中学公民・日本の社会と世界』における「日本は、第二次世界大戦において、ほかの国ぐにの多数の人びとを殺傷し、ばく大な被害を与えた。また、日本の多くの人びとが戦場で兵士として死傷し、戦闘に加わらなかった無数の人びとも、傷つき命を失った。…この認識と反省のうえに、日本国憲法は戦争放棄を定め、国民の大多数がこれを支持した」[5]という記述、日本文教出版『中学社会・公民的分野』における「かつての日本は、日中戦争や第二次世界大戦を通じて、アジア・太平洋地域を侵略し、ほかの国々に深刻な損害を与えました。そして、自らも、戦場や国内で多くの犠牲者を出し、世界で初めての原子爆弾による惨禍もこうむりました」[6]という記述、以上4社である。この4社は、他国と自国民に侵害を与えたことへの反省という筆致において共通するが、日本による戦争の性格が侵略戦争であったことを明記するのは日本文教出版のみであり、生徒に「自衛戦争の文脈で他国民に損害を与えた」と解釈する余地を残す内容となっている。

帝国書院『社会科・中学生の公民・より良い社会をめざして』は、「日本国憲法は、前文において、ふたたび戦争の惨禍が起こることのないようにすることの決意を明確にしています。そして、第9条で戦争を放棄し、戦力を保持しないことや、国が戦争を行う権利を認めないことなどを定め、平和主義を宣言しています」[7]と記述している。これは、先の4社とは異なり、戦争においていかなる事態が生じたかを記述していない。

育鵬社『新編・新しいみんなの公民』は、「第二次世界大戦に敗れた日本は、連合国軍によって武装解除され、軍事占領されました。連合国軍は日本に非武装化を強く求め、その趣旨を日本国憲法にも反映させることを要求しました。このため、国家として国際紛争を解決する手段としての戦争を放棄し、「戦力」を保持しないこと、国の「交戦権」を認めないことなどを憲法に定め、徹底した平和主義を基本原理とすることにしました。国民に国防の義務がない徹底し

373

た平和主義は世界的には異例ですが、戦後日本が第二次世界大戦によるはかりしれない被害から出発したこともあり、多くの国民にむかえ入れられました[8]」と記述し、自由社『中学社会・新しい公民教科書』は、「いかなる国家も、国民の安全と生存を外部の侵害から守る権利（自衛権）をもつことが認められており、各国は自衛のために軍事力を保有しています。しかし、第二次世界大戦に敗れたわが国は、連合国軍による占領のもとで軍隊が解体されました。占領下につくられた日本国憲法は、前文で「平和を愛する諸国民の公正と信義に信頼して、われらの安全と生存を保持しようと決意した」と宣言し、平和主義の理想を打ち出しています。しかし、軍事力を保有することなくわが国の安全を保持することが可能かについては、長らく議論がなされてきました[9]」とする。

　この2社は、日本が武装解除をされたという側面を前面に打ち出し、国際法上通例では当然保持できる軍事力を異例な形で剥奪されたという筆致において共通する。また、育鵬社『新編・新しいみんなの公民』においては、日本の戦争行為によって対外的に損害がもたらされたことへの反省をめぐる記述は皆無であり、「日本がはかりしれない被害から出発した」というように、日本をもっぱら戦争の被害国としてのみ位置づけている。

　続いて、憲法9条と自衛隊の関係をめぐる各社の記述を見てみよう。「政府は、主権国家には自衛権があり、憲法は「自衛のための必要最小限度の実力」を持つことは禁止していないと説明しています。一方で、自衛隊は憲法第9条の考え方に反しているのではないかという意見もあります[10]」のように、政府見解（合憲論）をまず挙げた上で違憲論も示すという形が、7社すべてにより採用されている。

　しかし、育鵬社は、北朝鮮や中国による脅威の解説に1頁を割き、政府による軍備増強姿勢を跡づける姿勢をとっている。ここで掲載されている「アジア太平洋地域における主な兵力の状況[11]」という図では、航空戦力の比較において、「北朝鮮560機、日本410機」という単純な表記が見られる。一見すれば日本より北朝鮮の方が遥かに強力という印象を生徒に与えるものだが、航空戦力の評価にあたっては、作戦機数のみならず、どのような機種がどの程度の割合で採用されているのか、あるいは各パイロットの年間飛行時間といったデータも掲載しなければ正確な判断は困難である。北朝鮮人民軍空軍における現代戦

闘機は MiG-23 と MiG-29 のみであり、両機をあわせても、日本の航空自衛隊における F15J の採用機数に遥かに及ばない状況[12]などを一切等閑視する防衛白書（2015）がそのまま転載されているという姿勢が注目されるべきであろう。同年（2015年）に刊行されている IISS の Military Balance 2015 を参照すれば、日本の航空自衛隊の年間飛行時間が150時間であるのに対し、北朝鮮人民軍空軍の年間飛行時間は20時間[13]にすぎないことも明らかとなる。[14]

また、育鵬社のみに見られる特色として、「国民に国防の義務がない徹底した平和主義は世界的には異例」[15]という形で「国防の義務」を強調し、「憲法で国民に国防の義務を課している国もあります」[16]として、イタリアなどの徴兵制存置国の憲法条文を列挙していることも指摘しておきたい。

次に、集団的自衛権をめぐる記述について見てみたい。東京書籍「2015（平成27）年には、日本と密接な関係にある国が攻撃を受け、日本の存立が脅かされた場合に、集団的自衛権を行使できるとする法改正が行われました。これに対して、憲法第9条で認められる自衛の範囲をこえているという反対の意見もあります」[17]、教育出版「この権利（筆者註：集団的自衛権）について、平和憲法を掲げる日本は、「国際法上この権利を保有しているが、行使できない」という考えを、これまでに表明してきました。しかし、国際社会への協調と貢献を積極的に推進していく「積極的平和主義」の考え方をもとに、2014年、集団的自衛権の行使を認める閣議決定が行われました。これに対しては、平和的生存権や憲法第9条の意義を重視する立場などから、批判の声もあがっています」[18]、清水書院（集団的自衛権をめぐる記述なし）、帝国書院「自国と密接な関係にある国が武力攻撃を受けた場合に、自国が直接攻撃されていなくても、ともに実力で阻止する権利を集団的自衛権とよびます。日本では、憲法第9条との関係から、集団的自衛権の行使は認められないと考えられてきました。しかし近年、日本を取りまく状況の変化を受けて、2014年に政府は、集団的自衛権を限定的に行使できるという憲法解釈を閣議決定しました」[19]。清水書院を除く以上の4社は、政府見解と違憲論の両論併記の形をとるが、帝国書院は過去における違憲論のみの記述にとどまり、閣議決定後の否定論に言及していない。

日本文教出版「日本は、自国の安全と極東における国際平和のために、アメリカと日米安全保障条約を締結しています。そして、他国が日本の領土を攻撃

したときに、共同して対応できるように、基地を提供し、アメリカ軍の国内駐留を認めています。近年、テロリズムとの戦いや日本周辺の軍事情勢の変化の中で、アメリカとの防衛協力が強化されてきています。こうした日本をとりまく安全保障環境の変化に対応するため、2015年に安全保障関連法が成立し、これまでの政府の憲法解釈で許されなかった集団的自衛権の行使が限定的に認められることになりました」[20]、育鵬社「(筆者註：北朝鮮や中国による脅威を3段落にわたり記述した上で)このような周辺の安全保障環境の急変に対し、政府は2014年に憲法解釈を実情に即して改め、集団的自衛権の行使を限定的に容認することを閣議決定しました。そして、2015年には平和安全法制関連二法が成立し、日本の安全保障体制が強化されました。また、自衛隊による在外邦人保護要件が緩和され、国際平和への積極的貢献の範囲も広がりました」[21]、自由社「2014年にはそれまで個別的自衛権に限られていた憲法解釈を変更し、集団的自衛権の行使容認が閣議決定され、わが国と密接な関係にある他国への武力攻撃を自衛隊が阻止できるように、自衛隊法などの法整備を進めることになりました」[22]の3社は、現状追認の記述に終始し、違憲論を記述していない。

3　内容の整理と問題提起——教育の「政治的中立性」

以上の内容を整理すると、次期学習指導要領解説における「多面的・多角的な考察」という方向性、あるいは「「人間の尊重と日本国憲法の基本的原則」で「我が国の政治が日本国憲法に基づいて行われていることの意義について多面的・多角的に考察し，表現できる」ようにすること」という方向性と適合しているとは思えない内容の記述が顕著であるといわざるを得ない。2014年に告示された教科書検定基準による政府見解記述を求める方向性により、上述の中学校社会科教科書は従来にないレベルで政府見解に配慮する内容となっている。しかし、「政府見解を教える」こと自体に問題はなくとも、「政府見解を教える」ということと、「政府見解を正しいものとして教える」ということは全く異なる。学校教育で行われるべきことは、政府見解が正しいか否かを判断できる力の涵養であり、政府見解や他の多様な見解とそれぞれの論拠等を公平に示し、それらを教授するために必要な知識と方法を与え、討論等の方法を用い

て多様な見解に触れさせながら自らの見解を相対化し深めることが志向されるべきである[23]。そのような見地から、前期中等教育課程教育現場での憲法学習授業実践においては、「年々「政府寄り」にな」る教科書を踏まえ、「教科書を教えるのではなく、教科書で教えるようにしてい」るという声も聞かれる[24]。

18歳選挙権導入と絡んで発表された、学校教育における教員の「政治的中立性」を求める提言において、教員の「制限違反」に対する罰則の提言が見られること[25]から、現場の萎縮も懸念される現状にある。さらに、2016年7月7日には、自民党が、教育現場で政治的中立性を逸脱する教諭の事例がなかったかを把握する「学校教育における政治的中立性についての実態調査」への協力をホームページ上で募っていたことが報道された[26]。「調査」の概要は、広く市民に対して、学校教育における「政治的中立を逸脱するような不適切な事例」を「具体的に（いつ、どこで、だれが、何を、どのように）」、自民党ホームページの記入欄に記入するように呼びかけるものであった。

> 「党文部科学部会では学校教育における政治的中立性の徹底的な確保等を求める提言を取りまとめ、不偏不党の教育を求めているところですが、教育現場の中には「教育の政治的中立はありえない」、あるいは「子供たちを戦場に送るな」と主張し中立性を逸脱した教育を行う先生方がいることも事実です。学校現場における主権者教育が重要な意味を持つ中、偏向した教育が行われることで、生徒の多面的多角的な視点を失わせてしまう恐れがあり、高校等で行われる模擬投票等で意図的に政治色の強い偏向教育を行うことで、特定のイデオロギーに染まった結論が導き出されることをわが党は危惧しております。そこで、この度、学校教育における政治的中立性についての実態調査を実施することといたしました。皆さまのご協力をお願いいたします」

以上のような呼びかけ文は、この後、二度にわたって修正されることになる。最初の修正後には「教育現場の中には「教育の政治的中立はありえない」、あるいは「安保関連法は廃止にすべき」と主張し中立性を逸脱した教育を行う先生方がいることも事実です」となり、「子供たちを戦場に送るな」の部分が「安保関連法は廃止にすべき」に差し替えられ、二度目の修正後には、「安保関

連法は廃止にすべき」との言葉が削除されたが、調査は7月18日まで続けられた。「密告の呼びかけ」と批判されたこの調査は、上述の「政治的中立性」なる概念を政府与党がどのように考えているのかについて如実に示すものといえよう。

　学校現場における個々の教師は党派的な教育をしてはならないという意味で、「教育の政治的中立性」はたしかに重要である。しかし、安保関連法、集団的自衛権行使容認という政策をめぐっては、その端緒となった閣議決定のみによる憲法解釈変更という営為の違憲性が圧倒的多数の憲法研究者により指摘されており、これは「政治的中立性」という次元の問題ではない。

　教育基本法14条2項は「特定の政党を支持し、またはこれに反対するための政治教育」を禁ずるが、憲法遵守を義務づけられる教育公務員としての学校教員が、立憲主義に違反する形で強行された憲法解釈変更をめぐる学界の批判を取り上げることは、「政治的中立性」を侵すものではないどころか、責務といっても過言ではない。したがって、かような教員の教育実践をサポートすべく、前期中等教育課程社会科教科書の集団的自衛権をめぐる記述において、本来であれば、政府見解と両論併記の形式をとった上で、閣議決定後・安保関連法制定後においても違憲論が存在することに言及されていなければならない。しかし、そのように記述された教科書は、全7社のうちわずか2社のみなのである。

　そもそも、教育現場で要請される「政治的中立性」とはいかなる意味の概念なのか。教育基本法14条は、1項「良識ある公民として必要な政治的教養は、教育上尊重されなければならない」、2項「法律に定める学校は、特定の政党を支持し、又はこれに反対するための政治教育その他政治的活動をしてはならない」と規定する。1項により尊重が求められる「政治的教養」の内容については、一般的に、①民主政治、政党、憲法、地方自治等、現代民主政治上の各種の制度についての知識、②現実の政治の理解力およびこれに対する公正な批判力、③民主国家の公民として必要な政治道徳および政治的信念、とされる。

　1976年の旭川学テ事件最高裁判決[27]で確認されたように、すべての国民は、自ら一個の人格として成長発達する権利を有しており（成長発達権）、さらに子どもはこの成長発達に必要な学習を施すよう大人に対し要求する権利をもつ（学

習権)。教育の本質は、まずもってこの子どもの学習権を充足するための責務として行われる営みであるという点に求められ、かような本質に照らせば、政治教育を尊重し、積極的にこれを実践することを規定する1項が、教育基本法14条の原則として位置づけられるべきことになる。

その上で、14条2項は生徒の学習権侵害となるような一方的観念の教え込みを禁ずる規定であり、その趣旨を踏まえると、「政治的中立性」とは、政治的なテーマや社会的論争の俎上にある事柄を授業実践において取り上げる際に、それを、「論争があるものとして扱っているかどうか」が問題ということになる。論争ある事柄について、論争あるものとして授業が行われ、生徒自身が多様な立場で検討することが保障されていれば、生徒に一方的な観念を教え込むことにはならず、「政治的中立性」には反しないと考えるべきである。[28]

近年の学校教育においては、有権者教育の基本的枠組が指導要領改訂により整備され、「公共的な事柄に自ら参画していく資質・能力の育成を重視する方向性」が重視されるに至っている。現代社会における多様な課題を自分自身の課題として受け止め、主体的に考察することができる力（＝「公民的資質」）を涵養することが求められている。

そもそも公民科教育における政治学習には、2つの教授法がある。①「政治について教える」（Teaching about Politics）：「知識理解型」社会認識の修得、②「政治を通して教える」（Teaching through Politics）：「意思決定型」社会認識の活用、以上の2つである。しかし、従来の公民科教育の多くが①の方法に依拠してきたものであるように思われる。例えば、「選挙について教える」ということは、重要語句の暗記や構造の理解を促すことと同義となり、理論の教授に終始してしまう。しかし、政治や選挙の仕組みを教えても、現実の政治に対する判断力を涵養するものになっていないことが、若者の政治に対する無関心を生む一因となってきたのではないか。就業意識の低下や投票率低下をはじめとする政治的無関心といった課題を克服し、先述したような意味での「公民的資質」を高めるためには、「政治を通して」教える②の方法も必要である。

このような問題意識から出発し、最近の学校現場においては、未成年者模擬投票の実践が模索されている。筆者自身、教員養成大学に勤務する立場にあり、中学校における模擬投票（主権者教育）を選挙管理委員会との連携により

実践する機会にも恵まれてきた。[29]模擬投票には、実際の体験を通じて政治との距離を縮め、選挙の重要性を認識させて政治への関心を高めることにより政治参加の心理的障壁を低くする効果、そして、教科書上で習得された政治・選挙をめぐる知識を、文字の上のみならず現実において確認し、活用する機会が提供されるという効果が認められる。

日本ではようやくといった形だが、アメリカ、イギリス、ドイツ、スウェーデン等では、実際の選挙に連動した「模擬選挙」が長らく行われている。スウェーデンの"Skolval"[30]は、学校で行われる模擬選挙であり、1908年代から全国規模の事業となった。国政選挙、地方選挙、EU選挙に連動する形で実施され、学校での模擬選挙にあわせて政党の討論会も行われる。学校教育庁が政党を学校に招聘し、討論会実施のためのガイドラインを策定する。選挙管理委員会が投票箱や投票用紙を学校に提供する。スウェーデンの国政選挙においては、若者世代（18～29歳）の投票率が毎回8割前後を記録しており、その要因としてこの「模擬選挙」が位置づけられることも少なくない。

日本では、学校教育の政治的中立性という見地から、このような取組みが遠ざけられてきたが、近年では実際の選挙と連動した模擬投票の実践例も蓄積されるようになっている。2010年には、参院選と連動した模擬投票が神奈川県のすべての高等学校で実施されている。この模擬投票については、2つの方法がありうる。①架空の政党や候補者、あるいは架空の政策・マニフェストを作成して模擬投票を行うものと、②実際の選挙における政党のマニフェストや実際の政策を用いて模擬投票を行うもの、この2つである。

海外では当たり前となっている②の方法を用いた模擬投票の実践が望ましいと考えられるが、学校現場の教諭から聞こえてくる声として、②を用いることにより「政治的中立性違反」というレッテルを貼られることへの懸念のため、②を採用し難いというものが多い。実際に、高等学校の事例であるが、山口県の県立高校において行われた安保法制をめぐる模擬投票の実践に対して、自民党県議が県議会で「政治的中立性違反」の可能性を指摘し、県教委の教育長が謝罪に追い込まれ、教員の指導責任が問われたという報道もある。[31]

4　学校教育現場における平和教育実践の展開

　「平和教育」と呼称される学校教育領域は、教育課程において「平和教育」という科目として設定されたものではなく、社会科、総合的な学習、道徳、特別活動等、教科・領域をこえて実践される教育領域として位置づけられるものである。本節では、平和教育の展開を確認することとしたい。

　1970年代末までの時代における日本の平和教育は、戦争と平和を直接のテーマとして行われる直接的平和教育と、人権意識・仲間意識など平和意識に関わる、あるいは支える意識や人間関係等を幅広く取り上げ、直接的平和教育の土壌を作る教育をテーマとして行われる間接的平和教育に分類される。この両者の関連について、竹内久顕は、「平和教育は教育の全領域と深い関わりをもちながらも直接的平和教育に焦点づけられなければならない」とした上で、直接的平和教育の目的として、⑴戦争のもつ非人間性・残虐性を知らせ、戦争への怒りと憎しみの感情を育てるとともに、平和の尊さと生命の尊厳を理解させる。⑵戦争の原因を追究し、戦争を引き起こす力とその本質を科学的に認識させる。⑶戦争を阻止し、平和を守り築く力とその展望を明らかにする、という３点が不可欠の要素とされたことを指摘する。もっとも、1970年代までの時代における平和教育は、アジア太平洋戦争を素材として戦争の悲惨さを訴え、感性的認識を育てる実践といった「反戦・平和のための教育」が主であった。

　これに対し、1980年代以降における平和教育の方向性は、「包括的平和教育」といっても過言ではないような実質を帯びるようになる。1970年代後半から1980年代にかけて、①被害（空襲、原爆、徴兵、戦病死、戦傷、学徒出陣、特攻隊、各戦場での悲劇、沖縄戦等）のみならず、加害（朝鮮・台湾の植民地支配、朝鮮・中国からの強制連行、従軍慰安婦、各地での住民虐殺等）の学習も加わることとなり、戦争体験が多面的・重層的に把握されるようになった。

　1970年代後半から、前期中等教育課程社会科の平和教育実践において、日本の教科書記述のみならず、アジア諸国の教科書記述もあわせて参照することを通じ、アジア太平洋戦争を多面的・重層的に把握することを目指す本多公栄の実践や、朝鮮における植民地支配と在日朝鮮人の差別実態を他のアジア諸国へ

の侵略の実態とともに教える目良誠二郎の「暴露＝告発型授業」実践などが存在していたことも確認しておきたい。

目良は、1970年代後半から、このような「暴露＝告発型授業」に対する生徒の反応の鈍化や「居直り的反発」に直面し、80年代半ば以降において、「暴露＝告発型授業」の反省に向き合うに至っている。㋐「日本の侵略をおそらくあたかも中国人や朝鮮人のような顔をして「暴露＝告発」していた姿勢」、そして㋑「加害の事実を暴露的に教えるのに急で、生徒たちに加害の事実を直視する勇気とアジア諸国民との和解・共生を願う主体的な意欲と展望を育てるという、授業本来の目的を見失っていたこと」、この２点に対する反省を起点とした目良は、とりわけ㋑の見地から、「わが父祖たちのなかから侵略を批判しアジアの人びとと対等につき合おうとした先駆的な実例を掘り起し、私たち自身のなかに日本近代の重大な欠点を克服できる力と可能性のあることを生き生きと示すこと」によって、「加害の事実とともに脱亜入欧的でない「もう一つの日本」を教材化すること」を目指したのであった。

㋐の見地に関して、生徒自身による「アジアの被害者との同一化」がもたらす問題については、次のような指摘がある。「日本の加害性を「アジアの被害者」の立場になって糾弾する時、私たちは自らを「アジアの被害者」に投影・同一化し、私たちが向きあうべき「加害性」を隠蔽してしまう危険性がある。このような隠蔽の危険性こそが、被害者への「同一化」が孕む問題性である」。「「わたし」が「アジアの被害者」に同調し、日本の加害行為を糾弾するその時、「わたし」は「わたし」が有しているはずの「日本人」性を拒絶することができる。そして、こうした拒絶には「わたし」が「日本人」として負うべき加害責任を隠蔽する恐れがあるのだ。このような隠蔽は、自分以外の一部の日本人へと責任の矛先を向けることにより、自らを安全な場所に避難させ、自己のあり方を問う、という責任回避を目論む危険性を持っている」。

次に、1980年代以降の直接的平和教育の範疇において、②ヨハン・ガルトゥングによる「構造的暴力論」を踏まえ、貧困、抑圧、差別等に関わる問題の解決に関連する行動を促す教育が導入されることとなる。ガルトゥングによる「構造的暴力論」を踏まえた平和教育の展開は、1990年代以降も継続することとなるが、竹内久顕はこれとともに、さらに1980年代に拡大された平和教育の

射程の中に、③「学校や教室の暴力（いじめ、管理、排他的競争等）を克服する学校づくりや生活指導」も含まれることになったことを指摘しつつ、この両者を「広義の平和教育」に分類している[43]。

竹内は、平和教育の射程拡大が、問題の有機的連関を無視した形での単なる問題の羅列にとどまるのであれば、かような包括性は曖昧化してしまうこと、戦争の悲惨さを伝え、どうすれば戦争を阻止できるかという「狭義の平和教育の固有性」が見失われてしまうという問題提起も行っている[44]。「今日の主動向である平和教育の射程拡大ではなく、あえて平和教育固有の視点である「戦争の廃絶」＝「コンフリクトの非暴力的解決」に立ち返ること」を主張し[45]、80年代以降の平和教育に圧倒的影響力をもったガルトゥング平和学の批判的検討が不可欠であること、「暴力」概念の無限定的拡張がもたらす曖昧さが、平和教育の「固有性」を失わせることにつながりかねないこと、平和教育の実践に即して考察すれば、「構造的暴力」論を持ち込む必然性は見出し難いことを説くのである[46]。

5　前期中等教育課程社会科公民的分野における平和教育実践の展望

本節では、憲法により規定される平和主義をめぐり、前期中等教育課程社会科公民的分野でどのように教授することが望ましいかという視座から考察することを課題とする。まず、竹内久顕による次のような提言を参照したい。

「第9条は、「武力による威嚇又は武力の行使は、国際紛争を解決する手段としては、永久にこれを放棄する」というもので、裏返せば、「武力以外のあらゆる手段を用いて国際紛争を解決する」という積極的かつ能動的な条文である。また、前文には、平和的生存権の享有主体は「全世界の国民」と記されている。これら平和主義の諸条項を「生き方の原理」として読み換えると、次のようになるだろう‐人間が生きていくうえで、また、生活を営むうえで直面するさまざまなコンフリクト（紛争、対立、葛藤）を非暴力的方法によって克服し、あらゆる暴力の存在しない「積極的平和」の実現したコミュニティ（家庭・学校・地域・日本・世界）を、他者との共生と連帯・協力に

よって創造する。こうした「生き方の原理」とその方法の獲得を教育の場で実践すれば、それこそが平和教育である[47]」

　筆者は、戦前における軍事的価値の最優先政策とその陰にあった人権抑圧という戦争体験を踏まえ、軍事的価値を否定したという点において、憲法9条の意義を認めるべきとする樋口陽一の見解の、とりわけ、次の2点について共感する。すなわち、①憲法9条は安全保障に関する規定にとどまらず、市民的自由保障の基盤としての意味をもつものであり、日本という国家の「自由」の形の基本を規定するものでもあるとし、非軍事化を通じて日本社会における批判の自由を下支えする展望を拓き、祭政一致の軍事帝国を、神権天皇から象徴天皇への転換、政教分離、そして憲法9条により解体し、日本社会をタブーから解放した点に決定的な意義をもつものとして、憲法9条を位置づける議論[48]、そして、②自衛のための武力行使を一切認めない非武装平和主義条項として憲法9条を理解する、という戦後憲法学の「非現実的」な解釈論が維持され、それと同じ見地に立つ政治的・社会的勢力が存在してきたからこそ、専守防衛の枠組に日本の自衛隊がおさまってきたという憲法9条論の効用をめぐる議論[49]である。しかし、このような立場に立つ筆者の目に、上記竹内による提言（以下、竹内提言と表記する）は、憲法学的見地から批判されるべき内容を含むものとして映る。

　ここであらためて長谷部恭男「穏和な平和主義」論[50]を参照してみたい。長谷部は、立憲主義を「善き生とは何かに関する対立を私的領域に封じ込めることで、公共のことがらに関する理性的な解決と比較不能で多様な価値観の共存を両立させようとする」プロジェクトとして定義するところから出発する。従来の憲法学では、立憲主義は、「個人の権利・自由を確保するために国家権力を制限することを目的とする[51]」思想として伝統的に定義づけられてきたが、長谷部は、立憲主義は多様な意味合いをもつ概念であるとし、「国家権力の制限」という伝統的な立憲主義の定義を「その最低限度の意味内容[52]」とし、「生の意味、世界の意味について、この世には多様で相互に比較不能な考え方が併存し、せめぎあっている。根底的に異なる諸価値が対峙する社会で、人々がなお平和な社会生活の便宜を公平に分かち合って生きることのできる条件[53]」を提供

する枠組こそが立憲主義の本質であるとする。

　「個人がそれぞれの抱く善の観念に誠実に生きることを可能にし、それを促す環境として、多様な善の観念に対して政府が中立的に振る舞う社会が望ましい」ため、「さまざまな善の観念に対する国家の中立性が要請される」。立憲主義の核心をリベラリズムにおける「善に対する正義の優位」として位置づけ、価値観の異なる者同士が平和的に共存するためにはその棲み分けが重要だとする長谷部によれば、徹底した非武装平和主義として憲法9条を解釈する議論は「「善き生き方」としての絶対平和主義」として位置づけられる。「相手が攻撃をやめるか否かにかかわらず、そうすることが正しい人の道だからという理由」が、個人レベルの倫理として語られるのであれば何ら問題は生じない。しかし、かような価値観が個人レベルにとどまるのではなく、憲法により国の政策として執行されることは、長谷部によれば立憲主義に適合し得ないということになる。

　杉田敦によれば、「公権力をコントロールする道具としての憲法という枠組により確保される自由な空間の中で求める実質を、一人ひとりの生き方に委ねるもの」として憲法を位置づけるリベラリズム的立憲主義論は、最近の憲法学における大きな流れとして位置づけられる。そして、長谷部による憲法9条論に対しては、憲法学では様々な反応が示されたが、有力な憲法学研究者による好意的な反応も見られる。例えば愛敬浩二は、長谷部説が、「個人の信条＝善」の問題として非武装平和主義にコミットしない人々との関係において、憲法9条を正当化することの必要性を問題にしている」ことから重視されるべきことを説く。「日本国民の多くが「戦前日本のマイナス体験」を実感しており、非武装平和主義にコミットしている状況の下でなら、「長谷部の問い」をシリアスに受け止める必要はないだろう。しかし、「相対化の時代」が到来した現在、非武装平和主義を支持する憲法学者といえども、この問いを避けては通れないのではないか」と述べる愛敬は、「絶対的な思考によって正当化する議論」によってではなく、「相対的な思考」によって憲法9条の非武装平和主義解釈が正当化されるべきこと、その契機としての長谷部による「穏和な平和主義論」には、批判すべき点もあるが、評価すべき点もあることを指摘している。

　筆者はかつて、長谷部によるリベラリズム的立憲主義論に基づく憲法9条論

に対し、リベラリズム的立憲主義論自体に賛同できないという見地から批判を行った[59]。しかし、現在の筆者は、リベラリズム的立憲主義論は支持した上で、長谷部の憲法9条論を批判するという立場をとるに至っている[60]。本書第1章から第3章までの論考は、このような視座から執筆されたものである。その契機となったのは、筆者の勤務校における大学生・大学院生との憲法学をめぐる講義・演習等を通じた討議・意見交換であった。

学部講義「日本国憲法」の「平和主義」という単元の冒頭で、「憲法9条の条文は自衛目的のための武力の保持までも禁ずる非武装平和主義を規定するものであるから、自衛隊は違憲である」とする講義を行えば、中国と尖閣諸島や韓国と竹島をめぐる領土問題等を踏まえ、学生の圧倒的多数から到底納得できないとする反応が示されることになる。個別的自衛権保持・行使合憲論、すなわち自衛隊合憲論をまずは前提とした導入を経た上でなければ、集団的自衛権行使容認を閣議決定のみで強行した安倍政権の政策批判まで辿り着くことは難しい。その背景には、国民的記憶であったはずの戦争体験が風化し、日本がかつてアジア太平洋地域で侵略戦争を行ったことへの反省という文脈から日本国憲法を捉えようとする意識が、かぎりなく稀薄化しているという事情がある。

「日本国憲法は戦勝国アメリカにより押しつけられたものであり、そもそも民主的正統性を具備しない憲法の第9条により、主権国家が本来保有するはずの自衛戦力までもが否認されている。かような憲法のために、日本はアジアの近隣諸国との関係において不利益を被っているのであるから、憲法改正が、とりわけ第9条の改正が望ましい」

このような主張を数多くの学生が口にする。とりわけ、筆者のゼミに所属を希望する学生には比較的リベラルな傾向が看取されるが、そのような学生であっても、上述のような改憲論に概ね好意的である。私のゼミに所属しない学生の中には、「過去の清算」、「過去の克服」という方向性が強まることにより、政治・社会・思想的な自己の存立基盤が失われ、依拠するアイデンティティが喪失することを恐れる者、あるいは、思想的・精神的に「過去の清算」にコミット出来ないがゆえに、アジア人蔑視意識を引きずったまま「拒否反応」を示す者も少なくない。

そもそも、55年体制以降において、各種業界団体や地方村落といった共同体を基盤とする保守、そして、労働組合という共同体を基盤とする革新という構図が存在してきた。従来の保守系運動は、ムラ共同体的な「地盤」に立脚してきたが、例えば「新しい歴史教科書をつくる会」運動のような保守系運動は、共同体に基盤を持たない個人の集合による都市型ポピュリズムとして把握されるものである。グローバル化の進行に伴い、旧来の共同体は思想的にも社会的にも機能を喪失して流動化するに至った。これが1990年代以降の日本社会のあり様である。共同体の喪失により生じたアノミー的状況の中で、戦前・戦中に存在していた国民的規範性・共同性を再構築すべきとする議論にコミットする草の根「保守」市民たちによる保守系運動は、既存の保守系運動とは異なる文脈から自然発生してきた大衆運動としての実質を帯びている。

宮台慎司は、かような保守系運動の主体を、「意味や崇高さというゲタ」を履くルサンチマンに満ちた不安に脅える脆弱なニヒリストとして位置づけ、[61]「意味にすがる人間」としての脆弱性を指摘する。かような脆弱性は、権威主義の視座構造を受容しやすいパーソナリティと結合するが、かようなパーソナリティを備える者はナチス期ドイツ市民にも見られたものであり、戦争に対する大衆心理的基盤となる。「教科書を書き直すこと、憲法を書き直すことが「私」の回復になると信じ、そして強い知事、強い首相に「私」を重ね合せる人々が増えた。「権力」は「私」という個人と対峙するものではなく、不在で脆弱な「私」が同一化する対象となってしまった」[62]のである。

小熊英二・上野陽子による「新しい歴史教科書をつくる会・神奈川県支部有志団体史の会」参与観察から導かれた、草の根「保守」運動の特質は、「つくる会」批判者が抱きがちな「右翼」というイメージからおよそかけ離れた「普通の市民」を自認する点に求められる。[63]既存政党と距離をとった「普通の市民」は、動員によらず、参加者の自発的参加を重視するものであり、固定した役職や上下関係を作らない「ゆるやかな共同体」を形成する。村落型の地盤選挙が地方レベルでも崩壊し、「支持政党なし」の市民が増加する社会において、従来の保守系運動とは異なる草の根ナショナリズム運動のあり方が示されている。

「かような運動を、「自民党・文科省側が一貫して企ててきた教科書攻撃の一

環」「右翼」「ファシスト」などと攻撃しても、彼らには届かない」のであり、その理由は「こうした運動の参加者には、自分たちが「体制側」であるという自覚も、「右翼」的なイデオロギーを信奉しているという意識もなく、「健康」な「常識」＝「リアリズム」に従っているだけだと思っているからである[64]」。

　このような「普通の市民」は、「反国家バカサヨク」、「朝日」、「北朝鮮」、そして何より「個人主義（＝ミーイズム）」に対する激しい嫌悪感を共有し、「人権」は「ミーイズム」の同義語として、「サヨク」は「自己中心主義」と同義語として、非難の対象となる。「サヨク」や「朝日」といった「普通でないもの」の排除により、「普通」というアイデンティティの確保を図る彼らにとって、「普通でないもの」は決して消滅することなく、永遠に発見され続ける。「サヨク」、「朝日」、「北朝鮮」、「フェミニズム」、「夫婦別姓」、「在日」、「外国人労働者」…。排除の構造により抑圧され、安定した自我の不在が恒常化し、そこからの解放を願う彼らの不安が解消されないかぎり「普通でないもの」の排除は続くが、こうした排除の連鎖によってその不安が解消されることはおそらくありえない。かような「普通の市民」が右派ポピュリストを当選させる基盤となり、結果としてマイノリティ抑圧や国際関係悪化を招いている。小熊英二はこのように分析している[65]。

　先述したように、「権力」は「私」という個人と対峙するものではなく、不在で脆弱な「私」が同一化する対象となるに至った。そもそも日本国民においては、権利・自由に対する最大の抑圧主体であり続けてきた国家権力を恐れるという視点が稀薄である。市民革命は、このような国家権力を統御することに成功した市民の歴史的闘争として位置づけられ、これこそが近代立憲主義の中核概念となったが、民主主義革命により血を流した経験を持たない日本人にとって、そのような感覚は抱き難いものなのかもしれない。

　安倍政権による閣議決定のみを通じた集団的自衛権行使容認をめぐる解釈改憲に疑問を抱くことなく、中国・北朝鮮による脅威を根拠としてこれを当然視し、野党の与党に対する「森友・加計疑惑」追及を「些細なことばかり国会で取り上げる」と批判し、与党をなお擁護する市民が少なくないという現象は、このような構造の中に位置づけることも出来よう。

　このような前提に基づいて、前期中等教育課程における公民科教育、とりわ

け憲法学習の文脈における平和教育をどのように実践すべきか、という課題に向き合うとき、竹内提言のように、憲法9条の平和主義条項を「生き方の原理」として読み換え、家庭・学校・地域・日本・世界といったあらゆる場面における紛争を、非暴力的方法により解決すべきという「生き方の原理」と、その方法獲得を、教育の場で実践することが平和教育としてあるべきものとすることも、1つの選択肢ということになろう。しかし、先述したように、リベラリズム的立憲主義論が最近の憲法学における大きな流れとなり、戦争体験の稀薄化の時代、価値相対化の時代にあっては、やはり憲法9条の非武装平和主義解釈は「絶対的な思考によって正当化する議論」によって正当化されるべきではなく、「相対的な思考」によってこそ憲法9条の非武装平和主義解釈は正当化されるべきであろう。

「相対化の時代」において、立憲主義に基づく憲法は、人の生きるべき道や、善き生き方について教えないこと、教えてはならないと長谷部は述べる。この点について筆者は共感を覚える。筆者は、本書の第1章、第2章、第3章における検討を通じて、長谷部による「穏和な平和主義」論を批判したが、これは、リベラリズム的立憲主義という視座に立脚した上でなお、憲法9条戦争放棄規定の原意に忠実な非武装平和主義を公的政策と接続しようとする営みに正統性と正当性、そして可能性が認められるという議論である。

憲法9条をめぐる教育において、憲法上の平和主義条項を「生きる原理」として構成し、個人の生において直面する一切のコンフリクト（紛争、対立、葛藤）を非暴力的方法によって克服すべきことを憲法9条が規定するものとする授業実践に対して、筆者は共感することが出来ない。多様な包括的教説が併存する社会において、非武装平和主義としての憲法9条解釈が確立されるためには、普遍的なカント的道徳原理への志向性をもつ配慮された判断ないし確信に基礎づけられたコミュニケーションにより、結果として政治的構想が創出される必要がある。諸教義の重合は、重合の外にある不一致な諸教義の多元性をも保持するものであり、ロールズにおける上位概念としての「道徳」は一元的で独善的なものではない。一定範囲における諸教義の重合と，教義の重合外部分の多元主義を「事実」として受け止めるものである必要がある[66]。

前期中等教育課程公民科教育における平和教育実践では、差異化を抑圧する

ものとして、生徒と教員の、あるいは生徒同士のコミュニケーションを機能させることがあってはならず、合意形成の裏面、すなわち「既存の「合意」の批判的解体という側面」にも目を向けつつ、自説自身に対する批判的距離を獲得するために、決してモノローグに陥ることなく他者との現実のダイアローグを通じて、非武装平和主義としての憲法9条解釈を正当化し続けることが求められている。そこで求められる方向性とは、個人に対し「生きる原理」を説くものとして憲法9条を位置づけることではない。

　ここで、長年にわたり公立学校において社会科教育に携わり、現在では大学で社会・公民科教育法を担当する桑山俊昭の見解を参照したい。桑山は、従来の平和教育の「弱点」の一つとして、「学校教育で培われた平和意識が社会に出ると剥奪されやすいという構造」を指摘している。[67]

　「学校で育まれた平和意識は、単純化すれば「戦争は悪、平和が大切」「争いは平和的に解決する」という理念である。しかし、日本と世界の現実は、このような理念とは大きく異なる状況にある。日本は就職・結婚さえ容易ではないほどの競争社会・不安社会となり、信頼や話し合いより力による解決が幅を利かせる。国際社会も紛争・暴力・テロ・不正義が横行する不安に満ちた世界で、争いの平和的な解決は進まず、アメリカが独善的な力の行使をねらう。日本国憲法の平和主義は、残念ながら世界では少数派の考え方にとどまる。マスメディアの主流は、憲法の平和主義を非現実的と冷笑しつつ、中国・北朝鮮の脅威を煽る。卒業後の生徒が出て行く社会は、端的にいえば憲法の平和主義が容易には通用しない世界である。彼らは現実社会からの再教育の試練にさらされる。平和意識は動揺と変容の危機に直面する。これまでの平和教育が、この平和意識剥奪の構造まで配慮して組み立てられていたかというと、それは不十分であったと言わざるをえない」[68]

桑山は次のようにも指摘する。

　「生徒はいずれ、憲法の平和主義とは敵対する議論にさらされるのに、学校の平和教育はそれを見越したものにはなっていない。これまで平和教育の側が、敵対議論については荒唐無稽なものと切り捨てたり、相手にしないと

いう傾向があったことは否めない。しかし、相手は世論の多数派かもしれない。憲法の平和主義とは敵対する議論をも研究して、それを乗り越えられるようなものに平和教育を鍛えること、これも現代の平和教育の課題である」[69]

　この論者は、建前としての平和主義と、実態の政治意識との間に存在する「相当の乖離」を埋めることが出来るような平和教育を求める、という問題意識に立脚している。かような問題提起から、憲法9条改憲派の論客かと思われるかもしれないが、桑山は日本国憲法の平和主義に基づく政策の試案として、次のようなものを示している。①対米従属的な日米安保条約を廃棄・米軍基地撤去・日米友好条約の締結、②自衛隊の軍備縮小および近い将来の廃止を目指す、③自衛隊の海外派遣を行わない、④領土問題をはじめいかなる紛争も平和的外交的交渉により解決を図る、⑤北東アジアでの平和友好的条約組織構築への取組み、⑥北東アジアに平和友好的情勢が構築されるまで自衛隊を維持、⑦国際紛争や不正義に対し非軍事的対応を呼びかけ、積極的役割を果たす。[70]

　これらの政策案は、憲法学におけるリベラルな平和主義研究者にとって、異論の少ないものであろう。「憲法の平和主義が現代の課題にも有効であることに確信をもたせるような平和教育」を志向する桑山は、「日本領土への侵略・攻撃・テロにどう対処するのか」、「領土問題にどう対処するのか」、「アメリカの軍事行動に協力するのか」、「国際的な紛争や不正義にどう関与するのか」という「現代の4つの課題」に対する回答の可能性を問い、それぞれに関わる事実を丁寧に積み重ねていくことを通じて、生徒の認識の変化を待つべきことを説く。この「それぞれに関わる事実を丁寧に積み重ねていくことを通じて、生徒の認識の変化を待つ」という方法論にこそ、社会科公民的分野における平和教育の方向性をめぐるヒントがあるように思われる。

　先述した、前期中等教育課程社会科公民的分野における平和教育に際して必要と考えられる「既存の「合意」の批判的解体」とは、まさに、小熊英二により指摘された、「右翼というイメージからおよそかけ離れ、「普通の市民」を自認し、「健康」な「常識」＝「リアリズム」に従っているだけだと思っているナショナリスト」の増大に伴う、憲法9条の規範的価値を批判する言説の「批判的解体」ということが出来よう。憲法9条を非武装平和主義として解釈する

言説には、自説自身に対する批判的距離を獲得するために、決してモノローグに陥ることなく他者との現実のダイアローグを通じて、非武装平和主義としての憲法9条解釈を正当化し続けることが課されている。ピーター・カッツェンスタインが分析したように、日本の暴力抑制的な安全保障政策に対する最大の規定要因となったのは、憲法上の平和主義条項自体ではなく、「第二次大戦の惨禍からの教訓から得られた市民社会の学びの深さ」をはじめとする「政治・社会・文化的相互作用を通じて制度化された規範」であった。かような規範を、価値注入的にではなく、客観的な学びの過程を通じて子どもたちに教授していくことこそが求められている。

　教員養成大学に勤務し、教育現場での数多の教育実習や教育実践を参観指導してきた筆者の皮膚感覚を前提とすれば、「憲法9条にこのように書かれているのであるから自衛隊は違憲だ」、「ただちに自衛隊は解体しなければならない」、「集団的自衛権は憲法9条の条文からはいかようにも導くことができないから日米安保体制は違憲だ」という形で、テクストとしての憲法のみを根拠として憲法9条の規範的価値を教授しようとしても、教育的効果は期待出来ないように思われる。むしろ、生徒に「憲法」への拒否感を高め、生徒とのダイアローグの可能性を教員自身が閉ざしてしまうことにつながりかねない。まさに桑山が、「これまで平和教育の側が、敵対議論については荒唐無稽なものと切り捨てたり、相手にしないという傾向があったことは否めない。しかし、相手は世論の多数派かもしれない。憲法の平和主義とは敵対する議論をも研究して、それを乗り越えられるようなものに平和教育を鍛えること、これも現代の平和教育の課題である」[71]と述べるごとくである。

　「既存の合意」として共有されつつある安全保障をめぐる生徒の認識を、決してモノローグに陥ることなく批判的に解体してみせる教員の力量、これが前期中等教育課程社会科公民的分野における平和教育では必要とされている。

　集団的自衛権が、日本の安全保障政策にとって好ましくない理由は何か。国連憲章51条にしたがって集団的自衛権を行使したと国連安全保障理事会に報告された事例の多くに自衛権濫用の疑念が向けられてきたこと、湾岸戦争やイラク戦争をはじめとする「正義の武力介入」が、実際にはそのような建前とはほど遠いものであった事実。集団的自衛権行使による軍事攻撃・介入がどのよう

な結果をもたらしたのか。集団的自衛権行使という名目で軍事介入が行われた結果、平和をもたらすことなくむしろ混乱を招き、介入前よりも事態が悪化することになったケースがきわめて多いという事実。[72]

　北朝鮮からのミサイル飛翔の可能性を踏まえ、日本が米軍と一緒にいれば安全だ、米国の抑止力がなければ日本が丸裸になるというという「固定観念」に対し、「米国の抑止力が機能しているということは日本にミサイルが落ちないことではなく、日本に落ちても最終的には米国が報復して戦争に勝利するという意味であり、日米同盟による抑止力とは日本に被害がないことを前提としていない」、「日本が安全でいることと米国による世界秩序の維持は両立しない可能性があり、例えば米艦防護により日本がやろうとしていることは、米国と一体化し米国の覇権争いに巻き込まれていくリスクを高めること」[73]という元内閣官房副長官補・柳沢協二の指摘。

　公民的分野に関わる学習指導要領の「分野全体を通して、課題の解決に向けて習得した知識を活用して、事実を基に多面的・多角的に考察、構想したことを説明したり、論拠を基に自分の意見を説明、論述したりすることにより、「思考力、判断力、表現力等」を養う」という方向性を前提とすれば、桑山が主張するように、「それぞれに関わる事実を丁寧に積み重ねていくことを通じて、生徒の認識の変化を待つ」という姿勢が求められていよう。

　勿論、ここで例示した内容にとどまることなく、憲法９条の規範的価値を客観的に教授するために有用な事実、指摘は無数に存在する。それらを用意するのが教科内容学としての憲法学、平和学、国際政治学、国際法学の課題ということになり、教科教育学と教科内容学の連携も深められる必要がある。

　また、竹内による、「80年代以降の平和教育に圧倒的影響力をもったガルトゥング平和学の批判的検討が不可欠」という主張についてであるが、現在の安全保障における重要な課題としての「対テロ戦争」という文脈において、そもそもアルカイーダやイスラム国等のテロ集団を、米国が育てたという歴史的経緯にも触れた上で、「対テロ戦争における弱者による抵抗手段としてのテロ」という側面への気づきを後押しすることにより、「日本の安全保障と米国主導の世界秩序は両立しない」という柳沢協二の指摘に対する理解を深めることが可能となることに注目したい。このような文脈において、筆者はガルトゥング

の構造的暴力論を平和教育の範疇から排除してしまうのではなく、むしろ「狭義の平和教育」の中に位置づけるべきではないかと考えている。現在の日本をとりまく安全保障をめぐる議論を生徒に教授する上で、必要と考えられる事実が取捨選択されるべきであり、とりわけ「対テロ戦争」をキーワードとする現在の安全保障にとっては、先述したような文脈においてガルトゥング的な方向性は有益と考えられるためである。

「多様性を否定し、一つの考え方しか許されないような閉塞感の強い社会という意味での「正方形」は間もなく完成する、いやひょっとすると既に完成しているのかもしれない」[74]。これは慰安婦記述の「学び舎」歴史教科書を採用した灘中学校・和田孫博校長が、自民党議員から問い合わせを受けたり、抗議の葉書が数百枚届いたりという経験を踏まえて記した文章の結びである。憲法学における平和主義学説は、かつてない苦境の中にあるといわざるを得ない。しかし、このような苦境の中にあってこそ、「多様性を否定し、一つの考え方しか許されないような閉塞感の強い」授業実践を平和教育は行うべきではない。「既存の合意」として共有されつつある安全保障をめぐる生徒の認識を、決してモノローグに陥ることのないように批判的に解体するべく、「それぞれに関わる事実を丁寧に積み重ねていくことを通じて、生徒の認識の変化を待つ」授業実践を粘り強く研究・開発し続けることが、前期中等教育課程社会科公民的分野では求められていることを指摘して、本章の考察を閉じることとしたい。

1) ただし、2018年2月14日に発表された、文部科学省による高校の学習指導要領改訂案（2022年度の新入生から実施されるものであり、2009年3月以来、9年ぶりの改訂となる）による公民科の科目構成見直し案によれば、現在の「現代社会」に代わる新必履修科目として「公共」が設置され、その上に選択履修科目「倫理」（公共を基盤として、倫理を発展的に学習）および「政治・経済」（公共を基盤として、政治・経済を発展的に学習）を設置するという方向性が示されている。「公共」は、文部科学省によれば、廃止される従来の「現代社会」と関連する内容が多いが、社会の在り方や諸課題を客観的に把握する性格が強かった「現代社会」に対し、「公共」は生徒が実社会に参画するために必要な知識や態度を身に付けることを目指すものとして位置づけられている。このような公民科の科目構成見直し案は、1945年に20歳以上とされた選挙権年齢が、2015年6月17日に成立した改正公職選挙法により70年ぶりに改定され、18歳以上へ引き下げられたことを踏まえたものとされている。今日、「公共性」が学術や政策において重要な争点となっており、行財政改革・規制改革・新自由主義的改革の進行に伴い、「愛国

第4章　前期中等教育課程社会科公民的分野における平和教育実践の展開と課題

心」、「公共の精神」、「秩序」が強調され、国家主義的な「公」の復権が声高に叫ばれるに至っている。「現代社会」廃止と必修科目「公共」の立ち上げの背景にあるのは、「公共」を高等学校における道徳教育の柱にするという視座である。小・中学校において週に1回設定される「道徳」の時間は、2018年より「特別の教科道徳」へと移行している。文部科学省は、初等・中等教育課程のすべてにおいて、全教科を貫徹する道徳教育の重視という方向性を示しており、「公共」もこのような一環において新設されたとみるべきである。学習指導要領改訂案においては、「公共」の目標として、生徒が「自国を愛」するようになることが明記されており、これは憲法29条による思想・良心の自由の保障の侵害につながるものであるように思われる。憲法学的見地からみると、「公共」の学習内容について、従来の「現代社会」で扱われていた「基本的人権の保障」、「平和主義」や、日本国憲法全体を理解させる主題の項が削除されている点が懸念される。「政治・経済」においても、日本国憲法そのものを体系的に学ぶ内容が含まれておらず、日本国憲法と現代政治との関連を考察するという項目の取扱いにおいて、憲法の内容との関連に留意するようにとの指示があるのみである。したがって、高等学校においては、日本国憲法そのものを学ぶ機会が殆どないという事態となっている。

2)　「わが国は、遠くない過去の一時期、国策を誤り、戦争への道を歩んで国民を存亡の危機に陥れ、植民地支配と侵略によって、多くの国々、とりわけアジア諸国の人々に対して多大の損害と苦痛を与えました」村山内閣総理大臣談話「戦後50周年の終戦記念日にあたって」（1995年8月15日）。
3)　『新編・新しい社会・公民』（東京書籍、2016年）42頁。
4)　『中学社会・公民・ともに生きる』（教育出版、2016年）66頁。
5)　『中学公民・日本の社会と世界』（清水書院、2016年）92頁。
6)　『中学社会・公民的分野』（日本文教出版、2016年）68頁。
7)　『社会科・中学生の公民・より良い社会をめざして』（帝国書院、2016年）40頁。
8)　『新編・新しいみんなの公民』（育鵬社、2016年）56頁。
9)　『中学社会・新しい公民教科書』（自由社、2016年）72頁。
10)　前掲註3、42頁。
11)　前掲註8、59頁。
12)　IISS, *Military Balance 2015*, Routledge, 2015, at 259-263.
13)　*Ibid.*, at 259.
14)　*Ibid.*, at 263.
15)　この点については、現在世界各国では、徴兵制を存置する国家の方が少数であるという現実との矛盾が指摘されなければならない。
16)　前掲註8、56-57頁。
17)　前掲註3、42頁。
18)　前掲註4、70頁。
19)　前掲註7、181頁。
20)　前掲註6、70頁。
21)　前掲註8、59頁。

22) 前掲註9、165頁。
23) 竹内久顕「平和教育と開発教育の協同の可能性」開発教育62号（2015年）5頁。
24) 岩橋雅子・福田泰子「3年たったら選挙権―憲法・子どもの権利・平和教育中学校での学びはいま」子どものしあわせ795号（2017年）19頁。
25) 自由民主党『選挙権年齢引下げに伴う学校教育の混乱を防ぐための提言』2015年7月8日。
26) しんぶん赤旗2016年7月18日付。
27) 最大判昭和51年5月21日（刑集30巻5号615頁）。
28) 小林善亮「「政治的中立性」と教育の自由」歴史地理教育849号（2016年）14-15頁。
29) 2017年度鳴門教育大学大学院学校教育研究科社会系教育コース「教育実践フィールド研究・中学校班」は、鳴門教育大学附属中学校において、選挙管理委員会との連携による模擬授業・模擬投票の実践を行う機会に恵まれた。
30) Skolは英語のSchool、Valは英語のElectionに相当するスウェーデン語である。
31) 共同通信2015年7月5日付。
32) 宮崎敦子「日本の平和教育についての考察‐その特性から」早稲田大学教育学会紀要13号（2012年）35頁。
33) 池野範男「学校における平和教育の課題と展望―原爆教材を事例として」松尾雅嗣教授退職記念論文集『平和学を拓く』IPSHU研究報告シリーズ42号（2009年）400頁。
34) 竹内久顕「平和教育の歴史的展開（2）」竹内久顕編『平和教育を問い直す―次世代への批判的継承』（法律文化社、2011年）37頁。
35) 千田成美「消極的平和と積極的平和に着目した社会科における平和教育―広島市立学校平和教育プログラムを用いて」探究27号（2016年）85頁。
36) 桑山俊昭「現代の課題に応える平和教育が求められている」民主主義教育218号（2014年）65-66頁。
37) 本多公栄『ぼくらの太平洋戦争』（ほるぷ出版、1984年）。
38) 目良誠二郎「開かれたナショナル・アイデンティティの形成と社会科・歴史教育―加害の授業をどう反省するか」歴史学研究716号（1998年）175頁。
39) 同上。さらに目良は、かような実践に対して、なお生徒から向けられる「居直り的反発」、すなわち、「近代日本は自らが帝国主義（侵略）の道を進まないかぎり欧米帝国主義によって植民地化されてしまったのではないか」という反発の根底にある疑問に、真正面から答えるという手続が重要であることも指摘している。同上176頁。このような生徒による疑問に対し、植民地化政策が日本独立のためのやむを得ない選択ではなかったことの「決定的な証拠」として、目良は「朝鮮の永世中立化政策の存在」を挙げる。かような議論は目良の実践当時の教科書には存在しないものであり、教員による補足が求められることになる。
40) 古波蔵香「平和教育における「加害者性」をめぐる問題」中国四国教育学会・教育学研究紀要58巻（2012年）14頁。
41) 同上。
42) 池野、前掲註33、400頁。

43) 竹内久顕「平和教育の歴史的展開（3）―1990年代半ば以降」竹内久顕編『平和教育を問い直す―次世代への批判的継承』（法律文化社、2011年）49頁。
44) 竹内久顕「平和教育学への予備的考察（3）―平和教育学の課題と方法」東京女子大学紀要論集61巻2号（2011年）225頁。なお、別稿「平和教育の歴史的展開（2）」竹内久顕編『平和教育を問い直す―次世代への批判的継承』（法律文化社、2011年）44-48頁において、竹内は、③を提唱した佐貫浩による平和教育論（佐倉浩『学校を変える思想―学校教育の平和的原理の探求』教育史料出版会、1998年、53-55頁）の特徴を、「「（狭義の）平和教育論」と「学校論」「学力論」が組み合わさって提起されている」ことに認めている。
45) 竹内久顕「平和教育の「固有性」と「包括性」―隣接諸領域との接続のあり方」日本教育学界大会研究発表要綱70号（2011年）137頁。
46) 同上。
47) 竹内久顕「平和教育をつくり直す」君島東彦編『平和学を学ぶ人のために』（世界思想社、2009年）39-40頁。
48) 樋口陽一「戦争放棄」樋口陽一編『講座憲法学2―主権と国際社会』（日本評論社、1994年）120頁。
49) 同上128-129頁。
50) 長谷部恭男『憲法と平和を問いなおす』（筑摩書房、2004年）160-174頁。
51) 芦部信喜・高橋和之補訂『憲法・第6版』（岩波書店、2015年）13頁。
52) 長谷部恭男編『安保法制から考える立憲主義・民主主義』（有斐閣、2016年）2頁。
53) 長谷部恭男『比較不能な価値の迷路―リベラル・デモクラシーの憲法理論』（東京大学出版会、2000年）はしがき。
54) 同上61頁。
55) 長谷部恭男・杉田敦『これが憲法だ！』（朝日新聞社、2006年）21-22頁。
56) 愛敬浩二・樋口陽一・杉田敦・西原博史・北田暁大・井上達夫・齋藤純一『対論・憲法を／憲法からラディカルに考える』（法律文化社、2008年）51頁。
57) 愛敬浩二「平和主義―「相対化の時代」における憲法9条論の課題」法律時報80巻9号（2008年）91頁。
58) 同上91-92頁。
59) 麻生多聞『平和主義の倫理性―憲法9条解釈における倫理的契機の復権』（日本評論社、2007年）199-210頁。
60) 本書第3章参照。
61) 宮台慎司「「情の論理」を捨て、「真の論理」を構築せよ」宮台慎司ほか編『戦争論妄想論』（教育史料出版会、1999年）13頁。
62) 大塚英志『戦後民主主義のリハビリテーション』（角川書店、2001年）566-568頁。
63) 小熊英二・上野陽子『〈癒し〉のナショナリズム―草の根保守運動の実証研究』（慶応義塾大学出版会、2003年）参照。
64) 同上91頁、215-216頁。
65) 同上219-220頁。

66) 本書第 3 章参照。
67) 桑山、前掲註36、67頁。
68) 桑山、前掲註36、67頁。
69) 桑山、前掲註36、68-69頁。
70) 桑山、前掲註36、73頁。
71) 桑山、前掲註36、68-69頁。
72) 高作正博編『徹底批判！ここがおかしい集団的自衛権―戦争をしない国を守るために』（合同出版、2014年）41-44頁。
73) 朝日新聞2017年 8 月22日付。
74) 朝日新聞2017年 8 月19日付。

第5章

「永続敗戦レジーム」と沖縄
―― アイデンティティを結集軸とした「オール沖縄」の意義と限界

1　在沖米軍基地周辺において性犯罪が多発する要因について

「日本国土の0.6％の面積の沖縄に74.46％の米軍基地」

　沖縄の基地問題を語る際に、枕詞のように用いられてきた言葉である。第2次世界大戦を戦った日本において、沖縄は、唯一の地上戦の舞台とされた。沖縄戦は、沖縄自体を防衛するための戦闘ではなく、本土防衛のため一日でも長くアメリカ軍を拘束する持久戦となり、非戦闘員を多数巻き込み、集団自決も多発した。沖縄戦におけるアメリカ軍による凄まじい攻撃は、「鉄の暴風」と形容されるほどのものであった。その最中、近衛文麿元首相は、ソ連の仲介による講和の実現を目論み、そのために、沖縄、小笠原、樺太を譲渡する計画を立案していた。十代の若者が鉄血勤皇隊、ひめゆり部隊として戦場に赴き、住民が戦火の中を彷徨う中、政府は国策の手段として沖縄の切り捨てを検討していたのである。
　戦後、沖縄は米軍による軍事占領統治下におかれた。サンフランシスコ講和条約に基づく日本の主権回復後においても、1960年日米安保条約の改定に至る在日米軍基地の沖縄への負担の集中は継続することとなる。前述の「74.46％」という数字から明らかであるように、1972年の本土復帰後現在に至るまで、このような「構造的沖縄差別」[1]とも呼びうる事情は変わるところがない。
　本土復帰前の沖縄での米軍機3大墜落事故にはじまり[2]、1972年の本土復帰後も、毎年1機以上の米軍機が墜落してきたが、それにとどまらず、沖縄県民は、米軍関係者による殺人や強姦、傷害、強盗等の頻発する凶悪事件に直面し

続けてきた。1995年の少女暴行事件、2012年の集団強姦致傷事件、2016年の女性殺害遺棄事件等のように報道で大きく取り上げられたものをはじめとして、性犯罪被害の顕著さについても周知の通りである。

　アメリカ軍普天間飛行場（沖縄県宜野湾市）の返還合意が日米間で実現した契機は、1995年に発生した、米兵3名による女子小学生強姦事件に対する沖縄県民の怒りであった。普天間飛行場の名護市辺野古への移設計画をめぐって沖縄県と日本政府が対立する状況の中、2016年5月の米軍属逮捕事件は重大な影響を及ぼすこととなった。この事件をうけ、安慶田光男沖縄県元副知事は「このような事件が繰り返されるのであれば、普天間飛行場の辺野古移設だけではなく、沖縄の基地全体について県民は反対する可能性が懸念される。事件に対する県民の気持ちは無視できない。注視していく」と述べ、県民の意思表示によっては、在沖米軍基地全撤去を求めていく見解を示した。

　沖縄における在日米軍基地周辺での性犯罪事件の多発には、在沖米兵の55％を構成する海兵隊（Marine）の性格と関わる理由が存在する。"Devil Dogs"という別称をもつ海兵隊は、外征（海外における武力行使）を専門とする部隊であり、米軍が参加する戦闘の最初の段階において、上陸・空挺作戦等の任務で前線に投入される緊急展開部隊である。海兵隊はグローバルな海外展開を任務とするものであって、本土防衛をその任務として含まない。

　第二次世界大戦時において、海兵隊は太平洋を転戦し、ガダルカナル島、タラワ環礁、サイパン島、マリアナ諸島、硫黄島、沖縄等で上述の任務を果たした。硫黄島戦の敵前強行上陸において摺鉢山頂で星条旗を打ち立てる場面を写した有名な写真も、海兵隊員を撮影したものである。その後も、朝鮮戦争、ベトナム戦争、グレナダ侵攻、湾岸戦争、イラク戦争等、アメリカによる軍事介入において、海兵隊は常に最前線に投入されており、朝鮮戦争終結時に際しては、海兵隊は北緯38度線近辺で展開中であった。

　本節では、以下において、デイヴィッド・グロスマンによる論考に依拠しながら、米軍による現代式訓練が兵士にもたらす影響について整理し、これと基地周辺における凶悪犯罪多発の因果関係を確認することとしたい。

　軍隊というものは、非日常的な「殺戮のプロ」を養成する場として把握されるものである。しかし、人間は元来そのようなストレスに耐えるものとして生

まれついておらず、平均的な人間には、同類としての人間を殺害することへの抵抗感が存在している[6]。20世紀に行われた第二次世界大戦中、米兵の多くが戦場で発砲していなかったという事実が戦後明らかとされたように、同類である人間を殺害することへの躊躇は、戦争の歴史を通じて常に明確に現れていることをグロスマンは指摘する[7]。

19世紀の時代でも、南北戦争の時代、30ヤード先の敵兵に対して、本来であれば、1連隊は1分間に何百人もなぎ倒すことが出来るはずであるにもかかわらず、実際に殺害出来たのはせいぜい1〜2人程度であった[8]。発砲しない兵士は、弾薬を用意し、弾丸を装填し、同僚に銃を渡し、あるいはどこかへと消え失せていた。積極的に敵に対して発砲する兵士のために、そうでない兵士が装填やその他の雑用を引き受けるという形は、戦場ではありふれた現象であった[9]。人間を殺害することに対する抵抗感を抱える兵士は、いざという瞬間に良心的兵役拒否者となったのである[10]。第二次世界大戦中、75〜85％のライフル銃兵が、自分や同僚の生命を守るためであってもなお引き金を引こうとしなかった事実が確認されている。

ところが、朝鮮戦争においては、発砲率が55％にまで上昇し[11]、ベトナム戦争では非発砲率が5％程度にまで低下するに至った。発砲率の上昇をもたらしたものは、心理的な条件づけである[12]。第二次世界大戦後、敵に対するものとしてではなく、「自国軍に対する心理戦」が考案される。すなわち、「脱感作」（desentisization）、「条件づけ」（conditioning）、「否認防衛機制」（denial defense mechanisms）という3つの方法の組み合わせによる、殺傷率向上のための心理操作技術の時代が到来するのである[13]。

第1の現代式訓練プログラム「脱感作」は、敵を自分とは異質の存在であり、家族もおらず、人間性さえも否定される存在であることを納得させるために用いられる心理機制である。ベトナム戦争期に完全に制度化されるに至った「殺人の神聖視」の基礎として位置づけられるもの、それがこの「脱感作」である[14]。

しかし、「脱感作」は、殺人に対する抵抗感除去のための、現代式訓練プログラムの中枢として位置づけられるものではなく、あくまで周縁的な機能を果たすものである。グロスマンが最重要なものとして位置づけるもの、それが第

2の現代式訓練プログラム「条件づけ」である。これは、パブロフ派による古典的条件づけ（特定の行動と報酬を関連づけるプロセス）と、これを改良させた行動工学を基軸とするスキナー派によるオペラント条件づけを、現代式訓練と結びつけるものとされる。条件づけ技術の応用により、反射的で瞬間的な早撃ちの能力が養成される。訓練では、人型の的（標的は可能な限り人間らしく作られ、解剖学的に正確な実物大の人間型の的が採用される）が飛び出しては引っ込み（条件刺激）、兵士は瞬間的に狙いを絞って射撃すること（目標行動）が求められる。

命中すれば的が倒れるという形で即座にフィードバックがもたらされ、技量の向上により、報酬とともに顕彰される（正の強化・トークンエコノミー）が、失敗すれば、再教育、同僚からの圧力、基礎訓練キャンプを修了出来ない等の懲罰が与えられることになる。[15]心理学の領域において見出された、最も強力で信頼に足る行動修正プロセス、すなわちオペラント条件づけが、現在では戦争という領域において応用されているのである。[16]

否認防衛機制は、トラウマ的な経験に対処するための無意識の方法である。防衛機制とは、不快な感情、気持ち、体験を弱めたり、避けることにより、心理的に安定した状態を維持するために発生する心理的作用であり、通常は無意識のうちに生ずるものである。訓練で殺人のプロセスを反復的に練習することにより、人を殺害しているという事実が否認出来るようになる。犠牲者の社会的役割の否認および軽蔑（脱感作）と、犠牲者の人間性に対する心理的否認および軽蔑（否認防衛機制）の組み合わせにより、殺人に対する抵抗感が除去されることになる。[17]ベトナム、パナマ、アルゼンチン、ローデシア等の戦場における殺傷能力の向上から、グロスマンは、現代式訓練技術を、戦場における革命と呼ばれ得るものとして位置づけている。[18]

このような現代式訓練を受ける兵士は、任務に不必要とされる同情、臆病、柔弱といったフェミニン（非男性的）な価値を体現させた他者（女性、同性愛者、人種的マイノリティ等）を、兵士の内面から異化することを通じて、より攻撃性の高いマスキュリニティ（男性性）へと同一化していくという主体的なプロセスの中に包摂されることとなる。攻撃的異性愛主義、ホモフォビア（同性愛嫌悪）、ミソジニー（女性蔑視）、人種主義を特徴とする、軍事化したマスキュリニティへの同一化が求められる兵士には、女性への強い性的関心の共有と、日

常的な言説およびその実践を通じての自己の再構築、マスキュリニティへの同一化を図ろうとする傾向が認められる。

　アメリカ4軍の中でも最も厳しい基礎訓練[19]が課され、さらに最前線に常に投入されることを踏まえて、最も厳しい日常訓練を受ける海兵隊員のストレスは、必然的に群を抜いて重いものとなる。精神的な緊張と結びついた歪みの発散は、軍という組織の特殊性と深く結びついたものであり、とりわけ海兵隊員が多数駐留している沖縄における性犯罪事件の多発には、このような意味での因果関係が認められなければならない。米軍基地周辺における性暴力については、個人的な性の問題ではなく、軍というシステムに起因する構造的なジェンダー問題であるという視座が求められる所以である。

2　米軍普天間飛行場移設計画をめぐる国と沖縄県知事の対立

　翁長雄志沖縄県前知事の就任以来、翁長県政は、日米安保体制を容認する姿勢を維持した上で、普天間飛行場の辺野古移設に反対するという立場を示してきたが、先述のように、2016年5月には、在沖米軍基地すべての撤去を求める可能性に初めて言及するに至った[20]。自民党県連幹事長も務めた保守の重鎮により率いられた翁長県政が、このような姿勢を表明するに至った経緯には、どのような事情があったのであろうか。

　2014年、沖縄では1月の名護市長選挙、9月の名護市議選挙、11月の沖縄県知事選挙、那覇市長選挙、県議補選、那覇市議補選、12月の衆議院議員選挙等、多数の選挙が行われた。これら一連の選挙は、日本戦後史においておそらく先例のない共闘体制により[21]、「辺野古新基地建設反対」を掲げた政府への抵抗という形で闘われ、そして勝利を収めたという点において、きわめて重要な意味をもつ。那覇市長であった翁長氏が知事選に立候補し、自民党を離れた那覇市議や企業関係者らによる保守系と、共産党、社民党、労働組合や平和運動団体らによる革新系によって支持され、政府与党が推す現職に圧勝した選挙における合言葉が、「オール沖縄」であった。もっとも、「オール沖縄」とは[22]、2012年末の第2次安倍政権発足後、普天間へのオスプレイ配備に際して県内保革が一致・共闘した経緯に由来するものである。当時は自民党を含めた各党が

辺野古移設に反対しており、オスプレイ配備撤回を要求する「建白書」には、県内全41市町村の首長と議長が署名し、自民党から共産党までが協力するという形において、まさに「オール沖縄」であったということが出来る。

その後、自民県連が2013年11月に政府方針を受け入れて移設容認に転じたことにより、「オール沖縄」という言葉自体のそもそもの背景は失われた。2015年12月14日に開催された「オール沖縄会議」結成総会で立ち上げられた「オール沖縄」は、辺野古新基地建設に反対する幅広い団体を網羅するものだが、そもそもの「オール沖縄」とは文脈を異にする。しかし、翁長県政を生み出した「オール沖縄」という枠組が誇った最大瞬間風速は、看過し得ない重みをもつものとして、現在でもその再結集に向けた力学構築が求められている[23]。本章では、「オール沖縄会議」による対権力的抵抗の動きを跡づけ、翁長前知事が合言葉とした「オール沖縄」という方法論の意義と課題について検討したい。

2014年知事選は、仲井眞弘多元知事による辺野古埋立承認に対する、沖縄の民意の明確な現れとして把握されるべきものであった。翁長前知事は、辺野古新基地建設反対の姿勢を打ち出して2014年11月に知事に初当選した。2015年1月26日には、仲井眞元知事による辺野古埋立承認の瑕疵をめぐる検証委員会を設置し、同年10月13日には、辺野古埋立承認の取消し処分を行った。

沖縄防衛局は国土交通大臣に対し、地方自治法255条の2に基づく審査請求と、旧行政不服審査法に基づく埋立承認取消しの執行停止申立を、2015年10月14日に行った。国土交通大臣は沖縄防衛局の申立を認め、10月27日に承認取消の効力停止を決定した。政府は同日、地方自治法45条の8に基づき、国が知事に代わり取消を是正する代執行手続への着手を決定する。国土交通大臣は沖縄県知事に対し、地方自治法45条の8に基づく是正勧告を10月28日に行うが、翁長前知事がこれに従わなかったため、11月17日に翁長前知事を被告として、埋立承認の取消しを求める代執行訴訟を、福岡高等裁判所に提起したのであった。

3 対立に至る経緯——SACO合意から名護市住民投票まで

1995年9月4日、アメリカ海兵隊3名による女子小学生強姦事件の発生をう

第5章 「永続敗戦レジーム」と沖縄

けて、10月21日に開催された沖縄県民総決起大会には、8万5000人の沖縄県民が参加した。来日予定だったクリントン大統領が来日出来ないという事態に発展し、「沖縄の現状打開のためには、衝撃的な譲歩が必要である」という認識が醸成されて、1995年11月には日米間で沖縄の米軍基地問題を討議する場として、SACO (Special Action Committee in Okinawa：沖縄に関する特別行動委員会) が設置されることとなった。

SACOの主要な課題は、沖縄に存在する米軍基地の整理統合、そして日米地位協定の運用の改善である。1996年12月2日「SACO最終報告」は、「土地の返還」として、普天間飛行場、安波訓練場、ギンバル訓練場、楚辺通信所、読谷補助飛行場、那覇港湾施設を全部返還すること、北部訓練場、キャンプ桑江、瀬名波通信施設、牧港補給地区を一部返還することをその内容とした。

しかしながら、普天間飛行場の全面返還に伴っては、「沖縄本島東海岸沖に、長さ1,300mの滑走路及び司令部や整備場等の支援施設を備えた海上施設を建設」し、「普天間飛行場のヘリコプター部隊の移駐を初め、12機ある空中給油機の岩国飛行場への移駐」、「残りの航空機や後方支援部隊については嘉手納飛行場に追加施設を整備し移駐」という条件が設定されていた。日米政府間のこの合意内容に対する「沖縄による合意」を得るために、1997年11月に「普天間飛行場代替海上ヘリポート基本案」が名護市に提示されることとなる。

1997年12月に行われた、普天間代替施設としての海上ヘリポート建設をめぐる名護市での住民投票は、建設反対票が賛成票を上回る結果となった。SACO合意による海上施設案は、名護市の民意によって否定されたのである。しかし、名護市長は建設受け入れの立場を示し、その直後に辞職を表明した。たしかに憲法43条は間接民主制を規定するものであり、諮問型住民投票は法的拘束力を伴うものではないが、市長によるこの対応には多くの批判が向けられた。ここでは、辺野古移設を争点とした住民投票が実施されたこと、そして移設に反対する住民意思がかような形で明確に示されたという経緯を確認しておきたい。

米軍基地の設置に際し、日本政府は、日米両政府間の合意のみによりそれが可能という立場をとっているように見える。その根拠として位置づけられるのは、「日本国の安全に寄与し、並びに極東における国際の平和及び安全の維持

に寄与するため、アメリカ合衆国は、その陸軍、空軍及び海軍が日本国において施設及び区域を使用することを許される」とする日米安保条約6条1項、そして、「合衆国は、相互協力及び安全保障条約第6条の規定に基づき、日本国内の施設及び区域の使用を許され」、「個々の施設及び区域に関する協定は、第25条に定める合同委員会を通じて両政府が締結しなければならない」とする日米地位協定2条1等であろう。しかし、日米地位協定により地方自治体の自治権が大きく制約されることを踏まえるならば、基地が設置される予定の地域住民による同意が求められるべきである。

4　SACO合意と異なる形での沖縄側からの提案から新たな日米合意まで

　1998年、稲嶺恵一沖縄県元知事は、「15年間基地使用制限付き軍民共用空港」案を提示した。これは、辺野古沿岸の陸上に15年間限定の軍民共用飛行場を建設するという案であり、15年を経た返還後の開発計画を伴う内容であった。稲嶺元知事の立場からみると、この案は一方で基地の固定化を懸念する県民感情に配慮したものでありながら、他方で使用期限を設定することにより政府への譲歩姿勢も示す「現実的」なものとされるものであった。これは、「SACO合意見直しや県外移設を迫れば、振興策の凍結や跡地問題で沖縄県の前途に深刻な影響が及ぶ」という懸念により、「苦渋の選択」に至らざるを得ないという知事側の判断によるものであった。当時名護市長を務めていた岸本建男も、同様の形での受け入れ方針を1998年に表明するに至るが、米軍側は使用期限の設定に対して消極的な姿勢を示し、移設は膠着状態に陥ることになる。

　2006年には、名護市辺野古沿岸部を移設先とし、Ｖ字型配置の2本の滑走路建設案を含む、新たな形での日米両政府合意が示された。この案には、軍民共用でもなく、15年間の使用期限設定も付されないという問題があった。稲嶺元知事、岸本元名護市長はともに拒否の姿勢を示したが、稲嶺元知事の次に就任した仲井眞元知事と、岸本元名護市長の次に就任した島袋吉和元名護市長は、この2006年日米両政府合意に同意を表明する。ここに、「住宅地を避けて海上のみとなるよう配慮」するという方向で、2014年までに普天間から辺野古に移

設完了するという行程表「再編実施のための日米のロードマップ」が策定されるに至ったのであった。

5　民主党鳩山政権による「脱アメリカ依存」の姿勢とその頓挫

　以上のような経緯をうけて、2008年沖縄県議選、2009年衆議院議員選、2010年名護市長選、名護市議選においては、いずれも辺野古移設反対派が勝利を収める結果となった。そして、2010年沖縄県知事選で再選された仲井眞元知事は、県民世論を踏まえて「条件付き県内移設案」から「県内移設反対」への転向の姿勢を表明する。この転向の背景には、2009年衆議院議員選で「普天間飛行場の県外・国外移設」を公約に掲げた鳩山由紀夫代表率いる民主党が政権を獲得したこと、さらに、沖縄県議選、名護市長選、名護市議選での辺野古移設反対派勝利をうけ、県内移設容認では再選が困難という打算があったものと推察する。地元での合意形成が難航する中、2014年までの移設完了を目指す「再編実施のための日米のロードマップ」は、その計画を断念せざるを得なくなり、既定路線となっていた辺野古移設は白紙に戻ることとなった。

　「最低でも県外」を公約に掲げ、マニフェストに「在日米軍再編」、「対等な日米関係」を明記して誕生した鳩山政権[24]は、2009年10月10日に中国・北京で開催された日中韓首脳会談を経て、3か国による長期目標として東アジア共同体の検討を内容に含む共同声明を発表した。このような鳩山政権による「脱アメリカ依存」の姿勢に対し、2009年10月11日、12日に外務省北米局長・梅本和義と会談したアメリカ国務次官補カート・キャンベルは、強い懸念を表明した。この会談の場において梅本が、アメリカ政府に対し、高いレベルから鳩山首相に懸念を示すよう勧めたことが明らかとなっている[25]。

　ここでは、政権与党の方向性を否定する見解が、日本の官僚により政権を迂回して米国側に直接示されたという経緯について、とくに注意を喚起しておきたい。本書第3章では、護憲のための運動において、政策形成過程を精査し、政治資源を結集して実効的に政治的影響力を及ぼすという方法論の必要性を指摘したが、そのような文脈において、「対米従属」体質から脱却することの出来ない外務官僚の硬直的思考を裏づける本件のような事態は、きわめて懸念さ

れるべきものである。外務省にとどまらず、防衛省についても、防衛政策局長・高見沢将林が、駐日アメリカ大使ジョン・ルースとの会談において、近く予定されていたアメリカ国防長官ゲーツの来日に際し、ゲーツ長官から防衛相にアメリカ側の見解を率直に伝えられたいこと、辺野古移設の現行計画が唯一実現可能な計画であることを強調されたいことを進言していたことも明らかとなっている[26]。このような官僚側の動きにより暗示された通り、鳩山政権は県外移設をめぐる具体案を打ち出すことが出来ず、最終的には移設先を「辺野古周辺」とする日米共同声明の発表に至るのである。

　普天間飛行場の移設先については、近くに演習場がなければならないという条件により、県外移設候補地の選択肢が限られることとなり、そのような前提に基づいて、鹿児島県徳之島が候補地に挙げられたという経緯がある。結果的にこの徳之島案は、実現不可能ということで廃棄されることになるのだが、その決定打となったのは、2009年秋に鳩山に対して示された、外務省作成の内部文書「普天間移設問題に関する米側からの説明」であった。

　この文書の内容は、演習場のある沖縄からヘリコプター部隊を移転する場合の条件として、「65カイリ」（約120キロ）以内とする米軍の「回転翼航空部隊の拠点と同部隊が（陸上部隊と）恒常的に訓練を行うための拠点との間の距離に関する基準」というものであったが、後に在日米軍司令部は、報道機関の取材に対し、そのような基準は存在しないという回答を示している[27]。この経緯は、鳩山政権による県外移設方針が断念に追い込まれた理由が、海兵隊の公式な基準ではなかったことを示すものであった[28]。この経験から導かれる示唆は、憲法9条護憲のための対権力的抵抗という文脈において、きわめて重要なものと考えられる。

　2012年、自民党が再び与党の座に返り咲くと、安倍首相は、現行案通りの行程進行を沖縄に要請した。これに対し、仲井眞元知事は、2013年に辺野古沿岸部の埋立承認に及ぶこととなる。

6 「オール沖縄」による「県外移設」一致と、翁長前知事による埋立承認取消しへ

その後、事態は大きく変化した。2014年沖縄県知事選において、辺野古移設反対を掲げる翁長県政が誕生したのである。これにより、県知事、県議会、地元市長、地元市議会のすべてが、辺野古移設反対で一致することとなった。県知事選後の12月に行われた衆議院総選挙では、現行案の推進を掲げた自民党候補は、すべての選挙区で落選した。

翁長前知事は、2015年7月16日に、仲井眞元知事による埋立承認の過程を検証する第三者委員会による「承認には法律的な瑕疵が4点認められる」とする報告書をうけ、2015年10月13日に仲井眞元知事の埋立承認取消し処分を行った。これに対し、防衛省沖縄防衛局長は、2015年10月14日、行政不服審査法に基づく審査請求（地方自治法255条の2）および同法に基づく執行停止を申し立てた。国の主張は、「行政処分の取消しは、それによる不利益と維持する不利益を比較衡量した結果、維持する方が著しく不当な場合に限定される」という1968年の最高裁の判断を根拠とし、取消しにより普天間飛行場の危険性が持続され、さらに日米関係に対するダメージも大きいとして、仲井眞元知事の承認に仮に法的瑕疵があるとしても「著しく不当」とはいえないというものであった。

国によるこのような動きに対しては、2つの問題点を指摘することが出来る。まずは、第1の問題点について。行政不服審査法第1条においては、「行政庁の違法又は不当な処分その他公権力の行使にあたる行為に関し、国民に対して広く行政庁に対する不服申し立ての道をひらくことによって、簡易迅速な手続による国民の権利利益の救済を図るとともに、行政の適正な運営を確保することを目的とする」と規定されている。この規定から明らかであるように、行政不服審査法は、私人救済制度としての目的をもつものである。それゆえに、沖縄防衛局長が審査請求・執行停止申立を行うことは出来ないと考えるべきである。行政処分につき固有の資格において相手方となった場合は、行政主体・行政機関が当該行政処分の審査請求を行うことを、旧行政不服審査法は予

定しておらず、また新法も当該処分を明示的に適用除外としている。したがって、この審査請求は不適法であり、執行停止申立も不適法といわざるを得ない。[30]

続いて第2の問題点について。これは、沖縄防衛局長による国土交通大臣への不服申立に関わるものである。国土交通大臣は、内閣の構成員として、埋立承認取消しは違法であるという立場を、10月27日の閣議口頭了解において明らかにしており、公平・中立な判断者とはいえない。憲法上、内閣の構成員すべてが一体となって統一的な行動をとることが要請されている中で、国土交通大臣が防衛省沖縄防衛局長と一体となって「執行停止決定」したことについては、違法というほかない。行政不服審査制度の重要な要件である「公正性の担保」が確保出来ないためである。それにもかかわらず、あえて国が審査請求を行った意図は、「判決の確定まで長期間工事が停止」という事態を回避し、埋立工事を続行するためであるという指摘がある。[31]

しかし、国土交通大臣は沖縄防衛局の申立てを認め、10月27日に埋立承認取消処分の執行停止を決定した。国が、知事に代わり取消しを是正する代執行手続（地方自治法245条の8）に着手することが閣議決定され、これにより、公有水面埋立工事が再開されるに至った。

翁長前知事は、私人ではない沖縄防衛局の審査請求は不適法であり、かような申立てを却下せずに行われた国土交通大臣による執行停止決定は、違法な国の関与であるとし、さらに国が代執行手続を進めながら別の手続で効力停止を行ったのは審査法の目的外利用であるとして、国地方係争処理委員会に審査を求めた。[32]違法判断および勧告が示されれば、国土交通大臣による執行停止決定は取消しを免れず、知事による埋立承認取消し処分の効力が継続中ということになり、工事は続行不可能となる。

しかし、12月24日、係争処理委は「国の対応は、一見明白に不合理とはいえない」とし、知事の申請が審査になじまないとして、合法か違法かの判断を行うことなく、これを却下した。翁長前知事は那覇地裁に国土交通大臣の決定取消しを求める抗告訴訟[33]を提起し、あわせて、判決までの期間、国土交通大臣による決定の効力を執行停止するよう申立て、さらに審査申し出を却下した係争処理委の決定を不服として、国を福岡高裁那覇支部に提訴した。[34]

国の側は、知事に対して10月28日に是正勧告（知事は拒否）、11月9日に是正指示（知事は拒否）、そして、11月17日に知事を被告として埋立承認取消しを求める代執行訴訟を提起した。これにより、国と沖縄県の紛争は、①国が県を訴えた代執行訴訟、②県が国を訴えた抗告訴訟、③係争処理委の決定を不服とする訴訟という、3件の法廷闘争に集約されることとなった。

7　代執行訴訟

　代執行訴訟とは、「国が本来果たすべき役割に係るものであって、国においてその適正な処理を特に確保する必要があるもの」につき、都道府県知事が法律に基づき行う処分をめぐり、国と知事間で紛争が生じた場合、知事の処分の違法性の判断を司法に委ね、地方自治体の自立性を担保しようとする制度である。埋立承認は、地方分権一括法（1999年）以前の機関委任事務（国による地方への命令系統が存在）とは異なり、国と地方自治体が対等平等であるとの原則に基づく法定受託事務として位置づけられる。代執行訴訟では、「外交・防衛に関する事項は首相が判断すべきであり、埋立承認の判断要素からは除外される」という国側の主張と、「公有水面埋立法は国防に関する事業についても除外・特別規定を設けていないため、異なる取扱いをする根拠はなく、知事に承認取消しの裁量が委ねられている。公水法に基づく都道府県知事の権限と責務により、埋立の必要性を審査できることは当然である」という知事側の主張が対立する形となった。

　国と地方が対等な立場で争うものとしての代執行訴訟があえて提起された背景には、そもそも下すことが出来なかったはずの決定を強引に行い、埋立工事の続行を強行したとの批判に対する、国の側の懸念があったものと考えられる。代執行訴訟において知事の埋立承認取消し処分の取消しが命じられる場合は、①知事の埋立承認取消し処分が違法であること、②他の方法では是正を図ることが困難であること、③知事の処分を放置することにより、著しく公益を害することが明らかであること、以上3件の要件が必要とされる。

　ところが、2016年1月に福岡高裁那覇支部が和解案を提示し、安倍首相によって、これが受け入れられることとなる。和解案の内容は、「国は代執行訴

訟と審査請求を取り下げ、埋立工事を直ちに停止、知事も訴訟を取り下げる。その上で、国と県の双方は円満解決に向けた協議を行い、訴訟になった場合は、国と県は相互に判決に沿った手続の実施を確約する」とするもので、さらに、「①国は、沖縄県知事の埋立承認取消処分に対する是正の指示を行うことが出来る。②沖縄県知事は、この是正の指示に不服がある場合、是正の指示があった日から1週間以内に、国地方係争処理委員会へ審査の申出を行うことが出来る。③沖縄県知事は、国地方係争処理委員会が是正の指示を違法でないと判断した場合、審査結果のあった日から1週間以内に、是正の指示の取消訴訟を提起することが出来る。④沖縄県知事は、国地方係争処理委員会が是正の指示を違法であると勧告したにもかかわらず、国が勧告に応じた措置をとらないときは、その期間が経過した日から1週間以内に、是正の指示の取消訴訟を提起することが出来る」という内容が続くものであった。安倍首相はこの和解案に基づき、2016年3月4日に工事中止を防衛相に指示し、2015年10月に着工された埋立本体工事は、当面中止されることとなった。

　ところが、和解のわずか3日後の2016年3月7日に、国交相が「代執行訴訟和解条項に沿った手続の一環」として、埋立承認取消し処分の是正指示を行うのである。和解条項に含まれる手続とはいえ、協議再開前の早期の指示に、翁長前知事は「誠意ある協議」という国の姿勢に疑念を表明し、是正指示に従わず、3月23日に国地方係争処理委員会に審査申出書を提出した。和解成立後の政府と県の初協議においても、政府は「辺野古が唯一の解決策」という姿勢を崩すことがなく、4月11日の日米外相会談においては「辺野古移設が唯一の解決策」、「急がば回れの考え方で和解を決断」と岸田外相が米側に説明するなど、「誠意ある協議」とは程遠い政府の姿勢が目立った。本章2節冒頭で述べた、「日米安保体制を容認する姿勢を維持した上で、普天間飛行場の辺野古移設に反対するという立場を示してきた翁長県政が、沖米軍基地全ての撤去を求める可能性に初めて言及するに至った2016年5月」とは、このような時期であったことが確認されなければならない。

　2016年6月17日に、国地方係争処理委員会は、委員会が適否を決定しても政府と県の対立関係が改善しないという前提に立脚し、是正指示の適正性をめぐる判断をしないことを決定した。「是正の指示に立ち至った一連の過程は、国

と地方のあるべき関係からみて望ましくないものであり、国と沖縄県は、普天間飛行場の返還という共通の目的に向けて真摯に協議し、双方がそれぞれ納得出来る結果を導き出す努力をすることが、問題の解決に向けての最善の道」であるとして、両者の協議が呼びかけられた。

委員会が適否の判断を下さなかったことにより、国交相による是正指示の効力が継続することとなり、この審査結果を不服として、翁長県政側が新たな訴訟を提起するかが注目された。しかし、県は国交相の是正指示の効力が続くものの、翁長前知事による取消の効力も継続するという解釈をとり、「共通の目的に向けて真摯に協議し、双方がそれぞれ納得出来る結果を導き出す努力をすることが、問題の解決に向けての最善の道」とする「委員会の判断を尊重し、問題解決に向けた実質的な協議をすることを期待する」との姿勢を表明して、提訴しない考えを明らかにした。

この後、国側は、沖縄県が是正の指示に従わないことが違法であるとし、2016年7月22日、福岡高裁那覇支部に不作為の違法確認訴訟を提起した。たしかに沖縄県側には、埋立承認取消処分のを取消を求める国側の指示に従っていないという意味において、「不作為」が存在しないわけではないが、上述したように、沖縄県の姿勢は、国地方係争処理委員会により「最善の道」として促された協議を真摯に求めたものであった。国側による是正指示の違法性が示されなかったという点についてはともかく、真摯な協議を求めた国地方係争処理委員会の「審査の結果又は勧告に不服がある」という要件については、これを満たすものではなかったため、「沖縄県知事は、国地方係争処理委員会が是正の指示を違法でないと判断した場合、審査結果のあった日から1週間以内に、是止の指示の取消訴訟を提起することが出来る」という和解条項に基づき取消訴訟を提起する必要性はないと判断したのである。この文脈においては、白藤博行が指摘するように、「国の協議の不作為」の違法こそが問われるべきであった。しかし、国により提起された不作為の違法確認訴訟は、福岡高裁那覇支部が9月16日に国側の勝訴判決を示し、最高裁も原審の判断を維持するという結果に終わった。このような訴訟の結果をうけて、国側は辺野古沖新基地建設の再開の強行に至ることになるのである。

8　公有水面埋立法に基づく仲井眞元知事の埋立承認における瑕疵

　上述の最高裁判決は、仲井眞沖縄県元知事による公有水面埋立法の埋立承認にかかる広範な行政裁量権を認め、埋立承認処分が同法の埋立承認要件を満たす適法なものであるという前提に立脚して、翁長前知事による取消処分を違法と判断するものであった。本節ではこれを踏まえた上で、そもそも仲井眞元知事が、辺野古埋立事業の環境影響評価書をめぐる意見（2012年3月）において、「評価書で示された環境保全措置等では、事業実施区域周辺の生活環境及び自然環境の保全を図ることは不可能と考える」という立場を表明した点に注目してみたい。

　2013年、沖縄県土木建築部海岸防災課・農林水産部漁港漁場課による審査状況中間報告は、事業実施区域周辺の生活環境及び自然環境の保全を図ることは不可能とした知事意見への対応がポイントであるとし、環境生活部の見解を基に判断すると報告している。11月29日に示された環境生活部長最終意見も、埋立事業に係る環境影響評価書に対して述べた知事等の意見への対応状況を踏まえ、埋立事業をめぐる承認申請書に示された環境保全等では不明な点があるとし、事業実施区域周辺の生活環境及び自然環境の保全について懸念が払拭できないと述べている。そのわずか1か月後に、仲井眞元知事は埋立承認の判断を下している。環境生活部長最終意見に対し、どのように対応することが出来たのか、非常に疑問が残る突然の承認であり、仲井眞元知事の承認は単純に公約違反という政治的意味合いにとどまらない問題を孕むものであることが指摘されるべきであろう[40]。

　翁長前知事は知事就任後、埋立承認における法律的瑕疵の存否をめぐる判断を求めるために、2015年1月26日に第三者委員会を設置したが、7月16日に示されたその報告[41]によれば、法律的な瑕疵が4点存在するとされた。

　公有水面埋立法4条1項が規定する埋立免許の要件は、1号「国土利用上適正且合理的ナルコト」、2号「其ノ埋立ガ環境保全及災害防止ニ付十分配慮セラレタルモノナルコト」、3号「埋立地ノ用途ガ土地利用又ハ環境保全ニ関スル国又ハ地方公共団体（港湾局ヲ含ム）ノ法律ニ基ク計画ニ違背セザルコト」、

4号「埋立地ノ用途ニ照シ公共施設ノ配置及規模ガ適正ナルコト」、5号「第2条第3項第4号ノ埋立ニ在リテハ出願人ガ公共団体其ノ他政令ヲ以テ定ムル者ナルコト並埋立地ノ処分方法及予定対価ノ額ガ適正ナルコト」、6号「出願人ガ其ノ埋立ヲ遂行スルニ足ル資力及信用ヲ有スルコト」であり、埋立承認が適法であるためには、以上の6要件すべてを充足する必要がある。さらに本法の一般的理解として、以上6要件の前提条件として「埋立の必要性」が要件として求められることになる。

　第三者委によれば、まず第1に、「埋立の必要性」について、①本件埋立対象地についての「埋立の必要性」をめぐり合理的な疑いがあること、②審査において「普天間飛行場移設の必要性」から直ちに辺野古地区での埋立の「必要性」があるとした点に審査の欠落があること、③その審査の実態においても審査が不十分であること等から、本件埋立承認出願が「埋立の必要性」要件を充足していると判断することが出来ず、法律的な瑕疵があると判断されている。

　第2に、法4条1項1号の「国土利用上適正且合理的ナルコト」の要件についても、本件埋立により得られる利益と本件埋立により生ずる不利益を比較衡量して総合的に判断した場合、「国土利用上適正且合理的ナルコト」とはいえず、法4条1項1号の要件を充足していないために法律的な瑕疵があるとされた。

　第3に、法4条1項2号については、①知事意見や環境生活部長意見に十分な対応がされておらず、環境影響評価法33条3項の趣旨に反すること、②環境保全図書の記載は定量的評価ではなく生態系の評価が不十分であること、③具体性がなく、明らかな誤りの記載がある等様々な問題があること等からして、その環境保全措置は「問題の現況及び影響を的確に把握」したとは言い難く、「これに対する措置が適正に講じられている」とも言い難い。さらに、その程度が「十分」とも認め難いものであり、「其ノ埋立ガ環境保全及災害防止ニ付十分配慮セラレタルモノナルコト」の要件を充足しておらず、法律的に瑕疵があるとされた。

　第4に、法4条1項3号については、本件埋立承認出願が「法律ニ基ク計画ニ違背」するか否かについて、十分な審査を行わずに「適」と判断した可能性が高く、「生物多様性国家戦略2012-2020」及び「生物多様性沖縄戦略」につい

ては、その内容面において法４条１項３号に違反している可能性が高く、さらに琉球諸島沿岸海岸保全基本計画については、同計画の手続を履践していない点において、結果的に同３号に違反しており、法律的に瑕疵があると判断されている。

　以上において示された第三者委による判断のうち、「第１の判断」、「第２の判断」との関わりにおいて、沖縄に米軍基地が集中することの軍事的合理性について考えてみたい。翁長前知事が代執行訴訟の意見書で述べたように、沖縄は中国との距離が近すぎるため、中国の弾道ミサイルに耐えられないという点、かように固定的な、要塞的な抑止力には脆弱性が認められるという点、基地を分散して配備することが抑止力向上という見地から望ましいという見解が、米国における以下の有力なシンクタンクによる研究によっても裏づけられている。

　「中国の弾道弾ミサイルの性能向上には顕著なものがあり、2010年にはDH-10 GLCM や DF-21c といったミサイルの相当の数が嘉手納基地に到達しうるに至った。2017年までには、数百発の NRBM と1000発以上の DH-10 の射程距離に収まることとなる」[42]

　「2017年予測で、中国が仮に274発の NRBM を発射した場合、米軍の戦闘機の運用は43日間ストップさせられることになり、大型空中給油機の運用も90日間ストップさせられることになる」[43]。

　また、日中の軍事対立の際に、尖閣諸島防衛のために沖縄に基地が必要という見解もあるが、海兵隊地上戦闘部隊が軍事作戦遂行のために必要な強襲揚陸艦が佐世保に配備されており、佐世保と沖縄との直線距離が800キロ、強襲揚陸艦ボノム・リシャールで丸一日かかることを踏まえ、１時間を争う軍事紛争に出て行くという態勢が海兵隊には見られないこと、沖縄と尖閣が近いことは軍事的に意味をもたないという指摘もある[44]。

　また、仮に日米同盟が他国への抑止力たり得るとしても、その場合、日米同盟が脅威になるということであるから、沖縄に基地があるか否かは抑止力とは直接関係のない問題といわざるを得ない。政治共同体維持のための社会生活の

コストを公正に分かち合う基本的枠組こそが立憲主義の果たす重要な役割であるとすれば、日米安保という巨視的利益の前で沖縄県民の住民の利益侵害はやむを得ないという国側の思考には、重大な瑕疵が認められるべきである。

そもそも米国の国防戦略においては、アジア太平洋重視の観点から戦力をアジア太平洋に広く分散させる方向への転換が遂げられつつある。2006年米軍再編合意は、司令部要員を沖縄から移転し、地上戦闘部隊を残すという内容であったが、2012年の再編見直し協議では、海兵隊のグアム移転につき、地上部隊の大半を沖縄から出すという内容へと変更されている。主力の第4海兵連隊はグアムに移転することとなり、沖縄に残る実戦部隊は、第31海兵遠征隊（31MEU）と第12砲兵連隊のみとなる[45]。

これにより、「海兵隊の地上戦闘部隊が沖縄に駐留することにより抑止力が維持される」という日本政府の従来の説明の根拠が大きく崩れることとなった。これは、「実戦部隊が後退しても海兵隊には機動力があるので、有事にはすぐに駆けつけることが可能」という、従来の在沖縄海兵隊駐留の必要性を強調した説明と矛盾する内容である。2012年4月27日に発表された共同文書では、「海兵隊の抑止力は兵力分散により各地でプレゼンスが確保されることとなり、強化される」と述べられたが、「分散による抑止力の強化」という見地は、在日米軍基地が沖縄以外でも構わないことを認めたものに他ならない。

以上のような前提に基づくと、第三者委による「第1の判断」における「埋立の必要性をめぐり合理的な疑いが残る」という判断、そして、「第2の判断」における「本件埋立により得られる利益と本件埋立により生ずる不利益を比較衡量して総合的に判断した場合、「国土利用上適正且合理的ナルコト」とは言えない」という判断には合理性があると考えられる。

公有水面埋立法が、国所有の公有水面の埋立承認権限を都道府県知事に付与している理由は、埋立が地域に重大な不利益を与える可能性があることに求められよう。政府は「日米同盟の公益性」を前面に押し出して、翁長前知事による承認取消を批判したが、横田第1・第2次騒音訴訟控訴審判決が[46]「行政は多くの部門に分かれているが、各部門の公共性の程度は、原則として等しいものというべきである。国防は行政の一部門であるから、国防のみが他の諸部門よりも優越的な公共性を有し、重視されるべきものと解することは憲法全体の精

神に照らし許されない」と述べているように、憲法下では国防に特権的な地位が認められているわけではない。布施祐仁が指摘するように[47]、「日米同盟の公益性」を他のあらゆる公益に優越するものとし、国防関連政策は政府の専権事項であるとして県の意思を切り捨てる政府の姿勢は、公有水面埋立法、地方自治法、そして日本国憲法の精神を否定するものと結論せざるを得ない。

9 アイデンティティを結集軸とする「オール沖縄」

　次に、政府が沖縄県による県内移設受け入れの原点を1999年の知事・名護市長の受け入れに求める点について考えてみよう。当時の稲嶺元知事は、辺野古を候補地とするにあたり、軍民共用空港とすること、15年間の使用期限設定を前提条件としていた。当時の岸本元市長も、知事の条件に加えて基地使用協定の締結が出来なければ受け入れを撤回するという厳しい姿勢で臨んでいたことも踏まえるならば、当時の政府がその条件を盛り込んだ閣議決定を行ったものの、その閣議決定が稲嶺知事に相談もなく2005年に一方的に破棄された点に問題が認められなければならない。

　そもそも翁長前知事には、仲井眞元知事の選対部長として普天間基地県外移設を掲げて選挙を戦ったという経緯がある。仲井眞元知事の埋立承認は県外移設という公約を破棄してのことであった。先述のように、2014年の名護市長選、沖縄県知事選、衆院議員選では、元知事による埋立承認が争点とされ、すべての選挙で反対派が勝利している。埋立承認以外に翁長前知事と仲井眞元知事の政策面での相違には大きなものがなく、かような公約違反ゆえに仲井眞元知事は県知事選で勝利出来なかったと考えるべきである。仲井眞元知事による埋立承認に民主的正統性が認められるか否かの審判、レファレンダムとして2014年県知事選は位置づけられるべきものであり、翁長前知事が10万票差で当選したことは、辺野古移設反対という県民による民意の反映とされるべきである。

　ここで、白井聡が指摘する「永続敗戦論」を参照することとしたい。「永続敗戦論」とは、敗戦そのものを意識において巧みに隠蔽（否認）する一方で、敗戦の帰結としての政治・経済・軍事的な意味での直接的な対米従属構造に固

執、これを永続化せんとする体制の存在を認識し、これを批判的に捉える視座として要約することが出来る。国内およびアジアに対しては敗戦を否認してみせながら、自分たちの勢力を容認し、支えてくれる米国に対しては卑屈な臣従を続ける、敗戦を否認するがゆえに敗北が無期限に続くという状況を、白井は「永続敗戦論」として定式化している。

「①敗戦の帰結としての政治・経済・軍事的な意味での直接的な対米従属構造が永続化される一方で、②敗戦そのものを認識において巧みに隠蔽する（＝それを否認する）という日本人の大部分の歴史認識・歴史的意識の構造があるという二重構造。この二側面は相互を補完する関係にある。敗戦を否認するがゆえに際限のない対米従属を続けなければならず、深い対米従属を続けている限り、敗戦を否認し続けることができる。かかる状況を私は、「永続敗戦」と呼ぶ」

「国内およびアジアに対しては敗戦を否認してみせることによって自らの「信念」を満足させながら、自分たちの勢力を容認し支えてくれる米国に対しては卑屈な臣従を続ける…敗戦を否認するがゆえに敗北が無期限に続く——それが「永続敗戦」概念が指し示す状況である」

大戦で破滅的な終局を強いられたにもかかわらず、政官財学メディアの各領域において、負けるとわかっていた無謀な戦争遂行に加担した者たちが、公職追放処分などを一時的に受けながらも、最終的にはそれぞれにとって有意な場所へ復帰を遂げている。例えば、参謀本部作戦課における作戦班長を務めた辻正信は、対米開戦を強硬に主張して陸軍を主導した人物であった。日米開戦後、シンガポール攻略戦を担当した第25軍の作戦主任参謀として、シンガポールに在住する華僑数十万人を検問所に集め、「敵性華僑」5000人以上を殺害する華僑虐殺事件の指揮を執った辻は、戦後1952年に衆議院議員に、1959年には参議院議員に当選し、戦後日本社会に復帰している。GHQに重用されていた服部卓四郎の動きにより辻の戦犯指定が解除された経緯が、魚住昭により指摘されている。服部は、関東軍作戦主任時代に辻とともにノモンハン事件に向けた戦局拡大を強硬に主張した人物でもある。辻や服部における、情報を軽視し

た楽観主義や物量に優先される精神主義は、太平洋戦争においても繰り返される「失敗の本質」として位置づけられるべきものであった。

　A級戦犯の指定を受けて収監されながら不起訴処分となり、後に自民党総裁・内閣総理大臣の地位に就いた岸信介も、その適例として挙げることが出来る。白井によれば、このような事態が生じた背景には、冷戦構造下におけるアメリカの対日統治のあり方があり、戦前の指導者は、米国の庇護・承認の下で、権力の座に再び居座ることが出来たということになる。敗戦の帰結としての政治・経済・軍事的な意味での直接的な対米従属構造の永続化の下、米国の傀儡として自身の統治を維持してきた保守政治勢力、行政権力が対米従属的行動をとることは不思議なことではなく、安倍政権が2015年に集団的自衛権行使解禁に及んだ経緯も、このような文脈の中で理解することが可能である。先述したように、アジア諸国間での信頼感醸成に基づく集団安全保障体制確立を志向し、普天間飛行場の県外・国外移設に取り組んだ鳩山由紀夫元首相の政策を頓挫させた決定的要因が、外務省により用意されたところの、実際には存在しない米海兵隊の「65カイリ基準」であったことからも、日本の行政権力の自発的な対米従属というあり方を裏づけることが出来る。

　敗戦の責任を有耶無耶にし、敗北必至であった対米戦へと国民を追い込んだ支配層による戦後のさらなる支配維持を正当化するため、「敗戦の終戦へのすり替え」が必要とされた。玉音放送における「降伏」、「敗北」という表現の慎重な回避、東久邇宮内閣による「一億総懺悔」という標語の提示に始まり、1955年の保守合同による自由民主党結党に際し、保守合同を先導した自由党総裁・緒方竹虎を通じて米国が対日政治工作を行っていたという事実[54]、米中央情報局が1950年代〜60年代にかけて保守政権安定化を図り自民党に数百万ドルの資金援助を行っていた事実[55]等を踏まえ、「逆コース」以降の戦後日本の権力中枢再編成が、対米従属を基幹とする半ば傀儡的なものとなったことは、白井によれば当然の帰結として位置づけられるものである。

　冷戦終結までは、「共産国の脅威」という共通敵が明確に存在すればこそ、日本は米軍の駐留を無限延長させた上で、対米追従が行われてきた。しかし、冷戦終結後、共通敵が失われ、日本には無条件的な対米追従を続ける理由がなくなったはずである。それにもかかわらず対米従属が継続している実態は、対

米従属構造の変化として把握されるべきものである。かつて、為政者にとって対米従属は手段であって、「安定の確立」と「冷戦下の安全保障」という明確な目的が存在したが、現在では対米従属が自己目的化していることが確認されなければならない[56]。その要因として考えられるのが、「対米従属利権共同体」の存続という事情である。

　先述した2012年の米軍再編最終報告見直しにおいて、主力の第4海兵連隊のグアム移転により、日本政府が従来主張し続けてきた「抑止力」が限りなく弱まること、それでも米政府の要求を受け入れたのは、最初から在沖縄海兵隊を「抑止力」とは考えていない証拠であると半田滋は指摘している[57]。白井により指摘される「永続敗戦論」という体制のあり方を把握した上で、憲法9条の規範内容を実現するために、いかに対権力的抵抗に及ぶべきかという方法論のあり方については、慎重な検討が求められているように思われる。

　ただし、白井による議論においては、疑問を覚える箇所がある。それは、「オール沖縄」を率いた翁長県政が「永続敗戦レジームの外部」に位置づけられ[58]、「永続敗戦レジームそのものを拒否した」ものとされる点である。ここでは、大野光明による次の指摘を参照したい。「オール沖縄」が台頭する一方で、「島嶼防衛の強化」を名目として着々と進行中の与那国島、石垣島、宮古島等への自衛隊配備計画について、沖縄県知事選等では殆ど議論が見られなかったこと。一貫して日米安保に対する支持を表明してきた翁長前知事は、高江でのヘリパッド建設について対応方針を曖昧にしたままであり、自衛隊基地の新設・強化についても殆ど発言がなかったこと。辺野古の新基地は自衛隊が共同使用するとの指摘もある中、「沖縄の軍事化の強化は、当然のことながら、安保法制の成立へと結実してしまった米軍と自衛隊の一体化を地球規模で進めてきた大きな動きのなかでのこと[59]」という事情を踏まえ、革新共闘がもはや成立し得ない沖縄の政治状況の保守化という問題が、当の革新3党やその支持者によって曖昧にされたこと。辺野古移設問題で共闘を組むために意見が異なる課題が棚上げされることにより、日米安保条約や自衛隊、安保法制等の重要な課題が後景化していくということ。

　従来保守陣営にいた翁長前知事が、共産党をも含む保革の最大限に広範な政治勢力からの支持を受けるという「オール沖縄」の構図を白井は評価してい

る。しかし、辺野古移設問題は、唯一かつ独立したものとして捉えられるべきものではなく、グローバルな安保再定義の文脈の中でこれを捉えるべきであるにもかかわらず、かような動きが見られないどころか、辺野古移設反対の一点突破で盛り上がる「オール沖縄」が肯定的に評価される現状に対して、客観的な考察が求められているように思われる。

　もう一点、白井が「オール沖縄」を「永続敗戦レジームの外部」に位置づける根拠として、沖縄が第二次世界大戦中、唯一地上戦の舞台となった地であること、戦後米国の統治下に置かれて冷戦の最前線に置かれてきたことを挙げる点、つまり、「アイデンティティを結集軸としたオール沖縄」という、翁長前知事と同様の見解を白井が採用していることについて、考察してみたい。

　保守対革新という対立図式のもとで知事選、国政選が行われてきた従来の枠組に対し、「最低限県外移設」という統一目標の下、保革を越えて、超党派で結集するという政治潮流としての「オール沖縄」という方向性が顕在化し、「イデオロギーからアイデンティティへ」を掲げる翁長県政が生まれた。このような、差別、抑圧という被害者意識、「われわれ沖縄人」という集合的アイデンティティに訴求するアイデンティティ・ポリティクスという方向性を示唆するものとして、例えば佐藤優の「沖縄エトニ論」を挙げることが出来る。

> 「民族とは政治的な現象である。つまり、同じ文化を共有する人たちが政治の領域も支配すべきだと主張し、その実現のために行動する。…民族とは近代の産物であり、フランス革命以降の流行であることだ。では民族はどのように生まれてくるのか。全くの偶然で生まれると考える研究者もいる。一方で民族が生まれるにはそれ相応の理由があると考える研究者もいる」

　民族が形成される原型として「エトニ」（共通の祖先・歴史・文化をもち、ある特定の領域との結びつきをもち、内部での連帯感をもつ、名前をもった人間集団）の存在を挙げ、トートーメーや門中などからわかる共通の祖先・歴史の共有、独自の食習慣・舞踊・音楽などの文化面、沖縄島およびその周辺諸島という特定の領域との結合、ウチナーンチュ（沖縄の人）という呼称等から、佐藤はこれらが「エトニ」に該当するとし、沖縄の分離独立論という可能性に論及する。

第5章 「永続敗戦レジーム」と沖縄

「中央政府が沖縄に対する構造的差別に気づかないまま強圧的な対応を続けていると、いずれ沖縄は自己決定権に基づいて行動するようになるだろう。そうなると日本政府は、都道府県という単位での日本国の統合を維持できなくなる[63]」

　このような議論の文脈に、軍民共用空港案をめぐる閣議決定が政府により一方的に破棄されたという、2005年に起こった出来事を位置づけてみよう。6月4日シンガポールで開催された各国安全保障担当首脳間会議における、米国のリチャード・ローレス国防副次官（東アジア・太平洋担当）による「ヘノコ・イズ・デッド（辺野古案は死んだ）」という言葉に象徴されるように、SACO合意から9年近く経過して進展を見せない現状から、そもそも2005年当時、アメリカ側では辺野古沖の海上空港建設は不可能と考えられていた[64]。このような経緯から、6月当時、アメリカ側が「キャンプ・シュワブ陸上案」を独自に提案していたにもかかわらず、8月1日にローレス副次官来日時には辺野古沖浅瀬に飛行場を建設するという「名護ライト案」がアメリカ側から示されることとなった経緯は、きわめて不可解なものであった。
　このアメリカ側における転換の背景には、辺野古沖の浅瀬（Lite）を埋め立てて飛行場を建設するというこの案が、実際には、沖縄県防衛協会北部支部により、6月13日にその総会で決議されたものであったという経緯がある[65]。北部支部の会員は殆どが沖縄県北部の建設業者であり、同支部会長で総合建設業「東開発」を経営する中泊弘次氏がワシントンまで出向き、米国防総省関係者と交渉した結果、国防総省、日本の外務省、防衛施設庁も同案にコミットするという事態が生まれたこと[66]が、ここで確認されなければならない。
　2019年現在まで続く「現行案」としての辺野古埋立案について、「合意に基づく閣議決定を沖縄の頭越しにご破算にしたもの[67]」として位置づける論考もあるが、実際は「沖縄」のイニシアティブによるものでもあったのである。このような前提に基づくと、「イデオロギーよりアイデンティティ」というスローガンを掲げる「オール沖縄」というあり方に対して、筆者は一定の違和感を禁じ得ない。
　集合的アイデンティティへの訴求は、内部的差異の抑圧と外部の排除につな

がる。可動的であり得る境界線を不動のものとして固定化し、境界線内部で「オール沖縄」という形で閉じてしまうことにより生じる排除性は、多元性に対する寛容性の欠缺にもつながる。境界線の自明性を揺らがせて、多元性への寛容性を生み出すことも必要であろう。

　沖縄の平均所得は日本全国で最低である一方、年収1000万円以上の所得者数が全国での上位を占めており、所得格差がきわめて大きい。この高額所得者には軍用地主が数多く含まれており、補助金により潤う既得権益者も少なくない。沖縄では、既得権益層と非既得権益層との間に著しい経済格差が生じている。「アイデンティティに立脚するオール沖縄」という位置づけには、上述の沖縄県防衛協会北部支部による「名護ライト案」のアメリカ政府への提唱という経緯、そしてそのような利益団体によるロビー活動が「沖縄の同意」としてラベリングされてしまった経緯の隠匿につながるという側面がある。また、宮古・八重山・与那国が歩んだ歴史から導かれる「沖縄のアイデンティティ」が、翁長前知事のいうそれに包摂され得るものではないことも看過してはならない。

　先述したように、知事就任以来、日米安保体制を容認する姿勢を維持してきた翁長県政は、2016年5月に、在沖米軍基地全ての撤去を求める可能性に初めて言及するに至った。たしかに、在日米軍の74.46％を引き受ける沖縄の在沖米軍基地全ての撤去という立場は、日米安保体制そのものを存立不可能とするものでもある。繰り返される米軍属による凶悪事件や地位協定を根拠とした県民の人権侵害行為を踏まえ、保守陣営出身の翁長前知事により率いられてきた「オール沖縄」という枠組が、白井のいうように「永続敗戦レジーム」を根本的に否定する立場に到達する可能性がある。しかし、そのような方向性を、佐藤優の「沖縄エトニ論」における沖縄分離独立論が示唆するような形で、沖縄県民のアイデンティティのみに依拠した「オール沖縄」という枠組単体で維持することはきわめて困難であり、本土における憲法9条護憲のイデオロギーに立脚した勢力との連携が不可欠であることを看過してはならない。「永続敗戦レジーム」という対米従属構造の中にありながら、アメリカの軍事戦略に完全に従うことを妨げてきたものとしての「憲法9条による制約」の意義の認識が、内憂を外患により糊塗してしまう傾向をもち、さらに本土への排除性をも

第 5 章 「永続敗戦レジーム」と沖縄

にじませるアイデンティティ・ベースによる閉じられた「オール沖縄」によってではなく、熟議によりシェアされる価値に立脚したイデオロギー・ベースという形での「オール沖縄」と、本土の幅広い抵抗の主体により共有されなければならない。

　本章 3 節において、普天間代替施設としての海上ヘリポート建設をめぐる 1997 年 12 月の名護市住民投票を参照した。先述したように、「名護ライト案」の浮上に際して米軍側が得たとする「沖縄の同意」とは、一部の利益団体による働きかけにすぎないものであった。このような形での「沖縄の民意」の僭称を防ぐために、具体的な抵抗の方法論として、新基地立地地域の町村レベルから県レベルに至るまで住民投票を積み重ねることの重要性を説く宮台真司による指摘[68]は重要である。民主主義という形を重視する米国において、民主的な住民投票の意義は、なお強いものとされる。米国が過去 20 年間に在外基地を 3 分の 1 ほどに減らした要因に、かつて親米的であった独裁政権国家の民主化を挙げる宮台は、在フィリピン米軍基地であったスービック、クラークの両基地が住民投票を経て撤退に至った経緯の重要性を認識すべきことを強調する。法的には、日米両政府間の合意のみにより米軍基地を設置可能であるにもかかわらず、2005 年 6 月 4 日にローレス国防副次官に「ヘノコ・イズ・デッド」といわしめた要因は、沖縄における基地反対闘争の興隆に他ならない。地域住民の民意による正当化手続の重要性を米軍側が認識していればこそ、住民投票の蓄積という形で民意を示し続けることの意義は、決して軽視されるべきものではない。

　本書第 1 ～ 3 章において検討したように、日常と例外状態を区分しない方向で憲法政治（コンスティテューショナル・ポリティクス）という概念を脱構築しながら、憲法学上、正統性と正当性を具備するものとして位置づけられる憲法 9 条 2 項全面放棄説に基づく、憲法 9 条戦争放棄規定解釈への国民によるコンセンサスを拡大し、樋口陽一が指摘した「相対的な論拠づけ」に徹底的に拘りつつ、立憲体制の成立根拠たる重合的合意としての政治的構想に訴求する形で、多様な価値観を持つ道理的かつ合理的市民が説得されるようなリーズニングに依拠する形で、例えばジーン・シャープの市民的防衛のような非武装平和主義の安全保障政策が、国の政策として執行されるというプロセスが辿られるべき

ことを本書は主張する。そして、そのプロセスにおいて、イデオロギー・ベースという形で展開される「オール沖縄」との連携を深めることもまた重要な課題となることを指摘して、擱筆することとしたい。

1) 新崎盛暉『日本にとって沖縄とは何か』(岩波書店、2016年) ⅱ頁。
2) 1959年6月30日午前10時、嘉手納空軍基地を離陸したF100Dジェット戦闘機が、訓練飛行中にトラブルを起こし、授業中の石川市(現うるま市)宮森小学校校舎に激突、炎上した。パイロットは脱出したものの児童17名が焼死、210名が重軽傷を負った。結果的に小学校の3教室が全焼する結果となり、燃料の飛散のため民家17軒と公民館が火災により失われた(宮森小学校墜落事故)。1962年12月7日正午過ぎ、嘉手納空軍基地を離陸したF100Dジェット戦闘機が、具志川村の川崎集落に墜落し、爆発炎上した。2名が焼死し、4名が重軽傷を負う結果となった(川崎ジェット機墜落事故)。1968年11月19日午前4時15分には、B52戦略爆撃機が嘉手納空軍基地内に墜落し、爆発・炎上する事故が発生した(B52墜落事故)。これらが米軍機3大墜落事故である。
3) 琉球新報2016年5月21日付。
4) 松竹伸幸『幻想の抑止力─沖縄に海兵隊はいらない』(かもがわ出版、2010年) 48-53頁。
5) 例えば、リチャード・F・ニューカム(田中至・訳)『硫黄島─太平洋戦争死闘記』(光人社、2006年) 表紙参照。
6) David A. Grossman, *On Killing: The Psychological Cost of Learning to Kill in War and Society*, Little, Brown and Company, 1995, at 2.
7) *Ibid.*, at 16.
8) *Ibid.*, at 20.
9) *Ibid.*, at 20-21.
10) *Ibid.*, at 29.
11) *Ibid.*, at 251.
12) *Ibid.*, at 250.
13) *Ibid.*, at 251.
14) *Ibid.*, at 252.
15) *Ibid.*, at 253-254.
16) *Ibid.*, at 255.
17) *Ibid.*, at 255-256.
18) *Ibid.*, at 258-259.
19) 海兵隊の基礎訓練期間は13週間である。陸・海・空・海兵4軍の中で最も期間が長く、内容においても最も厳しい練兵が行われる。
20) 琉球新報2016年5月21日付。
21) 新崎、前掲註1、178頁。
22) 朝日新聞2018年9月11日付。

23) 2015年末に22団体により結成された「オール沖縄会議」は、移設計画を止めることが出来ず、名護市長選等重要な選挙では「オール沖縄会議」が支援した候補者が落選。その求心力は低下し、県内有数の企業グループ「金秀」等の離脱や、旧自民系地方議員も多くが落選する等、革新色の強まりが指摘されている。ただし、2018年9月9日の名護市議選では、定数26の議席が、移設を事実上容認する与党と移設に反対する与野党の13人ずつという同数によって占められる結果となった。朝日新聞2018年9月11日付。

24) 2018年9月の沖縄県知事選に立候補し、翁長氏の後継知事として当選を果たした玉城デニー氏は、鳩山政権が県外移設の断念に追い込まれた時点で民主党所属衆議院議員の立場にあった。玉城氏は県外移設の立場からぶれたことはないとし、国際物流や観光拠点整備等を掲げる「新時代沖縄」をテーマとして掲げ、補助金に頼ることなく、原資を主体的に獲得する自立型経済の構築を訴えて沖縄県知事選を戦い、当選を果たした。

25) 琉球新報「日米廻り舞台」取材班編『普天間移設―日米の深層』(青灯社、2014年) 39-40頁。

26) 同上、35-36頁。

27) 朝日新聞2016年2月23日付。

28) 「65カイリ」は普天間飛行場で最も速度の遅い多目的ヘリUH1に合わせて算出されたものと考えられるが、当時主力のオスプレイ24機に対し、UH1は4機のみであった。オスプレイと練習地の間の合理的な接近距離は200カイリ(約370キロ)であり、在日米軍の部隊運用の柔軟な変更可能性が問われていないことも指摘されるべきである。琉球新報「日米廻り舞台」取材班、前掲註25、56-57頁。

29) 構成員は、環境分野から3名、法律分野から3名の計6名。桜井国俊・沖縄大学名誉教授(環境学)、土屋誠・琉球大学名誉教授(生態系機能学)、平啓介・東京大学名誉教授(海洋物理学)、大城浩・沖縄弁護士会元会長、田島啓己・沖縄弁護士会元副会長、當真良明・沖縄弁護士会元会長。

30) 行政法研究者有志一同「辺野古埋立て承認問題における政府の行政不服審査法制度の濫用を憂う」2015年10月23日。

31) 秋山幹男「沖縄県知事の辺野古埋立て承認取消―政府の法的対応とその問題点」世界2016年1月号(2016年)96頁。

32) 1999年地方自治法改正により機関委任事務が廃止され、法定受託事務制度導入が実現した。係争処理委員会は法定受託事務制度の前提となる「国と地方の対等・協力性」を担保するためのシステムである。委員会は外部の第三者により全メンバーが構成されるもので、本件での委員長は小早川光郎・成蹊大学法科大学院客員教授が務めた。

33) 抗告訴訟は行政事件訴訟法に基づき、行政庁の公権力行使に不服がある場合に処分の取消し等を求めるもの。国民の権利利益保護を目的とする訴訟制度であり、自治体の訴えは対象とはならないとの見方もある。

34) 2000年の係争処理委設置以降、決定を不服として高裁に提訴するのは沖縄県が初めてである。

35) 朝日新聞2016年6月19日付。下線は麻生。

36) 地方自治法251条の5第1号。

37) 白藤博行「沖縄の自治への闘争から考える立憲地方自治」法学館憲法研究所編『日本国憲法の核心-改憲ではなく、憲法を活かすために』（日本評論社、2017年）87頁。
38) 平成28年（行ケ）第3号。
39) 平成28年（行ヒ）第394号。
40) 辺野古代執行訴訟第1回口頭弁論・翁長前知事意見陳述（福岡高裁那覇支部2015年12月2日）。
41) http://www.pref.okinawa.jp/site/chijiko/henoko/documents/houkokusho.pdf
42) Eric Heginbotham, Michael Nixon, Forrest E. Morgan, Jacob L. Heim, Jeff Hagen, Sheng Tao Li, Jeffrey Engstrom, Martin C. Libicki, Paul DeLuca, David A. Shlapak, David R. Frelinger, Burgess Laird, Kyle Brady, Lyle J. Morris, *The U.S.-China Military Scorecard: Forces, Geography, and the Evolving Balance of Power 1996-2017,* Rand Corporation, 2015, at 56.
43) *Ibid.,* at 60.
44) 佐藤学「「思い込み」政治に抗する」現代思想44巻2号（2016年）72頁。
45) 前者は即応部隊であり、強襲揚陸艦に乗り太平洋を巡回訓練しており、沖縄滞在は年に2〜3か月程度。後者も日本本土での実弾射撃訓練のため、沖縄滞在は年に2〜3か月程度。半田滋「日米の盲目的な主従関係が招く沖縄支配」新外交イニシアティブ編『虚像の抑止力—沖縄・東京・ワシントン発安全保障政策の新機軸』（旬報社、2014年）84頁。
46) 東京高判昭和62年7月15日（判時1245号3頁）。
47) 布施祐仁「辺野古断念こそが「唯一の選択肢」である」現代思想44巻2号（2016年）66-67頁。
48) 白井聡『永続敗戦論—戦後日本の核心』（太田出版、2013年）47-48頁。
49) 同上47-48頁。
50) 同上48頁。
51) 白井聡『戦後政治を終わらせる—永続敗戦の、その先へ』（NHK出版、2016年）13頁。
52) 佐高信・魚住昭『だまされることの責任』（高文研、2004年）101頁。
53) 白井、前掲註51、13頁。
54) 毎日新聞2009年7月26日付。
55) 共同通信2006年7月19日付。
56) 白井、前掲註51、95頁。
57) 半田滋「軍事拠点化される沖縄」世界2015年4月臨時増刊号（2015年）114頁。
58) 白井、前掲註51、254頁。
59) 大野光明「辺野古をめぐる2つの政治—代表政治と直接行動」現代思想44巻2号（2016年）78頁。
60) 2018年9月の沖縄県知事選で、「翁長前知事の遺志を継承」して立候補した玉城デニー氏も、「イデオロギーよりアイデンティティ」というスローガンを掲げて知事選を戦った。朝日新聞2018年9月29日付。

第5章 「永続敗戦レジーム」と沖縄

61) 佐藤優「辺野古移設にこだわるほど強まる「沖縄のエトニ」の記憶」翁長雄志・寺島実郎・佐藤優・山口昇『沖縄と本土』(朝日新聞出版、2015年) 75-89頁。
62) 同上76-77頁。
63) 同上85頁。
64) 守屋武昌『普天間交渉秘録』(新潮社、2010年) 49頁。
65) 同上48-54頁。
66) 同上55頁。
67) 新崎、前掲註1、209-210頁。
68) 仲村清司・宮台真司『これが沖縄の生きる道』(亜紀書房、2014年) 47頁。

謝　辞

　本書の上梓にあたり、謝辞を述べさせていただきたい。まずは、早稲田大学法学学術院教授・水島朝穂先生にお礼を申し上げたい。憲法9条をめぐる厳しい政治の局面と、学説における「限定放棄説」の興隆にもかかわらず、水島先生が「憲法9条2項全面放棄説」の立場を依然として力強く堅持されていることから、どれほどの勇気を頂戴しているか知れない。そして、この思いは私一人にとどまらず、日本国憲法9条の非武装平和主義としての規範力に拘り続ける少なからぬ憲法研究者、市民の方々によって共有されるものでもある。

　「現実に合わせるために憲法規範を安易にいじる動き」が急速に進み、軍事的合理性を前面に押し出して「軍事的なるもの」が肥大化するという現実を前に、水島先生は、それを憲法規範の側に漸次的に引き戻すための「平和の憲法政策論」に取組まれてきた。私は本書で、それとは異なる射程を収めた研究に取り組むこととなったが、特殊日本的な歴史的文脈に立脚して「軍事的なるもの」を認めない憲法規範の意義に拘るという点において、先生と問題意識を共有することが出来たのではないかと考えている。これまでに頂いた学恩に少しでもお応えすることが出来るよう、今後も精進して参りたい。

　本書の編集を担当して下さった、法律文化社・小西英央氏にもお礼を申し上げたい。本書の企画のため、京都で初めてお目にかかり、お連れ頂いた源光庵での「悟りの窓」と「迷いの窓」により切り取られた風景は、今でも脳裏に鮮明に残っている。編集過程でのご配慮に心より感謝申し上げる。

　最後に、「親思う心にまさる親心」を、その一生をかけて私に示し続けてくれている母・明美に、心からの感謝を込めて、本書を捧げたい。

　　2019年2月

　　　　　　　　　　　　　　　　　　　　　　　　　　　　麻 生 多 聞

参考文献一覧

■欧文

Ackerman, Bluce A., *We the People, Volume 1 : Foundations,* Belknap Press, 1991.
Alexy, Robert, *A Theory of Constitutional Rights,* Oxford University Press, 2002.
Ceadel, Martin, *Thinking about Peace and War,* Oxford University Press, 1987.
Dahl, Robert A., *A Preface to Democratic Theory,* University of Chicago Press, 1956.
Dworkin, Ronald, "Foundations of Liberal Equality", Ronald Dworkin, Toni Morrison, Fei Xiaotong, Albert Hourani, J.G.A. Pocock, Judith Schklar, S.N. Eisenstadt, Michael Walzer, Grethe B. Peterson, *The Tanner Lectures on Human Values XI,* University of Utah Press, 1990.
Dworkin, Ronald, *Freedom's Law : The Moral Reading of the American Constitution,* Oxford University Press, 1996.
Dworkin, Ronald, "Comment", Amy Gutmann (ed.), *A Matter of Interpretation : Federal Courts and the Law,* Princeton University Press, 1997.
Dworkin, Ronald, *Law's Empire,* Hart Publishing, 1998.
Dworkin, Ronald, *Taking Rights Seriously,* Harvard University Press, 2001.
Grossman, David A., *On Killing : The Psychological Cost of Learning to Kill in War and Society,* Little, Brown and Company, 1995.
Habarmas, Jürgen, *Die Einbeziehung des Anderen : Studien zur Politishen Theorie,* Suhrkamp, 1999.
Haley, John O., "Introduction : Legal vs. Social Controls", John O. Haley (ed.), *Law and Society in Contemporary Japan,* Kendall Hunt Pub. Co., 1988.
Hart, H.L.A., *The Concept of Law,* Oxford University Press, 1961.
Heany, Michael T., Rojas, Fabio, "Coalition Dissolution, Mobilization, and Network Dynamics in the U.S. Antiwar Movement", Patric G. Coy (ed.) *Research in Social Movements, Conflicts and Change vol. 28,* Emerald, 2008.
Heginbotham, Eric, Nixon, Michael, Morgan, Forrest E., Heim, Jacob L., Hagen, Jeff, Li, Sheng Tao, Engstrom, Jeffrey, Libicki, Martin C., DeLuca, Paul, Shlapak, David A., Frelinger, David R., Laird, Burgess, Brady, Kyle, Morris, Lyle J., *The U. S.-China Military Scorecard, : Forces, Geography, and the Evolving Balance of Power 1996-2017,* Rand Corporation, 2015.

Heinelt, Hubert, "Achieving Sustainable and Innovative Policies through Participatory Governance in a Multi-level Context: Theoretical Issues", Hubert Heinelt Panagiotis Getimis, Grigoris Kafkalas, Randall Smith, Erik Swyngedouw (eds.), *Participatory Governance in Multi-Level Context: Concepts and Experience*, Springer Science & Business Media, 2002.

IISS (The International Institute for Strategic Studies), *Military Balance 2015*, Routledge, 2015.

Jaspers, Karl, *Die Schuldfrage*, Lambert Schneider, 1946.

Kaztenstein, Peter J., *Cultural Norms & National Security: Police and Military in Postwar Japan*, Cornell University Press, 1996.

Kaztenstein, Peter J., *Rethinking Japanese Security: International and External Dimensions*, Routledge, 2008.

Keohane, Robert O., *After Hegemony: Cooperation and Discord in the World Political Economy*, Princeton University Press, 2005.

Mitchell, Timothy, "The Limits of the State: Beyond Statist Approaches and Their Critics", *American Political Science Review*, vol. 85-1, 1991.

Murphy, Bruce A. *Scalia: A Court of One*, Simon & Schuster, 2014.

Odawara, Atsushi, "No Tampering with the Brakes on Military Expansion" *Japan Quarterly* vol. 32-3, 1985.

Rawls, John, *A Theory of Justice*, Harvard University Press, 1971.

Rawls, John, *Political Liberalism*, Columbia University Press, 1993.

Rawls, John, *The Law of Peoples: with "The Idea of Public Reason Revisited"*, Harvard University Press, 1999.

Reed, T.V., "Globalization and the 21st-century US peace movement" Shin Chiba, Thomas J. Schoenbaum, (eds.), *Peace Movements and Pacifism after September 11*, Edward Elgar, 2008.

Saward, Michael, "Rawls and Deliberative Democracy", Maurizio Passerin d'Entreves (ed.), *Democracy as Public Deliberation*, Manchester University Press, 2002.

Scalia, Antonin, "Common-Law Courts in a Civil-Law System: The Role of the United States Federal Courts in Interpreting the Constitution and Laws", Amy Gutmann (ed.), *A Matter of Interpretation: Federal Courts and the Law*, Princeton University Press, 1997.

Scalia, Antonin, "Response", Amy Gutmann (ed.), *A Matter of Interpretation: Federal Courts and the Law*, Princeton University Press, 1997.

Sharp, Gene, *Exploring Nonviolent Alternatives*, Polter Sargent, 1970.

Sharp, Gene, *Civilian Based Defense: A Post-Military Weapons System*, Princeton

University Press, 1990.
Sharp, Gene, *From Dictatorship to Democracy: A Conceptual Framework for Liberation*, The Albert Einstein Institution, 2002.
Stepan, Alfred, *Arguing Comparative Politics*, Oxford University Press, 2001.

■邦文

愛敬浩二『改憲問題』(筑摩書房、2006年)
愛敬浩二「平和主義―「相対化の時代」における憲法9条論の課題」法律時報80巻9号 (2008年)
愛敬浩二「立憲・平和主義の構想」水島朝穂編『シリーズ日本の安全保障3・立憲的ダイナミズム』(岩波書店、2014年)
會津明郎「「芦田修正」と「文民条項」と憲法9条の解釈について―第9条と平和主義を考える」青森法政論叢3号 (2002年)
青井未帆『憲法と政治』(岩波書店、2016年)
青井未帆「日本国憲法が守ってきたもの」憲法問題29号 (2018年)
秋山幹男「沖縄県知事の辺野古埋立て承認取消―政府の法的対応とその問題点」世界2016年1月号 (2016年)
浅川公紀「米外交政策形成過程と利益団体」海外事情49号 (2001年)
浅野博宣「ドゥオーキンの法実証主義批判について」公法研究73号 (2011年)
芦田均「平和のための自衛・憲法は否定せず」毎日新聞1951年1月14日付
芦部信喜『憲法学Ⅰ―憲法総論』(有斐閣、1992年)
芦部信喜『憲法学Ⅱ―人権総論』(有斐閣、1994年)
芦部信喜(高橋和之補訂)『憲法・第6版』(岩波書店、2015年)
安仁屋政昭「苦悩と屈辱の原点―「軍民共生共死」の持久戦」琉球新報2005年4月1日付
阿部浩己・鵜飼哲・森巣博『戦争の克服』(集英社、2006年)
新崎盛暉『日本にとって沖縄とは何か』(岩波書店、2016年)
蟻川恒正『憲法的思惟―アメリカ憲法における「自然」と「知識」』(創文社、1994年)
粟屋憲太郎『昭和の政党』(岩波書店、2007年)
家永三郎『戦争責任』(岩波書店、2002年)
育鵬社『新編・新しいみんなの公民』(育鵬社、2016年)
池野範男「学校における平和教育の課題と展望―原爆教材を事例として」松尾雅嗣教授退職記念論文集『平和学を拓く』IPSHU研究報告シリーズ42号 (2009年)
伊崎文彦「戦後における佐々木惣一の平和論―「自衛戦争・自衛戦力合憲」論者の平和主義」市大日本史9号 (2006年)
石川健治「前衛への衝迫と正統からの離脱」憲法問題8号 (1997年)

石川健治「9条、立憲主義のピース」朝日新聞2016年5月3日付
石川健治「「真ノ立憲」と「名義ノ立憲」」木村草太・青井未帆・柳沢協二・中野晃一・西谷修・山口二郎・杉田敦・石川健治『「改憲」の論点』(集英社、2018年)
石本泰雄「交戦権と戦時国際法─政府答弁の検討」上智法學論集29巻2・3号（1986年）
伊勢崎賢治「国際人道法に則する憲法を」シノドス2017年10月20日 https://synodos.jp/politics/20618
板橋亮平「ジョン・ロールズにおける「重合的合意」概念の検討─政治におけるカント的道徳の存在」年報筑波社会学16号（2004年）
板橋亮平『ジョン・ロールズと現代社会─規範的構想の秩序化と理念』（志學社、2013年）
板橋亮平『ジョン・ロールズと Political Liberalism』（パレード、2015年）
稲正樹「憲法問題・改憲問題と憲法研究者の役割」法律時報90巻7号（2018年）
井上寿一『日中戦争下の日本』（講談社、2007年）
井上寿一『昭和史の逆説』（新潮社、2008年）
岩橋雅子・福田泰子「3年たったら選挙権─憲法・子どもの権利・平和教育 中学校での学びはいま」子どものしあわせ795号（2017年）
上田勝美「世界平和と人類の生命権確立」深瀬忠一・上田勝美・稲正樹・水島朝穂編著『平和憲法の確保と新生』（北海道大学出版会、2008年）
植松健一・川口創・麻生多聞「名古屋地裁判決（田近判決）の検討と平和的生存権論の再構築」法学セミナー638号（2008年）
浦田一郎『現代の平和主義と立憲主義』（日本評論社、1995年）
浦田一郎「自衛力論をめぐる憲法解釈と憲法改正」法の科学37号（2006年）
浦田一郎「対内的実力に関する近代戦争遂行能力論─自衛力論前史1」法律論叢79巻4・5合併号（2007年）
浦田一郎「近代戦争遂行能力論の意味転換─自衛力論前史」浦田一郎・清水雅彦・三輪隆編『平和と憲法の現在─軍事によらない平和の探究』（西田書店、2009年）
浦田一郎「MSA論議前の「対内的実力に関する近代戦争遂行能力論」─自衛力論前史」戒能通厚・原田純孝・広渡清吾編『日本社会と法律学─歴史、現状、展望』（日本評論社、2009年）
浦田一郎「近代戦争遂行能力論の終焉（1954年3～12月）」浦田一郎・加藤一彦・阪口正二郎・只野雅人・松田浩編『立憲平和主義と憲法理論─山内敏弘先生古稀記念論文集』（法律文化社、2010年）
浦田一郎『自衛力論の論理と歴史─憲法解釈と憲法改正のあいだ』（日本評論社、2012年）
浦田一郎『政府の憲法9条解釈─内閣法制局資料と解説・第2版』（信山社、2017年）
浦部法穂『憲法学教室・第3版』（日本評論社、2016年）
大澤真幸・木村草太『憲法の条件』（NHK出版、2015年）
大澤真幸・井上達夫・加藤典洋・中島岳志『憲法9条とわれらが日本─未来世代へ手渡

す』（筑摩書房、2016年）
大塚英志『戦後民主主義のリハビリテーション』（角川書店、2001年）
大野光明「辺野古をめぐる２つの政治―代表政治と直接行動」現代思想44巻２号（2016年）
大林啓吾「時をかける憲法」帝京法学28巻１号（2012年）
大林啓吾「憲法判断における２重の拘束について―原意主義と先例拘束」千葉大学法学論集27巻２号（2012年）
奥平康弘「「平和的生存権」をめぐって―名古屋高裁の「自衛隊イラク派兵差止控訴事件」判決について（下）」世界781号（2008年）
小熊英二・上野陽子『〈癒し〉のナショナリズム―草の根保守運動の実証研究』（慶応義塾大学出版会、2003年）
小澤隆一「平和主義の思想基盤としての「戦争記憶」―平和主義的でない「戦争の記憶」をめぐって」浦田一郎・清水雅彦・三輪隆編『平和と憲法の現在―軍事によらない平和の探究』（西田書店、2009年）
小澤隆一「戦争の記憶と平和主義」平和運動462号（2009年）
笠原十九司『「百人斬り競争」と南京事件―史実の解明から歴史対話へ』（大月書店、2008年）
金澤孝「アメリカ憲法理論の近年の動向―グランド・セオリーの退場」比較法学46巻３号（2013年）
亀本洋「法におけるルールと原理（１）―ドゥオーキンからアレクシーへの議論の展開を中心に」法學論叢122巻２号（1988年）
河上暁弘『日本国憲法第９条成立の思想的淵源の研究―「戦争非合法化」論と日本国憲法の平和主義』（専修大学出版局、2006年）
河上暁弘『平和と市民自治の憲法理論』（敬文堂、2012年）
川本隆史『ロールズ―正義の原理』（講談社、2005年）
神原和宏「政治的リベラリズムとカント的共和主義の対話」社会と倫理19号（2006年）
君島東彦「「脱安全保障化」としての日本国憲法」千葉眞・小林正弥編『平和憲法と公共哲学』（晃洋書房、2007年）
君島東彦「グローバルな立憲主義と日本の立憲平和主義」立命館国際研究23巻３号（2011年）
君島東彦「平和憲法の再定義―予備的考察（平和を再定義する）」平和研究39号（2012年）
君島東彦「国連と市民社会の現在―軍事化と非軍事化の相剋」日本の科学者50号８巻（2015年）
君島東彦「憲法９条の哲学」季報唯物論研究136号（2016年）
君島東彦「六面体としての憲法９条・再論―70年の経験を人類史の中に位置づける」立命館平和研究18号（2017年）
君島東彦「六面体としての憲法９条―立憲平和主義と世界秩序の70年」憲法問題29号

（2018年）

木村修「攻勢強めるアメリカの反戦活動―1・27ワシントン大集会を取材して」軍縮問題資料318号（2007年）

木村草太「9条の持論、披瀝する前に」朝日新聞2018年2月22日（あすを探る・憲法・社会欄）

木村草太『自衛隊と憲法―これからの改憲論議のために』（晶文社、2018年）

教育出版『中学社会・公民・ともに生きる』（教育出版、2016年）

清宮四郎『憲法Ⅰ・第3版』（有斐閣、1979年）

桑山俊昭「現代の課題に応える平和教育が求められている」民主主義教育218号（2014年）

チャールズ・ケーディス（竹前栄治・岡部史信・訳）「日本国憲法制定におけるアメリカの役割（上）」法律時報65巻6号（1993年）

チャールズ・ケーディス（竹前栄治・岡部史信・訳）「日本国憲法制定におけるアメリカの役割（下）」法律時報65巻7号（1993年）

越山行蔵「岐路に立つアメリカの反戦運動」新世紀205号（2003年）

古関彰一「米国における占領下日本再軍備計画」法律時報48巻10号（1976年）

古関彰一『9条と安全保障―「平和と安全」の再検討』（小学館、2000年）

木庭顕『憲法9条へのカタバシス』（みすず書房、2018年）

古波蔵香「平和教育における「加害者性」をめぐる問題」中国四国教育学会・教育学研究紀要58巻（2012年）

小林直樹『憲法第9条』（岩波書店、1982年）

小林直樹『平和憲法と共生60年―憲法9条の総合的研究に向けて』（慈学社、2006年）

小林善亮「「政治的中立性」と教育の自由」歴史地理教育849号（2016年）

小森陽一「憲法「9条の会」アピールを支持する医師・医学者の会が結成される」社会保障398号（2005年）

齋藤純一『公共性』（岩波書店、2000年）

阪口正二郎『立憲主義と民主主義』（日本評論社、2001年）

佐倉浩『学校を変える思想―学校教育の平和的原理の探求』（教育史料出版会、1998年）

酒匂一郎「法と道徳との関連―R・ドライヤーとR・アレクシーの所説を中心に」法政研究59巻3・4号（1993年）

佐々木惣一「再軍備問題と憲法③憲法第九条で許される」朝日新聞1951年1月21日付

佐々木惣一『改訂日本国憲法論』（有斐閣、1952年）

佐々木弘通「非武装平和主義と近代立憲主義と愛国心」憲法問題19号（2008年）

佐藤功他「座談会・宮沢俊義先生の人と学問」ジュリスト634号（1977年）

佐藤功「憲法第9条の成立過程における「芦田修正」について―その事実と解釈」東海法学1号（1987年）

佐藤達夫『日本国憲法誕生記』（法令普及会、1957年）

参考文献一覧

佐藤達夫（佐藤功補訂）『日本国憲法成立史・第4巻』（有斐閣、1994年）
佐藤学「「思い込み」政治に抗する」現代思想44巻2号（2016年）
篠原一「現代史の深さと重さ――欧州現代史研究者の立場から」大門正克編『昭和史論争を問う‐歴史を叙述することの可能性』（日本経済評論社、2006年）
信夫隆司「コヘインの国際制度論」総合政策5巻1号（2004年）
柴山太『日本再軍備への道―1945〜1954年』（ミネルヴァ書房、2010年）
渋谷秀樹『憲法・第3版』（有斐閣、2017年）
清水書院『中学公民・日本の社会と世界』（清水書院、2016年）
清水雅彦「憲法研究者の平和構想の展開と変貌」渡辺治・福祉国家構想研究会編『日米安保と戦争法に代わる選択肢』（大月書店、2016年）
下中弥三郎『翼賛国民運動史』（翼賛国民運動史刊行会、1954年）
自由社『中学社会・新しい公民教科書』（自由社、2016年）
白井聡『永続敗戦論―戦後日本の核心』（太田出版、2013年）
白井聡『戦後政治を終わらせる―永続敗戦の、その先へ』（NHK出版、2016年）
白藤博行「沖縄の自治への闘争から考える立憲地方自治」法学館憲法研究所編『日本国憲法の核心―改憲ではなく、憲法を活かすために』（日本評論社、2017年）
杉田敦「テキスト／実践としてのコンスティテューション」千葉眞・小林正弥編『平和憲法と公共哲学』（晃洋書房、2007年）
杉田敦・樋口陽一「憲法の前提とは何か」現代思想43巻12号（2015年）
杉原泰雄編『新版体系憲法事典』（青林書院、2008年）
関口智子「冠詞の総称用法再考：英語とフランス語の用法から」地域政策研究19巻4号（2017年）
関野康治「文民条項の成立と第9条の修正」新島学園短期大学紀要25号（2005年）
千田成美「消極的平和と積極的平和に着目した社会科における平和教育―広島市立学校平和教育プログラムを用いて」探究27号（2016年）
高作正博『徹底批判！ここがおかしい集団的自衛権―戦争をしない国を守るために』（合同出版、2014年）
高橋和之・浅田正彦・安念潤司・五十嵐武士・山内敏弘「憲法9条の過去・現在・未来」ジュリスト1260号（2004年）
高橋秀治「法・リベラリズム・歴史―R・ドゥオーキンの法理論を中心に」法哲学年報1994号（1995年）
高見勝利『芦部憲法学を読む』（有斐閣、2004年）
高見勝利「解説」高見勝利編『あたらしい憲法のはなし他二篇』（岩波書店、2013年）
田上穰治「主権の概念と防衛の問題」宮沢俊義先生還暦記念『日本国憲法体系・第2巻 総論』（有斐閣、1965年）
高柳賢三・大友一郎・田中英夫編『日本国憲法制定の過程Ⅱ』（有斐閣、1972年）

竹内久顕「平和教育をつくり直す」君島東彦編『平和学を学ぶ人のために』（世界思想社、2009年）

竹内久顕「平和教育の「固有性」と「包括性」―隣接諸領域との接続のあり方」日本教育学界大会研究発表要綱70号（2011年）

竹内久顕「平和教育学への予備的考察（3）―平和教育学の課題と方法」東京女子大学紀要論集61巻2号（2011年）

竹内久顕「平和教育の歴史的展開（2）」竹内久顕編『平和教育を問い直す―次世代への批判的継承』（法律文化社、2011年）

竹内久顕「平和教育の歴史的展開（3）―1990年代半ば以降」竹内久顕編『平和教育を問い直す―次世代への批判的継承』（法律文化社、2011年）

竹内久顕「平和教育と開発教育の協同の可能性」開発教育62号（2015年）

田中伸尚『憲法9条の戦後史』（岩波書店、2005年）

谷口真紀「ジーン・シャープの非暴力行動論」人間文化―滋賀県立大学人間文化学部研究報告41号（2016年）

団上智也「原意主義における憲法解釈と憲法構築の区別の意義」憲法論叢19号（2012年）

千葉眞「戦後日本の社会契約は破棄されたのか―政治思想史からの徹底平和主義」小林正弥編『戦争批判の公共哲学―「反テロ」世界戦争における法と政治』（勁草書房、2003年）

千葉眞「公共哲学として視た平和憲法」千葉眞・小林正弥編『平和憲法と公共哲学』（晃洋書房、2007年）

千葉眞『「未完の革命」としての平和憲法』（岩波書店、2009年）

千葉眞「「小国」平和主義のすすめ」思想1136号（2018年）

辻中豊「利益団体とは何か（1）」選挙52巻1号（1999年）

辻村みよ子・棟居快行「主権論の現代的展開」浦部法穂・棟居快行・市川正人編『いま、憲法学を問う』（日本評論社、2001年）

辻村みよ子「「人権としての平和」と生存権―憲法の先駆性から震災復興を考える」GEMC journal 7号（2012年）

辻村みよ子『憲法・第6版』（日本評論社、2018年）

辻村みよ子『憲法改正論の焦点―平和・人権・家族を考える』（法律文化社、2018年）

帝国書院『社会科・中学生の公民・より良い社会をめざして』（帝国書院、2016年）

寺島俊穂「市民的防衛の論理」大阪府立大学紀要（人文・社会科学）39号（1991年）

寺島俊穂「攻められたらどうするか」君島東彦編『平和学を学ぶ人のために』（世界思想社、2009年）

東京書籍『新編・新しい社会・公民』（東京書籍、2016年）

冨澤暉・伊勢崎賢治「これからの「戦争と平和」」ちくま新書編集部編『憲法サバイバル―「憲法・戦争・天皇」をめぐる4つの対談』（筑摩書房、2017年）

直江泰輝「第90回帝国議会における憲法審議過程と「芦田修正」」二十世紀研究6号（2005年）
長坂寿久「公共哲学と日本の市民社会セクター──「公・公共・私」三元論と3セクターモデルについて」国際貿易と投資68号（2007年）
中島修「連立政権と平和運動」社会主義575号（2010年）
中島誠『立法学──序論・立法過程論』（法律文化社、2004年）
長塚皓右「憲法9条の原義と非軍事の国際貢献」社学研論集18号（2011年）
長塚皓右「憲法9条原義からの逸脱とその内的要因──憲法揺籃期の国会審議に照らして」社学研論集21号（2013年）
中見真理「ジーン・シャープの戦略的非暴力論」清泉女子大学紀要57号（2009年）
仲村清司・宮台真司『これが沖縄の生きる道』（亜紀書房、2014年）
永山茂樹「限定軍事力論と民主主義法学」法の科学41号（2010年）
日本文教出版『中学社会・公民的分野』（日本文教出版、2016年）
野坂泰司「憲法解釈における原意主義（上）」ジュリスト926号（1989年）
野坂泰司「憲法解釈における原意主義（下）」ジュリスト927号（1989年）
野田正彰『喪の途上にて──大事故遺族の悲哀の研究』（岩波書店、1992年）
長谷部恭男「政治取引のバザールと司法審査──松井茂記著『二重の基準論』を読んで」法律時報67巻4号（1995年）
長谷部恭男「憲法典というフェティッシュ」國家學會雜誌111巻11・12号（1998年）
長谷部恭男『比較不能な価値の迷路──リベラル・デモクラシーの憲法理論』（東京大学出版会、2000年）
長谷部恭男「平和主義と立憲主義」ジュリスト1260号（2004年）
長谷部恭男『憲法と平和を問いなおす』（筑摩書房、2004年）
長谷部恭男『憲法とは何か』（岩波書店、2006年）
長谷部恭男・杉田敦『これが憲法だ！』（朝日新聞社、2006年）
長谷部恭男編『安保法制から考える憲法と立憲主義・民主主義』（有斐閣、2016年）
長谷部恭男『憲法の良識──「国のかたち」を壊さない仕組み』（朝日新聞出版、2018年）
早川のぞみ「ドゥオーキンの道徳的解釈論の意義と課題──オリジナリズムとの対比から・中絶事例を手掛かりに」法哲学年報2006号（2007年）
早川のぞみ「ドゥオーキンの法理論における原理の役割と機能──批判的法学研究との対比を手掛かりに」桃山法学15号（2010年）
早川のぞみ「アレクシーの原理理論をめぐる近年の議論展開」法学77巻6号（2014年）
半田滋「日米の盲目的な主従関係が招く沖縄支配」新外交イニシアティブ編『虚像の抑止力─沖縄・東京・ワシントン発安全保障政策の新機軸』（旬報社、2014年）
半田滋「軍事拠点化される沖縄」世界2015年4月臨時増刊号（2015年）
坂野潤治『昭和史の決定的瞬間』（筑摩書房、2004年）

坂野潤治『帝國と立憲―日中戦争はなぜ防げなかったのか』（筑摩書房、2017年）
樋口陽一・佐藤幸治・中村睦夫・浦部法穂『註解法律学全集・憲法Ｉ』（青林書院、1994年）
樋口陽一「戦争放棄」樋口陽一編『講座憲法学２―主権と国際社会』（日本評論社、1994年）
樋口陽一「立憲主義展開史にとっての1946年平和主義憲法―継承と断絶」深瀬忠一・杉原泰雄・樋口陽一・浦田賢治編『恒久世界平和のために―日本国憲法からの提言』（勁草書房、1998年）
樋口陽一『現代法律学全集２・憲法Ｉ』（青林書院、1998年）
樋口陽一『個人と国家―今なぜ立憲主義か』（集英社、2000年）
久田栄正・水島朝穂『戦争とたたかう――憲法学者のルソン島戦場体験』（日本評論社、1987年）
久野収「市民主義の確立――一つの対話」思想の科学19号（1960年）
平山朝治「日本国憲法の平和主義と、安全保障戦略」国際日本研究７号（2015年）
藤原彰『餓死した英霊たち』（筑摩書房、2018年）
布施祐仁「辺野古断念こそが「唯一の選択肢」である」現代思想44巻２号（2016年）
古川純「"憲法学業界"に異変あり？」市民の意見30の会・東京ニュース85号（2004年）
法学協會『註解日本国憲法・上巻』（有斐閣、1953年）
法制局閲「新憲法の解説」高見勝利編『あたらしい憲法のはなし他二篇』（岩波書店、2013年）
本多公栄『ぼくらの太平洋戦争』（ほるぷ出版、1984年）
前原光雄「交戦権の放棄」國際法外交雑誌51巻２号（1952年）
巻美矢紀「憲法の動態と静態（１）―Ｒ・ドゥオーキン法理論の「連続戦略」を手がかりとして」國家學會雑誌117巻１号（2004年）
巻美矢紀「憲法の動態と静態（２）―Ｒ・ドゥオーキン法理論の「連続戦略」を手がかりとして」國家學會雑誌117巻７号（2004年）
巻美矢紀「憲法の動態と静態（３）―Ｒ・ドゥオーキン法理論の「連続戦略」を手がかりとして」國家學會雑誌117巻９号（2004年）
巻美矢紀「憲法の動態と静態（４）―Ｒ・ドゥオーキン法理論の「連続戦略」を手がかりとして」國家學會雑誌117巻11号（2004年）
巻美矢紀「憲法の動態と静態（５）―Ｒ・ドゥオーキン法理論の「連続戦略」を手がかりとして」國家學會雑誌118巻７号（2005年）
眞嶋俊造「防衛戦争―人々を守らない戦争」高橋良輔・大庭弘継編『国際政治のモラル・アポリア―戦争／平和と揺らぐ倫理』（ナカニシヤ出版、2014年）
松尾陽「原意主義の民主政論的展開―民主的憲法論の一つの形（１）」法学論叢166巻４号（2010年）

松尾陽「原意主義の民主政論的展開―民主的憲法論の一つの形（2）」法学論叢167巻3号（2010年）

松尾陽「原意主義の民主政論的展開―民主的憲法論の一つの形（3）」法学論叢167巻5号（2010年）

松竹伸幸『幻想の抑止力――沖縄に海兵隊はいらない』（かもがわ出版、2010年）

松山健二「憲法第9条の交戦権否認規定と国際法上の交戦権」レファレンス62巻11号（2012年）

松山健二「憲法第9条の交戦権否認規定と武力紛争当事国の第三国に対する措置」レファレンス64巻1号（2014年）

丸祐一「原意主義批判としての道徳的読解―R. ドゥオーキンの憲法解釈論についての一考察」千葉大学社会文化科学研究5号（2001年）

丸木俊・丸木位里『おきなわ島のこえ―ヌチドゥタカラ』（小峰書店、1984年）

水島朝穂『現代軍事法制の研究―脱軍事化の道程』（日本評論社、1995年）

水島朝穂『武力なき平和―日本国憲法の構想力』（岩波書店、1997年）

水島朝穂「「人道的介入」の展開とその問題性―日本国憲法の視点から」浦田賢治編『立憲主義・民主主義・平和主義』（三省堂、2001年）

水島朝穂「戦争の違法性と軍人の良心の自由」ジュリスト1422号（2011年）

水島朝穂「国防軍と軍法会議―憲法9条のリアル」歴史地理教育814号（2014年）

水島朝穂「安全保障の立憲的ダイナミズム」水島朝穂編『シリーズ日本の安全保障3・立憲的ダイナミズム』（岩波書店、2014年）

水島朝穂「「7.1閣議決定」と安全保障関連法」法律時報87巻12号（2015年）

水島朝穂「安保関連法と憲法研究者―藤田宙靖氏の議論に寄せて」法律時報88巻5号（2016年）

水島朝穂『平和の憲法政策論』（日本評論社、2017年）

水島朝穂「憲法的平和主義（Verfassungspazifismus）を考える」神奈川大学評論90号（2018年）

三石善吉「チュニジア革命と非暴力行動論」筑波学院大学紀要7号（2012年）

三石善吉「武器なき国防は不可能だろうか―ジーン・シャープの非暴力行動論をてがかりに」福音と世界71巻8号（2016年）

光村図書『国語4年下』（光村図書、2016年）

宮崎敦子「日本の平和教育についての考察―その特性から」早稲田大学教育学会紀要13号（2012年）

宮崎繁樹「交戦権について」法律論叢61巻4・5号（1989年）

宮沢俊義『コンメンタール日本国憲法』（日本評論社、1955年）

宮沢俊義（芦部信喜補訂）『全訂日本国憲法』（日本評論社、1978年）

宮台慎司「「情の論理」を捨て、「真の論理」を構築せよ」宮台慎司ほか編『戦争論妄想

論』（教育史料出版会、1999年）

三輪隆「マッカーサー・ノート第2項の背景」法の科学48号（2017年）

目良誠二郎「開かれたナショナル・アイデンティティの形成と社会科・歴史教育―加害の授業をどう反省するか」歴史学研究716号（1998年）

本秀紀「現代民主政と多層的「公共圏」」名古屋大学法政論集213号（2006年）

本秀紀「軍事法制の展開と憲法9条2項の現在的意義」法学セミナー60巻1号（2015年）

守屋武昌『普天間交渉秘録』（新潮社、2010年）

山内敏弘「戦争放棄・平和的生存権［その2］」法学セミナー26巻12号（1982年）

山内敏弘『平和憲法の理論』（日本評論社、1992年）

山内敏弘『人権・主権・平和―生命権からの憲法的省察』（日本評論社、2003年）

山口二郎『ポスト戦後政治への対抗軸』（岩波書店、2007年）

由井正臣『軍部と民衆結合―日清戦争から満州事変期まで』（岩波書店、2009年）

横田喜三郎『戦争の放棄』（國立書院、1947年）

横田喜三郎『自衛権』（有斐閣、1951年）

吉田博徳『平和運動発展のために―多数派構築をめざして』（学習の友社、2009年）

吉田裕「秘・国土決戦教令」季刊戦争責任研究26号（1999年）

吉見義明『草の根のファシズム』（東京大学出版会、1987年）

吉見義明「民衆の戦争体験と戦後―与えられた民主主義と平和か、自前の民主主義と平和か」歴史科学193号（2008年）

琉球新報「日米廻り舞台」取材班編『普天間移設―日米の深層』（青灯社、2014年）

バリー・R・ルービン（鈴木崇弘監訳）『市民が政治を動かす方法』（日本評論社、2002年）

エリザベス・J・レイド「NPO・アドボカシーと政治参加」E.T. ボリス、C.E. スターリ編（上野真城子・山内直人・訳）『NPOと政府』（ミネルヴァ書房、2007年）

渡辺治『日本国憲法「改正」史』（日本評論社、1987年）

渡辺治『企業支配と国家』（青木書店、1991年）

渡辺治「安倍政権による戦争法強行と対抗構想」渡辺治・福祉国家構想研究会編『日米安保と戦争法に代わる選択肢』（大月書店、2016年）

渡辺治「安保と戦争法に代わる日本の選択肢―安保条約、自衛隊、憲法の今後をめぐる対話」渡辺治・福祉国家構想研究会編『日米安保と戦争法に代わる選択肢』（大月書店、2016年）

渡辺修「憲法と「法と道徳」論―ドゥオーキンの研究（上）―法解釈の方法と憲法の構造（2）」神戸学院法学17巻1号（1986年）

渡辺修「憲法と「法と道徳」論―ドゥオーキンの研究（下）―法解釈の方法と憲法の構造（3）」神戸学院法学17巻2号（1986年）

渡辺幹雄『ロールズ正義論の行方―その全体系の批判的考察（増補版）』（春秋社、2012年）

■議事録等

『憲法改正草案枢密院審査委員會審査記録』（1946年）
『憲法改正草案に関する想定問答・第三輯』（法制局、1946年）
『憲法改正草案に関する想定問答・増補第一輯』（法制局、1946年）
『憲法改正草案に関する逐条説明・第一輯の二』（法制局、1946年）
『官報號外第九十回帝國議會衆議院議事速記録第五號』（1946年6月26日付）
『官報號外第九十回帝國議會衆議院議事速記録第六號』（1946年6月27日付）
『官報號外第九十回帝國議會衆議院議事速記録第七號』（1946年6月28日付）
『官報號外第九十回帝國議會衆議院議事速記録第八號』（1946年6月29日付）
『第九十回帝國議會衆議院帝國憲法改正案委員會議録（速記）第三回』（衆議院事務局、1946年）
『第九十回帝國議會衆議院帝國憲法改正案委員會議録（速記）第四回』（衆議院事務局、1946年）
『第九十回帝國議會衆議院帝國憲法改正案委員會議録（速記）第五回』（衆議院事務局、1946年）
『第九十回帝國議會衆議院帝國憲法改正案委員會議録（速記）第六回』（衆議院事務局、1946年）
『第九十回帝國議會衆議院帝國憲法改正案委員會議録（速記）第八回』（衆議院事務局、1946年）
『第九十回帝國議會衆議院帝國憲法改正案委員會議録（速記）第九回』（衆議院事務局、1946年）
『第九十回帝國議會衆議院帝國憲法改正案委員會議録（速記）第十回』（衆議院事務局、1946年）
『第九十回帝國議會衆議院帝國憲法改正案委員會議録（速記）第十二回』（衆議院事務局、1946年）
『第九十回帝國議會衆議院帝國憲法改正案委員會議録（速記）第十三回』（衆議院事務局、1946年）
『第九十回帝國議會衆議院帝國憲法改正案委員會議録（速記）第二十一回』（衆議院事務局、1946年）
『第九十回帝國議會衆議院帝國憲法改正案委員小委員會速記録・第一回』（衆議院事務局、1946年）
『第九十回帝國議會衆議院帝國憲法改正案委員小委員會速記録・第二回』（衆議院事務局、1946年）
『第九十回帝國議會衆議院帝國憲法改正案委員小委員會速記録・第三回』（衆議院事務局、1946年）

『第九十囘帝國議會衆議院帝國憲法改正案委員小委員會速記錄・第四囘』（衆議院事務局、1946年）

『第九十囘帝國議會衆議院帝國憲法改正案委員小委員會速記錄・第五囘』（衆議院事務局、1946年）

『第九十囘帝國議會衆議院帝國憲法改正案委員小委員會速記錄・第七囘』（衆議院事務局、1946年）

『第九十囘帝國議會衆議院帝國憲法改正案委員會議錄（速記）』（衆議院事務局、1946年）

『官報號外第九十囘帝國議會衆議院議事速記錄第三十五號』（1946年8月25日付）

『官報號外第九十囘帝國議會貴族院議事速記錄第二十四號』（1946年8月28日付）

『官報號外第九十囘帝國議會貴族院議事速記錄第二十六號』（1946年8月30日付）

『官報號外第九十囘帝國議會貴族院議事速記錄第二十七號』（1946年8月31日付）

『第九十囘帝國議會貴族院帝國憲法改正案特別委員會議事速記錄第五號』（貴族院事務局、1946年）

『第九十囘帝國議會貴族院帝國憲法改正案特別委員會議事速記錄第六號』（貴族院事務局、1946年）

『第九十囘帝國議會貴族院帝國憲法改正案特別委員會議事速記錄第十二號』（貴族院事務局、1946年）

『官報號外第九十囘帝國議會貴族院議事速記錄第三十九號』（1946年10月6日付）

『第九十囘帝國議會貴族院帝國憲法改正案特別委員會議事速記錄第二十二號』（貴族院事務局、1946年）

『第一囘帝國憲法改正案特別委員小委員會筆記要旨』（1946年）

『第二囘帝國憲法改正案特別委員小委員會筆記要旨』（1946年）

『第三囘帝國憲法改正案特別委員小委員會筆記要旨』（1946年）

『第四囘帝國憲法改正案特別委員小委員會筆記要旨』（1946年）

『第九十囘帝國議會貴族院帝國憲法改正案特別委員小委員會議事速記錄第一號』（貴族院事務局、1946年）

『第九十囘帝國議會貴族院帝國憲法改正案特別委員會議事速記錄第二十四號』（貴族院事務局、1946年）

事項索引

あ行

アジア・太平洋戦争　15, 42, 68, 71, 381
芦田修正　44, 131, 224, 225, 226, 227, 273, 291
ANSWER（Act Now to Stop War and End Racism）　355
安全保障理事会　12, 107, 155, 166, 183, 219, 228
「一億総懺悔」論　305, 420
インテグリティ　6, 45, 57, 58, 59, 61, 66, 67, 294, 295
「永続敗戦論」　9, 418, 419
「オール沖縄」　9, 403, 404, 418, 419, 422, 423, 424, 425, 426, 427
沖縄戦　2, 4, 41, 399
「穏和な平和主義」論　43, 62, 75, 303, 310, 384, 385

か行

概念（Concept）　51
海兵隊　400, 403, 416, 417, 421
学習指導要領　9, 370, 371, 372, 376, 393, 394, 395
観念（Conception）　51
「9条の会」　356, 358, 359, 360
教育基本法　378
教化運動　307, 308
極東委員会　123, 225, 273, 291
近代立憲主義　13, 26, 70, 71, 322
軍国主義（militarism）　18, 21, 42, 118, 138, 278, 279, 283, 305, 317, 318
軍事的合理性　13, 29, 36, 71, 416
「軍民共生共死」　2, 42
群民蜂起　250, 271, 344
警察予備隊　320
警察力　13, 46, 88, 91, 99, 100, 145, 173, 174, 182, 230, 240, 241, 248, 255, 256, 257, 261, 272, 294, 295, 321, 322, 344
形式的意味の戦争　15, 16
ゲリラ戦　106, 110, 325, 342, 344
原意主義　6, 45, 52, 59, 60, 86, 87
現代式訓練　400, 401, 402
限定放棄説　7, 16, 23, 24, 25, 28, 30, 36, 38, 43, 62, 63, 66, 76, 84, 91, 225, 303, 347, 348
憲法9条1項全面放棄説　16, 17, 18, 19
憲法9条2項全面放棄説　6, 8, 14, 16, 19, 67, 303, 310, 311, 347, 348, 369, 425
原理（principles）　6, 7, 26, 29, 30, 43, 44, 45, 46, 47, 49, 50, 51, 52, 53, 54, 55, 56, 57, 58, 59, 60, 65, 66, 67, 68, 69, 70, 75, 84, 86, 87, 89, 272, 303, 316, 321, 343, 347, 350
広義防衛論　306, 307
交戦権　11, 14, 15, 16, 17, 19, 23, 37, 62, 63, 65, 66, 69, 92, 93, 94, 95, 96, 97, 100, 102, 106, 107, 109, 110, 111, 115, 120, 121, 122, 127, 130, 131, 132, 133, 136, 142, 147, 148, 149, 150, 152, 161, 171, 172, 175, 176, 177, 179, 181, 183, 189, 194, 195, 197, 198, 200, 204, 205, 206, 207, 208, 209, 210, 211, 213, 215, 216, 217, 218, 222, 223, 224, 226, 227, 228, 235, 236, 243, 244, 245, 246, 247, 248, 250, 253, 258, 259, 260, 261, 262, 263, 264, 265, 266, 267, 268, 269, 270, 271, 300, 343, 344, 373
構造的暴力　382, 383
国際協調主義　11
国際人道法　5, 65, 266
国際法上の戦争　15, 19, 150
国際レジーム論　72, 74, 324
国際連合（UNO）　7, 11, 12, 13, 18, 19, 36, 37, 62, 85, 95, 97, 98, 101, 102, 104, 106, 107, 108, 110, 111, 116, 117, 121, 125, 127, 128, 131, 142, 143, 149, 153, 154, 155, 166,

447

167, 169, 170, 171, 177, 178, 181, 183, 207,
218, 219, 228, 229, 230, 231, 232, 233, 236,
237, 238, 251, 252, 253, 259, 261, 266, 278,
282, 292, 344, 371
国際連盟　11, 12, 101, 114, 136
国家総動員法　32
国権の発動たる戦争　14, 15, 19, 92, 102,
186, 190, 191, 192, 193, 194, 206, 216, 217,
221, 222, 224, 235
個別的自衛権　7, 14, 26, 28, 35, 65, 66, 69,
84, 85, 86, 88, 89, 91, 98, 132, 185, 227,
272, 294, 376, 386
コモンコーズ　352, 354

さ 行

在沖米軍基地　399, 400, 403, 424
SACO　404, 405, 406, 423
暫定協定型リベラリズム　310, 314
GHQ　93, 122, 124, 130, 177, 179, 200, 201,
202, 221, 225, 258, 266, 273, 274, 275, 276,
277, 279, 280, 281, 282, 284, 285, 289, 290,
291, 292, 293, 419
自衛戦争　1, 5, 15, 16, 17, 19, 36, 42, 46, 62,
63, 67, 69, 88, 95, 96, 97, 106, 107, 109,
110, 123, 124, 133, 143, 157, 181, 183, 225,
248, 250, 251, 255, 257, 258, 259, 263, 269,
272, 322, 323, 343, 344, 373
自衛隊　7, 18, 22, 23, 28, 29, 30, 31, 32, 33,
34, 35, 36, 65, 66, 67, 84, 86, 307, 317, 318,
319, 320, 345, 346, 348, 349, 350, 351, 367,
374, 375, 376, 384, 386, 391, 392, 421
シエラ・クラブ　352
シビリアン・コントロール　317
市民的防衛　321, 325, 326, 328, 329, 330,
331, 342, 343, 344, 346, 348, 365
社会契約論　322
社会大衆党　306, 307, 362
重合的合意　311, 312, 313, 314, 315, 321,
324, 425
「囚人のジレンマ」　72, 73, 74, 324
集団安全保障　18, 65, 72, 96, 97, 110, 131,
133, 134, 177, 178, 179, 181, 182
集団自決　4, 5, 40, 70, 399
集団的自衛権　13, 35, 98, 345, 375, 376,
378, 386, 388, 392, 393, 420
準則（rules）　6, 7, 21, 30, 43, 44, 46, 47,
48, 49, 50, 60, 68, 69, 89, 303
情報保全隊　30, 31
「昭和史の決定的瞬間」　306, 307
「白旗論」　324, 325
『新憲法の解説』　7, 85, 88, 101, 102, 103,
105, 111
人道的介入　21
侵略戦争　5, 13, 15, 16, 17, 23, 36, 42, 46,
62, 67, 70, 88, 91, 94, 102, 105, 106, 107,
110, 115, 119, 120, 123, 132, 142, 148, 165,
177, 179, 218, 224, 225, 226, 230, 248, 263,
268, 269, 272, 294, 295, 303, 344, 345, 372,
373, 386
枢密院　8, 36, 85, 90, 91, 94, 98, 100, 101,
102, 103, 104, 105, 110, 181, 227, 264, 299,
343
正義論　308, 309, 310
政治的リベラリズム　310, 311, 312, 313,
314, 316
正戦論　21, 325
正文主義　86, 90
生命権　38, 39
生命、自由及び幸福追求に対する国民の権利
25, 26, 38
責罪論　305
絶対平和主義　19, 20, 21, 22, 23, 43, 69,
310, 316, 385
戦時国際法規　15
専守防衛　318, 325, 364, 384
戦陣訓　3, 4
漸進的平和主義（pacificism）　21, 22, 23,
77
戦争責任　70, 268, 305, 306, 308, 309
戦争体験　316, 381, 384, 386, 389
戦争に訴える権利　12
戦争非合法化　11

事項索引

戦争放棄（抛棄）　5, 6, 8, 9, 14, 16, 18, 26, 30, 37, 38, 42, 44, 66, 70, 75, 84, 90, 91, 93, 94, 96, 99, 101, 102, 103, 111, 112, 113, 114, 115, 116, 117, 118, 119, 120, 121, 123, 124, 125, 126, 127, 128, 129, 130, 131, 132, 133, 134, 135, 136, 139, 140, 141, 143, 145, 147, 151, 155, 158, 160, 161, 162, 163, 164, 165, 166, 167, 168, 170, 175, 176, 178, 179, 180, 182, 185, 186, 188, 194, 199, 205, 206, 207, 213, 217, 219, 220, 222, 223, 224, 226, 228, 229, 232, 233, 235, 236, 238, 239, 241, 242, 247, 248, 254, 258, 259, 260, 266, 270, 272, 286, 288, 294, 295, 303, 310, 311, 316, 321, 323, 343, 347, 348, 349, 373, 389, 425
戦力の不保持　11, 14, 373

た 行

「対華21か条」要求　16, 76
対抗的公共圏　348, 349, 351
台湾出兵　2
「黙れ事件」　32
「断絶の戦略」　310
「チキン・ゲーム」　71, 72
通常の戦争犯罪　268
道徳的読解　6, 7, 9, 21, 45, 46, 51, 52, 55, 56, 57, 58, 60, 61, 62, 65, 66, 67, 68, 69, 71, 75, 84, 89, 295, 303
特別裁判所　64

な 行

内閣法制局（法制局）　7, 8, 23, 29, 36, 85, 88, 91, 101, 103, 105, 108, 109, 110, 130, 131, 134, 181, 184, 185, 208, 210, 223, 227, 264, 272, 273, 291, 294, 343, 344, 348
長沼ナイキ基地訴訟　35, 67, 350
日米安全保障条約　18, 375, 391, 399, 406, 421

は 行

ハーグ陸戦条約　3, 266
パブリック・シティズン　352

反核平和主義　11, 13
反照的均衡　312, 313, 315
非核三原則　318, 364
非武装国家　321, 322, 323
非武装平和主義　8, 13, 14, 43, 44, 65, 69, 70, 303, 310, 311, 316, 317, 325, 342, 350, 369, 372, 384, 385, 386, 389, 390, 391, 392, 425
非暴力抵抗　324, 326, 327, 331, 342, 343, 344
「百人斬り競争」　308
不戦条約　11, 12, 15, 26, 76, 100, 105, 109, 147, 161, 234, 242, 243, 247, 248, 254, 261
武装国家　321, 322, 323, 324
武力による威嚇　11, 14, 16, 19, 24, 26, 92, 94, 102, 108, 111, 126, 192, 193, 206, 216, 217, 222, 224, 235, 266, 267, 383
武力による平和　27, 39
武力の行使　11, 14, 15, 16, 19, 76, 92, 93, 94, 102, 108, 111, 161, 173, 192, 193, 206, 216, 217, 222, 224, 235, 244, 245, 247, 262, 266, 267, 383
プロパティ　321, 322, 323, 324, 329, 344, 347
文民条項　44, 62, 69, 130, 131, 225, 258, 272, 273, 274, 276, 278, 279, 284, 289, 294
平和運動　22, 23, 112, 232, 349, 353, 354, 355, 356, 357, 358, 359, 360, 361, 368
平和教育　9, 369, 371, 381, 382, 383, 384, 389, 390, 391, 392, 393, 394, 397
平和的生存権　28, 39, 349, 350, 375, 383
平和に対する罪　268
防衛主義（defencism）　21, 22, 23
包括的教説　311, 312, 313, 314, 316, 389
法実証主義　46, 47, 48, 49, 50
ポツダム宣言　92, 103, 268

ま 行

マスキュリニティ　402, 403
松本委員会　92
満州事変　15, 307

449

や 行

UFPJ (United for Peace and Justice) 355, 356, 357, 359, 360, 361

ら 行

利益団体　351, 352, 353, 354, 358, 367, 424, 425
立憲主義　8, 9, 13, 14, 19, 26, 29, 30, 35, 43, 70, 71, 75, 88, 89, 295, 303, 304, 309, 310, 311, 322, 347, 348, 349, 350, 361, 369, 378, 384, 385, 386, 388, 389,
「連続の戦略」　310
ロビーイング　352, 357, 358, 360, 361

■著者紹介

麻生　多聞（あそう・たもん）

1971年　東京都生まれ
1995年　早稲田大学政治経済学部卒業
1999年　早稲田大学大学院法学研究科修士課程修了
2004年　早稲田大学大学院法学研究科博士後期課程単位取得退学
現　在　鳴門教育大学大学院学校教育研究科准教授

憲法9条学説の現代的展開
── 戦争放棄規定の原意と道徳的読解

2019年3月15日　初版第1刷発行

著　者　麻　生　多　聞

発行者　田　靡　純　子

発行所　株式会社　法律文化社

〒603-8053
京都市北区上賀茂岩ヶ垣内町71
電話 075(791)7131　FAX 075(721)8400
http://www.hou-bun.com/

印刷：㈱冨山房インターナショナル／製本：㈱藤沢製本
装幀：谷本天志
ISBN978-4-589-03989-7

Ⓒ2019　Tamon Aso　Printed in Japan

乱丁など不良本がありましたら、ご連絡下さい。送料小社負担にて
お取り替えいたします。
本書についてのご意見・ご感想は、小社ウェブサイト、トップページの
「読者カード」にてお聞かせ下さい。

JCOPY　〈出版者著作権管理機構　委託出版物〉

本書の無断複写は著作権法上での例外を除き禁じられています。複写される
場合は、そのつど事前に、出版者著作権管理機構（電話 03-5244-5088、
FAX 03-5244-5089、e-mail: info@jcopy.or.jp）の許諾を得て下さい。

辻村みよ子著
憲法改正論の焦点
―平和・人権・家族を考える―
四六判・180頁・1800円

近代立憲主義をくつがえす論議が性急に進む状況を批判的に考察。平和主義（9条）の放棄だけでなく、個人尊重（13条）の軽視、男女平等（24条）の形骸化など、憲法がないがしろにされている実態をみる。いまの憲法改正論を考えるにあたって、見逃されがちであり、しかし必須の視座を提供する。

山内敏弘著
「安全保障」法制と改憲を問う
Ａ5判・298頁・2700円

新たな安全保障法制によって、日本は「戦争をする国」へと変わるのか。際限のない武力行使につながる一連の法整備、動向を検討するとともに、立憲平和主義の根幹を揺るがす明文改憲への動きについても批判的に考察する。

伊地知紀子・新ヶ江章友編
本当は怖い自民党改憲草案
四六判・248頁・2000円

もしも、憲法が改正されたらどのような社会になるのか?! 自民党主導による改憲が現実味をおびはじめるなか、私たちの生活にどのような影響がでるのか。7つのテーマ（章）、全体像（オピニオン）、重要ポイント（コラム）からシミュレーションする。

水島朝穂著〔〈18歳から〉シリーズ〕
18歳からはじめる憲法〔第2版〕
Ｂ5判・128頁・2200円

18歳選挙権が実現し、これまで以上に憲法についての知識と問題意識が問われるなか、「憲法とは何か？」という疑問に応える。最新の動向をもりこみ、憲法学のエッセンスをわかりやすく伝授する好評書。

星野英一・島袋 純・高良鉄美・阿部小涼・
里井洋一・山口剛史著
沖縄平和論のアジェンダ
―怒りを力にする視座と方法―
Ａ5判・220頁・2500円

平和と正義が脅かされる実態と構造の考察をふまえ、問題の本質を追究する視座を提示。「安全保障理論」「沖縄の軌跡」「マイノリティの視座」「平和教育の実践」の4部構成。怒りを力に変え、平和な技法によって平和と正義を手に入れるための方途を探る。

日本平和学会編
平和をめぐる14の論点
―平和研究が問い続けること―
Ａ5判・326頁・2300円

いま平和研究は、複雑化する様々な問題にどのように向きあうべきか。平和研究の独自性や原動力を再認識し、果たすべき役割を明確にしつつ、対象・論点への研究手法や視座を明示する。各論考とも命題を示し論証しながら解明していくスタイルをとる。

―法律文化社―

表示価格は本体（税別）価格です